尾張小牧の地名・逸話ものがたり

永田清成 編

尾張小牧歴史文化振興会理事長

編集にご尽力いただきました永田清成氏をはじめとする多くの皆さんには、心より厚く感謝申し上げます。

本書から、小牧の歴史・文化や地域の産業発展の経緯を知り、郷土愛を培って頂ける一助になれば幸いです。多くの方々に広く読み継がれ活用されることを強く願って、発刊の言葉とさせていただきます。

平成三十年十二月一日

小牧商工会議所 会頭

成瀬哲夫

注：ＩｏＴ（Internet of Things）＝あらゆるモノがインターネットを通じてつながることによって実現する新たなサービス、ビジネスモデル、またはそれを可能とする要素技術の総称。

発刊に寄せて

本会議所発行の所報「つつじ」も当月で、第三八五号の発行となります。小牧市に関係する商工業の発展に寄与するため、創立以来、加盟企業に対して各種情報や地元企業の発展・運営指導などの企画・政策を立て、活動を推進して参りました。小牧は、農村都市から内陸工業都市として発展し、国内有数の企業参集都市となり、市の財政も豊かになって、全国でも上位の国庫金不交付団体として運営されています。しかし、急速な発展のため、文化啓蒙の普及が遅れることとなりました。文化不毛の地とも揶揄されたこともあります。本会議所でも、それを払拭するため企業の歴史や活躍状況、小牧の伝統や歴史に関する物語などの記事を「つつじ」に掲載し、理解を求めてきました。産業の発展と共に移入人口も増え、小牧の生い立ちや歴史・伝統文化についてもっと知りたいという声が多く聞かれるようになりました。そこで、私が副会頭から会頭になる頃の商工会議所の会員である尾張小牧歴史文化振興会の皆さんに、小牧の地名のいわれを中心とする「小牧地名・逸話物語」の執筆を依頼しました。その結果、小牧の生い立ちから現在までの歴史や産業に関する情報を可能な限り収集して、この本の発刊に至ったのであります。初稿から十年余にわたる調査研究が、ここに結実いたしました。

地方創生が叫ばれている現在、その話題や政策にも触れ、今後どう小牧の町づくりを進めていくべきかの方向性の示唆もあります。人口減少に伴う高齢化社会の中で、歴史・文化・伝統を守って、どのように今後の地元産業の発展に供していくのかという、難しい課題もあります。その一方で、小都市小牧が多くの歴史や文化を持つ都市であることを理解していただける内容ともなっています。この一冊で、現在の小牧のすべてがわかるように書かれていますので、新しい小牧の発展のために、参考にしていただければと思います。

執筆された編著者の皆さんには大変ご苦労をお掛けしました。心より厚く感謝申し上げます。小牧に居住されている方だけでなく、通勤者や仕事の関係者など多くの方々に、そして、将来を担う若い人々にもお読みいただき、もっと深くわが小牧を知っていただけるよう、読み継がれることを願ってやみません。

平成三十年十二月一日

小牧商工会議所名誉会頭

社本宮明

はじめに　本書の刊行にあたって

市のシンボルは信長・秀吉・家康にまつわる小牧山

昭和三十年（一九五五）五月に出版された『広辞苑』（初版、第一刷）には、小牧のことが次のように記されています。

こまき［小牧］　愛知県西北部、名古屋の北方犬山市に通じる街道に位置する市。西北の小牧山は、天正十二年、徳川家康が織田信雄を助け、豊臣秀吉と戦った地。昭和三十年市制。人口三万二千。

十年前の平成二十年（二〇〇八）一月発行の第六版第一刷では、

こまき［小牧］　愛知県北西部、名古屋市の北郊の市。西部の小牧山は、徳川家康が織田信雄を助け、豊臣秀吉と戦った地。東名・名神高速道路と中央自動車道の分岐点。人口十四万七千。

今回新版された平成三十年（二〇一八）一月発行の第七版第一刷では、

こまき［小牧］　愛知県北西部の市。西部の小牧山は一時織田信長の居城が築かれ、小牧・長久手の戦いでは徳川家康の本陣。東名・名神高速道路と中央道の分岐点。工業・住宅都市。人口十四万九千。─・

ながくて・―のたたかい〔小牧・長久手の戦い〕一五八四（天正十二年）に起きた織田家の主導権をめぐる戦い。当主信雄および徳川家康と、羽柴（豊臣）秀吉とが小牧・長久手を中心に尾張・伊勢で戦った。秀吉に圧迫を受けた信雄は講和して臣従、続いて家康も講和した。

と改められています。六十三年の間に人口が増え、高速道路の分岐点として陸上交通の要衝となり、田園都市から内陸工業都市へと変貌しました。しかし、市のシンボルは小牧山であるという歴史の原点は変わっていません。小牧山は、織田信長がここに築城して天下統一を視野に入れ始めたところであり、「本能寺の変」のあと次の覇者、豊臣秀吉が徳川家康・織田信雄《のぶかつ》連合軍と攻防戦を展開し和睦した地です。

いま小牧山の発掘調査がおこなわれていて、信長が築いた小牧山城の姿が徐々に明らかになってきています。ここでの信長の革新的な城づくり・まちづくりが、その後の城郭や城下町の形成に影響を及ぼしたことが指摘されています。また、小牧山は徳川家康が「小牧・長久手の戦い」で本陣を置いた場所です。家康は小牧山城を改修して秀吉軍を迎え討とうと信長が築城した部分を覆い隠す形で改修し本陣としました。今回の発掘調査は、その信長の築城した時代に焦点を合わせておこなわれており、併せて史跡公園として整備されています。発掘調査から当時の戦いで城をどのように防備するのか、詳細がわかってきました。その結果、小牧山城は近世城郭建築の第一号としての評価もされ、平成二十九年（二〇一七）の新名城百選にも選ばれました。

それと小牧山は、徳川家康が天下道へと歩を進めたゆかりの山として三百年余にわたって保護されてきたことを振りかえってみる必要があります。

過去には文化不毛の地と揶揄《やゆ》されたこともある小牧ですが、調査が終了すれば歴史と伝統文化が再認識されることでしょう。

織田信長の城下町から木曾街道の宿場町に

桑畑や荒れ地であった小牧は、永禄六年（一五六三）に織田信長が清須から小牧山に居城を移したことで様相を一変させます。小牧山の南麓一帯に清須の住民たちを移住させ、小牧の住民とともに城下町をつくらせるのです。発掘調査によって、城下町は碁盤の目のように整備され、東部は武家屋敷や寺院、西部は商工業者が住む地域と分けてつくられていることがわかりました。現在の小牧は農業都市から内陸工業都市に変貌していますが、後の岐阜での楽市・楽座（既存の独占販売権、非課税権、不入権などの特権を持つ商工業者を排除する自由取引市場を設定すること。岐阜にはその制度の制札が残されている。）の制度を初めて実施して、現在に通じる商工業の原形がつくられた町です。この町並みが、徳川時代の街づくりの原点となっていたことが、発掘で実証されてきました。信長の在城期間には、名だたる名将や偉人たちが多く移り住み、小牧の水を飲み闊歩したことでしょう。その後、信長の去ったのち、全国各地に分散し、徳川時代に入り、その末裔たちも活躍しています。また地名には当時住んでいた人たちの痕跡も残されています。例えば、小牧山南山麓に位置した字池田と呼ばれる場所は、織田家の家臣池田恒興（信輝）の屋敷があったところです。ここで生まれ育った次男の輝政は家康の次女を嫁にもらい、播磨五十二万石の領主（藩主）となります（別項でも説明あり）。彼は慶長六年（一六〇一）に姫路城の大改築をおこない、現在国宝となっている大天守閣をつくりました。

最近の発掘調査によると、小牧山城は信長が考えた理想の城を実現したものでした。いままで土を盛り上げていたところに初めて石垣を採用し、新しい城の概念を提出したのです。

織田信長は、永禄十年（一五六七）に美濃の斎藤氏の居城稲葉山城を攻略して、岐阜城と改め、ここに移ってしまいます。

信長が岐阜へ去ったあと、小牧山城は廃城となりましたが、小牧村の庄屋、江崎氏が管理にあたっていました。織田信長の次男信雄は、清須を居城に尾張を支配していましたが、羽柴（豊臣）秀吉と対立して天正十二

小牧市の大きな地名の変遷は二回ある

旧町名や字からは、その土地の風土や人々の暮らしぶりが浮かび上がってきます。

小牧市は、昭和三十年（一九五五）に東春日井郡に属していた小牧町・味岡村・篠岡村が合併して生まれ、昭和三十八年（一九六三）に北里村を併合して現在の市域になります。

それ以前にさかのぼると、小牧町は明治二十二年（一八八九）に愛知県東春日井郡の小牧村と小牧原新田村が合併したものです。その後、外山《とやま》村・和多里《わたり》村・境村・眞々《まま》村が加わります。

味岡村は、二重堀・東田中・文津《ふみつ》・本庄・小松寺などの村から成立し、のちに岩崎村・久保一色《くぼいっしき》村を併合しました。

篠岡村は、大草・大野・池林・陶《すえ》の各村からなり、北里村は愛知県西春日井郡に属する小木《こき》・小針（尾張）・多気《たき》と五条《ごじょう》の一部が合併したものです。

地名は、次第に整理され、段階を追って変わってきましたが、平成十六年（二〇〇四）に現在の住居表示になる前の大字は次の通りです。

小牧地区……小牧・北外山入鹿新田・大山・北外山・南外山・小牧原新田・間々・間々原新田・村中・横内・河内屋新田・入鹿出新田・西之島・舟津・三ツ渕・三ツ渕原新田
味岡地区……久保一色・岩崎・岩崎原新田・小松寺・本庄・文津・東田中・二重堀
篠岡地区……大山・野口・林・池之内・上末・下末・大草
北里地区……市之久田・小針・小針入鹿新田・小針巳新田・小木・藤島・多気

過去にも整理統合されたり、独立して大字になったりしたところがありましたが、昭和四十年代に区画整理事業が始まり、小牧市でも市議会議員・地域代表者・学識経験者などによる小牧市町名など整理審議会が設置され、昭和五十五年（一九八〇）ごろから本格的に、区画整理や郵便物の配達事情（昭和四十三年から始まった郵便番号制導入などによる）、土地の分筆や合筆、道路の拡張・新設などによる新町名が付けられ、現在に至っています。

平成十六年以後の大字の現在の現行行政地名を挙げれば、次のとおりです。

小牧地区……小牧・小牧一〜五丁目・中央一〜六丁目・堀の内一〜五丁目・曙町・川西一〜三丁目・大山・応時一〜四丁目・東一〜四丁目・桜井・桜井本町・掛割町・若草町・北外山入鹿新田・北外山・東新町・緑町・南外山・春日寺一〜三丁目・新町一〜三丁目・小牧原新田・間々・間々本町・間々原新田・安田町・山北町・村中・村中新町・横内・河内屋新田・入鹿出新田・西之島、西島町・弥生町・舟津・元町一〜四丁目・三ツ渕・三ツ渕原新田

＊平成二十年（二〇〇八）より、小牧原新田は、小牧原一〜四丁目となり、一部は残る。

味岡地区……久保一色・寺西・久保一色東一〜二丁目・久保一色南一〜二丁目・久保本町・久保新町・田県町・葭原・岩崎・岩崎原新田・岩崎一丁目・岩崎五丁目・岩崎原一〜三丁目・小松寺・本庄・文津・東田中・二重堀

＊平成三十年（二〇一八）十月より、小松寺は、小松寺一丁〜四丁目となり、文津は、文津一丁目となり、一部は残る。

篠岡地区……大山・野口・野口島ノ田・野口違井那・野口柿花・野口定道・野口中田・野口惣門・野口友ヶ根・野口高畑・林・林西・林北・林中・林南・林新外・林野原・池之内・池之内赤堀・池之内道木・上末・郷西町・長治町・下末・大草・大草七重・大草太良上・大草太良中・大草太良下・大草北・大草藤助・大草一色・大草深洞上・大草東・大草南・大草中・大草西・篠岡一～三丁目・光ヶ丘一～六丁目・古雅一～四丁目・桃ヶ丘一～三丁目・城山一～五丁目・高根一～三丁目

北里地区……常普請一～三丁目・市之久田一～二丁目・外堀一～四丁目・郷中一～二丁目・小針一～三丁目・下小針天神一～三丁目・下小針中島一～三丁目・小木一～五丁目・小木東一～三丁目・小木南一～三丁目・小木西一～三丁目・新小木一～四丁目・小木・藤島一～二丁目・藤島町梵天・藤島町中島・藤島町鏡池・藤島町向江・藤島町徳願寺・藤島町五才田・藤島町居屋敷・藤島町出口・多気北町・多気中町・多気西町・多気東町・多気南町

＊小牧市には現在も小牧市町名整備審議会が設置されており、随時、区画整理や道路整備などによって区画や町名の整理検討がおこなわれているようです。

本書では、町名の整備で見直された大字の基になった小字や字などについてのさまざまなエピソード、残しておきたい逸話、新旧の企業などの紹介を交えながら、失われていった地名を探ります。小牧地方の総合的な文化の掘り起こしをおこない、発展の一助となるよう記録するものです。

[尾張小牧の地名・逸話ものがたり] 目次

〈小牧〉前史をさぐる

味岡地区 …… 198

篠岡地区

小牧市位置図

明治 22 年ごろに存在した町村名および昭和 30 年に小牧町、味岡村、篠岡村が合併し小牧市となり、昭和 38 年に北里村が合併した各町村の配置図

〈小牧〉前史をさぐる

小牧地方には一万年以上前から人が住んでいた

小牧地方には、紀元前一万年以上前に人類が生活を始めた痕跡《こんせき》があり、旧石器時代の石器が出土しています。縄文時代に人が一定期間、定住したとみられる遺跡も発見され、燻製《くんせい》をつくったとみられる炉穴や土器、石器も出土しました。稲作が始まる弥生時代には、西部の低地や大山川沿いに竪穴式住居の集落ができ、古墳時代には、その数が増えていったことが明らかになっています。

日本列島は、アイヌ系民族が生活していたところに大和民族が入ってきて支配を広げていったという見方が以前は支配的でした。しかし、現在では南から入ってきた縄文系の人々が住んでいたところへ、大陸から渡来系の人々が来て、混血がすすみ大和民族が成立したと考えられるようになってきました。

大和朝廷の支配力は弱く、平安時代に入っても東北地方は平定できず、そこに住み朝廷の支配下にはいらない人を蝦夷《えぞ》と呼んで区別していました。やがて本土の蝦夷は平定されますが、北海道に住む縄文系の人々は、北からのオホーツク文化やアイヌ民族の影響を受けて現代に至っていますので、縄文時代の古い言葉がアイヌ語の中に残されている可能性も考えられます。小さな日本列島でも、二千年の流れの中でさまざまな文化が相互に影響しあっているのです。この小牧地方にも、アイヌ語がその由来になっていると連想できるような地名が、いくつか見つかります。例えば、眼前を開き眺める良きところを土意目利《どいめり》といい、坂道を下る語義を当てた久田羅気《くたらぎ》、アイヌの砂地を意味する哥津《うたつ》などです。

地形的にみると、濃尾平野に位置する小牧を中心とした尾張地区と東の篠岡地区には、知多半島に通じる尾張丘陵地帯の山脈《やまなみ》が続きます。北の味岡地区は、木曽川沿いの犬山から続く平坦地で、北に美濃の山々を、西に伊吹山に連なる養老山脈をのぞんでいます。南の北里地区は、沖積層で多くの河が蛇行して流れていたことが推定されています。

「小牧」の起源は「帆巻」か「駒来」か？

小牧という地名の起源には二つの説があります。

一つは、小牧山に温暖な海岸近くにしか生息しない古木、クスノキ科の珍しい常緑樹「タブノキ」が自生していることから、西方に位置する巾下川《はばしたがわ》が伊勢湾の海岸線であったと推察されることによるものです。先史人は海を舟で行き来し、海から見えるひときわ高い山の近くに最寄りの船着き場を設けて舟津と呼んでいました。当時の人々は、その独立した孤高の山を目印に舟の帆を巻いていたため、その山を「帆巻山」と呼んで長く親しみ、それが長じて「こまき山」となり、その一帯も「こまき」と呼ばれ、漢字として「小牧」を当てたという説です。なお、このタブの木は、昭和四十七年（一九七二）に「市の木」に指定されています。『信長公記《しんちょうこうき》』には、五条川の支流の巾下川があり、船の運搬が盛んであったためか「小真木山《こまきやま》」の名での記述があります。

もう一つは、有史時代に入ったころ、この地方には駒《こま》（馬）が行き来し、江戸時代に入り、尾張藩の二代目藩主の徳川光友公が馬市を開いたことから、誰がいうともなく、「駒来」と呼ぶようになったという説。そして、孤高の山を曳馬山《ひくまやま》、飛車山《ひしゃやま》などと呼んでいましたが、やがて「こまき山」となり、その一帯が「こまき」と言われるようになって、漢字の小牧を当てたというものです。ところで、飛車山という呼び名は、熱田神宮の中国の楊貴妃飛来伝説が絡んでいます。この伝説はこうです。八世紀の中国唐の九代皇帝玄宗が日本征伐の野望を持ったので楊貴妃が茶化したそうです。その後、唐の節度使（地方長官）の安禄山《あんろくさん》が乱を起こし、西暦七五六年に楊貴妃が殺されました。乱後に愛する楊貴妃の霊魂が日本に現れ、熱田で生存していることを耳にした玄宗は、安否を確かめるため部下の高力士という仙人のような男にその安否を確かめるため天空を駆ける馬車を仕立てて遣《つか》わしたといいます。馬車は小牧山の頂上に飛来し、熱田に向かったというお話です。この伝説は日本各地にもあります。

曳馬の名称は、「延喜式《えんぎしき》」（十世紀前半編纂）や鎌倉時代（十二世紀頃）にも使われていました。小牧の名が初めて見られるのは、文和二年（一三五三）の「尾張国郷保地頭正税弁済所々注進状案」（醍醐寺文書）です。永和年間（十四世紀後半）に尾張守護が清須に国府を置いた時には小牧街道の名も出て、寛正六年（一四六五）の記述には尾州小牧庄の名も見えるなど、南北朝から室町時代以降にその名称が定着したといわれています。なお、他に古代渡来人がもたらした「高句麗来」（こまきと読む）に由来するという説もあります。

最近の資料として、現代版の『小牧市史』（平成十七年発行）には、「小牧山」が古代や中世の史料に登場することはほとんどなく、飛鳥時代の天武元年（六七二）に起きた壬申《じんしん》の乱の折、天武天皇を助けた尾張国の国《こく》司《し》小子部鉏鉤《ちいさこべのさびち》が、一時的に移り住んだとの記述があります。「小牧」の地名も久安三年（一一四七）の経典の奥書に「……尾州小牧北持堂書了」の文字が記されているのが最初であると報告されています。また、「小巻《こまき》山《やま》」「引馬山《ひくまやま》」などとも呼ばれていました（『小牧市史』による）。

味岡、篠岡、北里と名づけられた由来

味岡の由来は「味岡本庄」と呼ばれる荘園名といわれ、それは平安末期から戦国期に貴族や寺社が私有していた領地にあたります。康和三年（一一〇一）の尾張国春日部郡の古文書や建久三年（一一九二）の奥書にも皇室領荘園として記載され、各種の目録にもその名が載っています。江戸時代になると、新田開発による農業振興地となって、木曽川や入鹿池に発する用水が多くつくられ、開墾されたところです。

篠岡地区は、七世紀から十一世紀にかけて荘園が置かれていました。当時は、大草、大山、野口がいまの春日井市にあたる篠木荘に属し、林、池の内、上末、下末は、味岡荘に属していました。この篠岡地区の丘陵地帯に含まれる地域は須恵器《すえき》や甕器《おうぎ》など、窯業《ようぎょう》生産の中心地でした。現在、窯跡は、高根遺跡として県指定の史跡となり、国指定史跡「大山廃寺跡」と共に保存されています。篠木荘は、美濃（岐阜県）に水源を発し、伊勢湾に注ぐ一級河川の庄内川の右岸にあり、竹草が群生している状況を「篠竹」といわれることから篠木と名づけられたとも考えられます。中世の『吾妻鏡《あずまかがみ》』に尾張国志濃幾（篠木）の地名が出ており、この地も荘園の一部だったといわれています。

篠岡の名称は、明治三十九年（一九〇六）に、同じ荘園だった二つの地域の篠木荘と隣接する味岡荘から一字ずつ取って付けられました。市内での面積も尾張丘陵地帯を含む一番広い地域です。現在も東部開発がおこなわれていて、桃花台ニュータウンなどもつくられ、工業団地も造成されました。

北里には小針の地名があり、「尾張」の起源と伝えられています。尾張藩が編纂した『張州府志』や『尾張志』にその名称が見られることから、昭和十五年（一九四〇）に尾張発祥の地とされ、小針神社に「尾張名稱発源之地」の碑が建てられました。ただ、今のところその確証はないようです。

しかし、古墳時代（六世紀頃）に尾張国を支配した在郷の豪族が、伊勢湾沿岸部から庄内川流域を治め、尾張の北部に勢力を延ばしたことは小牧市内最大の小木《こき》古墳群によって裏づけられています。また、江戸時代には灌漑用水も引かれ、新田開発も進められてきました。北里の名は、明治の市制・町村制施行のとき、西春日井郡の中で一番北にある里ということから名づけられたといわれています。

■地域別地名・逸話ものがたり

小牧地区

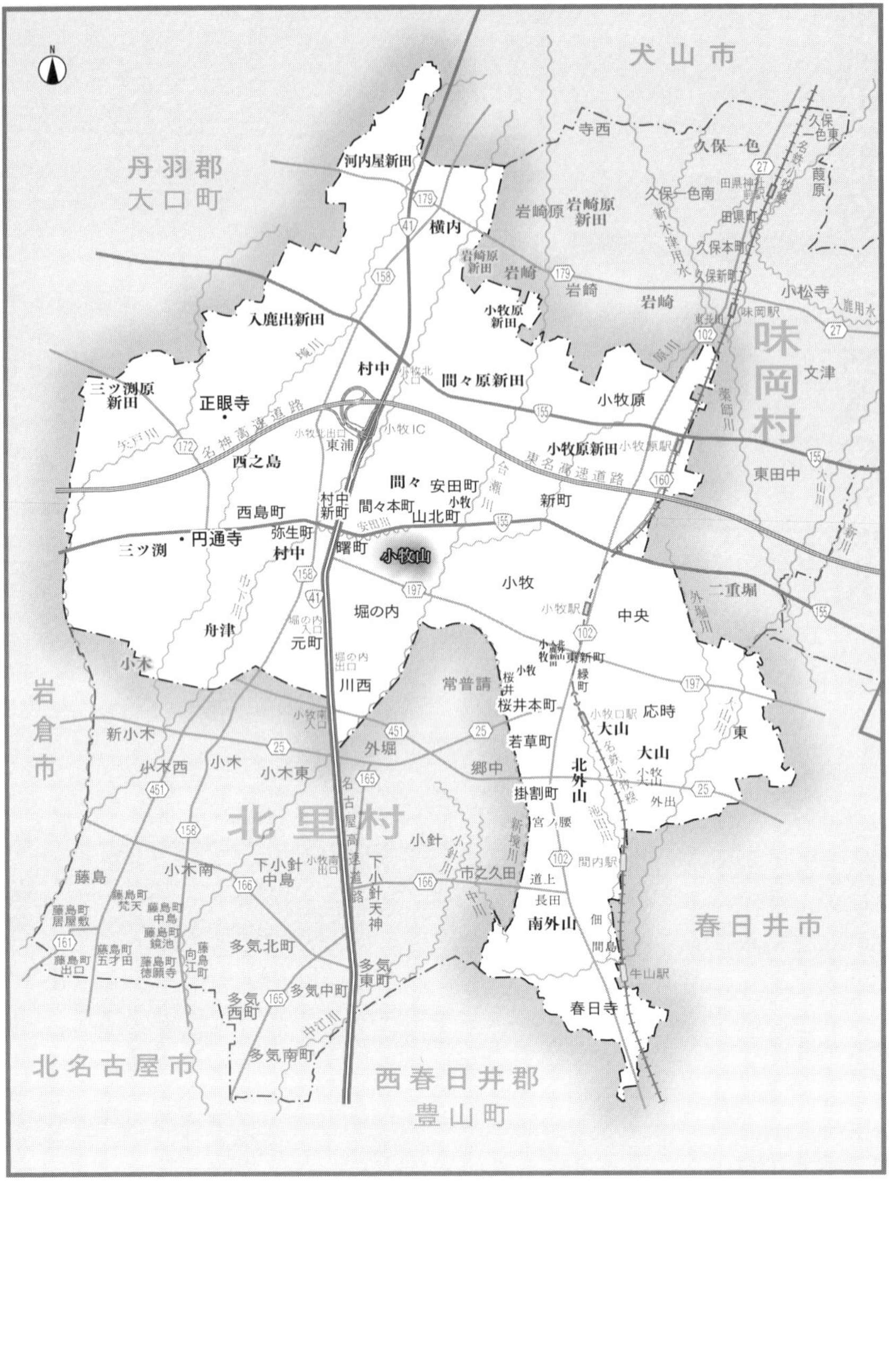
犬山市
丹羽郡
大口町
河内屋新田
横内
寺西
久保一色
久保一色東
葭原
田県神社前駅
田県町
久保一色南
岩崎原
岩崎原新田
新木津用水
久保本町
久保新町
小松寺
入鹿用水
岩崎
小牧原新田
入鹿出新田
味岡駅
味岡村
文津
村中
間々原新田
小牧原
三ツ渕原新田
正眼寺
名神高速道路
小牧IC
東浦
小牧原新田
小牧原駅
東名高速道路
西之島
間々
安田町
新町
東田中
西島町
村中新町
間々本町
小牧
山北町
三ツ渕
円通寺
弥生町
村中
曙町
小牧山
小牧
二重堀
堀の内
中央
小牧駅
舟津
元町
小木
小牧
東新町
緑町
常普請
川西
桜井
桜井本町
応時
岩倉市
小牧口駅
大山
新小木
外堀
若草町
大山
東
小木西
小木
小木東
郷中
北外山
小牧
外出
北里村
名古屋高速道路
掛割町
宮ノ腰
小針
藤島
小木南
下小針中島
下小針天神
市之久田
間内駅
道上
長田
藤島町梵天
藤島町居屋敷
藤島町中島
藤島町鏡池
藤島町五才田
藤島町徳願寺
藤島町出口
藤島向江町
多気北町
南外山
佃
間島
春日井市
多気東町
牛山駅
多気西町
多気中町
春日寺
多気南町
北名古屋市
西春日井郡
豊山町

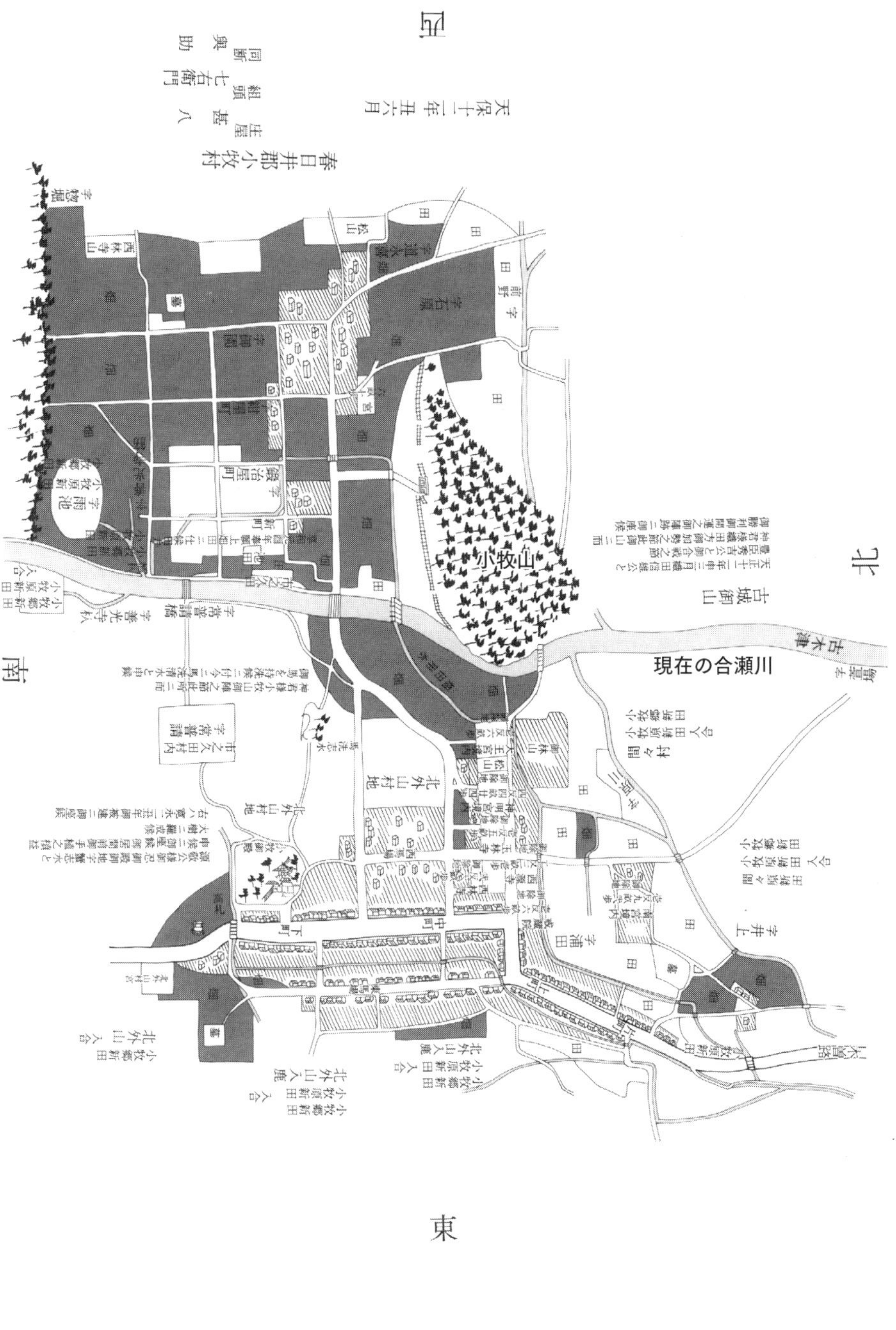

小牧村絵図解読図
（出典：『小牧市史』資料編２　村絵図編）

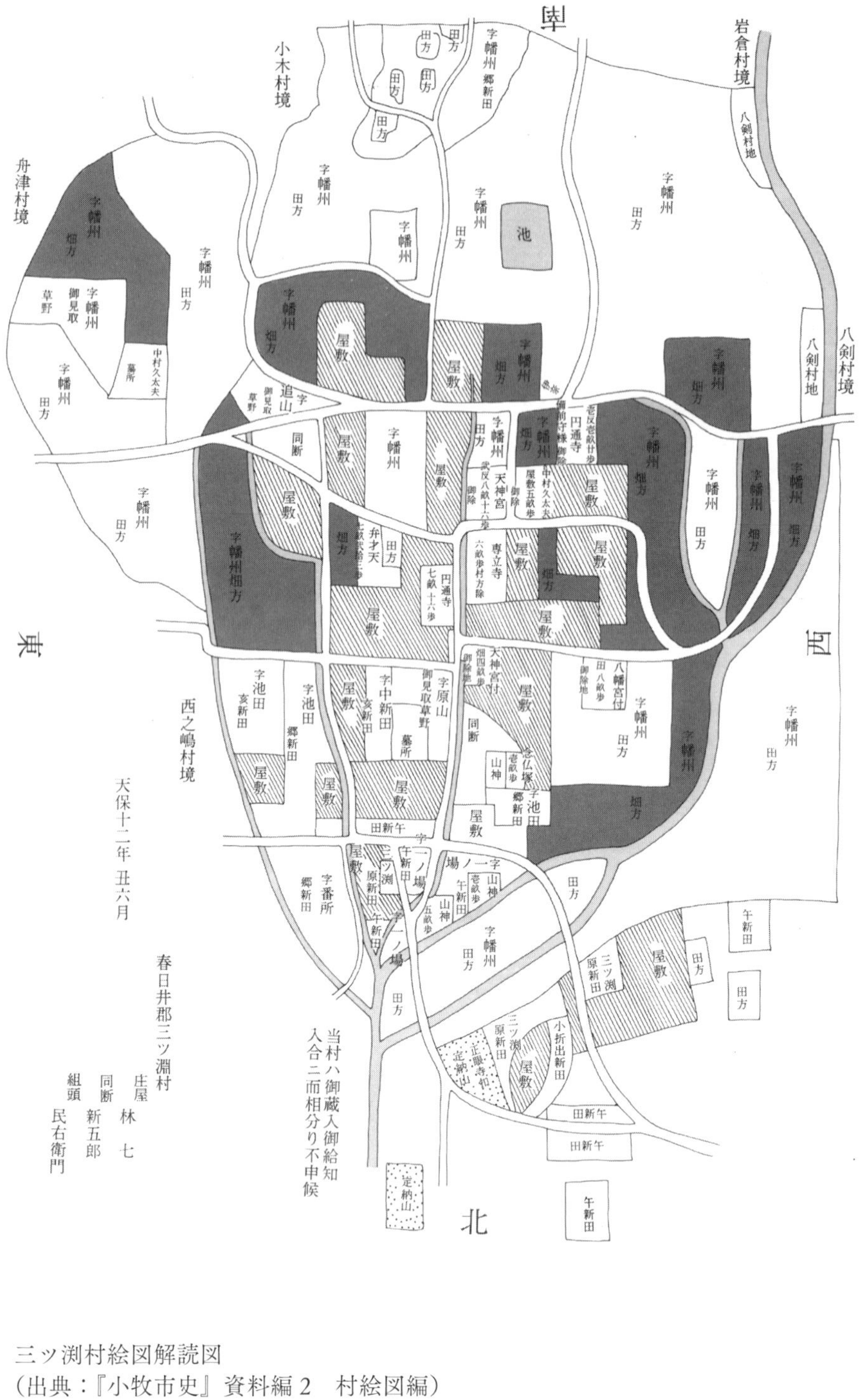

三ッ渕村絵図解読図
（出典：『小牧市史』資料編２　村絵図編）

小牧地区

◉小牧一丁目から小牧五丁目（小牧の飛地を含む）

小牧一丁目は尾張藩の御料地だった

小牧一～五丁目は、小牧山の東側を流れる合瀬川《あいせがわ》（古木津用水《ここっつようすい》）から東の一帯に広がる旧小牧市街地のおよそ半分を占める地域です。

一丁目は江戸時代以前に大部分が野原だったので、記録があまり残っていません。江戸初期の慶長十三年（一六〇八）に尾張藩が犬山の木曽川水系から灌漑《かんがい》用水を引き、新田が開発されます。さらに家臣に知行地を与えるために合瀬川などが開発・整備されました。その上流にあたる小牧山の北の山麓が北山と呼ばれるようになります。

この北山の一部と字名の井上・大輪・御林《おはやし》・林東に城東町など、通称寺浦・向町と呼ばれていた部分が小牧一丁目になりました。現在、その中心部のほとんどが愛知県立小牧高校の敷地となっています。

大輪は藩士の知行地として与えられた地域ですが、第二次世界大戦後にはいち早く実施された住宅政策により市営住宅が建設され、いまも大輪住宅としてその名を残しています。

国道一五五号線沿いの一丁目の西の端で小牧山に接する部分は、大輪地区の中でも

小牧市中心街（上空東から西を望む）（平成二十七年）

山北と呼ばれていました。ここに昭和四十一年（一九六六）に小牧四丁目にあった春日井警察署警部派出所が新築移転し、新たに愛知県小牧警察署として発足しています。また、山北町の北側になる安田町の一角は飛地となり大輪住宅のある地域が旧小牧の町名の一部として小牧の名が残っています。

井上地区は合瀬川の東側にありますが、井上という名称は湧水があったことから名づけられたものです。

現在の小牧高校の南にあたる御林・林東地域は、織田信長が清須（清洲）から小牧山に居城を移した永禄六年（一五六三）ごろは野畑や田んぼでした。信長は、清須にあった御園神社の守護神を分神して御林に隣接した場所に移し、駒来神社（現・神明社、小牧五丁目）を創建します。しかし、信長が美濃の稲葉山城に移ると寂《さび》れてしまいました。江戸時代になって尾張藩の初代藩主徳川義直公が、慶長十五年（一六一〇）から名古屋城の築城を始め、元和九年（一六二三）から木曾街道（上街道）や小牧宿を整備したおり、この神社を同じ地に再建しました。その北側の小牧村に義直公が愛玩していた猿の飼育を託し、御料地の神域として御林山、栗林を整備して、この地が御林と呼ばれるようになったのです。

向町と呼ばれる地域は、小牧高校の南東ですが、昔の町筋の反対側に位置するのでこう呼ばれたのです。

ところで、小牧高校は大正十三年（一九二四）に尾張北部の男子中等教育の拠点として旧制県立小牧中学校として開校しました。開校時は現在小牧小学校である小牧尋常高等小学校の仮校舎で入学式をおこなっています。翌年現在地に新校舎の一期工事

愛知県小牧警察署発足（昭和四十二年）

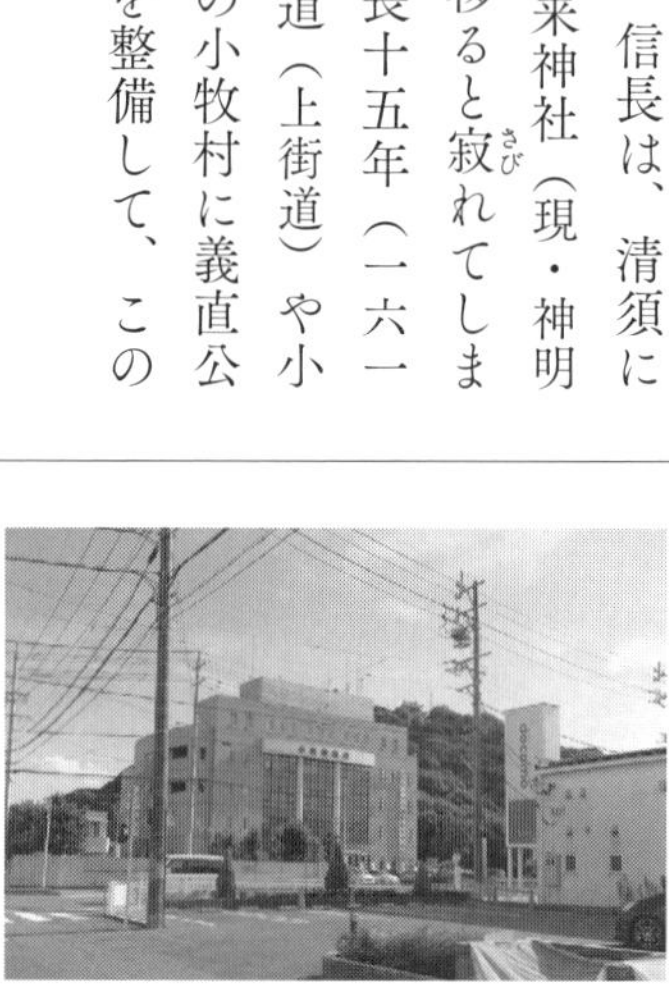
現在の小牧警察署（平成三十年）

が終了。順次建設が進められていきます。昭和二年（一九二七）には、即位したばかりの昭和天皇が統裁する帝国陸軍特別大演習が濃尾平野を中心に繰り広げられ、同校が御幸《みゆき》（行幸）地の講評所として使われました。第一期生九十四名が卒業するのが昭和四年（一九二九）三月。同じ月には正門が竣工します。この正門は、平成二十九年（二〇一七）三月に開催された国の文化審議会の答申により、愛知県内の県立高校に残る二十世紀初頭につくられた正門（二十二件）の一つとして登録有形文化財に指定されました。また、講堂も同時に完成していますが、これも愛知県の旧制中学が所有する現存の講堂の中で二番目に古いもので、昭和二十年代にはNHKの紅白歌合戦をはじめ各種の行事に使用されました。資料館も併設されていますが、九十年を過ぎた建物ですので老朽化が懸念されています。小牧市内では珍しい歴史のある建物ですから、同窓会などで保存運動がおこなわれ、改修保存の方向で検討されることになったようです。

大輪の御大典記念プールではオリンピックのメダリストが練習

小牧高校の北側には新木津用水と合瀬川を結ぶ原川が流れ、その川縁に市の大輪体育館があります。ここには昭和三年（一九二八）の御大典（昭和天皇即位の礼）を記念して、全国でも珍しい五十メートルプールがつくられていました。はじめは木津用水から導水し、のちに井戸水に切り替えましたが、旧制小牧中学校、小牧高校の付属施設として昭和三十九年（一九六四）まで使用されていました。現在は埋め立てられ、大輪体育館と遊園地になっています。

愛知県立小牧高校旧講堂（平成二十八年）

国の有形文化財となった小牧高校校門（平成三十年）

五十メートルプールのあるところが少なかったので、戦前最後のオリンピックとなった昭和十一年（一九三六）のベルリン大会の百メートル自由形の代表に選ばれ、団体八位の成績を残した志村義久選手（元日本水泳連盟専務理事・元早稲田大学水泳部監督・仙台放送社長）もここで練習していました。戦後の昭和三十二年（一九五七）から三十四年（一九五九）にかけては、山中毅（メルボルン五輪四百メートル・千五百メートル自由形銀、ローマ五輪四百メートル自由形銀）や大崎剛彦《よしひこ》（ローマ五輪二百メートル平泳ぎ銀）といったメダリストがここで練習。それに刺激を受けた小牧の若者たちの中から国体やインターハイで活躍する人が出ています。

この辺りは静かな住宅地域で、現在小牧三丁目にも含まれる林東の一部が浄土真宗宝幢山《ほうどうさん》西源寺の北側であることから一帯が寺浦と呼ばれたこともあります。一丁目の南側に寺浦児童公園がつくられ、そこには義直公が愛した猿を埋葬した「お猿塚」が祀られています。はじめ猿の遺体は、小牧神明社の東側にある徳川家康縁の浄土宗宝樹山西林寺に葬られ、碑が立っていました。義直公は、自ら絵筆をとって亡くなった猿の絵を描き、村人にも偲んでもらうよう「こまき猿」と題して小牧村に贈ったのです。

村人は猿供養と称してこの絵を旗竿に結び、飾り馬を仕立てて、毎年熱田神宮に奉納するために参拝しました。何分、藩主のお墨付きを得た参拝なので、道中を大威張りで闊歩し、ずいぶん乱暴なこともやったようです。そのため、しばらくしてこの参拝を禁じる厳命が出されます。

小牧神明社の秋の天王祭としておこなわれる馬祭りと呼ばれる「馬之塔」（オマン

昭和三十二年、小牧高校プールに練習で来校した五輪メダリストを囲んで

ト）の行事（小牧市指定無形民俗文化財）は、この参拝が起源となり始まったといわれています（75ページでも説明）。

この塚が現在地に移ったのは、昭和二年（一九二七）のことです。秋におこなわれる陸軍大演習の直前に旧制小牧中学校（現小牧高校）が天皇の講評所になることがわかると、町の衆が「お猿塚」を中学校の正門の近くに移したのです。住宅地の中の寺浦児童遊園地近くでこの塚の隣には小さな社殿を備えたミニチュアの東照宮のようなものもつくります。現在社殿はなく、墓の文字も摩滅して読みにくいのですが、ここが猿の安住の地となっています。

この一丁目の市道犬山公園小牧線沿いの北側には株式会社中京銀行小牧支店があります。その近くの並びに昭和三十三年（一九五八）に酒井商店として創業、昭和四十年代に名称変更して不動産取引を主にする株式会社アイワホームがあり、平成三十年（二〇一八）に店舗を移転、現在地に新装開店しました。

小牧二丁目の旧名は神社や木曾街道に由来する

小牧二丁目は、西は市道犬山公園小牧線、北は国道一五五号線、東は県道名古屋・犬山線、そして南は小牧小学校の北側の市道小牧駅西線に囲まれています。そこは、小牧の旧字である南宮浦・野田町、小牧原新田の町口、西朝日の一部が統合されたところで、旧木曾街道が通過する中心市街地の北の部分が包括されています。

ここには小牧市民会館や公民館があり、市民会館の東にあるのは、旧横町にある戒蔵院所有で江戸時代から続く上墓（所有する墓地が一番北にあるための呼称）といわれ

中央の墓石が「お猿塚」（平成二十八年）

小牧市民会館全景（平成二十八年）

る駒来霊苑です。

昭和四十七年（一九七二）に建てられた市民会館は、かつて結婚式場を併設していました。この辺りは昭和六十二年（一九八七）まで、南宮浦・浦田・黒須雲・大新田町・上之町・上新町などという小字で呼ばれていたところです。南宮浦・浦田の名は、南宮神社に由来しています。現在の小牧小学校の敷地は、昔は小牧神明社の所有地の一部でした。そこに南宮神社が祀られていたため、その近くということで名づけられたようです。黒須雲は、そこにあった別の神社（現在、小牧原新田に再建されています）の名前が地名となりました。

上之町や上新町は、元和九年（一六二三）から小牧が宿場町として新しくつくられた際に、町並みの名前としてつけられたものです。また、二丁目に隣接する一丁目の東南の地域は通称「向町」と呼ばれていましたが、「懐《ふところ》」とも言います。この地域は戦国時代から姥《うば》ケ《が》懐《ふところ》と呼ばれていたところで、その一部をとって「ふところ」となったようです。

原川周辺の北側は、「小牧・長久手の戦い」の古戦場跡

小牧二丁目の市民会館の北側には、灌漑用水として利用された原川が流れ、南北に小牧袋街道（県道）が走っています。昔は、農産物や繭《まゆ》などを運搬する人々が往来していました。江戸時代、この道は、布袋（現・江南市）方面で過ちを犯した人々が小牧陣屋（小牧代官所）へ護送される道でもあったのです。当時の罪人は縄で縛られ竹籠に乗せられて裁きの場に運ばれます。この道筋は「娑婆《しゃば》との別れの道」といわれ、

小牧市市民会館・公民館完成式（昭和四十七年）

道筋には六つの石地蔵が立てられていたそうです。かつて、このあたりは豊かな農耕地が広がっていました。

原川の北側には、「小牧・長久手の戦い」で局地戦をおこなった姥ケ懐古戦場跡の碑が今も残っています。天正十二年（一五八四）四月二日に羽柴（豊臣）秀吉軍が小牧山東麓にある向町の姥ケ懐に出撃。家康軍が応戦して翌三日に秀吉軍の二重堀砦を奇襲したといわれています。それ以降、この戦いは持久戦となり半年近くにわたって攻防が続きました。

慶長十五年（一六一〇）に名古屋城を築く際、北の岩崎山（旧・味岡地区内）から切り出した石を使いましたが、名古屋に運ぶとき、石が原川の年貢橋の下流に落ちたと言い伝えられ、それが、昭和五十七年（一九八二）に発見されたのです。鏨《たがね》の刻印がついたその石は、「原川の落し石」と命名され、小牧市民会館の入り口の庭に保存・展示されています。

市民会館には、中部フィルハーモニー交響楽団の本部があります。「音楽芸術文化の振興と向上」を図ることを目的に、平成十二年（二〇〇〇）に設立された全国では珍しい小都市での交響楽団で、旧名を小牧市交響楽団といいます。平成十九年（二〇〇七）に特定非営利活動法人（ＮＰＯ）となり、前記の名前に改称されました。日本オーケストラ連盟に加盟し、地域文化の振興と啓蒙に貢献しています。

また、市民会館には平成十八年（二〇〇六）に結成された小牧市内で活動する各種団体二百十余で構成される特定非営利活動法人こまき市民活動ネットワークや平成二十九年（二〇一七）に小牧市の出費で一般財団法人こまき市民文化財団が設立され、

姥ケ懐古戦場の碑から見た市民会館（平成三十年）

小牧市民会館前に展示されている「原川の落し石」（平成二十八年）

その事務局が置かれています。

市民会館の北東の国道一五五号線沿いの南側に平成二十五年（二〇一三）に移転オープンした「学生服のイトウ」があります。昭和三年（一九二八）、旧横町（小牧四丁目）に伊藤洋品店として創業し、その後、スクールユニフォームの専門店となり、昭和五十四年（一九七九）に株式会社イトウと改称。小牧の小・中・高などの学生服を一手に引き受けています。

また、国道一五五号線沿いの西側に「住まいの快適・安全をサポートする」株式会社フジカネがあります。大正十年（一九二一）に小牧の中心街片町に初代の父の愛称である藤兼の名をとり、茶碗や皿などの陶器類の販売を始めます。昭和二十八年（一九五三）に合資会社藤兼商店を設立。昭和四十四年（一九六九）には大輪住宅のある小牧一丁目に移転しますが、平成二年（一九九〇）に株式会社フジカネに改称。現在地に店舗を持ち、フジカネサッシセンターとしてアルミサッシ・板ガラス・住宅設備機器などの建築資材も扱うようになり、躍進を続けています。

小牧駅西北は、戦前も戦後も娯楽の殿堂

小牧二丁目の東側の市街地は、旧木曾街道（上街道）沿いにあり、旧名で片町といわれた地域です。何十年も前、古老に町名の由来を聞きました。江戸時代、町並みが整備される前に小川のような奇麗な水が流れる水路（用水）が引かれ、川縁《かわぶち》には風情のある柳並木が植えられたそうです。水路の西側だけに町並みがあったため、片町と名が付けられたといわれています。

旧小牧町内から見た冬の小牧山（昭和三十七年）

その街道の先の北に連なる上新町は、明治以降、小牧宿の街道筋の一番北側に最後につくられた新しい町筋です。〝上《かみ》〟は北のことをいい、上新町と呼ばれるようになりました。

尾張地方の歓楽街でもあった小牧地方は、農閑期の神社などの祭礼時期には日小屋《ひこや》（仮小屋）をつくり旅役者を招いたり、素人芝居を催したりして、芝居や漫才・文楽などが上演されていましたが、この地区は神明社の西側や玉林寺の門前にて興行していたという。明治十年（一八七七）ごろには旧中町に豊栄座（早期に消滅という）が設けられ、片町の上街道に沿った東側に、本格的な回り舞台が付いた甲子座《きのえねざ》が明治三十三年（一九〇〇）に地元の永田甚三郎らによって建てられましたが、昭和二十一年（一九四六）に焼失してしまいます。戦後の復興とともに進駐軍によって小牧飛行場が基地として整備されると、アメリカ人も多く駐在するようになります。甲子座があった場所の近くに劇場の機能も備えた映画館「カムカム劇場」が建てられ、アメリカ映画などが上映されていました。隣接地にはパチンコ店などもつくられ、小牧駅西中心街の娯楽の殿堂としてにぎわいました。昭和五十年代になると映画興行が衰退し、劇場は姿を消してしまいます。そして、その跡地や近くに次に紹介する写真館や新しい店舗などがつくられました。

昭和二十一年（一九四六）に名古屋の朝日新聞写真部に勤めていた吉田カメラマンが独立し、小牧小学校前の門前町（小牧三丁目・旧寺浦の一部）に吉田写真館をつくりました。昭和三十一年（一九五六）に、そこからほど近い現在地によしだ写真館として移転。市内の小中学校やスタジオなどで、記念写真や記録写真を撮影し、「笑顔が

カムカム劇場（昭和五十年代）

絶えない写真館」として営業を続けています。

近くには昭和三十年（一九五五）開業した株式会社ハシモトカメラがあります。平成二十八年（二〇一六）には創業六十周年を記念して「さくらまつりフォトコンテスト」などを企画して写真技術の向上普及に努力しています。現在その北側には、マンション建設の工事が進められています。

その町並みの北の端、新町三丁目近くの西側に、明治二十五年（一八九二）に開店した和菓子専門店の合資会社牧野屋製菓店があります。昔は、慶弔葬祭に欠かせない落雁《らくがん》（干菓子）のお菓子がつくられていましたが、今では、地元の素材を使った「曳《ひく》馬《ま》柿」「曳馬の里」などのオリジナル製品が提供されています。その近くの街道筋の南西側にマキノストアがあります。明治四十五年（一九一二）の開業で衣料品や化粧品を扱っています。

小牧宿の中心・小牧三丁目は山車文化を継承してきた

小牧三丁目は名古屋と中山道を結ぶ重要な上街道沿いに位置し、開発整備によって発展した小牧宿の中心地域です。元和九年（一六二三）に尾張初代藩主徳川義直公の命によって現在の街道筋がつくられ、昭和六十三年（一九八八）に実施された行政区画整理で、通称横町の北側と上之町・片町・西朝日・浦田・駒止などが統合されたところです。

長い戦乱に終止符が打たれ、徳川の治世になると、小牧山の南の麓にあった町を東側の荒れた地に移転し、小牧は交通の要衝、宿場町として整備されました。中山道と

小牧駅前交差点を集団登校（昭和三十五年）

東海道の中継点の役割があったのですが、あまり発展がみられません。寛文七年（一六六七）に、尾張藩の二代目藩主・徳川光友公によって、宿場振興の施策として小牧の名前の語源の一つである「駒市《こまいち》」が再開されると、近郊から「市」に集まる商人などで栄えるようになりました。小牧神明社には、「市神」碑が立てられ、明治時代には市の立つ一・六の日は、活況を呈していたといわれています。

また、天明年間（一七八一～八七年）に、城下町でしか見られない「でく（木偶）」（からくり人形）を載せた山車が小牧神明社の境内にある秋葉神社の夏の例祭に奉納され、町内の氏子によって曳き回しがおこなわれています。

宵祭りには提灯で飾り付けをした高さ五メートルほどの山車が町内を回り、現在はラピオ南側横の街路に四輌が集結し、山車の前輪を担ぎ上げ回転させる「どんでん」を披露しています。これは見ごたえがあります。翌日は町内を山車が曳きまわされたあと、秋葉神社に集結。お囃子《はやし》の演奏で人形の演舞を奉納するのです（74ページで詳細説明）。

そのお囃子は、街道筋ラピオ横通りの旧名上之町の中間の西側にあった通称「七軒町」の芸者さんの活躍ぶりを謡《うた》いにして演奏されたこともありました。七軒町には芸者さんと出先（待合・料理屋など）との連絡事務をする検番など、かつての建物の一部が現在も道を挟んで向き合って残っています。旧小牧町では数少ない長屋風二階建てです。大正時代のもので、老朽化していますので、保存が望まれます。旧街道筋の表通りは市街地再開発事業が実施されて、町の様相は一変してしまいましたが、昔の面影を残す貴重な建物群の一つです。ぜひ、保存の方向で検討していただきたいもの

山車「どんでん」の運行（平成二十七年）

小牧神明社境内にある「市神」の碑（平成二十八年）

です。
大正初期のいわゆる成金時代が、芸妓さんの全盛時代でした。好景気の中、旧小牧町内には、芸妓組合の検番が十四ほどもあり、七、八十人もの芸妓さんが働いて、小牧周辺は尾張地方の歓楽街でもあったのです。ラピオ側から西に入った「七軒町」からは、今でも、夜ともなると舞妓さんたちの三味線の音が艶っぽく聞こえてくる気がします。

旧名「上之町」の町筋では、最近、伝統の祭礼の日や日曜などに、町内の有志や露天商などの支援による小牧にぎわい隊が結成されました。その主催で小牧城見市などのにぎわい市が開催され、地域活性化のための取り組みがおこなわれています。

「七軒町」を通って西に進むと小牧市立小牧小学校にでます。この辺りは、門前町で、古来より南宮神社があった場所でした。しかし、明治時代におこなわれた神社の統合によって小牧神明社に合祀され、その跡地に小牧小学校が設立されました。

「七軒町」の入口にあるのが、大正二年（一九一三）に創業した老舗の八百屋「八百兼」です。昭和二十七年（一九五二）に果物専門店の合資会社八百兼を設立。昭和六十二年（一九八七）に果物専門のデザート工場、株式会社ヤオカネを発足させ、「旬の店ヤオカネ」として、各種学校への卸しと町の活気を演出する店舗として頑張っています。そのヤオカネの二階に小牧にぎわい隊の事務局があり、南の交差点の角近くに婦人服を初めとする服・洋服専門店の株式会社キクビシ商店があります。また、その交差点の東側に大正時代に雑加店として開業し、昭和時代に入り薬剤店となったコマスヤがあります。

小牧小学校に通ずる「七軒町」の町並み（平成十七年）

小牧にぎわい隊主催の「小牧城見市」の賑わい（平成二十八年）

木曾街道（上街道）を北へ百メートルほど行くと右に入る間所《かんしょ》（辻）があります。昭和三十年代までは、その入口に菓子屋やブリキ屋（トタン板などで日用品を加工する店）などがあり、入った中には、提灯などを加工する職人が住んでいました。屋根神様が鎮座する幅二メートルほどの狭い道を東に入ると明治三十八年（一九〇五）に開業した「趣味の染と織の大菱屋」があります。今もお店の方針で「奥様たちが旦那様に内緒で人目をはばからず着物を買いに来られるように」との先代からの教えを守り、目立たない路地の店で百十年余にわたって営業を続けています。

また、上之町の北側に位置する片町に隣接する上街道の西側には、明治二十八年（一八九五）に開店した家具・インテリア販売の柴為家具建具店があります。創業以来の和風家具の販売から現代にマッチする家具などのコンサルタントを兼ねて営業しています。第二次世界大戦後の小牧の楽々焼の窯元でもあります。

その南隣には明治四十年（一九〇七）に誕生したあさのや株式会社があります。当初は、あさのや時計店として開業し、時計販売や修理をしていましたが、現在は宝飾やメガネの販売もおこなっています。また、南側には、自転車販売修理を営む合名会社サイクルショップ丸六があります。

児童たちを見守る福翁の扁額と鎮守の森の三本松

日本の初等教育は明治五年（一八七二）に始まります。明治政府は寺小屋を廃止し、すべての児童が就学する「学制」を公布。翌年の太政官布告により、この地方にも学校が創設されました。当初は西源寺内に、その後は戒蔵院（52ページ参照）の西隣り

旧上之町より東へ入ったところ＝間所という（平成十七年）

に「第三中学校区第三十八番小学校」の仮設校舎ができます。当時は教員が五名、生徒が男女で二百十数名だったそうで、これが小牧小学校の前身にあたります。

教師には織田方款、江崎孫左衛門、中島童霈、江崎常吉、稲山貞助などを任命し、読本、習字、算術などを教え、寺小屋教育そのままでした。

百四十年を超える歴史をもつ小学校は、市指定の有形文化財になっている福翁の扁額（横長の額）を受け継いできました。この額は、明治十年（一八七七）ごろ、地元の名士・江崎理左衛門（後の県会議員）らが地租改正に関する請願のため上京のおり、福沢諭吉に懇願して、「身体健康精神活発」と直筆の扁額をもらい受け、岩越寿校長の時代に小牧小学校へ贈られたといわれています。また、明治二十八年（一八九五）当時の小牧町長だった岸田七右衛門が上京したときにいただいたという説もあります。他に大山巌の扁額もあります。

明治十五年（一八八二）に駒来学校と改称され、訓導兼校長には名古屋藩邸で生まれ、藩校で和漢の学を修めた岩越寿先生が就任。明治四十一年（一九〇八）に小牧尋常高等小学校になります。翌年、戒蔵院の裏手にあった南宮神社の跡地に新校舎を建設。この学び舎は、陸軍省教育総監の渡邊《わたなべ》錠《じょう》太郎《たろう》大将や宮崎国吉検事正などの卒業生を輩出しています。

明治四十三年（一九一〇）には、今も残っている校門が建設され、玄関前には梨本宮殿下の来駕《らいが》を記念するお手植えの松が植えられました。大正十年（一九二一）、お手植えの松の東側に岩越寿校長と二宮金次郎の銅像が立てられましたが、太平洋戦争で戦時供出されて砲弾に化したのか、行方不明で記録は残っていません。お手植えの

福沢諭吉の直筆の扁額（平成三十年）

小牧小学校校庭にそびえる三本松（平成三十年）

松も、昭和三十七年（一九六二）の新校舎建設に伴って移植されましたが、枯れてしまいました。

一方、中庭には南宮神社時代から学校の歴史を見続けてきた三本の老松（クロマツ＝市指定の天然記念物）があります。この松はかつての鎮守の森の名残で、校庭を見下ろしながら子供たちの元気な姿を見続けてきました。現在はこの三本松に歌が添えられ、「三本松音頭」として児童たちに歌われています。しかし、学校のシンボルといえるこの三本松も老齢化し、一本の根本が腐食したため、平成二十年（二〇〇八）の夏休みに樹木医を招いて大がかりな養生工事がなされました。小牧小学校の児童たちは、明治・大正・昭和、そして平成と、校庭に聳える市内最大のクロマツの三本松と福翁の書を見ながら力強く成長してきたのです。

再開発の町並みに今も残る小牧火伏せ観音戒蔵院

小牧三丁目の街道筋には、二十数年前まで古い家並みが軒を連ねていましたが、平成七年（一九九五）に、市街地再開発事業のため解体されてしまいました。これは、昭和五十年代前半から始まった小牧駅東土地区画整理事業の一環です。平成元年（一九八九）の小牧駅の地下化と平成三年（一九九一）の篠岡地区の桃花台を結ぶピーチライナー（桃花台線）完成（319ページで説明）に伴う駅西側一帯の再開発事業も実施されました。町の大改造の目玉として建てられたのが、ロココ風の再開発商業ビル・ラピオで、周辺の様相が一変しました。ラピオは、ライフ・ピープル・オアシス（人々の生活のオアシス）から名づけられたそうです。平成二十七年（二〇一五）には満二十

小牧駅地下化完成記念の一番列車（平成元年）

名鉄小牧駅西側から見た正面のラピオ全景と右側の東春信用金庫本店（平成二十八年）

周年を迎え、ラピオの歴史をつづった展示会などが開催されました。

しかし、平成六年（一九九四）に小牧市が主要株主となって設立された小牧都市開発株式会社が運営するラピオは経営が厳しく、当初、入居していたイトーヨーカドーは平成十九年（二〇〇七）に撤退し、その後、滋賀県彦根市の平和堂がアル・プラザ小牧として大型スーパーを運営してきましたが、再び撤退。平成三十年（二〇一八）には間々原新田で活躍している三河屋（詳細は155ページで紹介）が入居し生鮮食品と日用品のスーパーを運営しています。

かつてラピオの西側には、別項で紹介する東春信用金庫本店がありましたが、小牧駅前の中央一丁目に引っ越しました。

小牧小学校の南には、江戸時代小牧宿設置と同時期の元和九年（一六二三）に再建された真言宗智山派の高白山戒蔵院があります。寺の本堂横には昭和五十年（一九七五）ごろまで池があり、真ん中に島がつくられて、寛政十一年（一七九九）に火災守護仏として弁財天尊が祀られていたのです。今は埋め立てられて面影はありませんが、境内脇にその一部と思われる石造の観音像が置かれています。本尊は薬師如来（薬師瑠璃光如来）ですが、室町時代の作と考えられる、手に金色の壺を持つ木造十一面観音菩薩立像（市指定有形文化財）があります。この仏様は「火伏観音」と呼ばれています。壺の水は火難を防ぐためのもので、古くから「小牧に大火なし」の言葉が伝えられていました。本堂入口の鴨居にある女人の旅姿の彫刻は珍しく、一見に値します。また、山門の前には寛政十年に立てられた木曾街道の道標が残っています。昭和三十年代までは、境内におもちゃ屋などの店があり、町の活況を象徴するような賑やかな

小牧の中心にある高白山戒蔵院（平成二十八年）

織田家の血筋を受け継ぐ古刹の宝幡山西源寺。最初の初等教育がおこなわれた寺院である（平成二十八年）

場所でした。現在は敷地の隣に昭和五十六年（一九八一）から営業を続けている縄のれんの居酒屋「鳥八」が、近隣の人々のたまり場になっています。この入口の角には、宝飾工房を営むK'sCRAFT（ケイズクラフト）があり、道路を隔てた南側に、たこ焼き屋の「ほていや」があります。

小学校の西南にあるのは、真宗大谷派の宝幢山西源寺です。本尊は阿弥陀如来。この寺は嘉禎元年（一二三五）に岩倉で真言宗として開祖されますが、親鸞聖人（上人）が関東からの帰路、宗門転帰（転宗）させます。岩倉城主の織田伊勢守信安が織田信長に滅ぼされ、生き残った孫が仏門に入り、慶長九年（一六〇四）に旧小牧城下町に再建し、元和九年に現在地に移転。中興を遂げて、織田氏の子孫が代々寺僧を継いでいます。前に述べたように、小牧で最初に初等教育がおこなわれたところでもあります。

小牧の礎をつくった江崎善左衛門宗度

現在の小牧四丁目に属する旧下之町の上街道筋に在る岸田家の裏手横で、西に通じる崖地一帯には、通称「御殿」といわれる江戸時代の代官所がありました。近くには永禄六年（一五六三）に織田信長が小牧山に居城を移したとき、重臣の丹羽《にわ》長秀《ながひで》が屋敷として使用していた蟹清水《かにしみず》砦もあります。信長が美濃稲葉山城に居城を移すと、織田信長の父・信秀に仕えた江崎善左衛門宗度《むねただ》（一五三〇〜一六二七）という知多の大高村（現在は、名古屋市緑区大高町）出身の家臣が、小牧山の守備を命じられて住むことになります。その後、宗度は、信長、秀吉、家康に影武者として仕え、小牧の象徴ともいえる小牧山を守りながら、町の整備や地域の開発に貢献。息子の了也《りょうや》もそれを

織田家家臣の丹羽長秀の屋敷として、蟹清水砦がつくられ、その後江崎家が管理し、徳川時代は御殿として使用された跡地。現在は御殿龍神として祠が奉られている（平成二十三年）

受け継いで活躍しました。

小牧山は、天正十二年（一五八四）の「小牧・長久手の戦い」で織田・徳川連合の砦として使用されます。宗度は、この戦いが局地戦となり、徳川家康が長久手に進攻するときに先導役を命じられ、軍扇を賜った人物です。同年十一月の戦時終了で小牧山城の陣地は、再び廃城となりました。宗度は関ヶ原の戦いにも従軍して功績を挙げています。

戦乱も終わり平和が訪れた元和二年（一六一六）ごろ、家康から名古屋藩が拝領した木曽山林の管理のため、犬山城主成瀬正成と名古屋城との連絡が頻繁になったことで、藩祖の徳川義直公は本格的な街道の整備を企画します。中山道と結ぶ道として大名の参勤交代などにも利用することが考えられたのです。

これが木曾街道（上街道）で、元和九年（一六二三）には街道沿いに宿駅をつくるため、小牧山の南一帯にあった小牧村の住民を移住させることになりました。宗度はこのとき住民たちの説得に尽力。現在の市街地となる小牧宿がつくられることになります。

小牧御殿の中に設置された小牧代官所

小牧山を望み、風光明媚《ふうこうめいび》で泉も湧く宗度の屋敷を鷹狩りなどで来牧したときに休憩で訪れた義直公は、気に入って別荘（別殿）にすることにしました。自分の屋敷を提供した宗度は、多くの建造物を増築します。それが小牧御殿になったのです。その一帯は最近まで御殿と呼ばれていました。

小牧御殿跡に立てられた立て札（平成二十八年）

その後、江崎家は本陣兼庄屋・小牧山の管主と、尾張地方の発展と小牧地方の開発を付託される家柄になりました。宗度は、小牧村を織田信長の城下町から宿場町へと転換させ、周辺の農地を拡充するため灌漑用水を充実させて新田を開発するなどの政策を推し進めていきます。その子了也は、現在、犬山市にある入鹿池（168ページで説明）を築造するための入鹿六人衆としても貢献しました。藩祖の義直公が没した後、この御殿を二代藩主光友公や三代、四代の藩主が使用していました。天明元年（一七八一）からその後の藩政改革に伴う藩財政の立て直しで米切手（藩札）を発行するなど農政改革がおこなわれ、尾張藩は御殿の一角に尾張国丹羽郡、尾張国春日井郡、美濃国可児郡を管轄する小牧代官所を天明二年より設置。明治の廃藩置県までその役割を果たしました。

本陣は、上街道沿いの中町と下之町に跨る町屋の並ぶ市街地の西側の裏手一帯にありました。建物は、明治二十四年（一八九一）の濃尾大地震によって大破・消滅し、現在はその跡地近くに説明の立て札が立てられているのみです。幕末に庄屋を務め母屋が格子づくりで屋根神様をまつる脇本陣の「岸田家」（市指定有形民俗文化財）は、小牧御殿の東側の街道沿いの入り口にあります。現在は、その隣に代官所の庭にあったとされる七福神の一人「福禄寿」が移転、鎮座しています。

江崎善左衛門宗度の活躍の一部は、尾張小牧歴史文化振興会の提案で、小牧山城築城四百五十年記念の企画事業として平成二十五年（二〇一三）、丹羽郡扶桑町在住のミステリー作家・司城志朗さんによって『小牧山城秘話』（NPO法人尾張小牧歴史文化振興会発行）として紹介されました。この本は「信長は、なぜ小牧山に城を築いた

岸田家と屋根神様（平成二十八年）

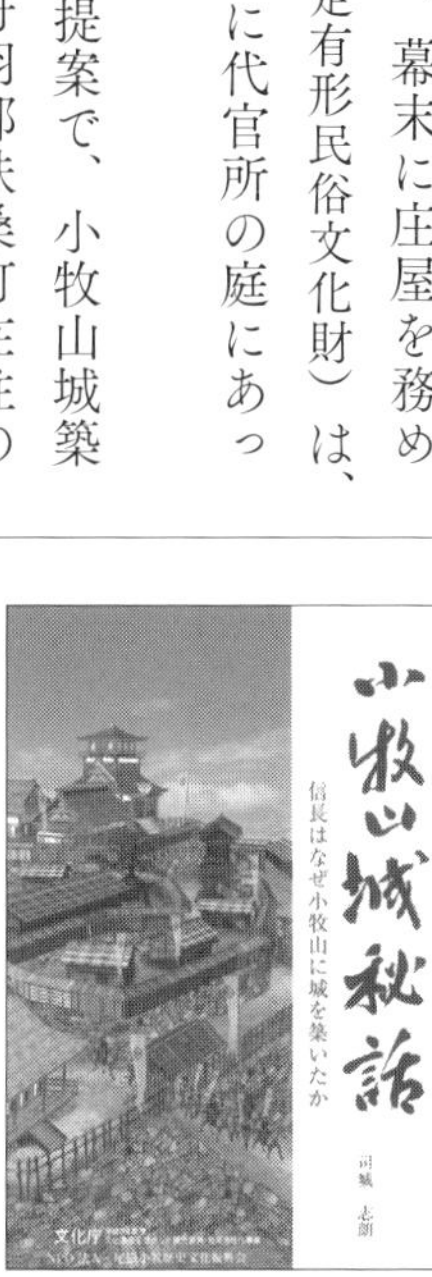

司城志朗『小牧城秘話―信長はなぜ小牧山に城を築いたか』平成二十三年に尾張小牧歴史文化振興会によって刊行された。

か」をテーマにした小説で、信長と吉乃のロマンスと戦国の世に影武者として活躍した宗度のことも書かれています。

故渡邊錠太郎陸軍教育総監の胸像のある西林寺

小牧四丁目の北端に、浄土宗鎮西派寶樹山西林寺があります。この寺は、永禄十二年（一五六九）に小牧山城下鍛冶町に創建され、寛永六年（一六二九）の大火類焼によって、現在地に藩祖義直公の命で移転・再建されました。本尊は阿弥陀如来です。徳川家ゆかりの地の浄土宗であることから、この寺の山門として尾張徳川家の菩提寺建中寺より、昭和元年（一九二六）に薬医門が移築されました。門の中央の透かし彫りや瓦には三葉葵の紋が見られます。ここには、昭和十一年（一九三六）の二・二六事件で暗殺された渡邊錠太郎陸軍大将（陸軍教育総監）の胸像があります。昭和十四年（一九三九）に当時の小牧山登山口の正面を流れていた合瀬川に架けられた御幸橋の小牧山側の虎口に大将を偲んで建立されていたものです。そこは昭和二年（一九二七）の陸軍大演習で昭和天皇が来牧されたおり、渡邊大将と共に渡られた記念の場所でありました。

渡邊大将は、明治七年（一八七四）に小牧の煙草店・和田武右衛門の長男として生まれました。幼くして母親の実家である岩倉の農家・渡邊家の養子となり、苦学して陸軍士官学校へ進み、エリートを養成する陸軍大学校を首席で卒業しました。日露戦争にも出征し、海外武官もされた方で小牧に対する思い入れも強く、四年間通った母校の小牧尋常小学校なども訪問されています。小牧のシンボルである小牧山を小牧町

建中寺より移築した葵の紋のある寶樹山西林寺蓬莱門（平成三十年）

渡邊錠太郎の胸像の前で語らう娘の渡邊和子さん（平成二十七年）

に寄付されるにあたって、中央での諸手続きや指導もしてくれました。数度にわたり来牧されその足跡を残されました。胸像のある西林寺は、和田家の菩提寺です。

残念ながら小牧には渡邊錠太郎顕彰会に類する活動はありません。しかし、養子先の岩倉市には、顕彰会もあり、渡邊家の菩提寺になっている真宗大谷派の宗重山正起寺にはお墓もあり、顕彰碑もあります。故人を偲ぶ例大祭も開かれています。

長女の渡邊和子さんは、幼い時に東京の自宅で二・二六事件の現場を体験されました。それを乗り越えて、岡山県にある学校法人ノートルダム清心学園の理事長を務められ、講演や多くの著作の出版などで、たくさんの人々に安らぎを与えていました。平成二十七年（二〇一五）一月三十一日には、小牧市立小牧小学校の教育講演会で来牧され、市民に感動を与えられました。講演後、亡父の胸像と対面されています。和子さんは、事件のお話とそれを乗り越えた人間の生き方を語ってこられました。東北大震災で被災された人々にも本や講演を通して語り続け、安らぎの心を与えていましたが、その年の十二月、八十九歳で逝去されました。平成二十八年春の叙勲で旭日中綬章を受けられています。

生前、渡邊和子さんから小牧小学校に渡邊文庫の寄贈のお話がありましたが、どういうわけか、小学校側が断られたというお話を聞きました。残念でなりません。

市指定文化財の西町稲荷堂は、一刻も早く修理保全対策が必要

小牧四丁目の西林寺の西隣の市道犬山公園小牧線道路側に西町の稲荷堂（市指定有形文化財）があります。この建物は、藩祖義直公のために慶安四年（一六五一）に創建

建中寺より移築された西町稲荷堂（平成二十二年）

西町稲荷堂の内部（平成二十八年）

された尾張藩徳川家の菩提寺、浄土宗徳興山建中寺（名古屋市東区）にあったもので、藩主などの霊位を祀る霊廟でした。建中寺は天明五年（一七八五）に焼失しましたが、二年後に再建され、伝統を受け継いだ重厚な権現造りの霊廟建築となっています。

稲荷堂は、明治五年（一八七二）に四つあった霊廟が一つの霊屋に纏められたため、四つのうちで一番古い拝殿と幣殿を徳川家所縁の寺である西林寺に隣接した現在地に移築したものです。

名古屋からの移転にあたってのエピソードが残っています。当時、大八車（人力で運搬する木製二輪荷車）八十余台で解体資材の運搬をし、四百名以上の人々の手伝いによって、明治八年（一八七五）に宮大工伊藤正吉郎らにより完成されたものです。明治三十四年（一九〇一）に住民らの願いで豊川稲荷を祀ることになり、管理が西林寺から切り離されました。そのため一部改造され、当時の小牧の花柳界と旦那衆が小牧豊川閣奉賛会を立ち上げ、勧請・管理して、現在に伝えています。稲荷堂の名で保存されてきましたが、内部の華麗な装飾や霊廟建築、権現造りの建物などは、建築当時のまま。貴重な建造物です。ただ、老朽化が激しく、一刻も早い修理保全対策が望まれていますが、文化財として指定した小牧市や管理している奉賛会の皆さんなどに働きかけをしています。

この近くには、大正七年（一九一八）に鈴木活版印刷所として創業し、昭和十八年（一九四三）に中愛印刷株式会社となった印刷屋さんがあります。

妙見山啓運寺正門（平成三十年）

啓運寺内の木戸高札場跡の碑文（平成二十八年）

暖簾を守る店舗が多い小牧四丁目中心街

元和九年（一六二三）に、小牧宿の上街道筋の南端に町の繁栄と安全、秩序の確立のために木戸と禁制を掲示する高札場を設けました。江崎家に残る古文書「御高札留」の中に正徳元年（一七一一）からの「定」文書があります。そこには「一、親子兄弟のこと・二、きり志たんのこと・三、火付け盗賊のこと・四、毒薬のこと・五、何事によらず・六、諸賃金のこと」などが記されていて、元禄時代の風俗や道徳を知ることができます。

小牧四丁目の旧下ノ町にある日蓮宗妙見山啓運寺は、創建が江戸末期ごろで妙見様といわれる妙見大菩薩（現・久遠実成本師釈迦牟尼仏）を本尊としています。境内に木戸高札場旧跡の碑文がありますが、本来の高札場は碑文のある場所から道路を挟んだ反対側の防火水槽がある場所だそうです。近づく小牧宿創設四百年（二〇二三）記念の年までには復元を期待しています。

四丁目の中心部の町並みには、新旧の暖簾《のれん》を守る店舗があります。

まずは古くから茶どころの小牧を支えてきた和菓子屋さんの萬長。江戸時代の天明年間（一七八一～八七）に小牧代官所が設置されたころからの老舗で、萬屋長八が興しました。干菓子《ひがし》ベースの落雁《らくがん》を得意とする菓子職人を置いて、茶菓子づくりの伝統を守ってきました。現在は、合資会社萬長本店として営業しています。そして、その南側には大正五年（一九一六）に創業した寝具販売を主とする合資会社綿房商店があり、北の街道筋の南西角には、明治十三年（一八八〇）に開店した藤屋が、伝統の味・うす皮饅頭で暖簾を守ってきましたが、平成三十年で廃業しました。その南隣の

横町から見た中町方面（平成三十年）

横町の町並み（平成二十七年）

永田印舗は、明治三十八年（一九〇五）から提灯製造販売を中心に小間物を扱う静観堂の屋号で商いをしていましたが、昭和三十六年（一九六一）に後継者の希望で屋号を変更。印鑑と表札を中心とした印鑑制作で、市民の幸運を呼ぶ仕事に勤《いそ》しんでいます。また、筋向かいには、明治時代の創業で四代目を迎えた料理旅館の「まるや旅館」（合資会社丸屋旅館）があります。昭和六十二年（一九八七）に増改築し、現在は、「心の教育をする場」として磨きあげたいとビジネスやグループで滞在する人々の接待をしています。その南隣には明治三十年（一八九七）開店のロダン理容院があります。戻って街道の交差点の北側には大正二年（一九一三）開業の扶桑銀行のモダンな二階建ての建物がありましたが、今はありません。この南隣に明治四十四年（一九一一）に開店した株式会社サトーが宝飾・時計・メガネ販売で頑張っています。また、その向かいの西側には、明治三年（一八七〇）にできた小牧の有名料亭・合資会社水口亭がありましたが、現在は取り壊され面影はありません。そして、その北側の数軒隣に明治二十二年（一八八九）創業の衣料品販売の専門店西金堂があります。

旧小牧市の中心街は、店の浮き沈みが激しい

ここでは旧小牧市街地の浮き沈みを紹介していますが、伝統を守りながら頑張っているところは日夜努力を重ねています。

小牧駅から見て、南西角で商業ビル・ラピオの向かいに昭和九年（一九三四）に開業した有限会社宮田写真館があります。この地方では珍しく家族中心の写真を撮り続け、「おじいチャンの時代の写真！今も、ぼくたちのたからものだね！」のキャッチ

ラピオ前から見た名鉄小牧駅方向の交差点（平成三十年）

小牧市（いち）大正時代暮れのにぎわい

フレーズで家族の記録を残しています。その並びに株式会社三菱ＵＦＪ銀行小牧支社（支店）があります。ラピオの西側の向いには高木伸二税理士事務所があります。

木曾街道沿いで一・六の市が開かれていた旧東町といわれる小路に昭和二十一年（一九四六）ごろに開業した小料理屋の海老屋があります。百年を超す中二階建ての元骨董品屋を利用した店で、家主の名前から屋号を付け、創業から鳥料理が看板です。残念ながら平成二十九年（二〇一七）末を持って閉店となりました。近くのウナギ専門店の釜めしの柴藤さんも営業を中止しました。そんな中でも市《いち》が開かれていた頃から小牧の老舗の印刷所として昭和四十一年（一九六六）に株式会社となり、現在も頑張っている秋田印刷株式会社があります。四丁目の東にある旧犬山街道（県道名古屋犬山線）となっている道路沿いに昭和三十二年（一九五七）に開店した料理旅館翠泉がありました。昭和四十二年に創業者が高知県を旅行した折、一刀彫の等身大の大黒様を気に入って購入し、旅館のロビーに飾って旅人の心をいやしていましたが、平成二十八年（二〇一六）十月に後継者難で閉店しました。その跡地にはマンションが建設中です。

小牧は、木曽川などの伏流水で水が良く、小牧宿の街道筋に五、六軒酒造りの蔵元がありました。「金穂」（澤村屋＝サワムラヤ）、「白自慢」（小原屋）などの銘柄があり、酒屋さんも多くありましたが、昭和四十年代に、蔵元は姿を消してしまいました。現在、サワムラヤの跡では、イオングループのスーパー・マックスバリュー小牧駅西店が営業しています。

また、明治四十二年（一九〇九）ごろに小売業としては小牧では先駆けとなる有限

空から見た昭和年代の小牧中心部（昭和五十三年）

七夕祭りの横町（昭和五十三年）

会社入山呉服店を創業し、明治、大正、昭和、平成と四時代に渡って営業を続けてきた和服を専門とする呉服の「入山」がありましたが、平成二十四年に閉店しました。

町内の酒屋では、明治四十一年（一九〇八）に吉野屋商会として設立された合資会社吉野屋が頑張っていましたが、平成二十八年（二〇一六）三月、営業を終了されました。北隣の靴店のおしゃれショップ「ヤマモト」も翌年には閉店しました。その隣の合資会社メリー美容室は昭和二十二年（一九四七）に開店し、平成八年（一九九六）に株式会社メリーとなり、現在も店舗を改装し、営業を続けています。その筋向かいに昭和二十三年（一九四八）ごろに江口呉服店として創業した「きものブティック江口」があります。平成二十年（二〇〇八）に株式会社江口となりました。「きれいになりたい」という女性の思いを叶えることを開店当時からのモットーとして営業し、着付け教室もおこなっています。その西側に昭和二年（一九二七）に開業し、昭和六十一年（一九八六）に有限会社となったカギや錠、そして、家庭金物などを中心に小売販売をおこなっている佐橋商店があります。最近は、カギのトラブル、修理などで連日市内を駆け巡っています。

坪内逍遥が演劇に目覚めた小牧こども歌舞伎

小牧代官所は劇作家の坪内逍遥《しょうよう》（一八五九～一九三五）との縁《ゆかり》があります。美濃と尾張の境界で要衝《ようしょう》の地である美濃の太田村（現・岐阜県美濃加茂市）に尾張藩が太田代官所を設置したのは、小牧代官所と同じ時期の天明二年（一七八二）でした。坪内家は、二代目の坪内平之進（坪内家の世襲の名）がこの代官所の手代（役人）として勤

昭和初期の小牧神明社の春まつり。左の写真は、舞台でおこなわれた「子ども歌舞伎」の練習風景

務。三代目の逍遥の父も赴任して、ここで生まれたのが三男の逍遥です。幼名は、雄三。

逍遥の父、坪内平右衛門（後に平之進と改名）は文化九年（一八一二）に小牧で生まれ、小牧代官所で手代として活躍し、その後、太田代官所に勤務。明治維新後の版籍奉還により解役され、明治二年（一八六九）に名古屋へ移住します。その途中、逍遥は父親の生地である小牧に半年ほど滞在したことがあります。

当時十一歳だった逍遥は、小牧神明社の春祭り（春の神明祭り）を見学して、あの高い山車《だし》の上で演じられた子供たちの芝居（小牧こども歌舞伎）を見て感動。それが脳裏に焼きついて、後に日本の劇作文学や舞台芸術にかける情熱の原点になったといいます。（『逍遥選集第十二巻』「寺子屋時代」の項）

小牧四丁目の旧「御殿」と呼ばれた地区の西側には大正九年（一九二〇）に敷設された名鉄電車の小牧・岩倉線の駅がありました。小牧線の終点の旧「小牧駅」です。昭和二十二年（一九四七）に移転して現在の小牧駅に接続されましたが、この路線は、昭和三十九年（一九六四）には廃止。小牧・岩倉間の所要時間は十数分ほどでした。

旧小牧駅の近くで、清須街道の起点となっている上街道の西北角に山正旅館があります。明治中期ごろの開業ですが火事で焼失し、現在の建物は昭和八年（一九三三）に再建され、当時のままの姿で営業を続けています。その横に旧街道の起点の道標をしめす記念碑が立てられています。

昭和二年（一九二七）には、小牧と上飯田を結ぶ城北電気鉄道と小牧と犬山を結ぶ尾北電気鉄道が設立されます。二年後この二社は、名鉄電車の前身である名岐鉄道株

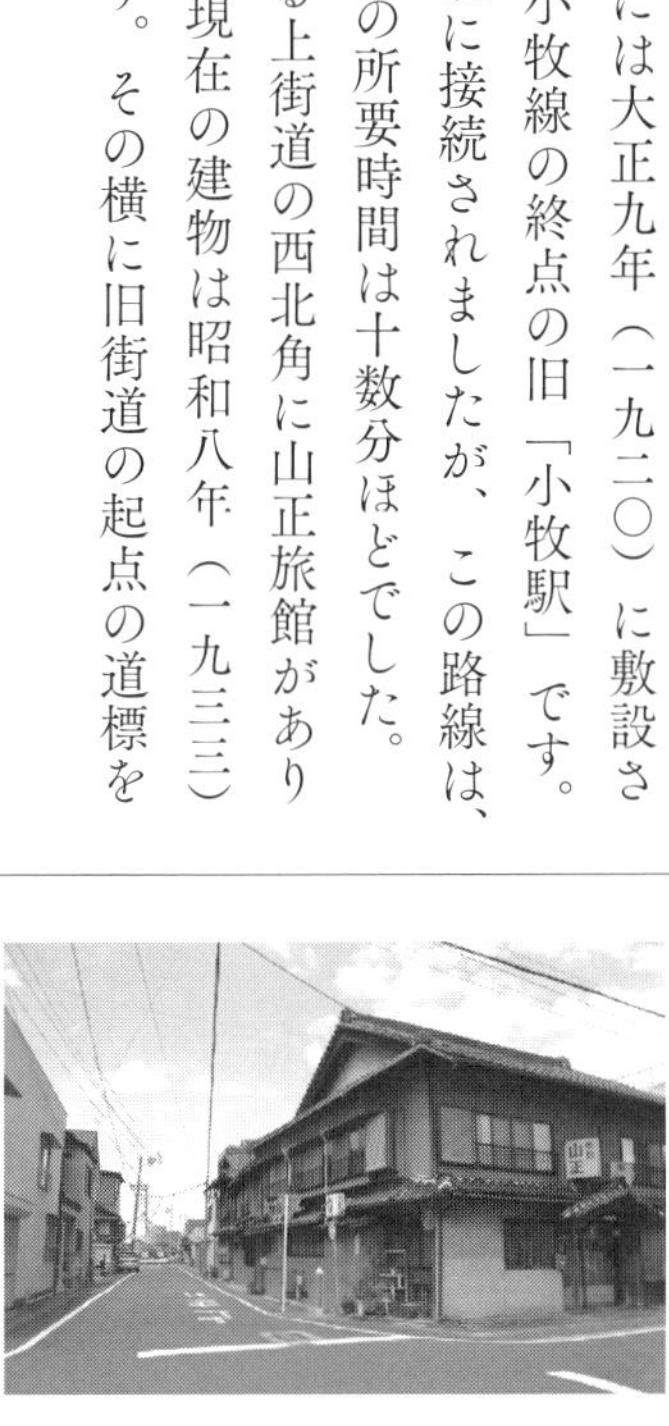

山正旅館の角に清須街道の起点の道標がある（平成二十八年）

式会社と合併。昭和六年（一九三一）に新小牧駅を起点とし上飯田と犬山間が名岐鉄道大曽根線として開通するまで、バスが運行されます。この山正旅館の横の街道の起点がバス路線の中継点となり、バスの停留所があったそうです。

この四丁目には、明治十八年（一八八五）に本市域におけるキリスト教布教の端緒となる日本メソジスト小牧教会の伝道出張所がありました。出張所は、現在、中央二丁目に移転しており、詳細は、そこで紹介します。また、四丁目の県道小牧春日井線の南側には明治三十四年（一九〇一）創業の和田鉱泉があります。清涼飲料の製造販売をしています。

牛車に乗ってゼロ戦が市街地をゆく

江戸時代にひらかれた木曾街道（上街道）は、名古屋城下と北の中山道を結ぶ重要な街道として多くの旅人が往来し、小牧宿は尾張地方の中心商業地域としての役割を果たしてきました。

この街道はあの第二次世界大戦で名を馳せたゼロ戦の機材が牛車に載せられ通過した道であることをご存じでしょうか。宮崎駿の映画『風立ちぬ』で機材が牛車で運搬された場面がそれです。名古屋の三菱重工業大江工場から岐阜県の各務原飛行場までの四十八キロの道程を二十四時間かかったといいます。

昭和十四年（一九三九）三月二十三日の夜半に、当時の名古屋市港区大江町の三菱重工業の名古屋航空機製作所の正門から、シートで包まれた大きな荷物が、二台の牛車に積まれ、名古屋の大通りを北に向かいました。上街道をゆっくりと進みます。現

旧上新町（現在の新町三丁目）（平成二十八年）

在、小牧五丁目となった下之町あたりで夜が白々と明けていき、提灯の灯が消されました。中町を通過し、横町の戒蔵院の前などでは、大勢の人々が見物していたそうです。古老の証言によると、カギ型道路となっている廻り角で牛車は、民家の庇《ひさし》を壊さないように進退を繰り返しながら曲がり、上之町を通過して片町に入ったといいます。夜がすっかり明けると、片町（小牧二丁目）の今はなきうどん屋「丸ぶん」や、これもなくなった上新町（現在の新町三丁目）のはずれの馬宿五十鈴屋（馬を預かる設備のある宿。蹄鉄の取り換えをする鍛冶屋と宿を兼用）、小料理屋の小松屋などで大勢の随行者が食事をとり、三時間ほど休憩をして、各務原飛行場へと向かいました。

この機材は、『風立ちぬ』の主人公のモデルとなった堀越二郎技師らが設計した十二試艦上戦闘機（零式戦闘機＝ゼロ戦）の試作機の機体でした。牛車で運搬したのは、未だ道路が整備されていないためトラックが使用できなかったことと、馬車では馬が暴れる可能性があったためでした。牛車なら、静かに移動できるし、あまり目立たないこともその理由だったようです。

小牧神明社は、信長が駒来神社として創建

小牧五丁目は昭和六十三年（一九八八）の「住居表示に関する法律」による行政区画整理で、旧小牧地域にあった字の山東・宮前（通称、西町）と北里の市之久田地域の字、西出・北浦・東出などの一部を整理し区画されました。

西は小牧山に接する合瀬川、東は市道犬山公園小牧線に接し、住宅地域と小牧商工会議所、メナード美術館、ふれあいセンター、市立図書館といった文化経済施設があ

小牧神明社正門（平成二十五年）

昭和十五年に改築された時の記念の扇

ります。また、小牧神明社や玉林寺、天理教小牧大教会などもこの町内にあり、西南には郷土史の恩人・津田応助の住居跡に同氏縁《ゆかり》の象山書庫もありました。

この地域は、小牧山の東山麓に位置し、古くからの畑地です。永禄六年（一五六三）に織田信長が清須（清洲）から居城を移した際、清須にあった御園神社の分神を小牧山に移し、駒来神社として創建。山頂で神事をおこない、山東に社を祀りました。しかし、廃城と同時に消滅。その後、尾張藩主徳川義直公によって現在地に移転し小牧神明社として再建されました。現在の祭神は天照大御神などで、神社庁の社格としては、五等級。境内には、秋葉祭りの秋葉社や市神様の碑、お稲荷様などが合祀されています。小牧では田縣神社に次ぐ格式を持っています。現在、老朽化した社務所改築が検討されています。小牧山の東に位置する周辺の地名は山東、神社の前は宮前と呼ばれ、西町は木曾街道（上街道）や小牧宿として整備されました。その裏町で、馬の売買をする市として駒市が復興した場所は東馬場（東町）、街道の西側の町は、西馬場と呼ばれました。また、組み入れられた市之久田地域の三つの字の一部は畑地でした。

小牧山の東山麓のまだ合瀬川がつくられていないころの現五丁目の西側と小牧山側の堀の内一丁目にまたがるところに信長の屋敷があったことが伝えられています。

信長が激怒したという連歌師・里村紹巴の句碑

この五丁目町内の北東には、曹洞宗の大寿山玉林寺があります。本尊は釈迦如来（釈迦牟尼仏）です。この寺は天正五年（一五七七）に岩倉龍潭寺の末寺として明賢和

大寿山玉林寺の山門（平成三十年）

玉林寺境内横にある里村紹巴の碑（平成二十八年）

尚により創建され、小牧山西山麓の元町にありましたが、小牧宿移転のため、元和九年（一六二三）に現在地に分離・再建されたものです。平成二十三年（二〇一一）には本堂が改築されました。玉林寺が元町にあったとき、連歌師里村紹巴《さとむらじょうは》が宿泊しています。織田信長が小牧山城の落成式に京都から紹巴を招いたのです。彼が祝賀で披露した「あさ戸あけ　麓は　柳さくら哉」という句に信長が、「新しい城の竣工に〈あける〉というのは不吉だ」と激怒《げきど》した逸話が残っています。紹巴は、信長がいよいよこれから出世する夜明けの意味で詠んだのに、信長は城を明け渡す意味にとったのだといわれています。のちに、紹巴を記念して、分離、移転したとき現在の寺の門前に句碑が立てられました。いまは、摩耗して文字は読み取れません。

寺の近くに小牧商工会議所があります。このビルは、昭和五十七年（一九八二）に小牧市商工会館（現・小牧商工会議所会館）として完成したものです。昭和二十二年（一九四七）に任意団体の小牧町商工会と北里村商工会が設立され、昭和三十年（一九五五）の小牧町、味岡村、篠岡村の合併で、小牧市が誕生。昭和三十六年（一九六一）の法制化によって小牧市商工会と北里村商工会が設立され、昭和四十五年（一九七〇）に小牧市工業会と小牧市商工会が合併。小牧市と昭和三十八年に合併した旧北里村の商工会が協議を進め、昭和五十二年（一九七七）に新小牧市商工会が発足します。昭和六十一年（一九八六）に通産省（現・経済産業省）の認可を受け、小牧商工会議所となって、平成二十八年（二〇一六）には、創立三十周年を迎えました。

商工会議所会館に併設している小牧中部公民館には、宇宙の星空を体験できるプラネタリウムや子育て支援センター、ファミリーサポートセンター、児童センターなど

小牧商工会議所と右隣のメナード美術館（平成二十八年）

天皇来牧のスナップ写真（平成二十八年）

があり、多くの市民に利用されています。また、この会館の一階にはアクサ生命保険株式会社小牧営業所があります。

小牧商工会議所の隣に「メナード美術館」があります。昭和三十四年(一九五九)に名古屋市西区(現在は中区丸の内三丁目に所在)で発足した日本メナード化粧品株式会社の創業者野々川大介(旧名=光雄)氏、美寿子夫人は小牧市野口出身。美術館は野々川夫妻が中心となって収集した作品を基盤に、昭和六十二年(一九八七)同社により現在地に設置開館されたものです。近世以降の内外の有名な絵画を中心とする美術・陶芸品など千五百余点に上るコレクションをもとに企画展示。当地の文化振興の一翼を担っています。野々川大介会長は平成十九年(二〇〇七)に小牧市民栄誉賞を受賞されました。

平成二十八年(二〇一六)十一月に天皇皇后両陛下が長野県と愛知県を旅行された時、美術館を訪問され、コレクションの名作を楽しまれました。当日は多くの小牧市民の歓迎を受けられました。

小牧の郷土史の先覚者津田応助

小牧山東の合瀬川沿いの翁《おきな》橋の袂《たもと》には国常立尊、伊弉諾尊、伊弉冊尊をはじめとする十の神を総称として天理大神を祭神とする天理教小牧大教会の布教所があり、近在の宣教所の統轄をおこなっています。明治二十三年(一八九〇)ごろに布教師が来牧し、明治二十六年(一八九三)に創建。昭和十六年(一九四一)には尾張部では最大の教会となり、現在では、ブラジルのサンパウロなど海外にも小牧の分教会があります。

合瀬川のほとりにある天理教小牧大教会(平成三十年)

旧清須街道の小道にある津田応助の顕彰碑(平成二十八年)

その教会の南側の旧清須街道だった細い小道の北側に、大正・昭和と尾張地方の歴史文化を独学で調査研究した郷土史家の津田応助（一八九〇～一九六七）が住んでいました。そこには、私財で「織田信長顕彰碑」が立てられ、氏が収集した資料を保管する象山書庫もありました。その資料は、現在小牧市立図書館に収められています。応助は、材木商の家に生まれ、高等小学校を卒業の後、強い向学心を持ち、通信講義で早稲田大学文学科に合格。国学漢学を収め、古文書の研究に精通して、『東春日井郡誌』や『小牧町史』などの地誌編纂の中心となって活躍、本書作成にあたっても貴重な文献として利用させていただいています。応助は、ユニークな面も持ち合わせていました。義母の旅行のきっかけで御嶽大神（国常立尊、大名貴命、少彦名命の三柱を一体とみなす）を崇拝する御嶽教に関わり、春日井市牛山出身で享保三年（一七一八）生まれの御嶽信仰の元祖、覚明行者の伝記と思われる本を大正十三年（一九二四）に『御嶽開山覚明霊神』として著し、昭和三年（一九二八）に、持ち前の器用さで当時の映画の作成にもかかわっています。その行者は覚明霊神といわれ天明二年（一七八二）に御嶽での修行を終え、尾張地方で御嶽教を起こしました。そしてその普及につとめ、各地の神社などに霊神の石像が立てられ崇拝されました。その記録が「覚明霊神」の名で残されています。また、応助は書家としても才能を発揮し、阿弥陀経などの写経も数多く残し、愛知県の文化功労者として、郷土文化の啓発に尽力しました。氏の功績を末代に伝承する機関をつくっていただきたいものです。

小牧五丁目の南から常普請一丁目にわたって、小牧市民病院があります。昭和三十八年（一九六三）に愛知県厚生農業協同組合連合会小牧病院を買収して市民病院と

小牧市民病院、手前が新しく建設予定の地（平成二十八年）

平成二十二年に開催された「和睦の日」記念事業ののぼりが名鉄小牧駅前に立てられた

なりました。平成に入って総合病院としての機能を備え、平成三年（一九九一）には、尾張地域医療圏で初めて県の救命救急センターの指定を受けます。高度医療体制の推進を図り、名古屋空港の災害にも備え、外国人居住者にも対応できる病院として整備されています。現在、老朽化などによる病棟の建て替え工事中です。平成二十八年度（二〇一六）に着工して、平成三十一年（二〇一九）の完成を目指しています。

小牧神明社のこども歌舞伎、七十年ぶりの復活

小牧の中心を守り、小牧宿の守神である小牧神明社は、織田信長が去った後は、廃《すた》れたままでした。天正十二年（一五八四）の「小牧・長久手の戦い」の際は、小牧山に陣取った織田信雄・徳川家康が信長ゆかりの神社として崇拝しています。徳川の世になると、幼少にして尾張藩を立ちあげた藩主義直公は、織田家の非運を弔《とむら》うために神明社を再建。元和九年（一六二三）の小牧宿の移転に伴い、人々に慕われる本格的な氏神様になったのです。

年中行事となっている春の小牧祭り（神明祭り）は、義直公が小牧を訪れたとき、牡丹《ぼたん》の造花を下賜《かし》して子供たちに歌や踊りを披露させたのが始まりでした。その後、第二代尾張藩主徳川光友公は、寛文七年（一六六七）に、小牧の振興策として馬市を開き、町内の上之町（中町との説もあります）と下之町に一輌ずつ「犬山型」の山車をつくらせます。山車には舞台を設置して、祭りで町内を曳き回し、屋根神様のある場所や辻で子供たちに芝居（こども歌舞伎）を演じさせました。祭りの最後に神明社の社殿に向かって並び、こども歌舞伎を演じて奉納したものです。それは歌舞伎者と

小牧神明社春祭り（昭和四十年代）

平成二十四年に開催された芸能フェスティバルの一場面

いわれた信長の生前の一面をも偲ばせるものです。

山車の老朽や第二次世界大戦時の規制などで、華美なこども歌舞伎は、途絶えましたが、春祭りは、西川流や花柳流などの子供舞踊で続けられました。山車は昭和三十四年（一九五九）の伊勢湾台風の被害などで傷みが激しく、下之町の山車を主に昭和三十九年（一九六四）に二輌を一輌に合体させ、町内の曳き回しが中止となります。現在は、例年四月の第二日曜日に神明社境内のみで山車舞台がおこなわれます。西川友賀社中（現在は後継者が指導）による子供たちの山車での舞踊と別に設けられた桟敷での餅投げを奉納して行事が続けられています。この山車は昭和六十年（一九八五）に小牧市指定有形民俗文化財になっています。江戸時代末期の山車の風景は、掛け軸に描かれ、先祖がお世話していた篤志家の家庭で保存されています。

小牧こども歌舞伎は、第二次世界大戦前までは氏子の子供たちによって演じられていましたが、尾張小牧歴史文化振興会の尽力により、平成二十三年（二〇一一）、文化庁の支援を受けて七十年振りに「郷土芸能・文化フェスティバル」で復活。二年にわたって小牧名鉄ホテル内の小牧コミュニティホールで二度の上演をし、市民の喝采を浴びました。この土台を受け継いで、小牧神明社の奉納行事として復活できる体制を整え、上演できるよう関係者の尽力が待たれています。なお、小牧神明社境内では現在、先に紹介した小牧ゆかりの坪内逍遥博士の記念碑（文学碑）建立の計画が検討されています。平成三十一年（二〇一九）春には、博士が小牧に滞在されて百五十年になります。

小牧神明社に勢ぞろいする四台の山車（平成二十八年）

小牧神明社内の秋葉社（平成三十年）

天明年間からはじまった小牧神明社の秋葉祭り

ところで、別項で紹介した小牧神明社に合祀《ごうし》されている秋葉社の夏祭りには、天明時代（一七八一～八七）から山車とでく（木偶＝からくり人形）が奉納されてきました。この山車は前項のものとは別のもので、「名古屋型」が四輛あります。

山車の歴史は、疫病や天災などをもたらす神を慰め、他界へ送り出すことで始まったといわれ、応仁の乱（応仁元年＝一四六七～文明九年＝一四七七の後半から）以後、京文化と共に「山」（山車）が各地に広がり、その地域によって現在の山車文化が形成されてきたともいわれています。

小牧地方も明暦元年（一六五五）の大火があったりして詳細な記録はありませんが、明治に残された奉加帳には寛文七年に先に説明した春祭りの山車が二輛つくられたことが記載されています。その後、近在の犬山や名古屋城下町などの大火が報ぜられることで、小牧の住民も不安を募らせ、防火の守護神である秋葉様を祀る気運が盛り上がり、天明年間（一七八一～八七）に、成田屋（江崎）又七の世話で別の山車一輛がつくられ奉納されました。明確な記録はありませんが、町内の屋根神様に奉納するため後述の静岡県の火防の神を祀る可睡斎《かすいさい》よりお札を受けて祭祀がおこなわれていたと考えられます。「秋葉祭山再興帳」という古文書が保存されていた帳箱《とばりばこ》の中にあり、箱の側面に享和元年（一八〇一）に山車が再造されたことが書かれ、勘定帳もありました。古文書には、前年の寛政十二年（一八〇〇）から享和・文化・文政までに祭元の順番に十四名の名が記されており、「寛政十二庚申……山再興中町三組内……」とあったのです。文政年間（一八一八～二九）の帳箱の蓋《ふた》には三代目玉屋庄兵衛などの

横町の聖王車の人形（平成二十八年）

秋葉祭りの山車のかつぎとカジ取り（平成二十八年）

名が書かれているので、庄兵衛作の「采振《さいふ》り人形」と「梅の木で倒立する小唐子」のでくを山車に載せたと推察されています。これに先立つ文化八年（一八一一）の玉屋家の古文書に「文字書き唐子人形」を細工したと書かれているそうです。これが当元（祭礼を一切仕切る）の役割を果たしてきた中町の唐子車《からこしゃ》です。秋葉車とも呼ばれ、法《はっ》被《ぴ》には「中」と書かれてあり、当初は一輌で祭をしていたようです。その後、江戸時代の終わりか明治時代の初めに枇杷島（現在の清須市）から購入したといわれている横町の聖王車《せいおうしゃ》が参加し、それには文政七年（一八二四）に墨田仁兵衛がつくった聖王と五代目玉屋庄兵衛作といわれる「采振り」と「唐子」のでくが載せられています。法被には、「聖」と書かれています。次いで、つくられたのが下之町の西王母車《せいおうぼしゃ》で、明治四年（一八七一）に若宮神社（名古屋の愛知県庁付近にあった）からいただいた竹田新助作のでくを載せた山車です。西王母は「西遊記」に登場しますが、「唐子」が桃を持って逍遥しているでくと奥村秀次郎作の「采振り」が載っています。法被に書かれているのは「桃」です。上之町・片町の湯取車《ゆとりぐるま》は江戸末期につくられたと思われる山車が、明治二十年（一八八七）に郷倉とともに焼失したので、明治三十五年（一九〇二）に前と同じ型につくられたものです。人形も華麗な神明神楽を舞う「巫女《みこ》」と「笛吹き」と「鼓を打つ者」を載せています。法被には、「歌」と書かれています。これは、六代目玉屋庄兵衛作のでくです。以上の四輌で町内を曳き回されてきました。

秋葉祭りは、夏の夜の幻想的な提灯との風物詩である

祭りは旧小牧宿に残る町内の火防の神・秋葉社を祀る屋根神様の前で、でくによる

大寺山玉林寺の境内にある秋葉社（平成三十年）

夜山車のドンデンの一コマ（平成二十二年）

からくりの奉納をし、辻では山車を回転させる「どんてん」を披露します。

お札をいただいた秋葉神社は、遠州（静岡県袋井市）の三大寺院である曹洞宗萬松山可睡齋（室町時代に寺名東陽軒として創建され、のちに徳川家康が可睡齋として命名）と推察されます。お札を奉納するため西町にある玉林寺境内に文政十年（一八二七）鎮守堂をつくり、分霊した三尺坊を本尊とし祀られたのが小牧の秋葉社の始まりのようです。明治五年（一八七二）に太政官布告の神仏分離により、秋葉山（静岡県浜松市天竜区）は秋葉山本宮（秋葉神社）となりました。宗派を超えて修行する日本唯一の寺である可睡齋には秋葉総本殿が移され、秋葉三尺坊大権現の御真躰をお祀り、祈祷する一大道場となっています。同様に玉林寺も布告によって、秋葉社を小牧神明社に移し、合祀して、現在に至っています。また、夏の秋葉祭りの前には、町内の代表（使者）がお札をいただきに秋葉山本宮の秋葉神社にお参りに行き、町内にある屋根神様などに御供えをしております。玉林寺には、当時のままの御堂が現存し祀られています。

夜になると山車に幻想的な堤灯《ちょうちん》が飾られます。昔は町内の信徒の家々にも軒先に提灯を吊るしていましたが、最近は飾る家はなくなりました。山車の集結するラピオ周辺は夏の風物詩となり、露店や夜店が出て市民に親しまれています。秋葉祭りは、例年、三日間にわたって実施されていましたが、今は八月下旬の土・日に開催されています。昭和五十七年（一九八二）に市指定の有形民俗文化財になりました。

熱田神宮の参詣がオマント神事のはじまり

天王祭は、夏を迎える前に暑い夏の病気を払う（無病息災）ためにおこなうところ

小牧神明社のオマント神事で行進する武者隊（平成二十八年）

小牧神明社の中で引き回される端馬（平成二十八年）

が多い行事で、一般に六・七月の祭りとされています。古来からあった南宮神社が小牧神明社に合祀され、農村の祭である南宮天王祭は十月の第二日曜日に開催しています。これも先に紹介しましたが、農耕馬を使った祭りです。藩主義直（一六〇〇～五〇）公が愛玩した猿（小牧猿）の死後、五本棒と鞍を義直公より拝領しました。この由緒ある馬飾りを馬に載せ、義直公自身が描いたといわれる猿の絵の旗を幟旗《のぼりばた》に仕立てて、熱田の宮に参ったことが祭りの始まりです。この奉納には乱暴狼藉が多く、熱田神宮への参拝を禁止されたりしましたが、今は南宮天王祭の祭礼として小牧神明社に奉納されています。五本棒オマント（馬之塔）奉納神事と呼ばれるのは、東町が五本棒馬飾りを馬の鞍に取り付けたことが由来です。東町は、伝統を受け継ぎ、端馬（ハナ馬）とその横で猿を描いた旗を立てて、町内巡行と奉納をおこなっています。他の地区でも昔はほとんど本物の馬を飾り立て、神明社に奉納しました。最近では、馬のほかに獅子頭、神輿による子供たちの行列などで奉納がおこなわれるようになりました。最盛期には氏子の町内が五十数地区もあったのですが、現在は三十数カ所に減っています。

なお、小牧地区では、厄年（四十二歳）の皆さんが、別に飾り馬を仕立てて厄除けとして奉納しています。この祭事も、平成十六年（二〇〇四）に市指定の無形民俗文化財になりました。現在は、東町のみ本物の馬による行事参加をしていますが、この時の足軽の衣装は、尾張小牧歴史文化振興会による文化庁助成事業で誂《あつら》えたものです。このような神事は、小牧地区以外でも鎮守の森として残っている神社などで農村の秋祭りとして実施されています。

義直公が描いたとされる猿ののぼり旗を立てて行進する絵図

神明社の儀式は、これだけではありません。江戸時代に書かれた記録には、二人の使者が、祭神である天照大神のお札を伊勢神宮にもらいに行くことが記されています。使者がお札をもらって帰ってくるとき、神社の有力者たちは羽織り・袴《はかま》を身に纏《まと》い、帯刀して馬で春日井原新田（現・春日井市の一部）まで出迎えに行きました。その際、歓迎の印《しるし》に道端に赤の幟旗を七百本ほど立て、神明社まで町をあげて行列をして、お祭りをしたという記録が残っています。氏子の家庭では、儀式にのっとった御供えを神棚にして祝ったそうです。

幻の小牧焼は、江濃（姉川）大地震で消滅した

小牧には篠岡地方を中心に古代の窯跡群が残っています。この窯は、中世になると衰退し、明治時代になって篠岡の大山焼、小牧の小牧焼などが始まりましたが、明治後期には消滅してしまいました。小牧の茶道研究家日比野猛氏（新町三丁目在住）に小牧の陶芸についてうかがいました。

市の近郊から岐阜県の多治見、土岐へと続く地域には、日本六古窯の一つである瀬戸があり織部焼や志野焼などの美濃を控え、日本有数の陶器が生産されました。尾張小牧は古くから焼物愛好家が多く、江戸時代末期には茶人・文人・墨客が好んで窯をつくり焼いていています。小牧代官所の最後の代官である村瀬八郎衛門美香《よしか》もその中の一人でした。

明治の中ごろを過ぎると、小牧で茶の湯が再び盛んになり、炉を切り（畳の一部を四角に切り炉をつくる）茶席を設け、茶道具を趣味とする人が多くなって、各所で交

小牧焼工場（明治中期）

小牧焼前期の茶碗（平成三十年）

歓がおこなわれました。立派な茶室もつくられ、一部が保存されていましたが、今は、すべてなくなっています。しかし、最近、古い技術でつくられた茶室が残っているという話も聞かれます。

むかし、小牧商工会議所の向かいの路地を入ったところに小牧焼の窯がありました。それは、このような由来でつくられたものです。

明治後期、小牧の資産家の一族で斎藤圀《くに》次郎という人が、陶窯の地多治見に養子に行きました。彼は焼き物に興味を持ち、趣味で陶芸に手を染めると、たちまち才能を発揮。技術を習得して小牧に帰ってきます。しかし、事業を興すには資金がたりません。江戸時代から続く小牧四丁目の穂積家を中心に七人の資産家が出資して窯を設置。彼を援けて陶器の生産を始めました。それが「小牧焼」です。

しかし、明治四十二年（一九〇九）八月、滋賀県の姉川を震源とする江濃（姉川）大地震によって出火し消滅してしまいました。現在、その窯跡とみられる遺跡が残っています。圀次郎の焼いた抹茶茶碗や皿は、市内の収集家や小牧市歴史館に収集されています。

日比野氏は、小牧茶の湯の三名物は「織田有楽齋竹花入」（所在不明）「小牧山御本陣用茶碗」「小牧焼」だといいます。有楽齋の花入を捜し出し、小牧焼はもっと集めて残したいと話しています。

郷土の生んだ作詞・文筆家、穂積久の生涯

穂積家といえば、その一族に戦前戦後を通じて、『名古屋ばやし』や『新小牧音頭』、

平成十年代の小牧市民まつりでの踊り

千葉県野田市『野田音頭』の作詞などで知られる穂積久（兵作＝一九〇三～一九八九）がいます。昭和の初めには野口雨情が隣町の犬山に来た時、小牧に入らずして「小牧音頭」を作詞したといいます。久は、これを聞き反発して昭和二十七年（一九五二）に小牧空港開港記念の年に『名古屋ばやし』や『新小牧音頭』を作詞したそうです。『新小牧音頭』は、当時では、珍しく英語の言葉を入れ込んだ歌詞で、米軍の駐留している小牧の風景が見事に表現され今でも、地元の盆踊りなどで使用されています。

久は文学の道を歩むべく、作家を夢見て大正十二年（一九二三）に東京の第二早稲田高等学院に入学。その直後、父の急逝に逢い家業を継ぐため中退して小牧に帰省。穂積家の先祖の家業は、江戸時代から味噌・醤油の商いや木曾の材木商としても活躍し、家業を受け継いだときは、煙草の生産者からの販売を受け継いできた商家でした。しかし、当人は馴染まず、仕事は片手間となり、失意が続くが小牧にも文学好きの仲間がいることを知り交流を始めました。文学仲間も増え尾北地区の同人による文芸誌の発刊にも参加し、輪を広げ短歌づくりから著名な作詞家として成長・活躍し、昭和四十八年（一九七三）に設立された小牧市文芸協会の初代会長を務めています。戦前は、『小夜しぐれ』などの流行歌を中心に作詞し、戦中は、『三味線軍歌』など軍歌にも取り組みました。戦後は作詞のほかエッセー、脚本、童謡と幅広く活躍しています。戦後の名古屋での日本放送協会（ＮＨＫ）名古屋放送局主催の紅白歌合戦開催時にも貢献。百五十曲余の歌詞をつくり、百曲以上がレコード化されています。

昭和三十二年（一九五七）に作詞された『半田来やさんせ』や兵庫県青垣町（現・丹波市）の『青垣小唄』は今でも使用されており、名古屋で開催されている「にっぽ

平成三十年には、穂積久を偲んで講演や演奏会などが開催されました。

んど真ん中祭り」では、ご当地民謡の代表として『名古屋ばやし』が定番となっています。現在、新科学出版社の「ようこそ歌の童画館」には『つばめ』の歌詞が掲載されており、市内の文化団体などの行事で再演・紹介され、彼の伝記や功績の記録を作成するため郷土史家が関係者に呼び掛け資料の収集をしています。

町名整理で飛地となった現在の小牧は

県道名古屋犬山線の小牧四丁目沿いの道路を挟んだ東側に交番があります。この地は飛地で小牧の地名の残った部分です。その東に中央一丁目と東新町に接した北外山入鹿新田があります。ここもやはり飛地でもあった旧小字の西蓮台（128ページ参照）のあったところです。この西側に交番がありますが、ここは春日井警察署警部派出所が昭和四十二年（一九六七）に移転するまで本署のあったところです。名犬線の西になる旧上街道の中町部分が三和通りといわれたことから、小牧警察署三和通りとしてバス停などの呼称に使われています。

そして、その南側の北外山に接している部分には、戒蔵院所有の駒来霊苑があります。また、小牧四丁目の南に接して北外山に三方向を囲まれている飛地の小牧があり、旧上街道沿いで左右は住宅地になっています。また、旧小牧の北のはずれの現在の安田町の一部にも小牧が残っており、以前には、山北町に組み入れられていましたが、独立して、安田公園沿いの南の一角に、昭和三十九年（一九六四）に雇用促進住宅山北宿舎が建てられました。

三和通りバス停のある交差点の交番付近（平成三十年）

◉中央一丁目から六丁目

中央は小牧原・北外山の新田が分断併合されてできた

現在の小牧市中央一丁目から六丁目の大部分は、寛永年間（一六二四〜四三）に入鹿用水の開削《かいさく》に伴い水利を得て、原野が一斉に開墾されて耕地となったところです。開拓された田畑のほとんどは、旧小牧原新田（一部、上新町の時代を経る）の一角を占め、隣接する旧小牧、北外山入鹿新田、北外山、東新町などの地域を分断併合・整理して、新町名として名づけられました。

中央地区の区画整理は、昭和五十年（一九七五）ごろから始まった土地区画整理事業で、小牧駅東土地区画整理事業として平成五年（一九九三）まで進められたものです。かつて農家と田畑だった田園風景が、道路が拡張され、替え地によって人々が移住してきてアパート・マンションなどが建ち住宅地として一変してしまいました。

中央の旧地名は、大字小牧の松ヶ枝・東浦・駒止、大字小牧原新田では西朝日・東朝日・定右衛門前、それに大字北外山入鹿新田の中三渕・上三渕・野池・北屋敷・南屋敷・今池といった各字です。地域は名鉄小牧線の小牧駅を挟んで、西は、県道名古屋犬山線、北は国道一五五号線、東はイオン小牧店の西にある外堀川、南は県道小牧春日井線に囲まれたところです。旧小牧駅の東側から眺めた三、四十年前までの景色は、春には菜の花が田園を埋め尽くし、秋になると豊かな稲穂が首《こうべ》（頭）を垂れるのどかで美しい風景でした。

小牧原新田の朝日地域は、延宝年間（一六七三〜八一）に初代の江崎伊左衛門が新

朝日会館の跡地に立てられた江崎善左衛門了也の顕彰碑（平成二十八年）

小牧駅近くの駒止公園（平成三十年）

田を開発するとき、この地を選んで開墾。子孫が朝日と命名したといわれています。昭和初期に江崎健三が、江崎家二百五十年を記念して「朝日会館」（集会所）を寄贈しました。現在は区画整理され、建造物などすべてなくなりました。住居跡に地域集会所の朝日会館と昭和十一年（一九三六）に尾張藩第十九代当主徳川義親公が揮毫した記念碑が住宅街の一部に隣り合わせで立てられ、駅西の小牧三丁目のラピオ五階の女性センターに「あさひホール」としてその名を留めています。

また、別の中央一丁目の木津用水会館近くの高台には、江戸時代に入鹿池を構築した入鹿六人衆の一人、江崎善左衛門了也（江崎善左衛門宗度子息）の顕彰碑と江崎家の縁を記した碑があります。この碑はなくなった朝日会館の敷地内に立てられていたもので、顕彰碑は同じく徳川義親公の揮毫のものです。

大字小牧の字松ヶ枝という地名は、隣接する東浦に立派な一本松があったことから名づけられたといわれています。区画整理前までありましたが、現在は一部が伝承・保存されているだけです。別名駒つなぎの松とも呼ばれており、「小牧・長久手の戦い」の折、徳川家康の家臣本多平八郎忠勝が馬をつないだことに由来しています。それが、駒止《こまどめ》の地名となり、平成五年（一九九三）に駅西につくられた駒止公園としてその名を留めています。この庭園は、篤志家によって多くの石材が寄贈され、市民の憩いの場所として新しくつくられました。

北外山入鹿新田の中三渕・上三渕という字名は、沼地や湿地帯、渕（深い所）が多い自然景観から名づけられたようです。

旧小牧駅舎（昭和三十七年）

小牧の玄関口・中央には廃線ピーチライナーの残骸が

中央一丁目は、小牧の中心地であり玄関口です。名鉄小牧線の小牧駅があり、周辺には、小牧郵便局、小牧税務署、金融機関などがあります。北方には、小牧ダイハツ株式会社サービス工場が、その北東に前述の旧朝日会館の提供者である江崎家の記念碑があり、近くに須佐之男命を祭神とする津島神社があります。小牧駅は平成元年（一九八九）に、線路下を通過する隧道《ずいどう》ができると共に東に移動して地下駅化されました。昭和六年（一九三一）に上飯田・犬山間が開通して以来、三代目の駅舎です。

この駅前には、小牧三丁目のラピオの西側にあった東春信用金庫本店があります。昭和二十七年（一九五二）に旧東春日井郡、春日井市などの六市町村長及び商工会会長などが発起人となり、東春信用組合として発足した小牧唯一の地元金融機関です。昭和三十七年（一九六二）に大名古屋信用組合を吸収して、昭和四十七年（一九七二）に信用金庫に改組。平成二十六年（二〇一四）十一月に現在地に引っ越しました。「とうしゅん」の愛称で親しまれています。名古屋をはじめ県内に十九店舗を持ち、とうしゅん中小企業パートナーセンターを設置し、地域社会に貢献しています。

小牧駅上には名鉄小牧駅ビルがあります。その中に名鉄小牧ホテルがあり、五階には小牧商工会議所管理の「小牧コミュニティホール」があります。その一階には、平成二十八年（二〇一六）に一般社団法人となった小牧市観光協会の小牧駅前観光案内所や小牧市役所小牧駅出張所があります。南側のガスビルに東邦ガス株式会社小牧営業所、株式会社十六銀行小牧支店、ライフエナジー館が入っています。エナジー館は、トイレを専門とする浴室や水回りなどのリフォームの展示館で、一丁目の北に位

名鉄旧小牧駅構内（昭和三十八年）

ラピオより小牧駅前方面を見る（平成三十年）

置する旧名犬道沿いにある昭和三十二年（一九五七）設立で創立六十周年を迎えたリフォーム業の加藤工業株式会社の経営です。その加藤工業の北側に昭和二十三年（一九四八）に秦野商店として創業し、昭和三十六年（一九六一）に株式会社となり、昭和四十七年（一九七二）に名称変更した総合燃料販売を主軸にガス器具・住宅設備機器を扱う株式会社ハタノがあります。ガスビルの南に小牧シティホテル、西に株式会社大垣共立銀行小牧支店が建っています。西方の県道名古屋犬山線沿いには小牧郵便局があり、その中には株式会社ゆうちょ銀行小牧店があります。

駒止公園の北側には、贈答品などを提供している株式会社サワセイ本社があります。サワセイは明治元年（一八六八）に旧上ノ町（現・小牧三丁目）に味噌・醤油醸造業沢清商店として創業。昭和四十三年（一九六八）に株式会社となり、昭和四十五年（一九七〇）ごろから贈答品も扱うようになりました。平成九年（一九九七）に現在地に移転。現在は愛知・岐阜など近県に八店舗の支店・営業所などを設置しています。

駅西を通過していた県道名古屋犬山線（犬山街道）は、駅東に小牧市初の隧道として一部、地下化され、北の上新町から南の桜井まで、バイパスとして利用されています。

現在の駅舎が完成したときは、昭和末期の新都市計画により名鉄小牧線連続立体交差事業と小牧駅東土地区画整理事業も推進され、平成三年（一九九一）の新交通システム桃花台線（ピーチライナー）の開通とともに、小牧駅前の新しい町並みの造成が進められました。しかし、当初計画していた春日井市の高蔵寺ニュータウンへの延長部分が未完成であり、駅前地下レストラン街整備の中断、途中の駅舎の不合理な設置

小牧市初の隧道（南側）（平成二十八年）

伊勢湾台風で倒壊した西町の民家（昭和三十四年）

などもあって利用者が伸び悩みました。平成十八年（二〇〇六）には廃線。今も哀れな軌道が風雨に晒《さら》されています。所有者の愛知県は、近く取り壊す準備を進めています。（319ページで顛末の説明があります）

　ピーチライナーの軌道が放置された状況を見るにつけ、昭和三十四年（一九五九）九月の伊勢湾台風の襲来で、駅の東側の建物が崩壊し荒れ果てた様子を思い出す人も多いはずです。このとき小牧地方でも瞬間最大風速六十メートルの強風が吹き、被害は市内全域に広がりました。死傷者五百二十名余、家屋全半壊が千六百以上、学校は授業不能となり、中央六丁目付近でも民家六棟余が深夜に大火事を起こしています。自衛隊などの救援を受けて必死の復旧作業がおこなわれる一方で、海部郡など愛知県内の臨海地で、浸水被害の甚大な地域の被災者を小牧の高校や中学の体育館などで受け入れました。

昭和天皇のご行幸時に使用した調度品を保管する塚原邸

　中央一丁目には、小牧で一番古いガソリンスタンドがあります。郵便局北交差点の北東にある小牧ＳＳがそれです。明治三年（一八七〇）に旧横町に油屋の絹庄商店として創業し、昭和二十九年（一九五四）に名古屋市東区に名古屋プロパン瓦斯株式会社を設立。昭和六十三年（一九八八）に改組し、株式会社絹庄としてグループの母体となります。他にも関連会社を立ち上げ、東海地方をはじめ各地に販売網を拡大しています。

　ここから東に向かったひとブロック先の右側に「カメラの松本サービス」がありま

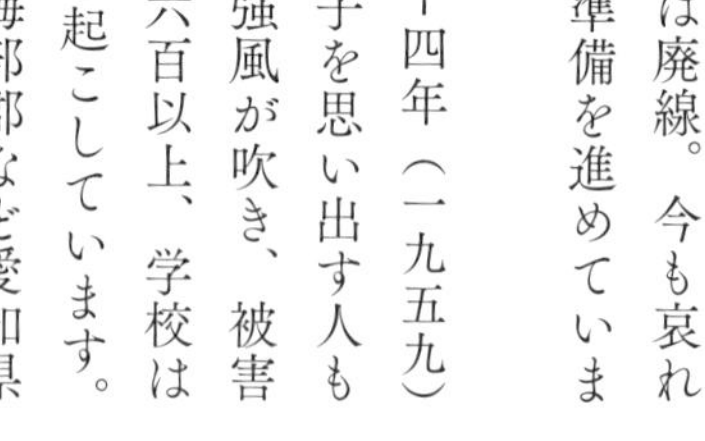

塚原邸内部（「光栄館」）

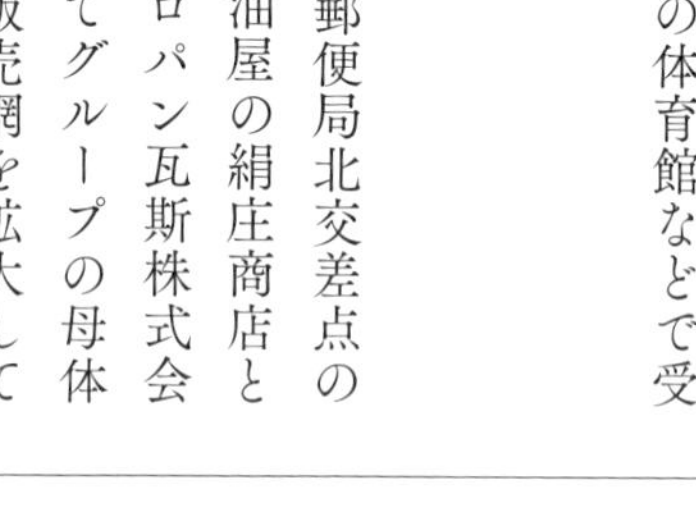
近代化遺産の塚原邸（平成二十八年）

す。開店は昭和五十三年（一九七八）。元町一丁目に支店を持ち、フォトサロンを開いて、写真コンテストなどを通じ、写真文化の啓蒙に努めています。

小牧駅東の中央二丁目は、かつて風情のある田畑が一面に広がっていました。その中でひときわ目を引いたのが、塚原毛織（戦後は小牧紡績）工場の高くそびえる煙突と幾重にも連なるノコギリ屋根でした。工場は昭和四十九年（一九七四）に閉鎖。現在は、工場跡地に昭和三十六年（一九六一）に開業して、昭和四十八年（一九七三）この地に移転した「塚原外科内科」が医療法人双寿会となり、老人保健施設「豊寿苑」を平成七年（一九九五）に併設しています。隣接して塚原邸がありますが、この建物は、昭和八・九年（一九三三・三四）の完成。和風三階建ての本宅と洋館風の塚原毛織事務所、木造の蔵があります。本宅と事務所は平成十七年（二〇〇五）に愛知県の近代化遺産に指定、保存されています。本宅の三階部分には、「光栄館」と名づけられた特別な部屋があります。創業者の塚原嘉一は、昭和二年（一九二七）に昭和天皇が陸軍軍事大演習視察のために小牧を訪れた折、旧制小牧中学校（現・小牧高校）に設《しつら》えられた御座所に菊の生花を献花しました。嘉一は、そのときに使用した花器をはじめ、天皇崇拝を表す書画や道具類を保管する部屋を三階に設置し、格天井や上段の床の間など、貴人向けの特別のつくりにしたのです。

塚原毛織は、塚原嘉一が大正八年（一九一九）に旧小牧町の中心地東町で織物業を開いたことに始まります。昭和五年（一九三〇）に丸嘉商店を設立し、旧朝鮮国京城（現・韓国ソウル）に支店を置くなど毛織工場を拡大。昭和八年（一九三三）には現在の小牧駅東の地に移転し、昭和二十二年（一九四七）に小牧紡績株式会社と改めます。

ノコギリ型の小牧紡績工場（昭和三十一年）

小牧南小学校前に建つ塚原嘉一顕彰碑（平成三十年）

嘉一は小牧町議会議員や小牧町商工会顧問などを歴任。産業界に貢献する傍ら地方政治にも取り組みました。昭和十九年（一九四四）に小牧町役場庁舎が火災で焼失した当時の町長で、庁舎再建をいち早く実現させています。嘉一の地域社会への貢献で特筆すべきことは、昭和七年（一九三二）の犬山・上飯田線の鉄道実現に関わって成功させたことと、昭和十六年（一九四一）に小牧町立高等女学校（戦後小牧高校に統合）を現在の小牧南小学校の地に設立するよう尽力し、地方教育文化の振興などにも貢献したことです。

一丁目も二丁目も、これといった商店街がなく、アパート、マンション、分譲住宅、民家などが混然と立ち並んで、アンバランスな形の町になっています。現在、新図書館移転設置の問題で揺れているようですが、名鉄小牧駅前周辺は、農業都市から工業都市へと発展した小牧の玄関口として活気ある町並みの早期実現が望まれています。

名鉄小牧駅東にはバスの乗降などのバスターミナルや音楽噴水、メロディパークがあり、イベント開催時には、市民の青空市場などが開かれています。二丁目の南東には大和ハウス工業株式会社愛知北支店があり、向かいの北側には平成三年（一九九一）に設立し、人材派遣や職業紹介をする株式会社エス・エス産業があり、近くには、紳士服・婦人服のブティックを営む株式会社ケイ・アンド・ケイがあります。

二丁目には日本キリスト教団小牧教会があります。この教会は、本市域におけるキリスト教布教の端緒となる日本メソジスト小牧協会の伝道出張所として明治十八年（一八八五）に旧中町に設けられていました。明治二十五年（一八九二）に小牧講義所となります。一時、下之町に会堂を置きましたが、再び明治四十一年（一九〇八）に

中央一丁目から中央五、六丁目方面を見る（平成三十年）

中町に本教会を設置。昭和十六年（一九四一）には日本基督教団に統合され、現在、小牧幼稚園などを経営しています。また、小牧隧道の北方には株式会社名古屋銀行小牧駅前支店があります。

小牧山吉五郎伝説の発祥を記した津田房勝

中央三丁目あたりの小牧駅東側の朝日地区には、尾張藩祖徳川義直公側室・貞松院の縁で賄頭《まかないがしら》をしていた津田勝元の家がありました。寛永六年（一六二九）、名古屋で生まれたその息子の津田房勝も藩士となり、父と同じく貞松院の賄頭となります。二代目藩主光友公の娘清姫の付け人もしました。任官以前の青年時代には、小牧に十年あまり住んでいます。

房勝は、その間に当時の尾張平野を歩いて纏《まと》めた見聞日記を残しました。元服後、志を抱いて江戸に出ましたが意を遂げられず、失意のうちに帰郷。母方の在所である小牧村の隣の二重堀村に隠棲していた祖父の中根孝勝の許《もと》に身を寄せ、食客として二、三年ほど過ごします。その後、彼が二重堀に隣接する小牧の旭（朝日）の里の西南の地に草庵を営み、そこへ移り住みました。ここでの生活は、訪れる人も稀《まれ》で、のんびりとしたものでした。百姓の真似ごとをしたり、尾張平野を隈《くま》なく訪ね回って各地の名草・名木を収集して植物園のようなものをつくったり、世上の出来事を年代順に綴《つづ》ったりしました。

そのなかには、人間のような振る舞いをする吉五郎と呼ばれる白キツネが住んでいたことが記録されています。これが小牧地方の伝説となっている小牧山吉五郎物語の

歩道橋上の吉五郎狐親子像。後方は名鉄小牧ホテル（平成二十七年）

小牧神明社の中にある狐の稲荷、お梅を祀った御林稲荷社（平成三十年）

発祥とされています。

房勝が小牧滞在中に書いたものを纏めた『正事記《まさことき》』という書物は、近世初期では珍しい貴重な随筆として評価されています。この吉五郎狐親子の姿を模《かたど》った像が小牧駅西の横断歩道橋の中央に置かれています。

現在残されている『正事記』には、二冊ものから五冊ものまで四種類あり、名古屋市蓬左文庫に保管されています。内容は日本中の重大な事件が年代順に詳しく書かれたもので、時代は寛永十年（一六三三）から寛文二年（一六六二）までの二十九年間にわたっています。万治年間（一六五九～一六六一）からは、見聞すると即座に記録し、それ以前までは、後日思い出しながら書き添えてきたといわれています。房勝は、寛文五年（一六六五）、父の後任として賄頭の職を引き継いで職務を全うし、元禄十四年（一七〇一）に七十二歳でこの世を去りました。

なお、別項でも時代が変わっても尾北地域一円に縄張りを持っていたといわれる狐の小牧山吉五郎としての伝説や逸話が多く伝えられ、小牧では、シンボル的な存在になっています。

この三丁目には瀬戸信用金庫小牧支店や白山公園、朝日公園があります。

日本一大きなこまきの鐘つき大黒さん

中央三丁目から六丁目までの区画は、ほとんど旧朝日地区です。四丁目は、東側を外堀川が流れ、五丁目には、その川淵沿いに昭和四十五年（一九七〇）に開校された小牧市立米野小学校が設置されています。六丁目は、北外山や大山地域の一部も吸収

小牧の大黒さんまつりの行列（平成二十八年）

法榮山妙林寺大黒さん。後が鐘つき堂になっている（平成二十八年）

し、南側は県道北外山入鹿新田西之島線で境界が区切られ、それぞれの町会の境は、西側の斜め南北に走る市道小牧駅東線で区画整備されています。

その中の六丁目の中心より東にある旧北外山入鹿新田の日蓮宗法榮山妙林寺は、応永二十三年（一四一六）に日澄聖人の法孫日珍が創建しました。本尊は法華経題目木塔（現・久遠実成本師釈迦牟尼仏）です。明和年間（一七六四〜七二）の焼失で荒廃していましたが、その後、第二十一世の日行師により中興・再建。昭和三十八年（一九六三）から改築、昭和五十九年に第二十七世山本日顕上人が冬の百日間の荒行を終えて、大黒相承相伝の時、「日本一の大黒天を建立せよ」との霊示を受け、白御影石製で四・五メートルもある七福神の一人、大黒天が祀られました。台座下からの高さは七・五メートルもあり、その背後に鐘つき堂が設置されています。打ち出の小槌の大黒天に見守られた『金の成る鐘』として参拝者は鐘をつくことができ、「日本一大きな鐘つき大黒さん」がある寺として親しまれています。この寺の『大黒さんまつり』は、毎年十一月の第二日曜日に開催され、稚児大黒による宝船が御寺周辺を練り歩き、参拝者でにぎわいます。このとなりには、創建不明ですが祭神を天照大御神とする神明社があります。そこに米野会館が併設されています。

中央の南側の一部は、区画整理実施区域となり、東新町がつくられ、住宅地として宅地化された部分の南東の地域は、南北に細長く緑町が独立しました。その東は、北外山の新興住宅地で、昭和三十九年（一九六四）までに一部完成した小牧初の分譲住宅としてみどり台団地住宅が広がっています。この辺りは、旧北外山入鹿新田の一部で、小字は蓮田・蓮台・池上など。名前から湿原に生える植物や水辺があった様子が

小牧駅南側の隧道上の歩道橋より東新町、北外山方面をみる（平成二十八年）

想像されます。南の応時との境界を流れる蓮台川の水源となる遊水地もあります。村絵図には蓮台池の名が見られるので、昔は蓮の花が一面に咲いていたのでしょう。この周辺に区画未整理の飛地として、旧小牧や旧北外山の地名が残っています。

四丁目には城見公園があり小グラウンドがあります。また、五丁目の小牧第一病院は、地域医療に貢献しています。中央部には株式会社土屋電装システムと土屋土木があります。

◉堀の内一丁目から五丁目（曙町を含む）

小牧を象徴する小牧山には大昔から人が住んだ

国指定の史跡であり小牧を象徴する小牧山は、堀の内一丁目に属し、そのほとんどの区画を占めています。堀の内は一丁目から五丁目に分けられ、旧小牧、市之久田、間々本町、曙町の一部が整理されたもので、昭和五十九年（一九八四）に誕生しました。

小牧山は、旧石器時代の末期（紀元前一万年前ごろ）には、すでに人が住んでいました。南斜面の中腹にある市内最古といわれる小牧山遺跡から出土した雑器からは、旧石器人の存在が推測できます。小牧山南の織田井戸遺跡は、発掘により縄文時代（紀元前六千年前ごろ）のものであることが確認されました。地質学の文献などには、北部丘陵地帯と同じ古生層の地層でつくられ、美濃地方の地質に似ているとされています。

小牧山は、砂岩や粘板岩《ねんばんがん》の見られるチャート（石英の微粒からなる硬い堆積岩）を主

北里方面から見た小牧山全景。中央の建物は小牧市役所（昭和四十四年）

体とする古生層の山で、一億年以上前の固い地層が、風雨の浸食に堪えて残ったものと考えられています。ここの地層は、約五百万年前に東海湖が形成されたときのもので、西側は濃尾平野の傾動《けいどう》運動で深く埋れています。一方で東側は隆起して、桃花台などのある東部丘陵地帯が地表に現れたのです。

小牧山周辺の台地の地層は、氷河期の海水変動（海面が百メートル以上低下）が形成した段丘地形です。十二万年前の熱田海進（海水面の上昇あるいは、陸地の沈降により、海岸線が陸地の方へ移動すること）で堆積した地層が、二～三万年前の海面低下で削られてできあがりました。西側の低い市下地区の沖積層は、木曽川が形成した扇状地の末端です。ここは平原となり、小牧山や岩崎山は高台として残ったようです。

その名残として、小牧山の中腹には海岸地方に多くみられるタブノキが自生しています。これは「市の木」に選定されています。

「〈小牧〉前史をさぐる」のところで触れたように、小牧山の西から北西にかけての一帯はかつて海で、漁に出た漁師が帰路にこの小高い山を見て帆を巻いたという伝説があります。「帆巻山」が、なまって小牧山となったというわけです。もう一つの説は、この山の周辺で馬の市が立ったため、曳馬山・駒来山・飛車山などといわれ、それが地名の原点となったというものです。江戸時代には、古城御山と呼ばれ、徳川家の篤《あつ》い保護のもと小牧山として保全されてきました。

戦国時代の記憶を現代に伝える小牧山

小牧山は尾張平野のど真ん中に位置する、標高八十五・九メートルの小さな山です。

小牧山中腹にあるタブノキ（平成二十八年）

小牧市歴史館内に展示されている合戦図（平成二十八年）

山頂にある小牧市歴史館（小牧城）の展望室からは、晴れた日には小牧の市街地や県営名古屋空港、さらに名古屋市街や遠く伊勢湾、養老山地、伊吹山地、犬山城を頂く山、御嶽山、東部丘陵地帯の山々が一望できます。まさに、陸の要塞にふさわしい立地条件を有する山であり、群雄割拠の時代には日本の歴史を左右する物語を生んできました。

小牧山城には戦国時代からの歴史が刻まれています。永禄六年（一五六三）に織田信長は清須（城は清洲城と表記）からこの山に居城を移し、美濃稲葉山城（岐阜城）攻略の拠点としました。四年後、信長が目的を果たして稲葉山城へ移ると小牧山城は廃城になります。天正十二年（一五八四）に、織田信長の次男信雄と徳川家康との連合軍が、羽柴（豊臣）秀吉軍と対峙することで、ふたたび、小牧山は脚光を浴びることになります。その年の三月、連合軍は小牧山に陣を張り、天正小牧合戦といわれる「小牧・長久手の戦い」の火蓋が切って落とされました。最近の小牧山城の発掘調査により、信長の城郭建築が、本格的なものであったことがわかってきました。頂上から、三段目の石垣が発見されて、家康の新たな本陣の増築は、信長のつくった城垣などを土で埋めてつくられたことが解明されたのです。

この戦いは局地戦でしたが、神経戦でもありました。犬山城・楽田砦などに陣をしいていた秀吉軍は、小牧山城の連合軍と睨みあっていましたが、五月には主力を撤退させ、信雄・家康連合軍も兵を引きます。その年の十一月に和睦をし、秀吉に家康の存在を認めさせ、二人はそれぞれ天下人への道を歩むこととなります。小牧山城はふたたび廃城となりました。

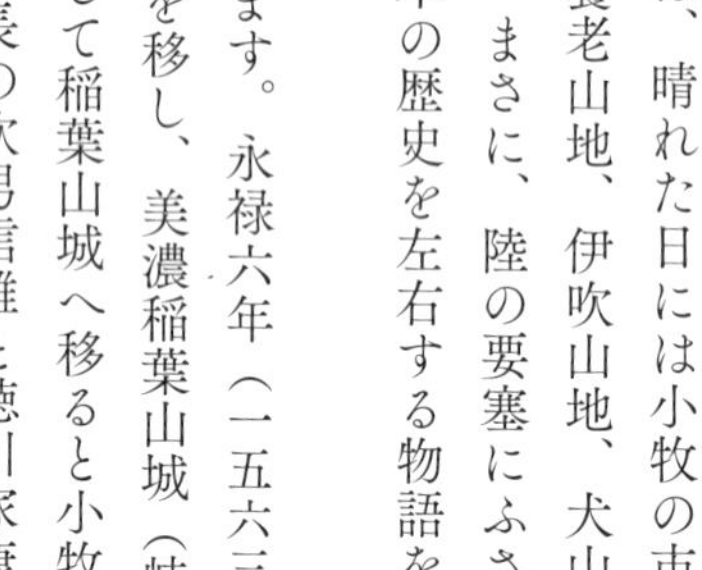
現在の小牧山登山口（中央部分）（平成三十年）

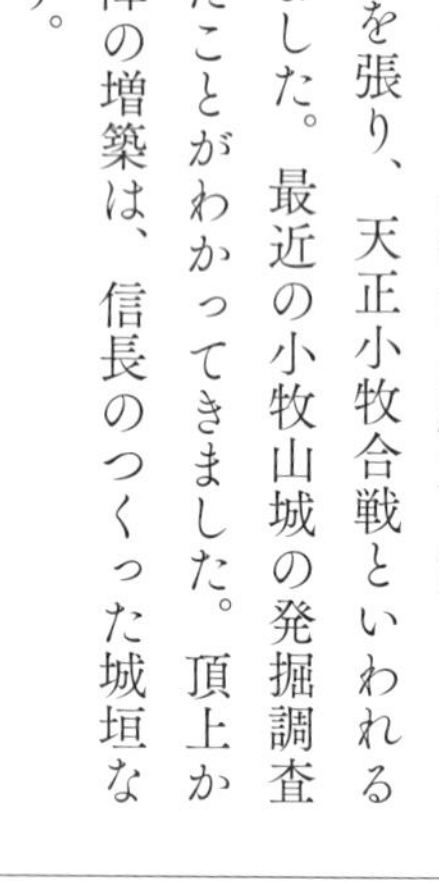
小牧山史跡公園の入り口にある公園碑（平成三十年）

徳川の御世（江戸時代）になると、慶長十五年（一六一〇）に名古屋城が築城され、尾張藩が統治することになりますと、小牧山は徳川の天下統一の道筋がつけられた地として大切に管理・保全されることになりました。明治の版籍奉還に際して一時、官有地になりましたが、明治五年（一八七二）に小牧村の民間人の有志に払い下げられ、翌年にはふたたび政府が買収して、愛知県では明治六年に「公園」として第一号の指定を受け、愛知県立小牧公園となり、一時、開放されます。

徳川家の旧藩士から中学生や青年までもが集った創垂館

この小牧山の所有権に関して、廃藩置県後、一時、民間の所有になるなど、波乱万丈の獲得合戦がおこなわれた記録が残されています。しかし、最終的に愛知県が強行・取得します。明治二十二年（一八八九）、徳川家祖業発祥の地である小牧山は、徳川家の所有となりました。尾張徳川家が所有していた旧名古屋城跡（当時の上名古屋村の土地）にある陸軍省第三師団の北練兵場と交換したのです。

その一年前には、当時の県知事の提案・企画により、頂上直下の平坦地に和風の接待所「創垂館」が建設され、旧藩士らを招いての園遊会が開催されました。一般にも開放され、花見の会などが催され、大変な賑わいを呈したといいます。明治二十三年（一八九〇）六月二十二日に開催された園遊会の催しの様子が、名古屋の新聞「金城新報」に載っています。報道によると前日の土曜日の開催に招待者が七千余人も集まりました。徳川家が旧藩士を中心に公告して呼びかけ、お目通りして君臣の親交を温めることが主で、簡単な酒食が提供されました。その他、地元の教育者、商人、医者

老朽化が進んでいる現在の創垂館（平成二十八年）

などの多くに招待状が出されたそうです。この建物は、昭和二十四年（一九四九）に新制小牧中学校が小牧山の東の麓に設立されると、生徒たちの協力で山麓の下段の現在地に移築され、同校の作法室などに利用されました。学校設置にあたっては、小牧山の東山麓のすそ野を削り、その土を小牧飛行場の拡張の土として使い、広い運動場や斜面の高台に校舎がつくられました。昭和三十九年（一九六四）、その南隣りに小牧市立小牧山青年の家が開設され、離れの「創垂館」として保存・利用されてきました。しかし、築百数十年を経て老朽化が進み、現在、小牧市の予算で改修保存する方向で検討されることになりました。

ちなみに創垂館は、『孟子』「梁恵王章句下十四編」の『君子創業垂統為可継也』（君子は業を創《はじ》め統を垂れて、継ぐ可きことをす）に由来しています。つまり、君子のなすべきことは創業し、後世に続く手がかりをつくって、後に受け継がれることをするだけだ、というのです。

平成十年（一九九八）に移転した小牧中学校の跡地にある武道館は解体されて、小牧山城の発掘調査に関する資料を展示する信長資料館（仮称、史蹟センターの名称は検討中）が建設されることになり、図面や内容なども発表されています。

江戸時代の歴史学者・頼山陽は『日本外史』の中で、小牧山を「公（神君家康）の天下を取る、大坂に在らずして関ヶ原に在り、関ヶ原に在らずして小牧に在り……」と評し、家康が、天下道へと歩を進めた地として記録しています。現在は、史跡公園として開発が進められていますが、徳川家にとっては、現在も最も重要な遺跡として位置づけされていますので、その面影を残してほしいものです。

明治二十三年の小牧山で開催された園遊会で散策する人々

国指定の史跡となった小牧山が小牧町へ

小牧山は昭和二年（一九二七）に、全国第三番目の国指定の史跡となります。昭和五年（一九三〇）に地元の請願によって、小牧町に寄付されることになり、厳しい管理規定も決められました。当時の侯爵徳川義親《よしちか》公による十三条の契約書が、徳川家をはじめ時の内閣や徳川家の関係者の討議及び稟議で決済され、小牧町に示されています。宮地太郎町長以下、町議会議員の署名・捺印がされた御請書（誓約書）などの文書類は役場に保存されていましたが、昭和二十八年（一九五三）の役場の火事で消失してしまいました（旧朝日会館が臨時の役場になります）。しかし、もう一通が名古屋市の蓬左文庫に保存されていたのです。

平成時代に入り、小牧中学校の移転問題が浮上し、平成三年（一九九一）に小牧中学校の関係学区の区長さんらが集まって懇談会が開催されます。そのおり、過去の徳川家との契約文書を見たいという要望がありました。当時の佐橋薫小牧市長の尽力により、徳川家の許可をとって、文書の開示がおこなわれました。それを見ると、小牧山に対する徳川家の移譲の条件は、想像以上に厳しいものであったことがわかります。小牧山保存の歴史を原点から見直すことも必要かもしれません。一部を抜粋すれば次の通りです。

第一条　徳川家ハ　小牧町ノ希望ニヨリ小牧山全部ヲ開放シ　ソノ管理ヲ同町ニ委託ス　小牧町ハ史蹟名勝ヲ永遠ニ保存スル為　第二条以下ニ定メル条件ヲ遵守スルコトヲ要ス

第二条　小牧山周囲ノ木柵及門ハ従前通リ同一ノ様式ニ従ツテ築造シ且ツ其地

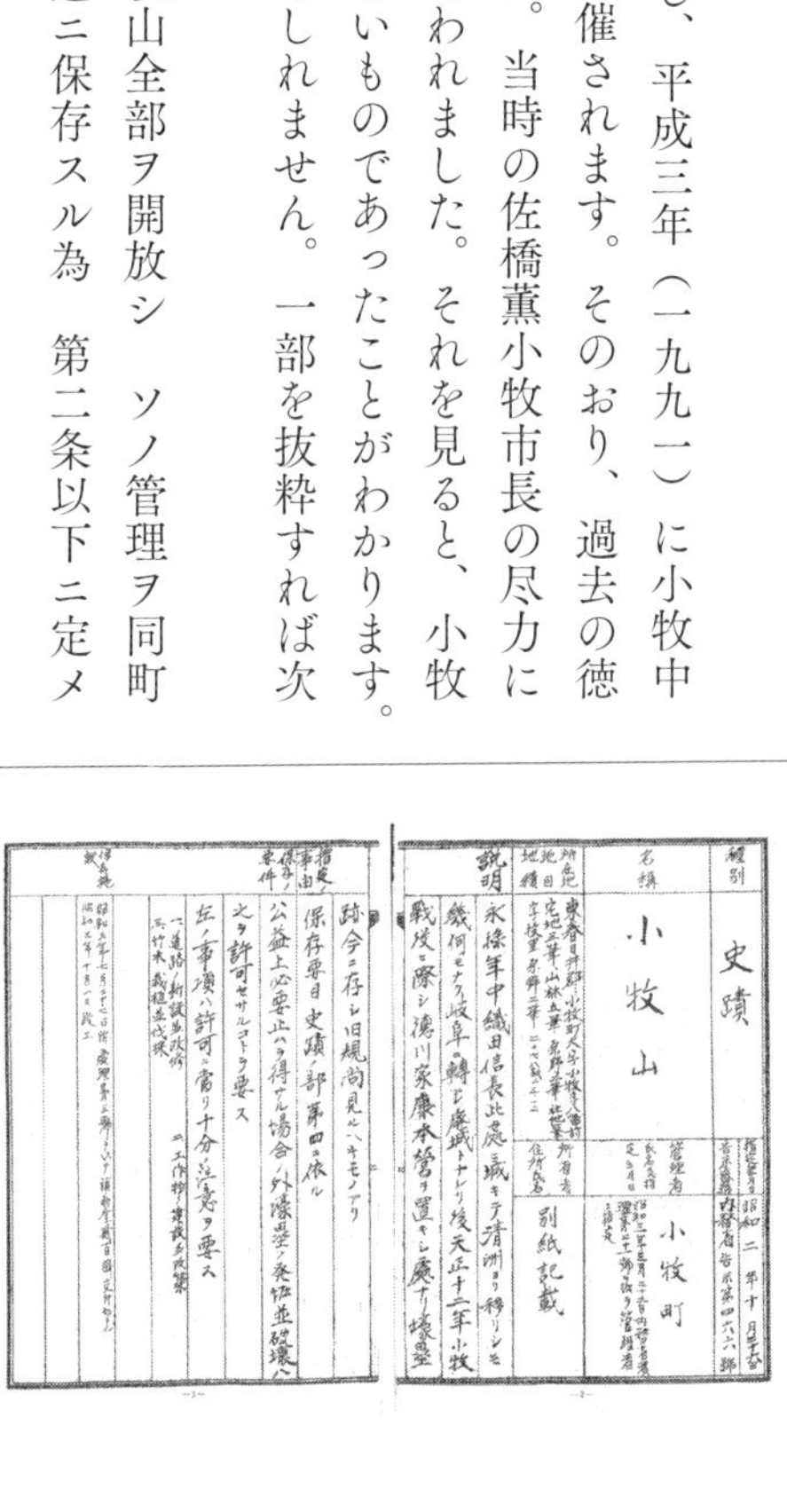

昭和五年の小牧山の国史跡指定の通知書

点ヲ変更セザルコト

第三条　山上ニ在ル創垂館ハ専ラ貴賓接待ノ場合ニ限リ之ヲ使用シ平素衆人ノ出入ヲ厳止スルコト

第四条　山内ノ風致ヲ毀損セザルコトハ勿論　風致増進ノ目的ニ出ル場合ト雖モ決シテ原形ヲ変スルコトヲ得ズ

第十二条　小牧町ニ於テ前各条ノ条項ニ違背シタル時ハ徳川家ハ直ニ本契約ヲ解除スルコトヲ得

その後も、町議会で厳しい管理の諸条件が確認されていましたが、第二次大戦後の社会情勢の流れもあって山の頂に城がつくられ、都市史跡公園として整備されました。昭和四十年代に徳川義親公が来牧された折、小牧山の変貌に落胆され、二度と足を踏み入られなかったといわれています。

小牧山には、昭和天皇のご行幸の記念碑がある

この小牧山が国史跡の指定を受け、小牧町に寄贈の手続きが取られている時期に開催されたのが昭和二年（一九二七）の陸軍特別大演習。その時には昭和天皇が小牧山山頂で演習の指揮をとっています。昭和四年（一九二九）、天皇が立たれたところに「御野立聖蹟」として記念碑が立てられました。下を流れる合瀬川に架かる木造の橋を天皇が馬に乗って渡られたので「行幸橋」といわれていましたが、現在の橋の表記は「御幸橋《みゆきはし》」です。橋は架け替えられて、原型より少し簡略されて保存されています。小牧中学校があった時代、この橋は生徒たちの通学路でした。橋を渡ったその奥はカ

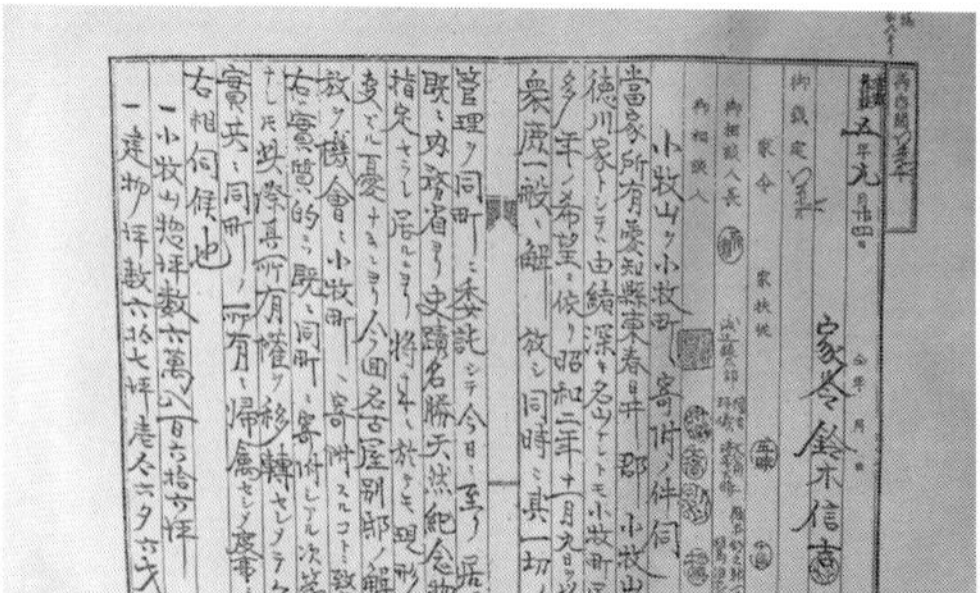

昭和五年に尾張徳川家より小牧山の譲渡に関する協議書が作成された。関係者の署名と管理条件が書かれ、渡邉錠太郎をはじめとする承認書が添えられた。

ギ型の土塁でつくられた徳川時代の大手口（虎口《こぐち》＝出入り口）があったところで、今は取り壊され信長の時代のかたちに戻されています。

また、小牧山には、先に紹介した尾張藩の藩士津田房勝の記録に残る狐の吉五郎伝説の祭祀があり、山麓に小牧山稲荷神社として祀られています。本殿に吉五郎稲荷大神、奥の宮に吉丈稲荷大神、本殿横に初里姫龍王大神の三柱が祭神として鎮座していますが、当初は、旧西町の個人（舟橋家）の守護神として明治三十四年（一九〇一）に京都伏見稲荷大社より、正一位稲荷大神の神位を授与されて祀られていました。その後、津田応助により昭和六年（一九三一）に『伝説・老狐小牧山吉五郎』が発刊され、小牧山に小牧町婦人会により「吉五郎神社」が合祀・創建され、応助により記念の碑文が残されています。

しかし信仰の篤かった当時の小牧町婦人会の役員の皆さんの申し出で、小牧町の許可を取って、昭和十年（一九三五）には小牧全体の守護神の神社として祀られたものです。翌年、本殿、拝殿が現在地につくられ、その後、稲荷講ができて、昭和三十年（一九五五）に奉賛会と改称して例大祭などを開催して維持されています。会員は減少しましたが、最近は社の周りに幟旗の寄贈を受け、吉五郎稲荷大神には真新しい鳥居が寄進され、小牧山に登山する人々の参詣の場となっています。

吉五郎関係の伝説は多くありますが、津田房勝の記録だけでなく、幕末・維新後にボス狐であった吉五郎の愛妾のお梅を祀るお梅稲荷が大正末期に小牧神明社に祀られ、昭和初期には、終電車の岩倉行きに若い女性が毎夜乗り、折り返し、小木で下車したという。翌日、売り上げの中にこの葉があり、吉五郎ではないかと評判がたちました

山頂の御野立聖蹟の碑（平成二十八年）

行幸橋を渡御される昭和天皇（昭和二年）

が、その後、電車に轢かれて死んだそうです。また、小牧山でいたずらしていた男に警官に化けて注意したのは吉五郎の子供でないかとの逸話も伝えられています。

明治時代からの英霊を祀った忠魂碑や九代藩主の墓碑

南の山麓には、青銅鋳造の巨大な砲弾型をした忠魂碑（戦没者英霊碑）があります。これは、日清・日露戦争から満州事変、支那事変、そして大東亜戦争（第二次世界大戦）と五十一年間に及ぶ戦争に召集され、命を落とした旧小牧町出身の戦没者の英霊を合祀したところです。大正十一年（一九二二）に落成しました。

同様の忠魂碑を挙げてみますと、味岡地区は小松寺境内、篠岡地区は池之内の八幡社境内と野口の龍洞院墓地、下末の天満天神社境内、上末の陶昌院境内、大草地区は福厳寺の墓地に建立されています。また、北里地区には下小針中島二丁目の北里小学校の校庭をはじめ各旧集落に石造りの忠魂碑が二十数カ所立てられています。

平成二十七年（二〇一五）の終戦七十周年には、小牧市遺族会（松浦正明会長）が、不明者を含めた小牧市出身の千四百四十九柱に上る戦没者名簿を発行されました。

忠魂碑は、鎮魂・顕彰碑として、それぞれの地区で崇敬護持されています。小牧山の忠魂碑には名簿が奉祀され、例大祭が開催されています。この敷地は、大正期に整理統合された旧八幡前の土地所有者宗教法人愛宕社のご理解で無償貸与を受けて立てられたものです。落成の前年の大正十年（一九二一）に当時の閑院宮・梨本宮両殿下が、碑の前の左右に現在小牧市の木となっているタブノキをお手植えされ、いま大きく育っています。

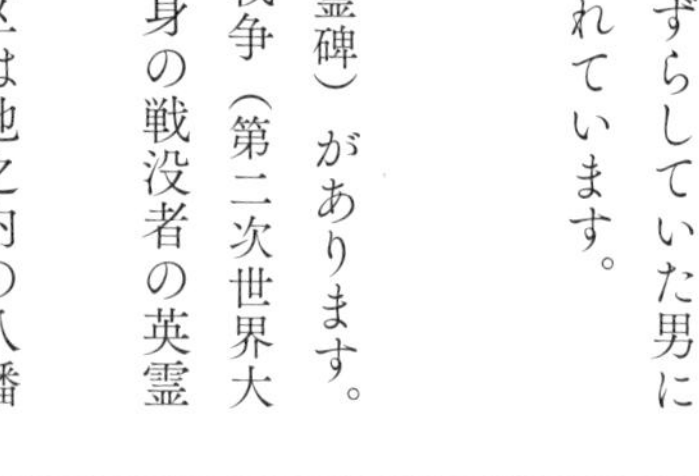
小牧山山麓にある吉五郎稲荷大明神（平成二十八年）

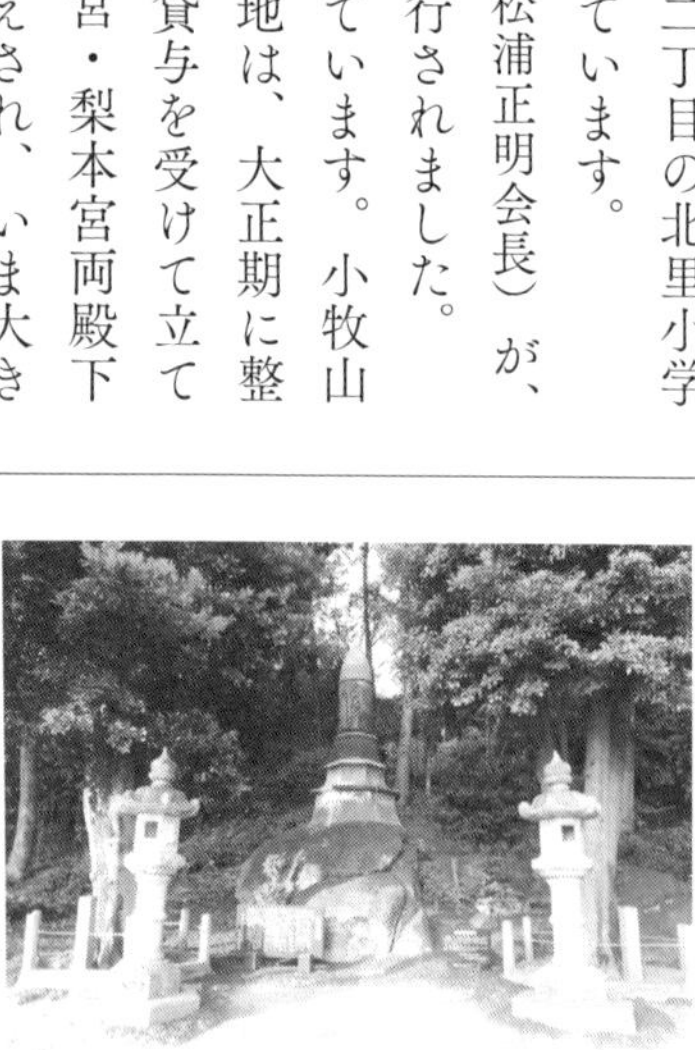
小牧山山麓の忠魂碑（平成二十八年）

愛宕社は、忠魂碑の西側にあり、石造りの明神鳥居があるこぢんまりとした神社です。当初、織田信雄が小牧山の中腹に菊理《くくり》姫命《ひめのみこと》を祭神とする白山社と山頂下に火具《かぐ》土命《つちのみこと》を祭神とする愛宕社（京都市に本神社がある愛宕神社で火伏せに霊験のある神社）を創建し、慶長十七年（一六一二）に村中村より保武《ほんだ》別命《わけのみこと》を祭神とする八幡社を小牧山南山麓に移転して合祀したのが始まりです。由来はわかりませんが、山頂には他に山王社があり明治維新後に白山社が一時、頂上に移されています。その後、幾多の合祀の歴史を経て、明治二十二年（一八八九）ごろに八幡社付近に移され、大正十年に現在地の南山麓の愛宕社として小牧山八幡社に合祀されました。

小牧山南正面の表山道の途中に、尾張徳川家の九代藩主徳川宗睦公の墓碑があります。この墓碑は、昭和二十八年（一九五三）に名古屋市東区にある尾張徳川家の菩提寺・徳興山建中寺から移設したものです。名古屋市の都市計画で、墓地の一部が改葬されることになり、小牧に縁があった宗睦公の墓碑を移したのです。

宗睦公は、尾張藩の中興の祖といわれています。天明元年（一七八一）に藩政の改革をおこない、翌年に小牧をはじめ各地に代官所を設置しました。民情をよく把握し、地域の実情に合った行政をおこなったそうです。

山頂には、尾張徳川家十九代徳川義親公顕彰の銅像があります。昭和六十年（一九八五）に有志により建立されました。公は、小牧山を小牧町へ寄贈しただけでなく、日本文化の啓蒙保存へ多大な力を注いだ方です。平成二十二年（二〇一〇）に尾張小牧歴史文化振興会の主催により、小牧コミュニティホール（名鉄小牧ホテル内）において、尾張徳川家第二十二代当主徳川義崇《よしたか》公（徳川美術館館長）の「文化を守る」と

小牧山中腹にある徳川宗睦公の墓碑（平成二十八年）

徳川義親公の銅像（平成三十年）

題した講演がおこなわれ、義親公の功績に多くの市民に感動を与えました。

山頂の小牧市歴史館には、三ツ渕の青松山正眼寺が所有する国の重要文化財、銅造（像）誕生釈迦仏立像のレプリカが展示されています。この仏像は奈良国立博物館に寄託されていますが、尾張小牧歴史文化振興会が三十年振りの小牧への里帰りを企画し、歴史館にて公開展示し、その後、小牧市教育委員会の支援で正眼寺分を含めて二体のレプリカを制作したものです。

一丁目の旧庁舎を解体して三丁目に新庁舎を建設

堀の内は、織田信長がつくった城下町を中心に小牧山を含めた南山麓一帯を指します。一丁目から五丁目まであり、旧城下町の新町遺跡をはじめとする発掘調査が平成七年（一九九五）ごろからおこなわれ、小牧山の西側に曙町が整備されました。堀の内一丁目については前述しましたが、二、三丁目及び曙町は、東西に通ずる県道小牧春日井線に接しています。三、四丁目の東側は小牧五丁目と常普請一丁目が合瀬川を挟み、四、五丁目の南側は川西一丁目と二丁目に接しています。また、二、五丁目、曙町の西端と弥生町が接する南北に名古屋高速道路と国道四一号線が通っています。曙町は北で安田川を挟んで間々本町と、東側は堀の内一丁目に接しています。

小牧山のある一丁目には旧小牧市役所の本庁舎などの施設がありましたが、解体されました。市役所の庁舎が建つ前は、信長時代の歴史的な空堀になっていましたが、崖上の桜の馬場保存のために崖地強化の工事がおこなわれました。緑地帯として整備されて、史跡公園として散歩道がつくられたのです。桜の木の植樹がされ、昔の面影

尾張徳川家二十二代当主徳川義崇公の講演スナップ（平成二十二年）

はなくなりました。また、南側の大手口の登り口は、小牧山城登山口として石積みの入口にかえられ、横から入る階段がつくられています。

この小牧山沿いの西側には、素敵な旅を届けるをモットーとする株式会社小牧旅行社があります。

西南側の二丁目には、堀の内会館を境内に併設する天照大御神を祭神とする神明社（創建不明）や株式会社名古屋銀行小牧支店、株式会社庭正造園土木などがあり、南側の三丁目には、市役所の本庁舎が整備されました。東隣に市議会議場などがある市役所南庁舎があり、春日井保健所小牧保健分室などもありましたが、現在は駐車場となっており、市役所から道を隔てた南側に昭和四十九年（一九七四）創業の株式会社堀の内地所があります。

その斜め東南側は、スーパーマーケットのアピタ小牧店（元・ユニー小牧店）で占められています。ユニーは当初西川屋といい、昭和三十年代に名鉄小牧駅前に進出。昭和四十八年（一九七三）の大規模小売店舗法の制定により、昭和五十一年（一九七六）に現在地に移転しました。

旧城下町は小牧中や工場、商業地になりました

四丁目には、小牧市立小牧中学校があります。昭和二十二年（一九四七）の新制中学校制度発足に伴い、翌二十三年に小牧山の現在史跡公園として整備されている地域に新制小牧中学校が新築されました。しかし、その校舎が老朽化したことと、元々建設不認可のところに校舎が建てられていたことから、平成十年（一九九八）に、四丁

小牧市役所新庁舎正面（平成二十八年）

堀の内の神明社（平成二十八年）

目のこの地に移転したのです。ここも城下町の跡地で発掘調査もされましたが、埋め戻されました。

一九七〇年代に「ツンツンツノダのテーユー号」のテレビコマーシャルで人気だったツノダ自転車は、大正十五年（一九二六）にツノダ商店として創業。昭和十三年（一九三八）に株式会社となりました。かつては自転車の製造販売をしていましたが、現在は自社ブランドの販売のみで、工場の跡地を、ホームセンター・コーナン小牧店やマックスバリュー小牧堀の内店などに賃貸しています。平成四年（一九九二）に株式会社ツノダと社名変更して、不動産賃貸業を主とする業務内容に変え、本社を三ツ渕に移転して営業を続けています。

小牧中学校の南に佐藤食品工業株式会社があります。業務用天然調味料や茶エキスの販売から全国初の粉末酒の開発まで手掛けているこの会社は、昭和二十五年（一九五〇）に名古屋市中村区で開業しました。昭和三十七年（一九六二）に株式会社となり、昭和四十二年（一九六七）に小牧工場を建てて、昭和四十五年（一九七〇）に本社を小牧市に移しています。

小牧山西の区画整理事業により小牧と間々の一部から新しく独立した「曙町」は区画整理の実施により住宅地などに生まれ変わりました。昭和初期より小牧の旧上之町で薬局を営業していた柳節堂の子孫が医師の免許を取り昭和五十八年（一九八三）に医療法人柳節会として江崎外科内科の医療機関を設置され、人工透析などの治療をしています。その東側には、一時、自衛隊の官舎がありましたが、現在は、市役所の駐車場や倉庫ができ、宅地化が進んで市街地化しています。

旧城下町の遺構内に移転された現在の市立小牧中学校（平成三十年）

堀の内公園より見た今の御園風景（平成三十年）

現代に通じる信長の町づくり

堀の内地域は、永禄六年（一五六三）に織田信長が清須から小牧山に居城を移したときに城下町として整備したところです。近くに小牧山遺跡や惣堀遺跡もあり、古代から人の住んでいた小牧面・鳥居松面といわれる洪積台地に立地する畑地で、地盤がしっかりしています。

信長は職人や商人を集めて、役割ごとに居住地を与え、そこに地名を付けて整備しました。現代でいえば技術力のある町工場を集めた工場団地と専門店街をつくって町おこしをしたというところでしょうか。このことは現在の小牧の農業都市から産業・工業都市への転換を図ったことにも通じることでしょう。

堀の内二丁目から五丁目の小字には、山前・池田・新町・上善光・下善光・下鍛冶・中鍛冶・上鍛冶・八幡前がありました。区画整理により、石原・柏所・上御園・下御園のほとんどは隣の元町となり、間々の一部と石原の一部が曙町となりました。

永禄期には油屋町・鍛冶屋町・紺屋町・京町などの地名があり、四年間という短い在城でしたが、信長が本格的な町づくりをしたことが、最近の小牧市教育委員会の遺跡発掘調査で明らかにされています。信長の時代には小牧山城の大手道から麓の南側に真っ直ぐに延びる城下町の街路があったことがわかったので、新市役所の本庁舎の床にそのラインが描かれました。

平成二十年（二〇〇八）までの調査によりますと、四丁目付近の新町遺跡では永禄期の武家屋敷跡や下級武士、商工業者の居住地が確認され、鍛冶という名のつく地域では鍛冶関連の品が多く出土したといいます。小牧中学校周辺では、土師器《はじき》の鍋や釜、

小牧山大手道。中心の黒い線が遺跡の道のあったところ（平成三十年）

反対側の小牧山側から見た小牧市役所（平成三十年）

擂鉢《すりばち》や皿などの瀬戸や美濃の陶器の破片が出土しています。現在三丁目となっている字池田は、天保十二年（一八四一）の村絵図では新町の一角です。永禄六年（一五六三）の記録では、そこに武家屋敷がありました。ここは「小牧・長久手の戦い」のとき秀吉軍に従い長久手で戦死した池田恒興（勝入信輝）の屋敷で、信長が城を清須から小牧山に移したときに一緒に移転しました。そこで池田と呼ばれるようになり、次男の池田輝政が生まれ育ったところと推測されています。輝政は永禄七年に清須で生まれたという説もありますが、村中にある片山八幡社の産土神に生まれた時に寄進された棟札や弓矢などが保存されています（158ページの村中の項でも説明あり）。輝政は、信長・秀吉・家康に仕え、太閤殿下（秀吉）の媒酌により家康の次女を迎え後に兵庫県の姫路城の本丸を築城して城主となります。

信長の去った後、小牧山城は廃城となり町並みも寂れました。しかし、徳川の時代に入ると尾張藩初代藩主徳川義直公の命により、元和九年（一六二三）に住民の小牧宿への移転がおこなわれます。住人が移った空き地のほとんどが田畑に戻され、残った町並みは元町と呼ばれました。すでに紹介したように、堀の内は小牧・市之久田・間々本町・曙町の各大字の一部が昭和五十九年（一九八四）に整理され、現在の町名になりました。昭和五十年（一九七五）に間々と小牧の一部が集まって曙町となります。

小牧山城は日本の近世城郭建築の第一号

小牧山城では、小牧山の東山麓にあった市立小牧中学校の史跡外への移転が平成十年（一九九八）におこなわれ、小牧山城下は、平成十五年（二〇〇三）に史跡公園と

池田輝政は姫路城の本丸を築城した（平成十六年）

して整備、開放されました。平成十六年（二〇〇四）以後、小牧市教育委員会が史跡整備に先立つ調査として移転跡地の整備や発掘調査を続けてきたのです。この結果、平成二十年度（二〇〇八）より文化庁の補助金を受けて「史跡小牧山主郭地区発掘調査」がおこなわれました。この結果、信長の築いた当時の姿がだんだんと明らかになってきています。平成二十二年度（二〇一〇）の第三次発掘調査報告では、小牧山の山頂にある小牧市歴史館の周りに、西北を中心に主郭（本丸）をめぐる石垣の一部が築城時の状態で保存されていることが判明しました。それまでは土や垣根などでつくられていた日本の城郭ですが、信長は、築城に石垣を使いました。日本の城郭史の中で最も古い時期の石垣と思われる裏込石《うらごめいし》や積土などが見つかり、築城の構造や築城の状況が明らかになったのです。

　これまで、城郭の実体は不明確でしたが、国内最古となる石垣の墨書例（石に記された「佐久間」の文字があり）などの貴重な資料も確認されました。平成二十三年度（二〇一一）の第四次発掘調査の成果として、主郭周辺の通路状の平坦面（武者走り）には玉砂利が敷き詰められていたことや、柱穴の可能性のある穴も二つ確認されたことから、主郭周辺に建造物が存在した可能性が出てきました。

　次いで、平成二十四年度（二〇一二）の第五次発掘調査報告によると、小牧山山頂で岩盤を加工して石垣と併用した部分が発見され、大手道の付近では、主郭に入る要所（大手虎口）の構造の一端が見つかっています。

　小牧市歴史館の脇にある徳川義親公の像の足元の巨石調査をおこないました。すると、元々一個の方形の巨石であったものが、江戸時代初期（慶長のころ＝一六〇〇年代）

小牧山発掘調査状況（平成二十八年）

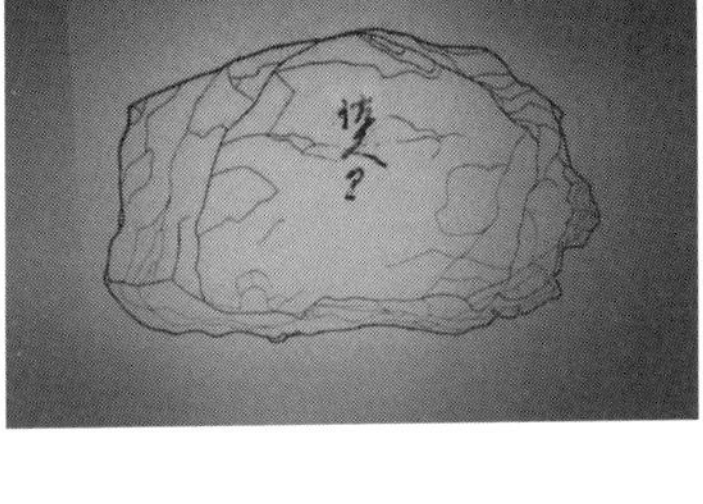

石垣に書かれた「佐久間」の墨書例の模写

に二つに割られたことが判明したのです。この巨石は小牧山では産出しない花崗岩で、築城時に主郭まで運び上げられた可能性が考えられます。石を使用した本格的な近世城郭建築の第一号と思われる小牧山城を研究するための貴重な資料となりました。

平成二十六年度（二〇一四）の第七次発掘調査の報告では、小牧山城の石垣の積み石が三段目まで確認されました。これは、「腰巻石垣」といい、幾重にも石垣に囲まれたもので、これ以降の城造りで用いられた石積みです。「石の要塞・小牧山城」として、当時最先端の城を造り上げたと考えられます。平成二十七年度（二〇一五）の第八次発掘調査では、山頂の主郭南側の正面と東側の二カ所に出入口となる「虎口《こぐち》」が発掘されました。平成二十八年度（二〇一六）には第九次の発掘調査が続けられ、主郭に通じる大手道の経路やその側壁に設けられた石垣・岩壁も確認されました。平成二十九年の第十次発掘調査では、山頂の本丸付近の西側で三つ目の「虎口」が見つかりました。こうして、信長による新しい城郭と城下町づくりが本格的なものであったことが実証されつつあり、平成三十年十一月の第十一次発掘調査の説明では、主郭部分で信長が住んだと思われる屋敷跡の礎石や陶器片が見つかった報告がありました。

全国に報道された小牧山の発掘調査

この調査は、全国に大きく報道され、ＮＨＫの『歴史秘話ヒストリア』でも取り上げられました。永禄十年（一五六七）に小牧山城は廃城になり、「小牧・長久手の戦い」のときには、徳川家康がこの小牧山城を改修し本陣を構えましたが、主要な部分には手を加えなかったため、現存したものと思われます。

第七次発掘調査説明会（平成二十七年）

また、堀の内を中心とする旧城下町の遺構を十年余にわたって発掘調査したことで、信長が整備・造営したこの城下町は、徳川時代に全国の町づくりの手本となった可能性が強くなりました。

平成二十五年（二〇一三）には、啓蒙活動を進めてきた尾張小牧歴史文化振興会などの提唱による織田信長公の小牧山城築城四百五十年記念事業が開催されました。二年後の平成二十七年には、市制施行六十周年の節目の年を迎えました。いま、私たちの提唱している歴史文化の啓発が夢とロマンに溢れる町づくりにつながるようなさまざまな記念事業が実施されました。旧市役所本庁舎跡地も、昔の空堀の面影とまではいきませんが、緑多い崖地に復元されています。先に触れましたように、史跡小牧山整備計画に基づいて旧小牧中学校の体育館（武道館）跡地に発掘時の資料や石垣のレプリカ、ジオラマなどが展示され、多目的の集会室なども併設した信長資料館（仮称、史蹟センター）が新設されることが決定しました。小牧山が市の象徴となる史跡公園として新しく生まれ変わる準備が進んでいます。

◉川西一丁目から三丁目

小牧山南山麓には商工業者が集住していた

小牧市教育委員会の発掘調査によって、小牧山城の南山麓一帯が、当時の人々の交流の場であり、商いの核となる商工業者が集住したことがわかってきました。合瀬川（古木津用水）の川西地区は、本格的な城下町として区分整理されていました。現在の川西一丁目から二丁目は、小牧山に近い中心地域の堀の内地区に接し、堀の内四、

小牧市制六十周年記念式典（平成二十七年）

合瀬川よりみた市立小牧中学校校舎と小牧山（平成二十八年）

五丁目が北側に位置しています。川西三丁目は、一、二丁目の南の県道一宮春日井線（県道名古屋外環状線）を挟んだ三角地帯です。

川西一丁目と三丁目の西側は、名古屋高速道路と並行する国道四一号線が南北に走り、その西は元町三丁目、四丁目、小木一丁目、小木東一丁目に接しています。そして、川西二、三丁目の東南は合瀬川に接し、川向こうは外堀一、二丁目です。また、川西一、二丁目と三丁目境に県道名古屋環状線が東西に通っています。

ここは元々旧城下町の一部で、町並みが各道筋ごとに区分・整備されていました。小牧宿へ町が移転し田畑や田んぼに戻っても、道は城下町の道筋のままでした。堀の内四丁目にある小牧市立小牧中学校の前を通過する道路は、川西の一丁目と二丁目を分けて環状線に突きあたります。

この辺りも、平成十年（二〇〇〇年初め）代中期まではのんびりとした農村風景の広がる地域でした。やがて土地整備計画が実施され、今では川西一丁目は名古屋高速道路の堀の内出口となっています。

川西一丁目には、株式会社田邊空気機械製作所（本社・大阪府摂津市）名古屋工場があります。空気・ガスのコンプレッサーを生産するこの会社は、大正十年（一九二一）に創業。昭和六十一年（一九八六）、ここに工場を開設しました。「深海から陸と宇宙まで」をキャッチフレーズに、従来の船舶用コンプレッサー技術を生かして深海や宇宙の分野へも手を広げています。平成三十年（二〇一八）に新社屋を建設しました。

一、二丁目には、三菱倉庫をはじめ工場や倉庫が誘致される一方で、川西公園や川

城下町の範囲（太線で囲った部分、平成二十五年）

西南公園も設置されマンションも建てられています。

　川西三丁目の西側には名古屋高速道路の小牧南入口があります。近くにはスケートパーク川西や地域のほとんどを占める昭和六十年（一九八五）にラッキー健康ランドとして開業した株式会社ユーコエステートの小牧天然温泉スーパー銭湯スパガーラは、演芸や歌謡ショウなどの催しで、市民の憩いの場としてにぎわってきましたが、この平成三十年（二〇一八）四月に三十二年の歴史を終え閉鎖されました。

川西は合瀬川の西ということで命名された

　川西は、平成三年（一九九一）に旧小牧地区を中心に整備区画されたところです。川西一丁目は小牧の小字だった上善光・下善光・下鍛冶・大手と旧北里の小木の実丁、旧小針入鹿新田の戌亥《いぬい》が分割整理されてまとめられました。川西二丁目は小牧の上善光・下善光と、小針入鹿新田の戌亥と市之久田の松山・野田が分割整理。川西三丁目は小牧の下善光、小木の実丁と小針入鹿新田の戌亥・八方西、市之久田の野田・長島が分割されています。地名の川西は、合瀬川の西ということで命名されたようです。

　農村都市から工業都市へと変貌を遂げている地方都市はどこでもそうですが、区画整理と開発などに伴い地域の様相は一変し、古い町名の区割りも消滅してしまうものです。

　ここも整理区画された小字の地名についてのいわれは、あまり残っていません。城下町は清須から引っ越ししてきた当時の各職分に合わせ、職種ごとの町並みがつくられ、町名もそれに合わせて付けられたようです。

国道四十一号線の外堀の南に架かる歩道橋より北方の川西方面を見る（平成三十年）

小針入鹿新田の戌亥という地名は、小針村時代、屋敷の集まっている集落からみて北西に位置し、北西が戌亥と呼ばれることから名づけられたといわれています。八方西も同じような理由でしょう。小木の実丁の地名は、小木から十町ほど離れたところということで付けられ、市之久田の野田についても、単純に野の中にある水田のことで付けられたようですが、未確認です。

◉大山・応時一丁目から四丁目

御巡見道を中心に集落が結束した小牧大山

小牧市内には大山が二カ所あります。旧篠岡地区の野口大山（通称）と小牧大山（米野大山）と呼ばれたところです。ここでは、変貌が激しい小牧大山について取り上げます。

この一帯は町村制や「住居表示に関する法律」の施行以前には、北外山や北外山入鹿新田に含まれて、その中心といわれる大山地域は、現在、応時一丁目から四丁目と大山の大字名にまとめられたところになります。

北外山はすでに室町時代（十四世紀後半ごろ）から、砥山《とやま》＝外山と呼ばれていました。隣の南外山とともに、織田信長時代から織田家に仕えた信長の側室吉乃の在所（郷里）である生駒家の関係者の知行（家臣に俸給として土地の支配権を与えること）地であったことが、戦国期の「信雄分限帳」に記載されています。江戸時代に入って尾張藩領になると、寛永十年（一六三三）、入鹿池の造成に携わった人々がこの地に移住し、新田開発をおこないました。その時に、北東部は北外山入鹿新田として分村し

現在の大山街道の一部（平成三十年）

御巡見道沿いにある住友理工株式会社小牧工場事業所（平成三十年）

たのです。江戸期には小字米野とも呼ばれていましたが、明治に入ってからはなぜか米野の名称は使われていませんでした。

現在の小牧山の南側を通る県道小牧春日井（鳥居松）線は、新田開発とともにつくられました。江戸時代には、御巡見道（幕府から派遣された巡見使〔将軍家側近の旗本が任にあたる〕が、天領や各藩の政治状況を視察した道筋）といわれましたが、大山地域では、その中心を通過したため集落の結束は強く、後に地域独立の思想に結びついていきます。

応時は、北は県道小牧春日井線が境で、南側には現在、県道春日井一宮線が横切り、その北東側が応時地域です。また、南側の一部に大山の地名が残っています。応時の西側は、みどり台住宅として、北外山の大字として分離。東の大山川に合流する外堀川に並行する市道北外山文津線の東側は、東四丁目です。

昭和三十五年（一九六〇）に、小牧市の工場誘致第一号として東海ゴム工業株式会社（現・住友理工株式会社）が、隣の東三丁目にやってきました。次いで、応時二丁目の大半を占める中京電機株式会社（現・ＣＫＤ株式会社）が工場をつくります。小牧が工業都市として発展する礎となってきたところでもあります。

この当時の中京電機株式会社の誘致は、市の関係者の皆さんが戸別で勧誘をして応じられた企業で、伊勢湾台風後にスピード移転、操業となりました。昭和五十五年（一九八〇）には、自動包装システムや自動車関連の精密部品などの生産工場を高松宮殿下・妃殿下が視察され、記念に小牧工場正門に「もっこく」の木をお手植えになりました。この前年に社名をCREATIVE（創造）・KNOWLEDGE（知識）・

応時地区にあるＣＫＤ本社（平成三十年）

DEVELOPMENT（開発・発展）からとって、ＣＫＤ株式会社となりました。平成二十七年（二〇一五）には、本社工場内に包装機械の組み立て棟を完成させ、海外工場に技術を伝承するマザー工場として前進を続けています。

応時の名は中国の思想家荀子《じゅんし》の著作に由来

明治十七年（一八八四）ごろに応時地区の小字は、八尻・北大山・東大山・細廻間・下三渕・土林・早崎などに整理されましたが、江戸期には、それ以外に居屋敷・池田・稲葉・沢渡・大池・四辻・定納山・観音堂・大山嶋・西屋敷・北屋敷・東屋敷などの字が見られました。大山地域としての絵地図はありませんが、天保十二年（一八四二）の北外山村の絵地図には御巡見道沿いの集落としてその名が見られます。平成十一年（一九九九）の町名変更のときには、ほとんどの名称は廃止され、なくなってしまいました。

明治四年（一八七一）、明治新政府が文部省を設置し、フランスの学区制度を取り入れ統一的な学制が公布されると、翌年から従来の寺子屋をベースとした学校がつくられることになりました。応時の名前は、南外山村の天神社付近に明治六年（一八七三）「応時学校」と命名された小学校が設立されたことに始まります。明治九年（一八七六）に外山学校と改称されましたが、一時中絶。明治十一年（一八七八）に再興され、北外山村や北外山入鹿新田村も通学区域となりました。

校名に使用した応時の語源は、農村の種蒔きから収穫までの作業の余暇を利用して、勉学や心身の修練を奨《すす》めたことを記す『荀子《じゅんし》』（中国・戦国時代＝紀元前二、三世紀頃

市立応時中学校正門（平成二十九年）

の趣の思想家）の著作「巻第十一天論編十七」の文中「時を望みて之を待つは、時に応じて之を使うに孰《いづ》れぞ」（四季の順調な推移を望んで待っているのは、季節に応じてそれぞれに利用していくのとどちらが勝るであろうか。『荀子』金谷治訳）から引用したといわれています。

明治十九年（一八八六）に小学校令が施行され、明治二十二年（一八八九）に北外山村、南外山村、北外山入鹿新田村が合併して外山村となると、応時学校は外山学校と名称を変更。その後、明治二十五年に外山尋常小学校（一八九二）となり、外山村が明治三十五年（一九〇二）に小牧町に合併して、明治四十年（一九〇七）に小牧第二尋常小学校となります。昭和二十二年（一九四七）、新教育基本法と学校教育法が制定され、新制度の教育が始まり、外山小学校となりましたが、一時、この学区の生徒は、小牧小学校と北里小学校へと通学しました。しかし、昭和二十六年（一九五一）に、今は若草町と地名が変更となった地にあった外山小学校が小牧南小学校と改称され、こちらに通うことになります。しかし、地域の区画整理や人口増などで昭和四十五年（一九七〇）には別途に新しく小学校を設立。北外山入鹿新田が米野とも呼ばれていたことから、米野小学校となりました。中学生になると、小牧山にあった小牧市立小牧中学校に通学しました。

そして、昭和四十九年（一九七四）には人口増に伴い、のちの応時一丁目となるところに新しく中学校が新設されます。当時の栗木一男教育長の発案で、松浦茂夫初代校長が調査進言し、舟橋久男市長の裁定で生まれたのが、小牧市立応時中学校です。そして、その後に新町名を付けるときもそのまま応時の名称が受け入れられました。

現在の大山地区周辺（平成三十年）

大山区の地域自治と独立気運の伝統

かつての大山区は、地域の団結力や自治意識が強く、独立の気運が盛り上がり、戦後の区画整理事業のなかで大字大山として独立した歴史があります。小牧の集落における地方自治、運営の歴史的エポックといえるでしょう。

この話は、旧大山地区の人々によって『大山区の一〇〇年』（大山区編纂）としてまとめられています。のどかな田園地帯が都市化の波のなかで新しく生まれ変わろうと、新旧の住民が協同しながらよき伝統文化や慣習などを伝承しようとする思いが感じられます。

大山区の独立にかける思いは明治まで遡《さかのぼ》ります。北外山と北外山入鹿新田（米野）との合併話は、地域の交流と利便性から派生し、隣組の協力関係が密接なので生まれたのです。もともと、この地域は江戸期から結束力が強かったのですが、明治三十九年（一九〇六）に小牧町に合併したとき、かつての大字南屋敷と北屋敷が大字北外山に、西屋敷と東屋敷が大字北外山入鹿新田に分かれてしまいました。住民自治の活動も二分化され不都合が生じていました。そこで、その中間に住む人々が、明治四十一年（一九〇八）に「大山嶋公聴会」を創立。親睦と扶助、祭礼などの協力の責務を示した規約をつくり、団結を図る活動を開始します。昭和十一年（一九三六）には、住んでいる屋敷や生垣、道路の管理について取り決めた「大山嶋屋敷整理規約」を制定。いずれの規約も、農村集落における自主規制と助け合いを目的とする厳しい定めで、地域の安全と安心、環境保護などに貢献してきたのです。

昭和二十五年（一九五〇）、大山区に賛同する住民の半世紀に及ぶ念願が叶《かな》い、八

大山会館のある大山神明社（平成二十八年）

月一日に関係団体の代表が集まって、「大山区独立覚書」の調印がおこなわれました。十月には県の広報に告知。正式に大字大山が発足します。昭和三十年（一九五五）に小牧町は三町村の合併で小牧市となり、引き続き大字大山として運営され、平成十一年（一九九九）の町名変更によりほとんどの地域は応時となりますが、残った旧大山は、小さく飛地として、小牧大山として残り、現在の区画に整理されました。町会は旧大山区として旧来のままの活動をおこなっています。

また、この活動などによって昭和五十八年（一九八三）に応時四丁目となった大山神明社の境内に空港周辺対策事業として国・県・市により共同利用施設小牧大山会館が建設されました。この大山神明社は祭神が天照大御神です。寛永八年（一六三一）に犬山の入鹿池が構築され、水没した奥入鹿の地の農民が移住してきて、この地に氏神様を移したものだそうです。

◉東一丁目から四丁目

東地域は旧村時代の入会地だった

旧小牧地区の一番東に位置する東一丁目から四丁目は、往時は美しい田園の広がる肥沃《ひよく》な地域でした。今は、北に大型商業施設のイオン小牧店があり、南に東海ゴム工業株式会社（現・住友理工株式会社）のゴム製品製造工場などが立地して、商工業と住宅地域に変貌しています。北は、旧味岡の二重堀、中心以南は旧小牧の北外山入鹿新田と北外山の一部が平成十一年（一九九九）までに整理統合されました。現在の町名は、旧小牧の一番東ということで行政側が事務的に命名したものと思われます。

大山川と外堀川が平行する地点（平成三十年）

東の町内の西側の南北には、市道文津北外山線が外堀川と平行に走り、中央の南北には、大山川が蛇行しながら流れています。その大山川が流れる現・住友理工株式会社近くの川辺には、「大山川を愛する会」によって花壇がつくられ、水流浄化運動の拠点として川縁が整備されています。

大山川に架かる不発橋《うたつはし》を通る旧・御巡見道が、大山地区の西から東に通じ、その道の北側に位置する現・住友理工株式会社敷地の西角から東へは、新しく整備された北外山の住宅地を通過する県道春日井一宮線と重なり合います。大山川の西側の南北に並行する道路は、別項で説明をする哥津《うたつ》の森から工場内（一部が私有地）を通って、旧竹林地区を通り、外堀川に架かる入会橋の東側に出る県道小牧春日井（鳥居松）線が通過しています。東二丁目と東三丁目の南は春日井市の上田楽町と牛山町に隣接し、東二丁目は春日井市を通過する西行堂川にも一部接し、竹林公園もある住宅街の東方の春日井市側は、川を挟んで田園風景が残っています。複雑な道路の管理事情は、次に紹介する往年の入会地に遡ります。

東一丁目は、大山川西側で大字二重堀の水田地帯である小字西下田・大下田と、東側の北外山入鹿新田の小字小菅鳩部地域が併合されて、平成五年（一九九三）の区画整理で生まれました。二重堀（いわれは別項で説明）地域は土地が低く沼地のようだったため工場などの土地となり、周辺住民との整備に関しての問題はなかったようです。

二重堀の一部が組み入れられたのは、昔、新木津用水からの水路が村の東西から集落を取り囲むように流れ、二重堀と北外山、北外山入鹿新田との入会地（一定地域の

東地区の商業地帯（平成三十年）

米野橋周辺（平成三十年）

住人が一定の原野や沼地などに立ち入って木材や薪などを共同で採取する地）になっていたためです。それぞれの旧村の田と開拓された新田が入り込んでいたためと、先ほどの産業地ということで地域の併合がスムーズにおこなわれたのだといいます。その名残として、外堀川に架かる橋には、入会橋という名が付いています。

また、一丁目を通過する大山川の西の大半は、イオングループのジャスコ小牧店（現・イオン小牧店）が占めています。ジャスコは、昭和四十二年（一九六七）から小牧市内の横町・東町でジャスコ岡田屋として営業していましたが、平成四年（一九九二）に閉店。平成九年（一九九七）に、二重堀地区も含んだ現在地に株式会社サワムラヤが、モートショッピングセンター（鉄筋四階建て、延べ床面積五万四千余平方メートル）を完成させ、ここのキーテナントとしてジャスコが出店したのです。また、この中には、昭和五十四年（一九七九）に春日井市に本社を設立し、小牧に支店を持つ夢（旅）を売る株式会社ツーリストアイチKOMAKI店があります。

南隣の四丁目は、工場とマンション・アパートなどの住宅地に整備されました。

諸説ある宇田津（哥津）の語源伝説

東四丁目は外堀川と大山川に挟まれ、南側の御巡見道を境とした地域ですが、宅地や畑地、工場が入り乱れていたのを整備したところです。平成十一年（一九九九）まで北外山入鹿新田の小字大井前・上小菅・柳坪と、北外山の下三渕・下違がありました。地名の大井前は、湧き水や川の流水を汲み取るところを指し、大山川に架かる米野橋付近で水を汲んだり引き込んだりしたことから付けられたと考えられます。古い

イオン小牧店周辺（平成三十年）

地形図には米野橋の東側付近を大井と記しているものもあります。

東三丁目は大山川の東側一帯で、北外山の久田羅気・歌津と地神・蒲の一部、北外山入鹿新田の下小菅の一部と小菅豊蔵裏・中小菅・小菅山東・小菅細・上小菅がまとめられて区画されました。久田羅気は、あくまで伝説ですが、先住民族のアイヌの言葉で、坂道を下るという語義をもっています。往時の地勢は、北に高く南に低い山林原野だったので坂道がありました。それが開墾されて平坦な耕地になったところが多く、昔の地形を示す言葉が残されてきたものと思われます。

歌津（哥津）も砂地を意味するアイヌ語が由来という説もあります。その他、うたす、宇田津、不発など、いろいろな呼ばれ方がありました。この地は、天正十二年（一五八四）の「小牧・長久手の戦い」の折には、織田・徳川連合軍が宇田津砦を築き、大山川を挟んで北側の最前線の二重堀砦に陣を置く羽柴秀吉軍と対峙したことで知られています。その際、持久戦となり、両軍とも発砲することがなかったため不発の名が付けられ、今も大山川に架かる橋に不発橋という名が残されています。別の説としては、名古屋城築城の際、宇田津という鞍《くら》つくりの名工がこの地に住み、祖霊を祀り宇田津明神と崇《あが》めた言い伝えがあったことからともいわれています。小菅の菅は、蒲《がま》も同じですが、湿原に生える植物です。これらは大山川付近の低地に付けられた地名で、田畑に開墾される前は水路や水辺であったと考えられています。

東二丁目は北外山の竹林と下小菅の一部で区画されたところです。閑静な住宅地や畑地、工場などのある集落で、もともと竹林は北外山の一番東の端にありました。米野大山にもありましたが、同様の景観を呈していたのかどうかはわかりません。

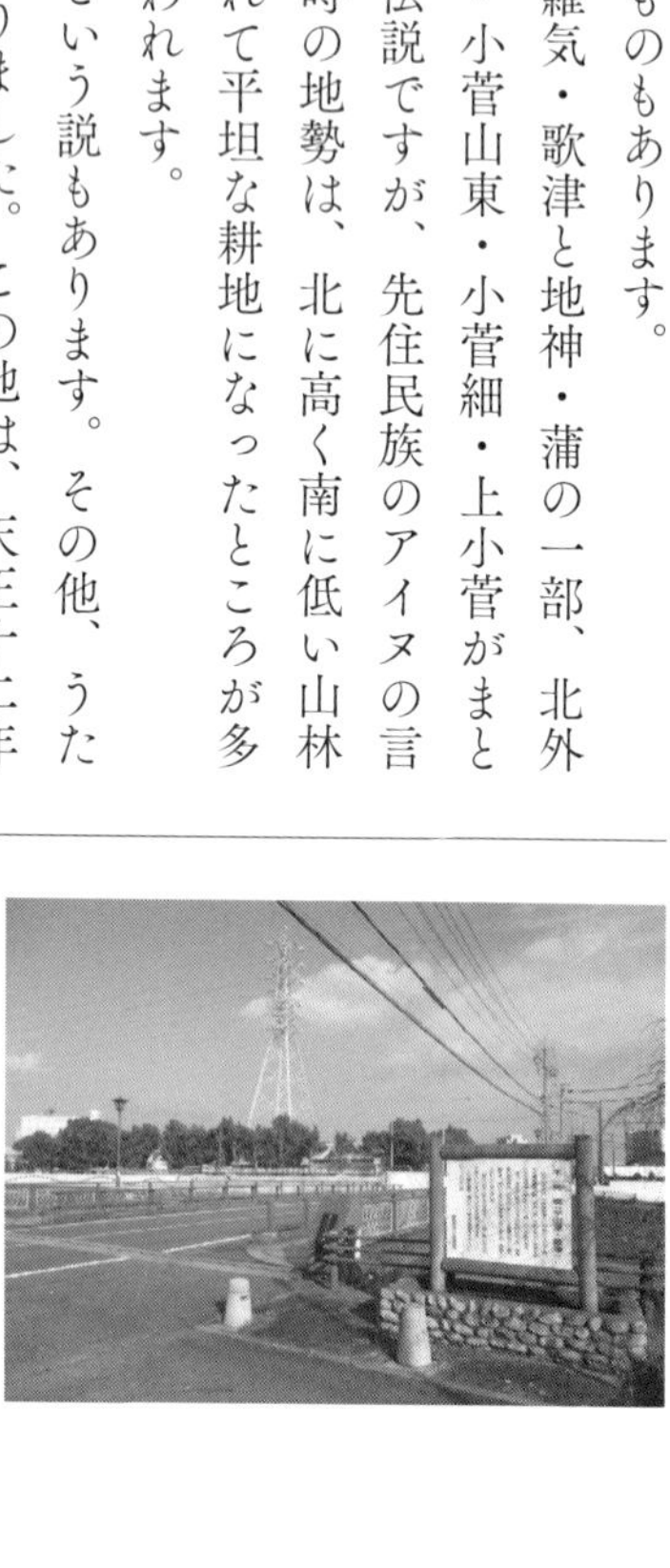
不発橋案内板（平成二十八年）

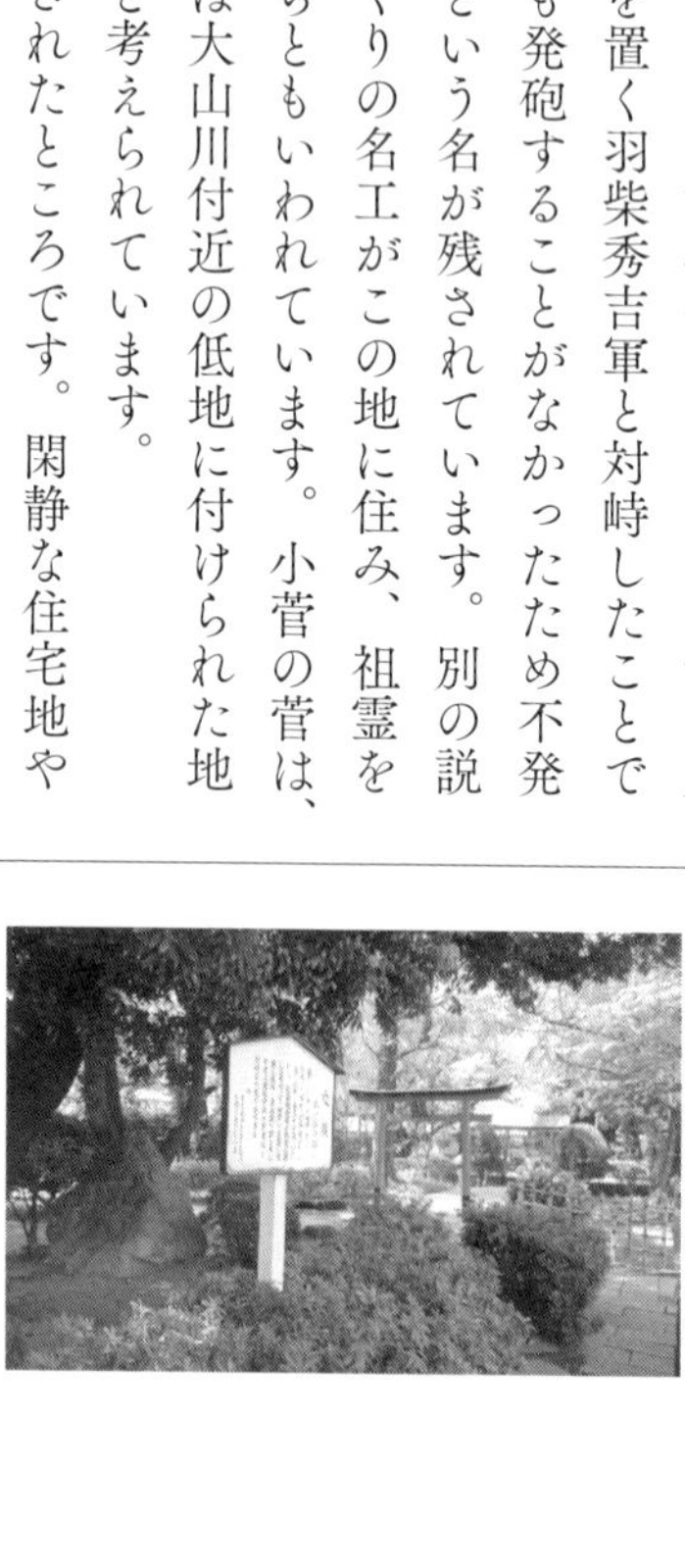
住友理工内にある不発橋史跡（平成三十年）

工場誘致第一号は東海ゴム工業（現・住友理工）

東三丁目にある住友理工株式会社（旧・東海ゴム工業株式会社）は、小牧市が昭和三十一年（一九五六）に制定し、昭和四十一年（一九六六）に廃止される工場誘致条例に基づいて誘致された第一号の企業です。

この条例は、昭和三十年（一九五五）に小牧市が誕生し、加藤諦進初代市長の時代に制定されました。戦後の経済活動が活況を取り戻してきた時代で、工業生産も立ち直りつつありました。社会資本を充実させていくためには農業だけでは限界があります。市制施行を機に田園都市から商工業を発展させて産業都市への脱皮を図ろうと、昭和三十一年に制定されたのです。

こうした流れを受け、東田中の極東開発工業株式会社と西之島の松永製菓株式会社の二社が先に進出しましたが、本格的なものではありませんでした。昭和三十四年（一九五九）に神戸眞第二代市長が就任します。神戸の公約には、市域農地の四分の一を工業用地に転用することが掲げられ、企業誘致に全力投球をされたといわれています。翌年には、高速道路のインターチェンジ設置も決定。工業誘致に関する税制優遇制度関係なども整備され、受け入れ態勢も充実していきます。

第一号の東海ゴム工業の勧誘は、名古屋商工会議所の紹介により折衝がおこなわれました。昭和四年（一九二九）に三重県四日市市にベルト専門メーカーとして設立された東海ゴム工業は、昭和三十四年（一九五九）の伊勢湾台風の被害を受けたこともあり、新天地の小牧市に防振ゴムを中心とするケーブルベルトなどの生産製造工場を建設することにしたのです。昭和三十五年（一九六〇）に小牧工場を稼働させ、昭和

住友理工の工場や事業所周辺（平成三十年）

三十九年（一九六四）には本社機能を小牧市に移転して、名実ともに小牧の中核企業となったのでした。工場の敷地内にある宇田津砦跡を史跡として保存整備され、オフィス環境づくりの一環として、横を流れる大山川の管理にも力を注ぐなど、地域への貢献も果たしています。

東海ゴム工業は高分子材料技術を基幹産業として海外にも雄飛し、国際的なネーミングを求めるため、住友グループ企業として、平成二十六年（二〇一四）十月一日に社名を住友理工株式会社に変更しました。その後、本社機能は、グローバル本社となった名古屋駅前の名古屋市中村区に設置された社屋に移転し、平成二十八年（二〇一六）には小牧の社屋は、小牧製作所と研究所のある工場として営業しています。また、関連会社として株式会社住理工エンジニアリングがあります。この会社は、当初、昭和二十七年（一九五二）に合資会社松岡鉄工所として創立され、後に松岡精機株式会社に社名変更し、各種工作機械などの販売をおこなっていましたが、平成七年（一九九五）に旧東海ゴム工業株式会社が資本参加し、平成十五年に株式会社ＴＲＩエンジアリングとなり、平成二十七年（二〇一五）に現名称に改称された会社です。

そして、東四丁目には、セントラル製麺株式会社や有限会社ベント屋があります。

◉桜井・桜井本町（若草町・掛割町を含む）

農村の風情を残す「さくらいの里」

小牧の上街道（木曾街道・旧小牧宿の町筋）の南の入口といわれてきた桜井近辺は、旧小牧地区の北外山と旧北里地区の市之久田の一部が昭和四十九年（一九七四）に始

東海ゴム建設時の航空写真（昭和三十五年）

住友理工工場内周辺（平成三十年）

まる土地区画整理によって大字桜井と大字桜井本町に整備されました。それに加えて、若草町や掛割町などの新大字も独立しました。残りは北外山として引き続き存続していますが、現在の北外山の一部を含めた地域は「さくらいの里」といわれているように、古い鎮守の森のある昔懐かしい農村の風情を残しています。その呼び名から行政区も桜井区とし、公民館活動などを通して住民の自治をつくりあげてきた地域です。

住民らの自治の努力を重ねてきた桜井区では、平成十七年（二〇〇五）三月、歴史やエピソードなどをまとめた沿革誌「さくらいの里」を発行しました。ふる里への思いが地元の人たちによって詳細に綴られ、記録に残されたものです。

桜井の名称は、遠く鎌倉時代の文保・正中年間（一三一七～二六）に遡ります。当時の著名な歌人で僧侶の西行《さいぎょう》法師が南外山の春日寺に滞在している時に詠んだ歌によるものと思われます。

〝小せりつむ　沢の氷のひまたえて　春めきそむる　桜井の里〟

今は、桜の木はありません。室町時代（十四世紀ごろ）に創建されたという、大字北外山に属する桜井山の神明社や桜井のお番神さんと呼ばれている三十番神社には、その面影が残っています。昭和四十八年（一九七三）ごろの区画整理により水路を掘ったところ、桜の古株が出土したことで、桜の木が生い茂っていたことがわかりました。同年、桜井交差点の北東角の公民館前に西行法師の歌碑が立てられます。しかし、桜井公民館は、近くの三十番神社境内に新築移転して、碑もそこに移されまし

桜井公民館に立てられている西行法師歌碑（平成三十年）

お番神さんといわれている三十番神社（平成三十年）

た。この神社は当初、室町時代に日蓮宗講中の番神堂として創建。三十の神様が鎮座していたといいます。江戸時代に入って、尾張藩二代目藩主・徳川光友公の第二子（次男＝養子）であり、美濃高須藩第十代藩主となった高須少将源義建公（松平義行の孫）が信仰したといわれています。同公の直額があるそうです。昭和二十八年（一九五三）に、近くにあったもう一つの神明社と合祀され、桜井神社と称するようになりました。祭神は天照皇大神などで祭神の中には、約三百年前につくられたとされている七福神の一人、大黒大神（大黒様）が祀られています。

土意目利はアイヌの民族語で眺めのよいところ

元和九年（一六二三）に尾張藩が上街道をつくり、小牧宿を整備したころは、南の街道の入り口として高札場（現在は小牧四丁目の啓運寺境内に石碑があります）が設けられ、堂々とした松並木のある地域でした。昭和四十九年（一九七四）に掛割が掛割町となり、観音堂下、小牧市立南小学校のある高野城・美之渕・山田は若草町になりました。また、昭和三十九年（一九六四）に廃止された旧岩倉線西小牧駅跡に橘公園がつくられた上西田・土意目利《どいめり》が桜井本町になり、明治以来の字名の桜井と市之久田の土地区画整理による併合で、昭和六十一年（一九八六）には、桜井の地名が二つ残りました。

土意目利はアイヌの民族語で、一段高く西方に目を見開くと眺めがよいところを意味しているといいます。ここは北里村に接し遠くに養老山脈が望める眺望のよいことから名づけられたようです。

小牧宿の上街道の南の入口となる県道犬山街道との分岐点にある市立小牧南小学校前（平成三十年）

現在の北外山の一番北となるこの地域に昭和三十五年（一九六〇）に愛知県公安委員会指定の小牧市自動車学校が開設され、多くの市民が自動車の免許証をとるために練習をしています。

若草町の地には、尾張時計工場が昭和十四年（一九三九）に創業しました。戦後は紡績再開ブームにのって、昭和二十三年（一九四八）に愛知紡織株式会社に移行・設立されましたが、ガチャマンといわれたブームが去り、昭和三十六年（一九六一）に会社は一宮市の豊島グループに入って業態を変更し、クリーンブース、クリーンルームなどの収納設備や空調システムを扱うようになりました。昭和四十四年（一九六九）にはトヨシマ電機株式会社と社名変更。クリーンルームなどの設備工事を受注し、平成十四年（二〇〇二）からは、豊島株式会社の子会社となって運営されています。

「さくらいの里」の小桜座は文化・娯楽の中心地だった

桜井地域の土意目利、美之渕や掛割などは古くからの地名で、周辺では矢じりや銅鐸などが発掘されています。南側を流れる新境川は、慶安元年（一六四八）ごろから開削されてきた合瀬川の新田開発に伴って敷設された用水です。ここは沼地であったため清水が湧いていたと伝えられていました。西行法師が滞在したころには、春の七草の一つである芹《せり》が生え茂り、川魚や貝も生息していたといいます。とてものんびりとした風情で、四季折々の季節を感じる場所であったようです。

江戸時代に整備された上街道筋の桜井地域は、明治時代を過ぎて大正時代に入ると、文化・娯楽施設として芝居小屋がつくられ、近在にも人気を博したことが伝えられて

北外山にある桜井山公園（平成二十八年）

住民の寄せ書きなどで作られた『さくらいの里』

いいます。沿革誌「さくらいの里」などの記録によると、この芝居小屋は「小桜座」といい、地元有志十人ばかりの人々の話し合いで、大正元年（一九一二）につくられました。小牧（旧下之町）と桜井の隣接地に設置されたため、双方の頭文字をとって名づけられたとのことです。建物は、一部三階のある和風二階建ての小屋で、回り舞台に、二つの花道があり、客席は二〜三百人の収容。一階は升席のゴザ敷き、二階は畳敷きの自由席であったとのことです。冬は、座蒲団《ざぶとん》や手火鉢が貸し出されたりしました。

当初の出し物は、江戸末期に大坂で発祥したといわれる浪花節、旅役者による田舎芝居や舞踊、奇術などでした。無声映画も上映され、活弁と三味線などの伴奏で客を楽しませました。興行がおこなわれるときには、出演する人たちが舞台衣装を着て、宣伝隊やチンドン屋を編成して町内を練り歩きます。昭和十二年（一九三七）には、映画興行にも本格的に取り組み、劇場名を「小牧劇場」として数々の名作を上映。街道北方の片町（小牧二丁目）の「甲子座《きのえねざ》」（昭和二十一年焼失）とともに、大正から昭和の時代の小牧の文化振興に貢献しました。しかし、昭和五十年（一九七五）の初めには、時代の役割を終えて廃業。その建物は取り壊され、現在はその面影はありません。

◉北外山入鹿新田・北外山（東新町・緑町を含む）

北外山は大山川の流域の水田地帯だった

旧小牧町内の南に位置する北外山や南外山、北外山入鹿新田の外山は、古くから外山村とか外山郷といわれていました。すでに室町期（十五世紀）には、砥山《とやま》や外山と

旧小牧劇場（昭和三十年代）

小牧劇場での興行の宣伝隊（昭和二十年代）

いう表示で地名が明記されており、東方を南下する大山川流域につくられた水田地帯の一部でした。古代の条里（大化改新以後律令制時代における土地区画の一方式）遺構とみられる部分もありますので、古代から水田が開かれていたと推察されます。周辺には古墳などの遺跡も発掘されています。現在では区画整備事業が進んで、水田や桑畑のあった美しい農村風景は住宅地などに変わりました。

大字北外山は区画整理が進み分割され隣接地域の町へ併合されています。しかし、北外山として残った部分もまだあります。これが整備されれば、独立した新しい町名ができるかもしれません。北外山入鹿新田は一部が東新町となり、その西側にほんの一部が残っただけで、往年の村落を構成していた面影はありません。

北外山の東よりには東部丘陵地帯を水源とする大山川が流れています。名鉄小牧線は、小牧から北外山の玄関口である小牧口までは地下を通り、小牧口から春日井市の間内のあいだは半地下で北外山の中央部を走ります。この線路の西には池田川がほぼ並行して北から南に流れています。

すでに紹介しましたが、小牧口駅北側を東西に走る県道春日井一宮線が線路と交差するところに、平成二十七年（二〇一五）、南外山に通じる道路と水路が整備されました。交通量は増えています。小牧口駅の北側に位置する住宅街のみどり台地域は、昭和四十四年（一九六九）には小牧市で最初の県分譲住宅として整備されました。往時は桑畑や畑だったところです。

この住宅街の中に日本の伝統文化を守る着物の店「きものくらち」小牧本店があります。昭和四十六年（一九七一）に永光商事の商号で和装小物の卸業をスタート。昭

名鉄小牧口駅周辺（平成三十年）

和五十三年（一九七八）に株式会社永光と社名を変え、呉服の小売部門をはじめます。現在「きものくらち」の屋号で、春日井や多治見にも呉服の店を出しています。「笑顔は人を幸せにする」を社訓とし、インターナショナル振り袖ショーなどを開催して和服の普及に努めています。

また、名鉄小牧口駅の近くにいちい信用金庫小牧支店があります。

小牧口駅から県道春日井一宮線を西に向かったところの交差点は、桜井東、桜井と続きます。桜井は、旧上街道（木曾街道）との交差点です。桜井東の交差点は、北の一五五号線を起点とし小牧駅の東を通る県道名古屋犬山線（名犬線）のバイパス整備事業としてつくられた道と交わります。この道は、小牧駅近辺で地下化した隧道を通り、桜井南交差点で本道の名犬線と合流し、その南の道路沿いの西側にある小牧南小学校前で街筋から続く旧上街道と一緒になります。若草町や掛割町に接しながら南下して、南外山から名古屋方面へ向かいます。

この名犬線の小牧四丁目沿いの道路を挟んだ東側に交番があります。この地は飛地で小牧の地名の残った部分です。その東に中央一丁目と東新町に接した北外山入鹿新田があります。ここもやはり飛地でもあった旧小字の西蓮台（後述あり）のあったところです。この西側に交番がありますが、ここは、小牧の飛地として残った地域として現存しているところです。

東新町には、株式会社愛知銀行小牧支店やセレモニーホール「プレア小牧中央」（旧平安会館）があり、株式会社石田技術コンサルタンツがあります。また、東新公園もあり、小牧神明社の祭礼にも参加し、町会で各種自主事業も実施しています。

名鉄小牧口駅南の池田川沿いのため池（平成二十八年）

北外山・北外山入鹿新田の小字は、川辺や水辺に由来した地名

北外山にたくさんあった小字地名は、分離独立したりしてほとんど使われなくなりました。現在の北外山に残っている主な地域は、以下の通りです。北よりの味鋺林・池上・蓮台などが、通称みどり台住宅となっています。その住宅地域外の西側は、緑町となっています。名鉄電車線の西側には、大畔・桜井・大師浦・池田・城嶋・更屋敷・城前・西浜井場・森下・辻ノ内・市場・内方前・宮之越・南屋敷・神田・中田・神宮などがあります。東側には山中・稲葉・大池・狐塚・沢渡と続き、北外山県営住宅のある東浜井場・四辻・畑道・定光寺代と大山川を挟んで、外出・川向・牛山浦などの地名がありましたが、現在は、北外山の大字のみの使用で、旧小字などは区画整理や地域整備などで消滅し、ほとんど使われていません。

城嶋・城前は池田川の西にあります。この地は元織田伊勢守一族の織田与四郎の居城があったところでしたが、天正十二年（一五八四）の「小牧・長久手の戦い」の際には、徳川家康軍が「北外山の砦」を築きます。このことから城屋敷と名づけられたといわれています。北外山城址の石碑は民家の庭先にあったため、現在はふらっとみなみ（小牧市南部コミュニティセンター）の北方にあたる城嶋稲荷が祀られているところに移設されています。

池上・大畔・池田・大池は、池田川の湿原があったところです。イトーピア団地に残る大池公園（大池児童遊園地）は、その名残でしょう。畔も湿地を意味し、大畔も同じ理由で名づけられたようです。東西の浜井場は、「破魔矢《はまや》を射る場所」で、子供たちが正月に破魔（丸い輪の的）を射る遊びをやっていたことからだといわれていま

雪の降ったみどり台住宅（平成二十八年）

名鉄小牧口近くにある浜井場公園（平成三十年）

すが、定かではありません。今では、浜井場公園として整備されています。
北外山入鹿新田はほとんどなくなり、東新町の西側の西蓮台に残るだけです。この地名も蓮の名が付いているように、田畑になる前はため池の水辺であったようです。

律令時代からの面影が今も残る外山神社

この地は早くから開発され、区画整理されて、地域の発掘調査なども続けられていますが、住宅地としても変貌し続けています。新しいコミュニティの編成に伴って名鉄電車の通過する周辺の整備も急ピッチに進められました。往年の桑畑や水田は姿を消しつつありますが、古い寺社などの面影も残しています。数は少ないのですが主だったものを挙げておきます。

北外山や北外山入鹿新田は、南外山を含めて外山郷といわれ、延喜式内社外山神社が存在しています。醍醐天皇在位の延喜年間（九〇一〜二二初期）にはすでに地名が明記され、鎌倉後期の文保年間（一三一七〜一八、花園天皇の時代）につくられた『尾張本国神名帳』や、室町後期の明応年間（一四九二〜一五〇〇、後土御門天皇の時代）の寺院―永光寺年代記（石川県羽咋市）の記録には、砥山《とやま》郷と記され、外山神社の名称で記録されています。この外山神社は、南屋敷の県道名古屋犬山線沿いの東側にあり、祭神は天照大神、誉田別命などで旧郷社でした。社殿は消失していますが、天保年間（一八三〇〜四三）編纂の『尾張志』にも外山天神と記され、『延喜式神名帳』には従三位と記されるなど、かなり位の高い神社だったようです。大正四年（一九一五）に、境内の東境界にある竹藪の腐植土から弥生時代後期初頭（二〇〇年前後）の

延喜式にも出てくる外山神社（平成二十八年）

外山神社から出土した銅鐸の看板（平成二十八年）

ものといわれる銅鐸《どうたく》が発見されました。現在は小牧市指定有形文化財となり、小牧山にある小牧市歴史館に考古資料として保存されています。

神社仏閣などの大きな建築で、用材などを曳く時に、大勢の人々で力を合わせて掛け声をかける木遣り唄が全国にあります。昭和五年（一九三〇）におこなわれた外山神社の上棟式に木遣り唄を奉納した記録があります。有志によって昭和五十七年（一九八二）に、北外山木遣り保存会が結成・再現され、神社の祭礼などで披露されていました。残念ながら、現在は活動を休止しています。

寺院としては現在、市場に曹洞宗の大福山薬師寺があります。創建は南北朝時代（一三〇〇年代後半）とだけで不明ですが、創建当時、村人が古城址で地面を掘り起こすと水瓶が現れ、その中に薬師如来の像があったので、それを本尊として、一寺を建てました。当初は瓶薬師として奉られたそうです。その後、廃寺となるなどしましたが、寛永年間（一六二四～四三）に再興されました。瓶薬師のことは『張州府志』に記載されています。山門の左右には仁王像が立っています。明治四十三年（一九一〇）、この寺で東京相撲（東京大角力《すもう》協会）の興行がおこなわれました。明治二十年（一八八七）ごろに東京花籠平五郎及び尾車文五郎の弟子になり、力士になった北外山出身の幕内力士北山庄五郎の七回忌追善のためです。当時大関だった太刀山一行が巡業で来たことを記した碑が、境内の一角に霊峰居士の墓碑として残されています。小牧出身の力士は明治維新前には元町から東京力士黒岩がおり、北山と同じころには東馬場（旧東町）出身の小牧山吉五郎という力士がいたそうです。

南屋敷には澄久山《ちょうきゅうさん》敬法寺があります。日蓮宗名古屋妙蓮寺の末寺で、慶長元年

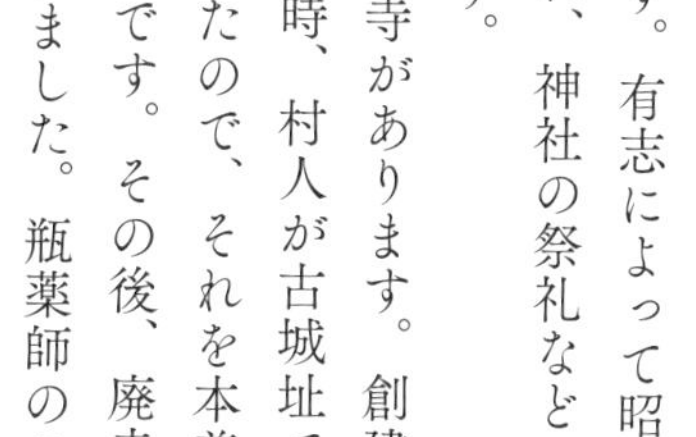
大福山薬師寺山門（平成二十八年）

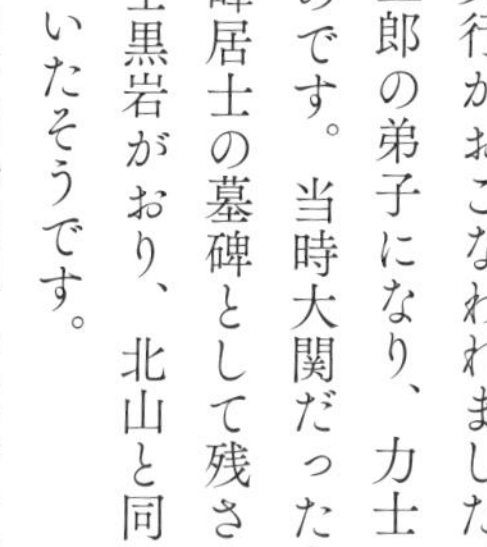
薬師寺の相撲巡業碑（平成二十八年）

（一五九六）に創建され本尊は法華経題目木塔（現・釈迦牟尼仏）です。明治十一年（一八七八）から十四年間、現・小牧南小学校の前身、外山学校が置かれていました。名鉄小牧口駅の北の池上には日蓮正宗の廣布山普宣寺があります。昭和三十八年（一九六三）に小木の妙経寺の出張所として建てられ、昭和四十二年（一九六七）に現在の名前で独立。本尊は十界互具大曼荼羅で、ビル風の二階建てのモダンな寺院です。

また、北外山の南の端には、名鉄小牧線の間内《まない》駅があります。駅舎は春日井市ですが、駅前のロータリーは北外山です。住宅地として整備された北外山の住民の足として、朝夕通勤者でにぎわっています。

平成二十四年（二〇一二）薬師寺の北に「ふらっとみなみ　小牧市南部コミュニティセンター・小牧南児童館」がオープン。ここでは連日催しがおこなわれています。この施設の南側公園には、小牧市立小牧南小学校の前身で明治六年（一八七三）に開設された応時（外山）学校の記念碑が立てられています。

北外山には、昭和四十八年（一九七三）に創業した合資会社別所商会の別所自転車モーター商会があります。

◉南外山

南外山の東側は高台の集落で西側は低地の水田

北外山の南にある南外山は、中心を県道名古屋犬山線（県道名犬線）が南北に通過し、名鉄牛山駅の北で東西に蛇行する大山川が南外山と春日寺との境を流れています。また、南外山の東側は春日井市の間内・牛山地域で、西側は市之久田に接しています。

名鉄小牧口近くにあるモダンな廣布山普宣寺（平成二十八年）

ふらっとみなみ　小牧市南部コミュニティセンター（平成二十八年）

そして、南外山の南西地区には、県営名古屋空港があって、春日寺と同様に地区の三分の一以上が空港関係用地となっています。大山川の北側で県道名犬線の西側には航空自衛隊官舎が整然と立ち並んでいますが、飛行場の拡張時には、住民の移転に苦労した地域でした。

南外山と市之久田との境界の台地に新境川が流れています。この川は合瀬川の支流で上流の土手橋付近から分かれ、市民病院東から保健センター北を流れて、南下してきたものです。

地形的には県道名犬線の東側が高台の洪積台地で、有史時代には集落ができていたようです。西側は低地の沼地で農業用水も完備され、今でも水田が残っています。そこには昭和五十年（一九七五）に小牧農協と北里農協が共同で使用するJA尾張中央小牧西部営農生活センター（籾《もみ》乾燥施設）などがあります。ここは農業の本拠地のようなところで、現在も運用されています。

外山の地名は、室町期（十五世紀）には外山郷あるいは外山村として、北外山も南外山も同一の地域であったという記録があります。戦国末期（十六世紀）の『織田信雄分限帳』にも載っており、信長ゆかりの生駒家の生駒式部少輔の知行の一部であったことが記録されています。信長の時代にはすでに北と南に外山村は分けられていたようです。江戸時代は、小牧代官所の支配を受け、小牧宿の助郷村としての役割も果たしてきました。

明治十一年（一八七八）に、隣接の春日寺入鹿新田村を合併して南外山村となり、明治二十二年（一八八九）になると北外山村・北外山入鹿新田村と合併して外山村と

JA尾張中央小牧西部営農生活センター（平成二十八年）

なったのですが、南外山は大字名として残ります。明治三十九年（一九〇六）に小牧町、昭和三十年（一九五五）に小牧市が発足しますが、大字名はそのままで現在も使われています。

字名は寺社に由来するのが多い

字名は、県道名犬線の北東に位置する高台の地域が社寺を中心に残されてきました。北浦・東浦の浦は、通常、海や湖の入り江を指しますが、中世には行政単位として使われていた時代があります。北浦の日蓮宗誦経山《じゅきょうざん》妙楽寺は、文保二年（一三一八）に僧日澄が熱田（現・名古屋市）の日蓮宗一致派熱田本遠寺から来て正中元年（一三二四）に創建。本尊は法華経題目木塔（現・大曼荼羅）です。宗門守護のため、日澄自ら八幡大菩薩の像を刻み、法華八幡宮の扁額を認め、隣地の南外山城のあった地に誉田《ほむた》別命《わけのみこと》を祭神とする八幡神社を嘉暦元年（一三二六）に勧請しましたが、翌年に亡くなりました。弟子たちがその遺品を保存して、寺の法灯を継ぎます。末寺ですが、本山から派遣され創建されたため、当時の荘園の行政単位の浦を使用し、周辺を寺の位置から北浦・東浦と呼ぶようになったのです。

江戸時代に出版された『張州府志』や『尾張志』には、鎌倉時代後期の堀尾孫助（詳細不明）という豪族の住む南外山城があったが、鎌倉時代の末期の正中年間（一三二四〜二六）に廃城になったと記されています。発掘調査がおこなわれた結果、明治二十四年（一八九一）の濃尾大地震で崩壊するも翌年復旧し、現在も残る八幡神社本殿の北側に堀跡が残っていましたが、いまは道路になって消滅してしまいました。隣

誦経山妙楽寺山門（平成二十八年）

具徳山妙蔵寺山門（平成二十八年）

接する小字名の屋敷にも妙楽寺同様、正中元年にやはり熱田の老僧日澄により開基された日蓮宗の具徳山妙蔵寺があります。本尊も同じく法華経題目木塔（現・久遠の本師　釈迦牟尼仏）です。この寺で日澄聖人が息を引き取るまで勤行給仕の孝道を尽くし、終焉を迎えました。門下生や村人が聖人を「孝道陰徳の師」と称え「徳が具《そな》わる寺」として山号が付けられたといいます。また、東海地方では、一般の人々と冷水を被る「水行」を初めておこなったそうです。

隣村の北外山村の北外山砦跡周辺にある神社や寺のある地域が城屋敷と呼ばれたと同じように南外山も城跡や神社仏閣などがあり、屋敷と呼ばれていたそうです。鎌倉時代末期、この地で日蓮宗が隆盛していたことが命名からも察することができます。

また、県道名犬線の南の道路沿いの東側に、創建は不明ですが旧外山村では一番古いといわれている国常立命《くにとこたちのみこと》を祭神とする天神社があります。その筋向かいにあたる県道名犬線と交差する西側の道上《みのかみ》は、西へ県道小牧岩倉一宮線が横断しています。小字名の由来は、街道が貫く集落、すなわち、街道上にある集落ということのようです。その南にある長田・芋田・丸田・隅田などは、大山川の北岸一帯が地形的によく氾濫を起こす湿地帯で、入鹿用水の開削前から治水に腐心して新田を開墾・耕作したところです。こうしてつくられた田の形態から名づけられているのです。花ノ木やアヤメなどは、大山川の氾濫による沼地や湿地帯の情景から付けられたと思われます。その他の小字は春日寺などに分離されてしまいました。

南外山にある天神社（平成二十八年）

発掘調査で確認された先人の生活文化

小牧山遺跡（旧石器時代）の出土品から太古の歴史を裏づけるものが発見されました。近年、小牧市では保存作業が急ピッチでおこなわれています。開発計画が出されると、開発前に文化財保護法の規定により調査がおこなわれますが、小牧市内には埋蔵文化財包蔵地（遺跡）が三百十一カ所もあるとのことです。

南外山でも文化庁の補助を受け、小牧市教育委員会により遺跡発掘調査がおこなわれました。一例を小牧市教育委員会の資料をもとに紹介しましょう。

南外山遺跡は、平成元年度（一九八九）の市内遺跡詳細分布調査で新しく発見され、南外山東浦遺跡、南外山城跡、南外山北浦遺跡の三遺跡が確認されました。調査により、この地域は縄文時代（紀元前六〇〇〇年より始まる）から近世に至る複合遺跡であることが判明。弥生時代（紀元前三世紀ごろから始まる）の方形周溝墓、古代の掘立柱建物跡、中世の南外山城に伴うと考えられる堀や区画溝、井戸などが確認されました。

出土遺物は山茶碗、土師器、常滑製品、青磁などの中世のものが主体で、十三世紀から十五世紀ごろのものが多く見られました。掘削して底面が平坦な形状があらわれたところでは、弥生式土器・須恵器のほか、灰釉陶器、弥生土器小片も多く出土し、山茶碗なども確認されています。

また、甕《かめ》や細頸壺、太頸壺、高坏などの出土品や破片は、弥生時代中期の土器の可能性が強く、周辺の他地域から出土したものと比較しても、時代を特定できる遺構、遺物であることが確認されました。こうして確認されたところは、その後、埋め戻されたり、宅地などとして整地されて所有者の利用に資されます。そこは書類上に記

南外山公園発掘案内板（平成二十八年）

小牧歴史館に展示されている出土品（平成二十八年）

録・保存されて、記念碑や案内板などで告知されることで終わるのです。
一方、保存指定された場合は、所有者にとって大変な負担となります。かけがえのない文化遺産をどう守っていくか、行政も私たちも考え努力しなければならないことがまだまだ多くあります。

◉春日寺一丁目から三丁目

春日寺の由来は、西行法師ゆかりの寺から

旧小牧の東の南端に位置する春日寺一丁目から三丁目は、北側が大山川に接し、南北に県道名古屋犬山線が縦断し、東側は春日井市牛山町に、南は春日井市上ノ町、西一帯は、西春日井郡豊山町を中心とする県営名古屋空港の敷地に繋がっています。春日寺一丁目のほとんどは空港の敷地内で、航空自衛隊第一輸送航空隊及び小牧基地司令部などの施設が占めています。

南外山と春日寺の境界を流れる大山川は西へ流れ、飛行場の下をくぐることとなり、暗渠となって、西側の豊山町に流れています。

春日寺地域を流れる大山川のちょうど真ん中あたりから南東へ西行堂川が分かれ、上流となる春日井市側に向かっています。西行堂川の上流は春日井市上田楽町の中央を縦断する薬師川（新木津用水）と交わり、下末から流れてきています。二丁目と三丁目の間を分けるのは名鉄小牧線です。春日寺は、平成七年（一九九五）に町名変更で大字南外山から独立。春日寺が町名として復活し、旧春日寺入鹿新田村一帯が春日寺一丁目から三丁目になりました。

自衛隊小牧基地正門前（昭和四十年）

春日寺入鹿新田の地名は、鎌倉時代からあったといわれる曹洞宗の春日寺という古《こ》刹《さつ》（古寺）名が、村人に愛されてきたことから、そのまま村名となったものです。春日寺は当初龍潭寺《りゅうたんじ》の末寺として本尊に毘盧舎那仏《びるしゃなぶつ》（大日如来）をいただき、春日寺開山の教栄和尚が毘盧舎那堂として鎌倉時代末期に創建。文保・正中年間（一三〇〇年代＝鎌倉時代）には、この寺の開祖教栄和尚の甥にあたる西行法師が諸国巡礼の途中に逗留《とうりゅう》して歌を詠んだり、木で自像を彫ったりしたことが伝えられています。西行は伯父教栄追悼のため、一草庵として利用しましたが、その後廃頽《はいたい》していました。正保二年（一六四五）に本尊を大日如来とし尼寺で再建。昭和十七年（一九四二）から始まった飛行場建設の敷地内にあった字柳田から現在地の西行堂川の畔の春日寺二丁目に移転し、曹洞宗の毘盧山《びるさん》春日寺として尊崇されています。また、西行法師の死後、鎌倉時代初期には、慕っていた人々により「西行堂」が建てられましたが、その後、大山川の氾濫などによりお堂はなくなりました。

　西行滞在中のエピソードや逸話を挙げてみましょう。まず西行が近くの地名などを詠み込んだ和歌が三首残されています（一部121ページで紹介）。これは『山家集』（佐佐木信綱編、岩波文庫）で読むことができます。また、近くの川が西行堂川、それに架かる橋は西行堂橋と呼ばれているのも西行滞在の反映でしょう。自像といわれる木像は、現在、市内常普請の曹洞宗本光寺に保存されていますが、江戸時代に西行法師を慕う同好の人々により、像を祀ったともいわれています。

　この地域は低地のため大山川が氾濫して洪水の被害も多かったのですが、江戸時代の寛永十年（一六三三）に入鹿池が完成すると入鹿用水の開削が進みます。大山川南

西行堂川沿いに立つ毘盧山春日寺（平成二十八年）

側の新田開発も尾張藩士の給知（家臣に対しての知行地）として造成され、春日寺入鹿新田村が誕生しました。

飛行場建設のためほとんどの住民は移転

明治十一年（一八七八）、春日寺入鹿新田村は南外山村と合併して、地名が消滅しますが、昭和三十九年（一九六四）には、一時的に一部が東原町となり、平成七年（一九九五）に現在の町名に整備されました。字には小向・小家西・柳田・六反田・西原・東原がありましたが、名犬線の西側に位置する春日寺一丁目区域の小家西・柳田・六反田・西原などは、空港の敷地内にあたる地域としてほとんど接収されてしまいます。

そこに住んでいた人々や関係施設は、昭和十七年（一九四二）から始まった飛行場建設と昭和三十四年（一九五九）の拡張に伴い移転を余儀なくされます。多くの人は、名犬線の東側に移住しました。その時の住民の苦しみと顛末《てんまつ》については、北里地区の小針地域（336ページ）で紹介しています。

小牧飛行場の歴史は古く、大正二年（一九一三）に遡ります。第一次世界大戦の前年の十一月に濃尾平野を中心に大元帥である天皇陛下（大正天皇）を迎えて陸軍特別大演習がありました。それは、日本で初めて航空機が参加した演習であったといいます。現在、旧犬山街道（名犬線）の春日寺の南、春日井市春日井の道路沿いに記念碑が立てられています。昭和二年（一九二七）十一月には、ふたたび小牧山を中心に大元帥の天皇陛下（昭和天皇）を迎えて陸軍特別大演習がおこなわれます。そのとき、

大正二年の陸軍特別大演習で来牧した飛行機

春日寺南の旧名犬街道脇に立つ大正二年の陸軍特別大演習の記念碑（平成二十八年）

小牧市出身で「二・二六事件」で暗殺された陸軍省教育総監の渡邊錠太郎大将も同行していました（56ページ参照）。

「小牧飛行場」は小牧山の雄姿から名づけられた

昭和十年代に入って、この地方にも飛行場の必要性が高まりました。昭和十五年（一九四〇）に、気象条件がよい平野で水田を埋め立てるための用土を調達する丘が随所にあるといった好条件が揃っていることから小牧飛行場建設が決められたのです。

豊山村（現・西春日井郡豊山町）からの土地の提供が一番多かったといわれています。飛行場の名の候補は「名古屋北飛行場」「豊場飛行場」「小牧飛行場」がありましたが、「小牧飛行場」となります。決定の条件は、広大な尾張平野の真ん中にそびえる小牧山の雄姿が象徴的であったからだといわれています。

昭和十七年（一九四二）に着工し、戦時中近在の皆さんの勤労奉仕を受けて滑走路がつくられ、終戦直前に完成。一部が使用されました。最後の陸軍飛行隊の雷電や飛燕などの戦闘機が試験飛行し格納されています。第二次世界大戦後の進駐軍（米第五空軍）による管理で、引き続き飛行場の拡張が図られ、小牧山山麓の土を削って埋め立て整備されて、本格的な滑走路が完成します。駐在する大勢のＧＩ（Government Issue ＝米国陸軍兵士）で小牧の町はにぎわいました。昭和二十七年（一九五二）からは名古屋空港として民間航空の使用も始まり、昭和三十三年（一九五八）には、昭和二十九年（一九五四）に発足した航空自衛隊の第三航空団が、宮城県の松島から小牧に移動。米軍との共同使用となりますが、翌年には正式に基地管理権が移管されます。

名古屋空港（昭和三十七年）

国際航空宇宙ショー（昭和四十六年）

日本の防空任務が増えて逐次部隊が新編され、航空自衛隊「小牧基地」として開庁しました。

米軍の撤退後は、民間空港とも共存した航空自衛隊関係の基地となっています。昭和五十三年（一九七八）に第三航空団が青森県の三沢基地に移転すると、第一輸送航空隊が創立されました。自衛隊は、「国際航空宇宙ショー」や航空自衛隊の編成によるブルーエンジェルスの展示飛行などで民間との交流を図り、基地周辺の生活に生ずる環境に関した改善整備が進められています。

この春日寺一丁目の南にある名犬線の西側に寛文七年（一六六七）創建といわれる神明社があります。祭神は大日孁女命《おおひれいめのみこと》で、社務所は春日寺会館です。

◉新町一丁目から三丁目

新町地域の美しい田園地帯が住宅地に変貌

旧小牧の中心街から見ると北の外れとなる上新町を含む新町地域は、国道一五五号線の北側に位置し、東は県道名古屋犬山線に接し、北は名神・東名高速道路に沿い、西は合瀬川（古木津用水）で区切られたところです。周辺は南が小牧一、二丁目、東は名鉄小牧線の通過する未整理の小牧原新田、北も未整理の小牧原新田に接し、西は合瀬川を挟んで間々原新田、安田町と飛地で残った小牧の一部、そして、山北町に接しています。

その他の幹線として、新町一丁目と二丁目の間に南北に市道犬山公園小牧線が通り、新町二丁目の中心には、薬師川（新木津用水）を上流とする岩崎から分岐した灌漑用

現在の県営名古屋空港（平成二十八年）

水の原川が南下しています。この用水路は小牧一丁目で合瀬川に合流し、農村地帯に豊富な水を提供して稲や菜種を育み、のどかな田園風景を形成していました。しかし、昭和中期からの耕地整理や土地区画整理事業などが進み、農地が住宅地や工業用地として再活用されるようになると、新生小牧市の商業地域に変貌しました。自然が豊かだった時代には、子供たちが原川で水遊びや魚釣りで遊ぶ姿をよく目にしたところです。

新町三丁目の上街道に接する地域の一部分は、上新町といわれていた地域です。大正時代に街道に町並みがつくられるようになり、南から続く町筋の商店街としては片町の北の地区に位置し、新しく町名が付けられました。上街道で小牧原新田に通じるところには、かつては美しい松並木が残り、道も土道で、左右には肥沃な田園が広がっていました。

その後、明治の中ごろからこの街道筋は、道の東側に設置されていた用水（新木津用水の支線）も東に移転し、その跡地と片町から続く街道の両側に商店が立ち並びます。そして、その北にも新しい町並みがつくられ、それが上新町と呼ばれるようになりました。

街道の町並みを外れた新町地域は、木々に囲まれた農家などの屋敷や鎮守の森があり、周りは水田が続く地域でした。昭和六十二年（一九八七）に土地区画整理事業が推進され、田園地帯だったためか、マニュアルどおりに順調な区画整理が進められ、各小字の再整理と耕地整理とが並行して整備されました。新町名は新町と名づけられ、静かな住宅地などになりました。

上街道を行く小牧の車第一号（大正十年頃）

新町三丁目には、全国で最小だった公共バス会社がある

新町一丁目は、主に懐町（昭和五十～六十二年に存在）を中心に整備され、小牧の井上・大輪・山北・野田の一部と小牧原新田の萱場・小家前・懐・明治、間々原新田の川東の一部で構成されています。新町二丁目は、大新田町（昭和五十～六十二年に存在）を中心に、小牧の太兵衛東・黒須雲・大正・野田、小牧原新田の畔地・問屋橋・小家前・懐・明治・町口と間々原新田の川東の一部です。新町三丁目は、小牧の黒須雲・大新田町、小牧原新田の町口・鷹之橋・畔地、上新町（昭和五十～六十二年に存在）の一部が整理・区画されたところです。字名の由来などは、新町名の小牧に一部紹介していますが、その他の字名は、未調査のため不明なところが多くあります。

この新町一丁目には日本の伝統技術を守る漆を取り扱った有限会社浅井工業所があります。明治三十二年（一八九九）の開業で代々小牧地方の文化を守り漆器製造をおこない、その卸し及び販売をしています。

また、新町三丁目には、行政から路線・コミュニティバスを請け負う全国でも珍しいタクシー・バスの運営会社あおい交通株式会社があります。昭和三十四年（一九五九）七月に名鉄小牧駅前で「一般乗用旅客自動車運送事業」として「あおいタクシー」を開業。三台からの出発でした。昭和五十七年（一九八二）七月に現在地に本社を移し、平成四年（一九九二）に「あおい交通株式会社」と改称。平成七年（一九九五）三月に「一般貸切旅客自動車運送事業」の認可を取り、平成十四年（二〇〇二）四月には、全国で最小の乗り合いバスの認可を受けました。「地域住民の観点から新しい旅客システムを創造する」を旗印に、小牧地方の地域・巡回バスの拡張など公共

旧小牧駅前で始めた「あおいタクシー」の駅前営業所（昭和三十五年）

の足を確保する努力を続けています。現在では、高齢化社会に向けて市内五百メートルの間隔でバス停を設け、市民の利便を図っています。

その向かいにあるのが、小牧では唯一の豆腐の製造販売をしている美濃屋。昭和五年（一九三〇）の創業です。豊富でおいしい伏流水を使用した豆腐は絶品で、厚揚げや田楽豆腐のおいしさは定評があります。昭和二十七年（一九五二）には合資会社美濃屋商店となり、小売りをしながら続けています。その裏側の旧上街道沿いに日本の伝統家屋の必需品、畳の製造販売をおこなっている高井畳店があります。大正二年（一九一三）に創業して百年余、現在も頑張っています。その向かいには、サイクルショップ余語があります。

上街道筋にある旧上新町の北の端の西には酒店を経営する有限会社カワムラがあります。明治四十三年（一九一〇）の開業で現在は調味食品や贈答品も扱っています。

◉小牧原新田・小牧原一丁目から四丁目

小牧原新田は区画整理で五つの町名に分割

旧小牧地区の小牧原新田地域は、平成二十年（二〇〇八）十一月から町名変更により、国道一五五号線（バイパス）の北側が小牧原一丁目から四丁目に区分され、残りの南側は旧来通り小牧原新田として存続することになりました。

西側に位置する合瀬川と東側の市道犬山公園小牧線に挟まれた地域の旧小字にあたる源橋《げんばし》・自才西《じざいにし》・自才裏《じざいうら》・源橋東・自才前などと岩崎及び間々原新田の一部が区画整理されて小牧原一丁目になりました。その東で県道名古屋犬山線までが二丁目と四丁

新町歩道橋より新町三丁目、小牧二丁目方面を見る（平成三十年）

目ですが、南北に分かれていて北側は二丁目に、南側は四丁目になりました。二丁目は寺裏・糀廻間《こうじはざま》と岩崎の一部、四丁目は宮西（寺前）・土居北・自才前の一部が区画整理されたところです。三丁目は二、四丁目の境界線である南北に走る県道名古屋犬山線の東側から名鉄小牧線の線路のあるところで区切られ、伝右ェ門前・高松東・神明挟の一部と東田中の一部が編入されて区画されました。

残された小牧原新田は、西萱場《にしかやば》・小家前・畔地《あぜち》・樋下《といした》・神明挟の一部、南原・鷹ノ橋と名鉄小牧線の東側に飛び出た法塔東などで構成されました。東西に走る東名高速道の北側で、南側の鷹ノ橋を省いた東萱場・懐・問屋橋・大新田裏・定右ェ門前・町口・白山前・西朝日・東朝日などは、すでに昭和六十二年（一九八七）から平成五年（一九九三）にかけて区画整理されて、新町一丁目から三丁目や中央などに組み入れられて整備されています。

残った小牧原新田の南に黒須雲神社があります。祭神は日本武尊ですが、古くは新町二、三丁目の旧字黒須雲に設置されていましたが、大正元年（一九一二）に官令（合祀勧奨令）によって氏子の総意で小牧神明社境内に移祀されました。それを昭和十一年（一九三六）現在地に復古設立したものです。境内には、上新町会館が併設されています。

この神社北方の名鉄小牧線の西側には大正五年（一九一六）に創業し、百年を迎えた工作機械器具を生産する落合ヘルド株式会社があります。その北方の名鉄電車よりに有限会社浅井工業があります。同じく名鉄小牧線沿いの西側に、岩崎に接した飛地の小牧原新田の南にある小牧原三丁目の一番北には大正五年（一九一六）創業の中川

萱場橋付近（平成二十九年）

上新町会館のある黒須雲神社（平成三十年）

ゴム工業株式会社があります。工業用ゴム製品の製造販売をおこなっています。また、西にトヨタカローラ愛豊株式会社小牧原店があり、南に水野精麦倉庫株式会社、名昭産業株式会社などの合同の倉庫街があります。

四丁目には、昭和三十八年（一九六三）に小牧市とアメリカのワイアンドット市と姉妹都市の縁結びの仲人をした大阪の大福機工株式会社（昭和五十九年に社名を株式会社ダイフクに変更、現在本社は東京）があります。昭和三十年代の小牧市の産業誘致で進出し、昭和三十八年に小牧工場を竣工させたことにより成就したものです。今は、ダイフク小牧製作所となっています。また、ＤＲＥ小牧センター、株式会社アイカがあります。東には赤津機械株式会社小牧工場、日産プリンス名古屋販売株式会社小牧原店などがあります。

旧字名に開墾に懸けた想いが見える

小牧原新田は、寛永十年（一六三三）に入鹿池が完成し、入鹿用水の開削《かいさく》によって水利を得てから原野が開墾されてできたところです。推進したのは、入鹿六人衆といわれる小牧村の江崎善左衛門了也、上末村の落合新八郎、田楽村（現春日井市）の鈴木作右衛門らでした。耕地開発が進むにつれ水不足の問題も生じましたが、寛文四年（一六六四）までに新旧の木津用水が完成し、耕地・新田を潤す灌漑用水も完備されました。寛文二年（一六六二）には、縄入れ（測量）もあり、小牧原新田村として検地もおこなわれて村落がつくられたのです。今の県道名古屋犬山線は当時、木曾街道で、美しい松並木の続く上街道として参勤交代にも使われた重要な街道でした。道

小牧原小学校付近（平成二十九年）

筋には集落ができ、神明社や加藤清正を本尊とする日蓮宗一致派法輪寺管理の題目堂（現在は確認できず）もありました。明治二十二年（一八八九）の市制町村制施行によって小牧町に合併して大字となるまで、村として続いていたのです。

　現在、小牧原新田となっている小牧市立小牧原小学校の周辺は、旧間々原新田から編入された杜若池《かきつばたいけ》といわれる湿地帯でした。南側の萱場の地名は、周りの土地が低く沼地で萱が生い茂っていたことから付けられたと推察されます。新木津用水（薬師川）から分かれて古木津用水（合瀬川）に合流する灌漑用水の原川に架かっている問屋橋は、村中・間々原からの道と岩崎からの道が合流する地点です。昔、馬の背に米などを積んで人々が往来し、物流拠点として農家が店を出してにぎわったところからその名が付きました。寺前・寺西・寺裏は、享保九年（一七二四）創建の黄檗宗《おうばくしゅう》興法山大乗寺（入鹿六人衆の落合新八郎の息子の落合平太夫を開基とし娘が尼僧として務めた）に近いことで名づけられました。寺の本尊は観世音菩薩（聖観音菩薩）ですが、三十三観音の石仏や薬師如来、秋葉三尺坊、弘法大師が祀られています。宮西の由来は寛永六年（一六二九）に入鹿池の完成祈願と新田開発のために勧請された建速須佐之男命、天照皇大神などを祀る津島神社の近所ということからです。樋下は原川の水が新木津用水から引かれ、圦《いり》（水門）の下手にあった土地であること、畔地《あぜち》は原川の傍《そば》ということと、畑地が多く田地と畑地の境であることから付けられたといいます。源橋は、寛永二年（一六二五）に鈴木源助という人が新田開墾に参加したことに由来します。彼の祖父は織田信長の家臣でしたが、本能寺の変で主君を失い、上末村の森下城主落合将監の家臣となりますが、その後武士を廃業して農民になってしまいます。孫

新しく改修された原川より小牧山を望む（平成三十年）

の源助が鈴木の家を再興するため開墾に心血を注いで、木津用水に橋を架けたことから名づけられたのです。

この原川の東南の国道一五五号線（バイパス）の南側に、かつて地域産業の中核をなした竹細工など竹材の卸売りを手掛けた株式会社竹藤商店があります。大正元年（一九一二）の創業で、平成元年（一九八九）には別会社の株式会社藤栄通商を設立。現在は、約四千坪の敷地に石材などの各種造園資材の卸売りをおこない、海外にも資材の供給を開始しています。また、西の原川沿いに株式会社丸大小牧事業部があり、その西に名古屋コーチンを扱うタッキーフーズ株式会社などがあります。

自才の字名で、悲運の開拓者の功績を伝える

小字で使われてきた地名の自才は、新田の開墾をおこなう作人をまとめていた江崎氏の戒名である自西院から名づけられています。藩祖徳川義直公が他国からの移住者を集めるために各種の特典を与える高札を掲げました。彼が、それに集まってきた大勢の作人をまとめ、生涯をかけて自才裏・自才前・自才西などの地域を開墾して、黙々と働き続け豪農となったことから、後世にこの地名が付けられたのです。その由来は次の地蔵堂の話に関わっています。

小牧原新田と小牧原一丁目の市道犬山公園小牧線と国道一五五号線の交差する自才前交差点のすぐ北側の道路から数メートル奥まった小牧原一丁目に地蔵堂があります。堂の中には中央に地蔵、右に墓碑、左に馬頭観音像が立っています。地蔵は高さ一・三メートルほどの像で、前掛けと頭巾をまとい、穏かな顔をされています。その

小牧原一丁目の自才交差点周辺（平成三十年）

昔、草木も眠る「丑三《うし》つ刻《どき》」（まよなか＝午前二時ごろ）に突然、闇夜の竹藪の中から「ドーン」「ドーン」と、杵《きね》で餅《もち》をつくような地響きが聞こえてきたそうです。その怪談もどきの実話を、近くに住む松浦正明氏は、『ふるさと百話』の中で紹介しています。この辺りには、江戸時代の新田開発に力を尽した江崎忠左衛門の墓碑がありました。江崎氏は悲運の一族でした。

伝承では道楽者の一人息子に腹を立てて自らの槍で誤って殺してしまい、一家は途絶えてしまったようです。その後月日が経ち、村の人々が「ドーン」「ドーン」と聞こえる原因を探ろうと昭和三年（一九二八）にこの墓を掘りましたが、六文銭と素焼きの大小二個の瓶棺が出土しただけで、その原因はわかりませんでした。その墓碑が無縁仏になっていたので、明るい道端に移し、村民がその霊を供養するようになると、奇怪な音は聞こえなくなったそうです。当時は、「もちつき地蔵」と呼ばれていました。墓碑には新田開発をした江崎氏の苗字と戒名が「自西院浄誉常念信士延宝五年（一六七七）」と刻まれています。小牧四丁目の西林寺の過去帳にも記載がありました。お家断絶のため石碑建立者は塚原亥昌《いのまさ》とあります。この付近の字名も江崎氏の功績を後世に伝えるため、自西にちなんでこの墓地を中心に自才前や自才裏・自才西になったそうです。（なお、この墓地の近くに磁石が北を指さない不思議な所があります）

この隣接の小牧原一丁目には、昭和四十二年（一九六七）創業の大成工業株式会社があります。自動車内装品製造並びに加工をしている会社で、地域産業の一翼を担っています。また、お酒とワインなどを扱う株式会社松浦利右衛門商店があります。

昭和六年（一九三一）には、この地の東方に現在の名鉄線が開通し、県道も重要な

昭和初期の伝説を祀ったもちつき地蔵（平成二十九年）

役割を果たすようになりました。昭和十四年（一九三九）には、前年に公布された「国家総動員法」により戦時動員体制が確立され、この地も軍需生産を中心とする構造転換がはじまります。県道沿いには、この地域で初めての工場進出となった飛行機エンジン製造の中京機械製作所小牧工場が建てられて、生産を開始。第二次世界大戦の最中には、小牧飛行場の建設に伴って工場を拡張し、多くの徴用工を抱えていました。戦後は解体されて消滅。昭和三十年代になると東名高速道路が通って、工場や住宅などが建設されました。耕地は減少し、レンゲや菜の花畑の田園風景はなくなってしまったのです。

◉間々・間々本町

間々は永禄年間に元町の助郷村に

小牧山の北に位置する大字の間々本町は、市の都市計画による付け替え工事に伴って移転した国道一五五号線の北側にあります。南側にはこの国道に沿って安田川が流れています。境界の南西の角から隣接している町を時計回りにいいますと、曙町、弥生町、村中新町、間々、安田町、山北町となります。昭和五十年（一九七五）までに旧間々地域のほとんどが他の地域に併合整備されましたが、間々本町は大字間々の中心部だったところです。

間々は、合瀬川と巾下川に挟まれた小さい集落です。洪積台地と沖積平野の境にあたり、耕地は低地に、集落は台地上に位置し、古くから開発されてきたようです。間々や巾といわれる地名は、崖を意味すると考えられています。灌漑用水が開削され

大正時代の間々方面から見た小牧山

る頃に、間々村として村落が形成されました。永禄六年（一五六三）に織田信長が清洲城から小牧山へ居城を遷《せん》するに伴って清須街道の宿駅となった元町から近いため助郷（宿場常備の人馬が不足する場合、提供を命じられる付近の郷村）の役割を命じられ、元町の盛衰に強く影響を受けたところといわれています。

江戸期に入って本格的に開発が進められましたが、土地はあまりよくありませんでした。小石混じりの赤土だったのです。この地域の人口も江戸中期から後期には減少していると記録されています。天保時代（一八三〇〜四三）には小字が二十五カ所ありましたが、明治十七年（一八八四）ごろには、安田・牛山・油田・神田・浦通・片山・片町・御祓山に整理されます。その中の浦通は、清須街道の裏道として名づけられたようです。また、江戸時代には定納田という一定の年貢を納めればよい検地のない田がありました。豊作の時には年貢以外は村全体の収入となり、そこから祭りの費用や熱田神宮などに奉納する灯明代を捻出することから、油田と呼ばれていましたが、現在はその制度もなく名称もありません。

間々は、明治二十二年（一八八九）には一時、境村に所属しました。しかし、明治二十七年（一八九四）に眞々村となり、明治三十九年（一九〇六）には小牧町の一部となって間々に戻っています。

土地はよくありませんが、良質で豊富な木曽川の伏流水の出るところなので、国道四一号線の東の高台には、昭和三十八年（一九六三）に名古屋に本店を置く両口屋是清の小牧工場が進出してきました。この和菓子の老舗は、寛永十一年（一六三四）に創業した尾張藩の御用商人。昭和九年（一九三四）に株式会社両口屋是清を設立しま

間々の両口屋小牧工場（平成三十年）

す。小牧工場では千なりや二人静などの和菓子を主に製造し、小牧に因んだ季節限定商品なども開発して、小牧の名産品の一つとなりつつあります。

全国から授乳祈願に訪れる「ままちち観音（間々乳観音）」

間々本町の旧字片町に、浄土宗鎮西派の飛車山龍音寺があります。

龍音寺は、通称「ままちち観音（間々乳観音）」と呼ばれ、永正二年（一五〇五）に名古屋の臨済宗海福寺寺領に尾張の守護・斯波《しば》氏（足利将軍家の一門で筆頭格・代々尾張を統治。武衛家とも呼ばれる）の家臣林心斎が寺堂を建てたのが始まりで、本尊は阿弥陀如来です。

また、龍音寺には、婦人の授乳に霊験のある間々観音があります。本尊は観世音菩薩（千手観音）です。この菩薩は、寺の縁起によれば、弘法大師作と伝えられています。この霊仏には多くのいい伝えがあります。明応元年（一四九二）に小牧山中腹の西側にある観音洞にまつわる出来事がありました。その当時、狩人が弓を持って小牧山の峯に登ると、鹿の群れに出会いました。物陰からこれを射ると、鹿はたちまちのうちに玲瓏《れいろう》たる七つの石に化し、さらに五色の雲が空に現れ、異香が地に満ちました。素晴らしい御光を四方に放ち、尊像の動きに合わせて山鳴りがして、谷に大音響が轟《とどろ》き渡りました。狩人は唖然《あぜん》としていましたが、我に返ると弓を捨て、矢を折って、尊像の前におもわずひれ伏して礼拝しました。やがて、狩人は平生の殺生の業を悔い改め、髪を下ろして僧となり、庵を結んで尊像を安置し、奉仕したといわれています。

その後、村人らが力を合わせて奉仕するようになるとますます霊験があらたかとな

間々乳観音（昭和四十六年）

飛車山龍音寺間々乳観音山門（平成二十八年）

ります。夫を亡くして貧乏で子供に与える乳の出ない婦人が、村人に与えられた一袋の米を尊像に捧げたところ、急に乳が出るようになったり、病馬が健馬となったりするなど数々の霊験が起こって、この観音の名を高めました。当時の守護代・清洲城城主斯波氏の家臣林氏が立派な寺堂につくりかえましたが、その後荒廃。千手観音は盗難に遭いますが、奪った人のすむ村里には奇異な出来事が多く起きたといいます。

現在の観音堂は、大正三年（一九一四）の建立です。婦人の授乳や病魔恢復に霊現があるとして全国から人々が参詣祈願に訪れ、乳型の絵馬を掲げる観音信仰の霊場となっています。また、本堂祭壇の横には七福神の一人、大黒天さんも祀られています。

この近くの北方に明治の神仏分離まで龍音寺の鎮守であった吾田鹿葦津姫命《あたかしつひめのみこと》を祭神とする白山社があります。創建は不明です。本来は、字片山の地名であるので片山神社というべきところ、片を白と書き違えたのでないかといわれています。ここは有名な古社で、近くの阿神戸屋敷の樹木に髪のような藻草が生え、産家に内掛けでのお守りとなるように見えるため、「初毛の梢」といわれていたそうです。

龍音寺の北の裏側に浄土真宗の大瀬寺があります。明治二十年（一八八七）に大野瀬平が自宅の一部に道場を建て間々村の村民にたいして集会場所の説教場をつくったのが始まりです。真宗大谷派の法龍山大瀬寺といい、本尊は阿弥陀如来です。建物は龍音寺の古堂を移築、増築したものだそうです。

間々本町には俳優片岡千恵蔵の住居があった

間々本町に家を新築し、引っ越してきた有名人がいました。間々観音の正門の筋向

昭和四十一年五月十九日開催の「市長叙勲祝賀会」で祝辞を述べる片岡千恵蔵

かい近くです。昭和四十二年（一九六七）ごろのことですが、六年間にわたり住民として生活されました。その人は、戦前の無声映画時代から戦後を通じて、時代劇の花形スターとして一世を風靡《ふうび》した大御所・片岡千恵蔵（本名＝植木正義）です。

当時は小牧市の工場誘致が一段落し始めたころ。小牧の関係者と交友のあった東急の五島昇会長の勧めがあり、東映の取締役として経営陣の一角をしめていた千恵蔵を企業家として売り出すために、市内村中の小牧インター近くにボウリング場を中心とする市内初の大衆娯楽場「小牧ハイランド（千恵蔵ランド）」（現在の小牧インター南側の株式会社コモ周辺）を開設しました。そこには、名古屋の御園座などの劇場に出演した故松方弘樹、水谷良重（現八重子）、仲曽根美樹などの俳優や歌手が多く訪れ、地元の人たちとも交流しています。なかには、大瀬康一（東映制作のテレビ映画「月光仮面」を主演）のように国道四一号線元町三丁目を西へ入った北側辺りに別施設をつくって投資した方もいました。

しかし、昭和四十七年（一九七二）ごろには、通算七年間の小牧在住に終止符を打って古巣の京都へ戻られたといいます。千恵蔵に協力していた東映の大川博社長も亡くなり、本人も六十七歳で紫綬褒章を受章し、映画出演も減り、事業もあまり芳しくなかったためのようです。来牧した当初は、村中新田の「小川屋」の本宅の離れで半年ばかり生活をされましたが、そのお礼として村中小学校に子供の遊び場を寄付し、野口の特別養護老人ホーム（現天皇が皇太子時代に訪問しています）を慰問されるなど、市民と交流し、農道を時代劇さながらの格好で散歩されたことが、当時を知る人々の思い出となっています。現在、息子さんの植木義晴氏は、日本航空（ＪＡＬ）の会長

野口の特別養護老人ホームを訪れた千恵蔵（左から二人目）一行（昭和四十四年）

千恵蔵寄贈の村中小にあった遊技場（昭和五十年代）

として活躍されています。

◉間々原新田・安田町・山北町

間々原新田には県内屈指のスポーツ公園がある

間々原新田は小牧山の北方に広がる地域です。村中を流れる巾下川の中流右岸の東方、合瀬川の中流西側に位置し、洪積台地上を南北に広がっています。北は横内や飛地の小牧原新田、東側も小牧原新田と新町一丁目に接しています。南は間々原新田の一部が分離・独立した安田町と間々に、西方は巾下川を跨っている村中に接しています。

中央にはバイパスの新国道一五五号線が、その南には東名高速道路が東西に通っています。道路整備に伴い企業の進出や住宅地化が進み、旧来の美しい田園風景が一変してしまいました。

間々原新田には、平成十三年（二〇〇一）にオープンした小牧市スポーツ公園総合体育館「パークアリーナ小牧」があります。約五千人の収容を誇る愛知県でも屈指のスポーツ施設で、有名選手が参加する球技大会を開催。商工会議所主催のこまき産業フェスタや市挙げての大きな文化事業のイベントにも使用されています。周辺は完全な水田地帯でしたが、今は工業用地やスポーツ公園の付随施設の整備が進められています。

旧来の集落の中心は、南北に日本の主要生活道路がありますが、西側の小字の今池から上芳池、下芳池などを北から南へ通過する旧清須街道（古地図に犬山より名古屋

パークアリーナ小牧のオープン記念日（平成十三年）

現在のパークアリーナ小牧（平成二十九年）

巾下道の記入あり）といわれる市道柏森線に散在していました。江戸時代の村絵図によると、古天王から宮前などに至る屋敷辺りは定納山・平御山と呼ばれる竹林や雑木林のあった緑地の台地で、その周辺に集落が分布していたようです。

江戸時代から明治二十二年（一八八九）まで間々原新田村といわれてきましたが、それ以前は間々村に属し、間々入鹿新田、間々入鹿原新田とも呼ばれ、分村して成立したとされています。その成立は、一説には十五世紀の室町（足利）時代の永享年間（一四二九～四一）ともいわれていますが、確かではありません。

明治二十二年以降は境村に属し、明治二十七年（一八九四）に眞々村（一時、この名称が使われました）、明治三十九年（一九〇六）に小牧町の大字間々となり、昭和三十年（一九五五）には再び間々原新田として小牧市の大字となりました。

西狭間はあの「桶狭間」と同じ由来

間々原新田の小字は、江戸時代には十九カ所ほどありましたが、明治十七年（一八八四）に、久ホノや下カヤバなどが小牧原新田に分離され十五になりました。それ以外の主な小字の地名には、小牧原小学校のある牡若池《かきつばたいけ》、「パークアリーナ小牧」のある西狭間、市道間々池三号線沿いの間々池・下新地・渡場、新国道沿いの宮西・上新地、そして中島・牛山があります。川東は昭和五十年（一九七五）に懐町となり、昭和六十三年（一九八八）から新町一丁目に吸収されました。すでに紹介していますが、雇用促進住宅山北宿舎は小牧の飛地にあります。これに隣接する小牧市消防本部がある地域は区画整理が実施されて、宅地化が進んできた渡場の一部に小牧・間々の一部

小牧原小学校裏手の間々原新田側の合瀬川より小牧山を望む（平成三十年）

も併せて、昭和五十五年（一九八〇）に安田町として独立しました。昭和五十年（一九七五）に設置された山北町も小牧・間々・間々原新田の一部が分離独立して成立したところです。

ところで西狭間という地名ですが、狭間は洞と同じように谷間で、丘陵地と丘陵地との間に挟まれた地域を指しています。永禄三年（一五六〇）、織田信長の奇襲作戦で今川義元を打ち破ったあの桶狭間の戦いの地も同じ意味です。しかし、間々原新田には、はっきりと谷間といえる場所はありません。おそらく古天王と上新池という小字に挟まれ、南北に細長く位置している面積の狭い地帯ということから名づけられたと思われます。

宮前・宮西の由来は、江戸時代より前に平御山に白山宮があったことに遡《さかのぼ》ります。その場所に『尾張国神名帳』にも記されていた実々《みみ》神社（実々天神ともいう。祭神は稲實公）が、延宝元年（一六七三）に再建され、その北側が宮浦《みやうら》と記録されています。このことから、この浦は、裏という意味で、お宮の裏に位置するので付けられたと考えられます。明治の地籍図では、この宮浦はなくなり、代わって実々神社の南側に宮前、西側に宮西という小字が記録されました。これらは宮浦と同様、祭礼の中心となって重要な働きをしてきた地域の神社との関係で生まれた小字です。この地域にも低い山間や池が多くあり、入鹿用水の恩恵を受けながら開発が進められています。

東名高速道路の北側に位置する実々神社の東方には、株式会社三河屋が展開する食料品店を主軸とする複合型商業施設のパワーズセンター小牧所有地の商業施設が広く造られている地域があります。それは昭和四十六年（一九七一）に旧中町に在った小

萱場橋近くの新町側にある道標付近（平成二十六年）

間々原新田の中心に位置する実々神社（平成二十四年）

牧センター商店街に個人商店として開業した三河屋です。昭和五十年（一九七五）に株式会社三河屋となり、昭和五十九年（一九八四）に間々原新田にびっくり市本部店として生鮮食品と日用品のスーパーを創業し、ビッグリブ、Mikawaya、パワーズなどの屋号で愛知・岐阜の近隣にスーパーマーケットを十七店舗展開し、地場企業として頑張っており、平成三十年（二〇一八）には、前述の小牧三丁目のラピオ一階に店舗を進出しました。

間々原新田の南西の端つまり、間々の両口屋小牧工場の隣に乳酸菌複合飲食料品の製造販売をする愛知ヨーク株式会社があります。両口屋と同様に良質で豊富な伏流水を利用するために、昭和三十二年（一九五七）本社と工場が誘致されました。固形ヨーグルトやのむヨーグルトなどのほか、菓子類も製造して、消費者の健康に貢献しています。

小さく独立した町、安田町と山北町

新町の西に隣接する地域に安田町と山北町があります。安田町は小牧の大輪・山北、間々の安田・神田、間々原新田の渡り場の各一部が整理併合されて、昭和五十五年（一九八〇）に独立したところです。東は合瀬川に接し、北は間々原新田、西は間々、南は山北町に接しています。

小牧市消防本部のある安田町は、住宅地として整備されました。安田公園の南は小牧（旧字山北）の飛地には雇用促進住宅山北宿舎が建っています。小牧市消防本部は、昭和三十年代には、旧小牧市内の中町にありましたが、昭和四十年（一九六五）の市

複合型商業施設が立ち並ぶ間々原新田周辺（平成三十年）

役所新庁舎完成と共にその中に移り、昭和五十一年（一九七六）に現在地に移転したものです。

安田町の南にある山北町は、西は間々本町に、南は国道一五五号線に接し、向かいには堀の内一丁目、小牧一丁目があるところです。小牧山の北の山麓地帯ですが、古くは北山ともいわれた地域です。昭和四十二年には小牧市全域を統括する小牧警察署が建設・誕生しました。名神・東名及び中央高速道路のインターチェンジやトラックターミナルなど交通の要衝もあり、その管理や犯罪など多くの案件に対処して活動しています。昭和五十五年（一九八〇）には区画整理実施区域となりました。国道沿いは商業地域にも関わらず宅地化が進んでいます。

この二つの町は、大字小牧や大字間々原新田などの一部が独立して懐町などと呼ばれていましたが消滅。その地域の一部が再度整理されて、今日の町名となったのです。長年の耕地整理や区画整理と各種道路整備などに伴って各種企業が進出して住宅地として旧来の姿を一変させたところなので、地名も紛糾せず簡単に付けられたようです。

◉村中・村中新町

村中地区は日本の大動脈の起点として発展

村中地区には、日本の大動脈である名神高速道路と東名高速道路の起点となっている小牧インターチェンジがあります。インターチェンジに接続する南北に国道四一号線が通過し、その北側を新国道一五五号線が交差、南では旧国道一五五線がクロスして、交通の要衝《ようしょう》となっています。日本の高速道路時代の始まりである名神高速道路は、

落成式当時の小牧市消防本部（昭和五十年）

飛地の小牧にある雇用促進住宅山北宿舎（平成三十年）

昭和四十年（一九六五）に小牧・一宮間が開通しました。この後、モータリゼーションに拍車がかかり、菜の花が咲き、金色の稲穂が美しく彩ってきた純農村が一変して、流通産業を支える倉庫群や工場などが立ち並ぶことになります。

昭和三十二年（一九五七）に国土開発縦貫自動車建設法及び高速自動車国道法の施行があり、昭和三十五年（一九六〇）に名神高速道路の一宮・小牧間の路線を指定・決定することになりました。これに際して、当時の小牧市選出の愛知県議会議員で県議会の土木常任委員長だった永田浅雄らが、河口湖に静養する岸信介首相に直接陳情し関係者に理解を求めたというエピソードが伝えられています。

大字の村中地域はちょうど、猪《いのしし》を細長く南北に横に寝かせたような地形で、東に古木津用水系の支流となる巾下川が四一号線と平行に流れ、西に県道小口名古屋線が縦断し、耕地整理も早くから進みました。

村中は、江戸期の文化・文政時代（一八〇四～一八二九）に書かれた『尾張国地名考』や『尾張徇行記《おわりじゅんこうき》』に「此の地は、間々村と西島村との中央にあり……村中と呼ぶ……」と記されています。集落や田畑もまばらで、江戸中期には村中本田、村中新田、村中原新田（現在の横内）の三地域に分けられていました。村中新田は村中郷新田とも呼ばれることから、周辺地区から農民が移住して開発がおこなわれ、集落が形成されたものと思われます。

それ以前のことは、村中の洞木地区にある片山八幡社の記録に残っています。それは、平安時代の貞観十三年（八七一）に応神天皇を祀った山城国（京都府）石清水八幡社の祭神を分霊して勧請奉祀したとするもので、この神社は「往古は小牧村の産土

発展する小牧インターチェンジ周辺（昭和五十年代）

村中インターチェンジ第一号杭打ちの様子（昭和三十七年）

神にて、村中は小牧村の地なり、その後、分けられ……」とあります。その昔は小牧村に属していたようです。また、八幡社は、織田信長が小牧山に移住した翌年の永禄七年（一五六四）に、信長の重臣池田紀伊守信輝（恒興）の次男輝政が生まれたことを祝って信輝から本殿を造営寄進されています。八幡社には、池田家の産土神として祭った棟札や弓矢などが保存されています。神社の祭礼は、今でも古式ゆかしく守られ受け継がれているのです。神社の社格としては七等級ですが、祭神はやはり応神天皇と少彦名命で、小牧市内では三番目のランクです。

巾下川周辺の地名は池や沼地などから命名

村中村は寛永十年（一六三三）の入鹿池構築の際に、原野であったこの地に隣接の農村から農家を移住させて村中村入鹿郷新田村新村として開墾させたことが記録に残されています。また、この村中村入鹿郷新田村新村は、隣の入鹿出新田村の発祥となったところでもあります。

この入鹿郷新田村新村で現在村中村の地域になっているのは、大島・池之面《いけのおもて》・葭《よし》池《いけ》・唐曽《からそ》・本庄野《ほんしょうの》といった一部でしかありません。そのなかで、池の付く地名は、巾下川周辺の地域です。間々や間々原新田に接する東側は、数メートル以上の断層があり、池や沼、湿地帯、葦の茂る場所でもあります。他の小字の池田や籠池・天神池・巾下・池下などもその付近に池があり葭《よし》が多く生えていたことから名づけられました。

東浦や前田・天地は、片山八幡社の北側の裏や南側の前にあり、天地は神社に奉納する穀類をつくる地域であることから名づけられています。

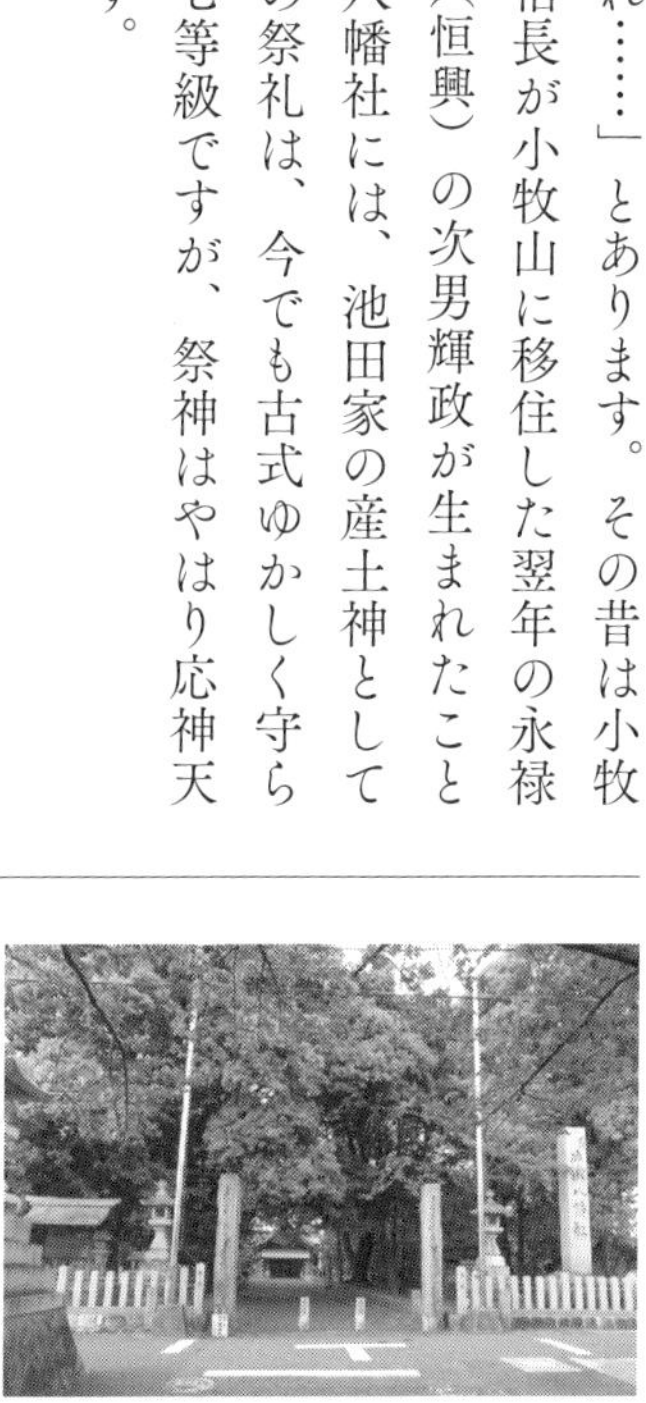
小牧市内の神社で三番目にランクされている池田家ゆかりの片山八幡社（平成二十八年）

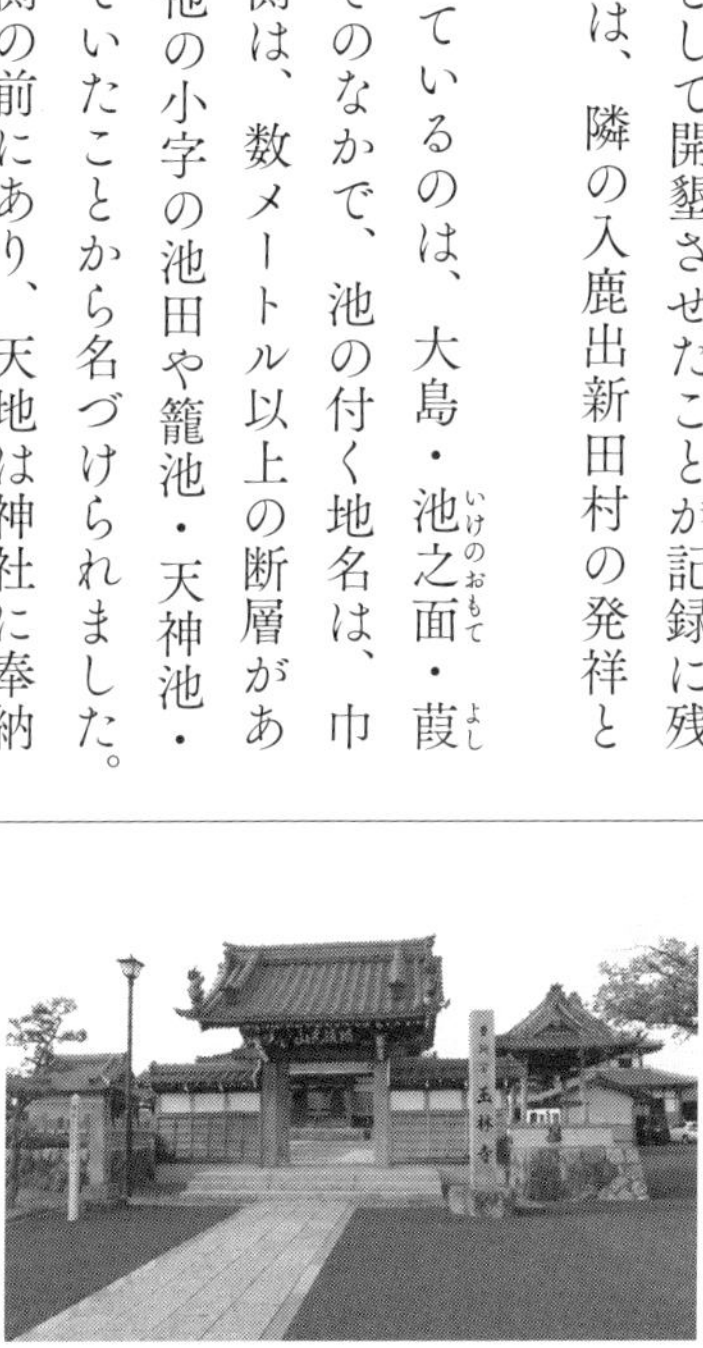
村中・瑠璃光山玉林寺（平成二十八年）

明治二十二年（一八八九）には、村中、村中原新田、河内屋新田、入鹿出新田、間々、の五カ村が合併して境村となりました。その後、明治三十九年（一九〇六）に小牧町に合併し、それぞれの村は大字として残り、村中も大字村中になりました。

　村中村の小字森本にある曹洞宗の玉林寺には、こんな記録があります。当初、天正五年（一五七七）に曹洞宗岩倉龍潭寺の末寺として小牧山山麓の元町に龍潭寺天洲和尚の弟子である明賢和尚により創建された寺でした。これを元和九年（一六二三）に小牧山西南麓にあった城下町の住人丹羽又兵衛が二カ寺に分け、一つを村中村に、もう一つを上街道筋の小牧宿へ移転したのです。一寺は現在地に瑠璃光山玉林寺として再建。本尊を阿弥陀如来としました。分かれた寺は、旧西町（小牧五丁目）で大寿山玉林寺として再建され、本尊を釈迦如来としています。元町にあった当時は、信長の小牧山城の新築を祝うため京都よりお祝いに駆け付けた連歌師の里村紹巴が滞在していました。村中の玉林寺の西側には馬屋、裏側には馬洗戸といった馬市や馬に関わった地名がありましたが、今はありません。

　昭和五十年（一九七五）には、村中新町や弥生町がつくられました。弥生町には、旧字の地に名残の井領公園がつくられ、天地や銅佛《どうふつ》・井領《いりょう》は、それぞれ村中新町、弥生町となり、南の飛地は村中になっています。

　村中新町には、娯楽の殿堂小牧コロナワールドがあります。このコロナグループは、隣町の江南市に大正十五年（一九二六）に映画館「新盛館」を建て、昭和五十五年（一九八〇）に、この地に大塚商事株式会社を設立。映画と遊技場を融合した初の施設「小牧コロナ会館」をオープンさせ、平成元年（一九八九）に株式会社コロナを

巾下川から見た小牧コロナワールド（平成二十九年）

小牧コロナワールドの北側の厨房施設（平成三十年）

設立。平成二十七年（二〇一五）には、株式会社コロナワールドと社名変更をし、映画館やレストランをはじめとする事業を展開して、市民の憩いの場所となっています。
また、この北隣には、ステーキハウスの合掌レストラン大蔵があります。

小牧ではじめての小学校に誇りを持つ

明治以来、学校制度や教育内容は、幾多の変遷を経て現在の体制に変わってきました。村中の地域では、江戸時代から寺小屋による教育がおこなわれていましたが、明治五年（一八七二）に学制が公布された際に滄浪《そうろう》（青くて澄んだ水の色の意）学校が創設されます。場所は、池田の村中小学校があるところです。しかし、中身は、それまであった寺子屋式の教育でした。教育内容について県などから教則の指導がおこなわれ、修業年限や教科の内容など、文部省の「教育令」が公布されて変化していきます。

明治二十一年（一八八八）には境村が誕生し、合併した五カ村（村中、村中原新田、河内屋新田、入鹿出新田、間々）の通学区が共に新しく村中学校となります。間々原新田（眞々村）は間々原学校に通います。明治二十五年（一八九二）には境尋常小学校と名称が変更され、明治四十三年（一九一〇）には間々原学校と合併して小牧第一尋常小学校となりました。当時の通学区は小牧町に属する村中、間々、入鹿出新田、西之島、河内屋新田、横内、間々原新田です。大正十一年（一九二二）には高等科を併設して第一尋常高等小学校となりました。昭和に入って、社会情勢が悪化し戦時体制が強化されて、昭和十六年（一九四一）には村中国民学校と変わります。昭和二十年（一九四五）に終戦となると、国民学校が改変されて村中小学校となりました。新教

元気に集う村中小学校の児童（昭和四十七年）

村中小学校正門（平成三十年）

育の理念や原則を定めた教育基本法と学校教育法が公布され、六・三制の義務教育が発足し、現在に至っています。

村中小学校は教育制度が生まれた明治時代に小牧で最初の学校となりました。それが地域の誇りとなり、数々の行政改革を経ながら地域の初等教育の歴史を育んでいます。小牧市立村中小学校の校歌は三代目だそうですが、初代の校歌は次のようなものでした。

黄金千里の村中に　明け暮れ通う幼子が
突くや時代の明けの鐘　文化の旗をかざしつつ
高遠の理想に導くは　小牧第一我等が母校
小牧第一我等が母校

小牧第一という言葉の響きが素敵で、象徴的でもあります。

村中地域はこのような歴史を持つところでしたが、小牧が産業都市として開発が進むにともない交通の要所となって、工場や倉庫が立ち並び、住宅や商店、娯楽施設もつくられて小牧市の玄関のような存在となってきました。

昭和三十一年（一九五六）に施行された「小牧市工場誘致条例」による工業導入政策が功を奏し、縦長の中太の中心部にある村中のインターチェンジの周辺には、東海倉庫をはじめとする倉庫群や工場が競い合うように建っています。その中の一つ株式会社コモは、昭和五十九年（一九八四）に設立し、その年の十一月に本社・工場を竣工させ、中部営業所を設置します。イタリアの発酵種パネトーネ種を使用したロングライフパン（イタリアンケーキなど）の製造・販売会社です。平成九年（一九九七）に

村中小学校裏手の真菰やススキの茂る境川（平成三十年）

考案された天然の酵母菌によって長期保存が可能となったパンは、南極越冬隊の食糧として注目を浴びました。「おいしさ」と「安全性」をスローガンにスーパーやコンビニ、生協などに提供を続けています。隣には、マクドナルドの商品を生産する食品工場などが立っています。そして、インターチェンジの南西に造園業を中心に土木関係を主とする株式会社庭広造園や名城電気工事有限会社があり、東海倉庫近くに昭和十一年（一九三六）設立の各種木工機械などを扱う飯田工業株式会社などもあります。また、国道四一号線の北方の東に位置するところに福玉株式会社村中営業所がありま す。詳細については、三ツ渕原新田（194ページ）に掲載しています。

◉横内

横内の歴史は新田開発からはじまった

横内は、西に境川と国道四一号線が通過し、東は巾下川の上流に位置しています。地名変更前は、村中原新田と呼ばれていたところです。この地域は、北は丹羽郡大口町の外坪に接し、西は河内屋新田、南は入鹿出新田、村中、間々原新田、東は岩崎原新田、岩崎原一丁目に囲まれています。道路は、東西に県道宮後小牧線、南北に県道小口名古屋線が中心部の北西よりで交差しています。域内は、純農村地帯から工場地帯へと変貌してきました。

横内の以前の名前である村中原新田は、別項の河内屋新田で詳しく説明しますが、江戸前期の寛永五年（一六二八）に始まった入鹿六人衆による入鹿池の構築に伴って開発されたところです。ここは湿田地帯で、水利に恵まれた合瀬川の支流である巾下

小牧インターチェンジ（昭和四十二年）

川や境川、入鹿用水の開削で灌漑用水が拡張し、新田開発が進みました。寛永十年（一六三三）に完成しています。

六人衆の一員である村中村の丹羽又兵衛と上末村の鈴木久兵衛がこの地に移り住み、新田頭として開発の指導にあたりました。彼らの末裔の仏壇には当時の位牌があります。それには、天和時代（一六八一～八三）の年号が刻まれ、村中原新田横内と記されています。また、大佐佐岐命《おおささぎのみこと》を祭神に正保三年（一六四六）に創建した若宮八幡社が享保元年（一七一六）におこなった修理のときの板の書き込みには、七代目丹羽久左衛門名で味岡庄村中原横内の地名が書かれています。文政五年（一八二二）発行の『尾張徇行記』にも、村中原新田の名が載っています。

横内の正確な由来は伝承されていません。村中原新田も村中村から分離成立したもので、明治十三年（一八八〇）には東春日井郡に所属し、明治二十二年（一八八九）まで村中新田村とも呼ばれました。その後、周辺の五カ村が合併して境村となり大字となります。明治三十二年（一八九九）ごろ、隣の村中地区と入会権などによる借地料軽減の小作争議が起こり、これを契機に地主間の耕地整理によって集約農場化を図る機運が盛り上がりました。やがて巾下耕地整理組合が結成され、集約化の工事が進みます。工事は約七年かけて完了し、大正十年（一九二一）に村中原新田は小字名だった横内に改称されて現在に至っています。

横内は地元名士により耕地整理された

村中原新田の江戸時代（天保年間＝一八三〇～四四）までの小字は二十三カ所ほどあ

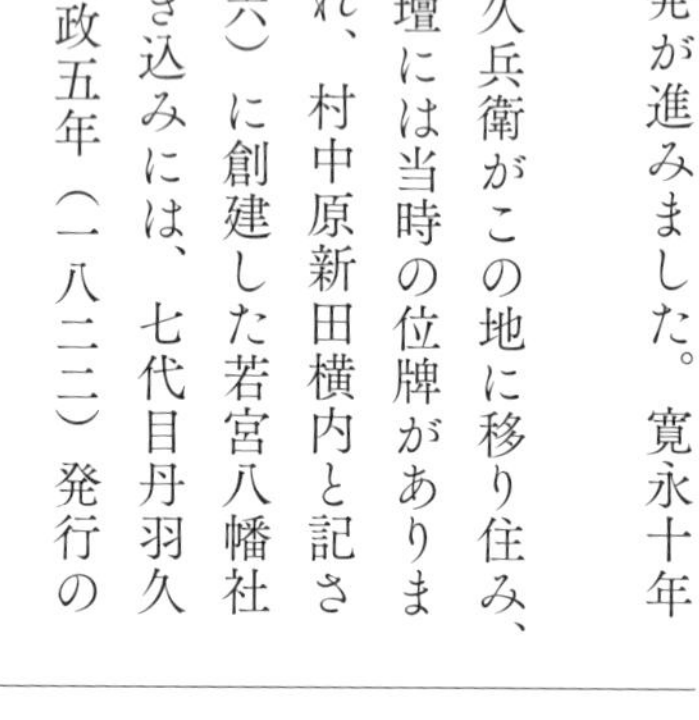

横内の町並み（平成二十八年）

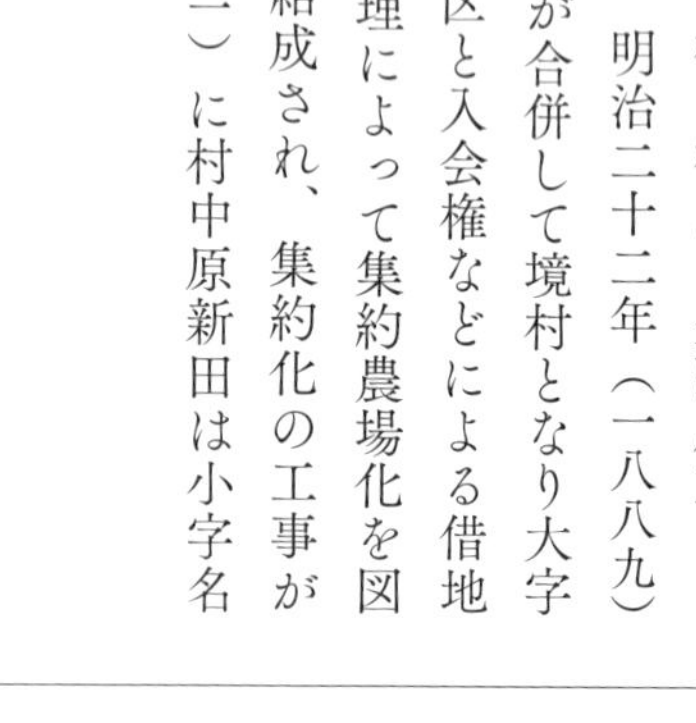

現在の横内風景（平成二十八年）

りましたが、明治以降は西横内・北横内・割子・下割子・中横内・郷西・惣境《そうさかえ》・立野・本庄野の九地域に整理されました。

それぞれの地名の由来は解明されていませんが、惣境は横内の西側を流れる境川の東南の縦長の地域です。惣には、「すべてをまとめる」という意味があります。これは、室町時代にできあがった、村の生活を集団で守り発展させるために結ばれた自治組織〝惣村〟からきているといわれています。この小字名は、天保年間から残っている唯一のものだとされ、西側の河内屋新田が接していることから付けられた地名と考えられています。

このように横内の地名の由来は明白ではありませんが、古くから使われています。前述の耕地整理は、明治四十四年（一九一一）に愛知県議会議員になった村中原新田出身の名士丹羽高治と補佐役の丹羽正雄が中心となって進められたと伝えられています。丹羽高治は資産家で、県道が交差する北西に三尺（約一メートル）ほどかさ上げした土地約二千坪と四つの蔵を持つだけでなく、小牧の町まで他人の土地を踏まずに行けたという大地主です。整理では集落の中心を北・中・西の三つの横内に分けられたと考えられています。この耕地整理は、明治四十二年（一九〇九）に設置された巾下耕地整理組合によって大正四年（一九一五）の大正天皇のご即位式に間に合わせて完了するよう進められました。その工事中に見つかった巾下と巾上の境は、明治二十四年（一八九一）の濃尾地震によってできた断層といわれていましたが、実際は巾下方面を滑らかな傾斜に「段差」を付けて現在の地形にしたようです。

巾下川耕地整理碑（平成二十八年）

工場誘致で村の形態は変貌した

昭和三十一年（一九五六）から始まった「内陸工業都市」をめざす小牧市の施政方針によって、横内地域にも多くの工場が進出しました。とくに、隣の村中に日本の動脈となった名神高速道路の小牧インターチェンジが建設されると、地元の地主たちは産業の発展に貢献するため農地を売却し、駐車場に転用するなどしました。

現在では世界の先端を行く企業も立地しています。とくに、日本特殊陶業株式会社小牧工場の技術開発力は抜群です。この会社は、昭和十一年（一九三六）に名古屋で設立され、翌年NGKスパークプラグの製造を開始。昭和三十五年（一九六〇）小牧市が工場を誘致し、昭和三十七年（一九六二）に操業開始。プラグからニューセラミックにいたる製品は、宇宙・航空・電子・自動車・通信機器・医療機器と幅広い分野で使われています。社員の発想力の啓発・優先指導を大切にし、海外二十数カ国に工場を持ち、小牧には研究所も備えています。総務関係の管理本部は、岩崎にあります（225ページ）。新たに小牧市大草地区に小牧テクノジャンクション（工場団地）が設置されました。平成二十七年（二〇一五）には子会社の工場も建設され、翌年三月には操業を開始。工業都市小牧の中核を担おうとしています。その他、第一倉庫、東罐マテリアル・テクノロジー（旧・日本フェロー）株式会社小牧工場、平成三年（一九九一）設立の損害保険などを扱い、平成十八年（二〇〇六）に商号変更した株式会社トリックスなどもあります。

ところで、県道宮後小牧線の北西部、横内会館の隣にある若宮八幡神社の南東地域の地下水は、古木津用水としてつくられた合瀬川が犬山市内で支流として境川と巾下

日本特殊陶業のある通り（平成二十八年）

川に分離したところの伏流水です。ここは、もともと木曽川の扇状地であったため市内でも良質で豊富な地下水を利用するため昭和四十六年（一九七一）十二月に市内の上水道の施設として横内浄水場を、翌年三月には野口に東部浄水場を完成させています。昭和四十八年（一九七三）三月、本庄に配水池を新設し、翌年には、木曽川を水源とする県営尾張上水道からも受水し、小牧市街地や桃花台地域に配水しています。最近、その近くの工場群や住宅開発などで水質が悪化し始めましたので、平成二十三年（二〇一一）に横内浄水場に紫外線処理装置をつけ運転しています。上流の木曽川水域で関係のある犬山市とも協議が始まり、官民一体で汚染回避対策が検討されているところです。

◉河内屋新田

河内屋新田は河内国から来た土豪が開発

尾張平野の農地開発は、尾張徳川藩の庇護のもとで江戸期に盛んにおこなわれました。現在の江南市から一宮市を流れる木曽川を源流とする灌漑用水（宮田用水系）の水利整備、小牧地方を縦断する入鹿用水・古木津用水（現・合瀬川）系および新木津用水（薬師川系）の三大用水事業とともに、水田を中心とする新田開発などが実施されたことで、豊かな穀倉地帯が形成されたのです。

入鹿用水の水源となる犬山市の入鹿池の構築にあたっては、小牧市を通過する国道四一号線沿い北方の西側に位置する河内屋新田の人々の功績が語り伝えられています。寛永五年（一六二八）に藩主義直公が、用水築堤の工人として大阪の河内の国から土

若宮八幡神社（平成三十年）

横内浄水場（平成三十年）

豪（その土地の豪族）で名工と称せられた甚八郎・甚九郎父子を呼び寄せました。彼らは百間堤防（河内屋堤）の築堤工事を担当し、寛永十年（一六三三）に完成させます。父甚八郎らの一族が開発を進めた小牧の地に落ち着き、その功績から「河内屋新田」と名づけたのです。

新田開発の基礎をつくった入鹿六人衆

新田開発が進められてきた地域の背景には、この地を統治してきた為政者たちの理解や関係した先人たちの努力がありました。とくに、江戸時代に入って入鹿池ができたことにより用水がつくられ、その支流によって恩恵を受けてきました。

河内屋新田の前身であった入鹿新田には、十七世紀以前から小さな集落があり、小規模な開発や生産活動がおこなわれてきました。本格的な開発は、隣接する現在の丹羽郡大口町にあった小口城の城主・織田遠江守広近の重臣だった船橋文平康朋の孫、船橋傳十郎、船橋仁左衛門らによってはじまります。寛永三年（一六二六）、今の河内屋新田に入植し、しだいに多くの集落ができて、豊かな地域へと発展していくのです。この功績は入鹿六人衆といわれる人々が、入鹿池を構築したことに始まります。

戦国浪人であった船橋仁左衛門が、尾張藩の首席家老成瀬隼人正に灌漑用の池をつくることを願い出ます。それは現在の犬山市にあたる当時の入鹿村北の今井山、北東の奥入鹿村山、南東の大山津村山、南の鳥坂、南西の二宮・本宮山・尾張富士といった周囲を山々に囲まれた低地に、今井川・奥入鹿川といった小さな川の流れを堰き止

整備された河内屋用水の河内屋周辺（平成三十年）

め用水用の湖をつくり、湖底に沈む村人たちを移住させるという計画です。春日井郡や丹羽郡の約半分の地域を満たす用水ができ、村々のため池を新田に変えることができると考えたのです。この計画は、寛永五年（一六二八）に小牧村の市街地をつくった江崎善左衛門宗度（後に了也が継ぐ）をはじめ、外坪村の船橋仁左衛門、村中村の丹羽又兵衛、上末村の落合新八郎、鈴木久兵衛、田楽村の鈴木作右衛門（後に入鹿六人衆と呼ばれる）で、実行に移されました。水害に悩まされていたこの地方の治水と開発のための一大事業は、寛永十年（一六三三）に完成したのです（現在の入鹿池については176ページで説明があります）。

彼らは、その功績により新田頭になりました。藩主徳川義直公が寛永十七年（一六四〇）に入鹿池を視察した際に六人が案内し、苗字帯刀を許され、ご褒美をいただいたといいます。その後、用水築堤のために呼ばれた河内国の土豪が移住して開発が進められたことで、河内の名が定着したようです。

入鹿池の完成とともに入鹿用水の開削が進み、慶安三年（一六五〇）には木曽川から取水する合瀬川（古木津用水）が、寛文四年（一六六四）に幹線となる新木津用水が、それぞれ完成。その先の支線も枝葉のごとく張り巡らされていきました。荒れ地の野原の開拓は、尾張藩が奨励して戦国浪人や犯罪人などの御赦免をも織り込んだ異例の高札を掲げて、開拓に参加希望する人々を募り、領内の百姓をはじめ、他国・他領の人々にも呼びかけて新田開発が進められたのです。

その記録は平成二十四年（二〇一二）の暮れに、船橋仁左衛門家（現在・小牧市河内屋新田）の古文書を整理された愛知文教大学地域連携センター・小牧市古文書調査会

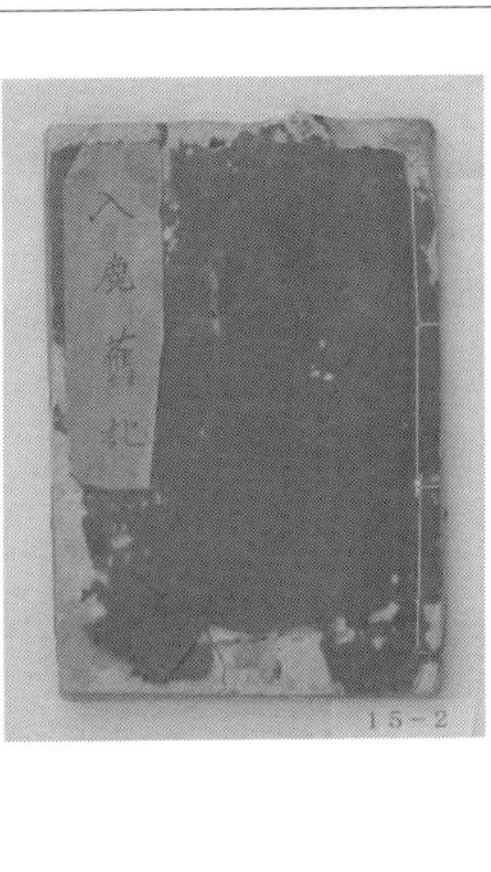
入鹿池に関する古文書（船橋家所蔵）

船橋家を中心とした入鹿六人衆の墓碑（平成二十六年）

の皆さんにより解読され、小牧市まなび創造館・市民ギャラリーで公開されました。

河内屋新田の十の字名は、新田開発後に命名された

明治二十二年（一八八九）の市制町村制施行時に、河内屋新田、村中、村中原新田、入鹿出新田、間々の五つの村が合併して境村になります。間々原新田は眞々村となります。明治二十九年（一八九六）には小牧町に併合されますが、その後分離して河内屋新田は大字となりました。

字は、南にある村の入り口に位置する地点が村前と呼ばれ、以下九つの名がありました。新田開発に伴って集落が整備されるにつれて付けられたようです。村の中心から見た方角によって東前と呼ばれた地区もありました。横内の交差点を西に向かい境川に架かる西横内橋を渡った北側には「新田開発村民募集」の高札が掲げられていたので、このあたりは札木《ふだき》といわれました。

境川の河内堤といわれる西側に隣接する現在の愛北総合食品卸売市場がある場所には、東西に河内屋用水といわれる灌漑用水が引かれ、河内屋杁《かわちやいり》と呼ばれる杁《いり》がありました。その川の西に上《かみ》と下《しも》を冠した岩倉杁といわれた地区がありました。中心部の小高い場所にはクマザサがたくさん生えていた竹林があり、そこは高笹《たかざさ》と呼ばれていました。大畝町《おおぜまち》と呼ばれた場所は、耕地整理が進んで最も条件のよい田があったことからそう呼ばれたといいます。地域の人々が「みやこ」と呼んでいた宮後は、津島神社（創建不明）の北側に位置することからくるようです。この神社は、入鹿池が造成され、用水路や築堤が整備されて、新田開発も進んだ寛永五年（一六二八）に素戔嗚尊《すさのおのみこと》

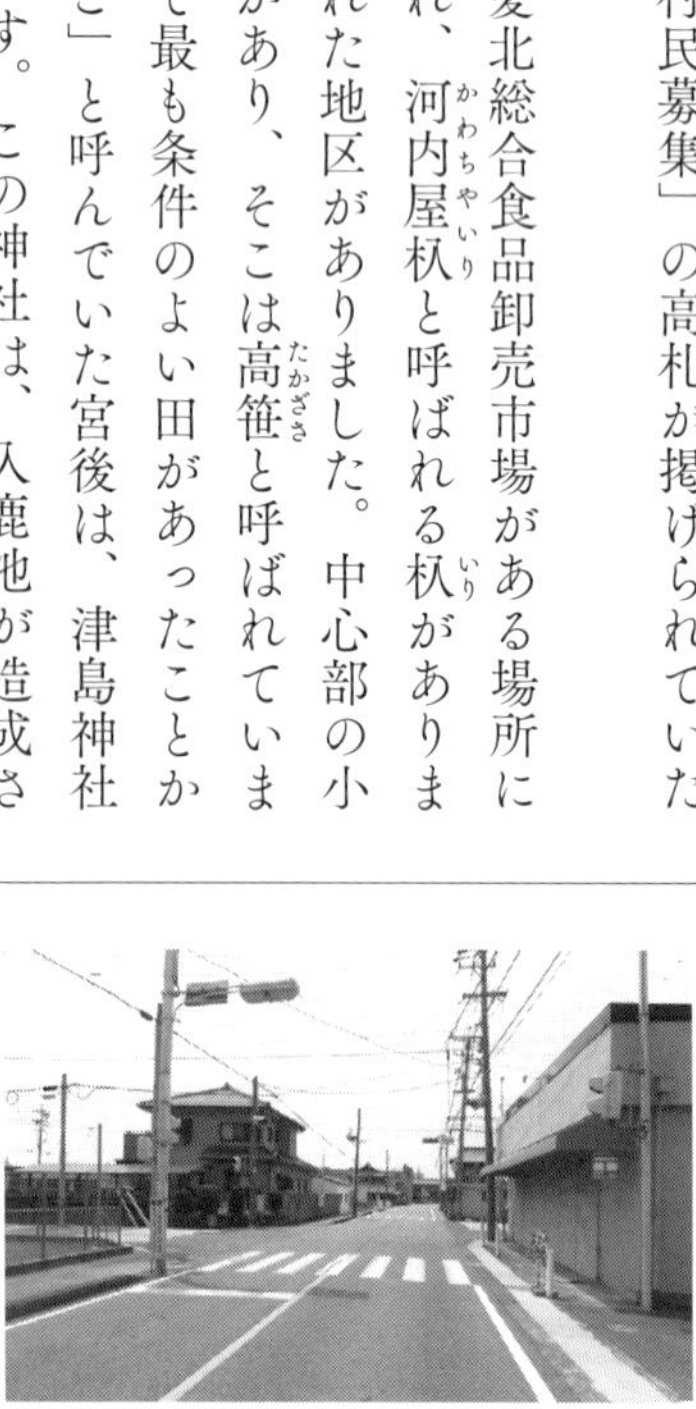
河内屋の中心となる交差点周辺（平成三十年）

を祭神として村の中心につくられました。神社には、津島牛頭天王を祀り、地域の総氏神としていました。文戸《ふみと》という字もありました。

また、河内屋杁から西寄りに河内屋新田のほぼ中央を南に流れ、再び境川に合流する河内屋川（河内屋用水）がありますが、これが交差する県道宮後小牧線の北側に承応二年（一六五三）に信濃の国木曾谷に創建され、明治二十三年（一八九〇）に移転してきた浄土宗高岸寺がありましたが、昭和三十四年（一九五九）の伊勢湾台風により大被害を受け無住となりましたが、敷地には河内屋会館などがあります。

この河内屋新田の南方の境川の西側に昭和四十一年（一九六六）創立の大善家具株式会社があります。昭和五十年（一九七五）以後には大善倉庫株式会社など大善グループを立ち上げ経営を多角化しました。平成二十八年（二〇一六）には創立五十周年を迎え、浄財を小牧市に寄付し、社会貢献をしています。

北西の大口町寄りに株式会社国盛化学小牧本社工場があります。この会社は、昭和三十二年（一九五七）に名古屋で設立され、昭和三十六年（一九六一）に小牧に工場を建設。昭和六十三年（一九八八）には、本社機能をすべて小牧に移転しています。自動車の情報・通信・OA・コンテナなどの製品開発・設計・金型設計の企業ですが、平成三十年（二〇一八）十月に工場火災を起こしたものの、工場の一部は稼働しています。

また、新田の北西に株式会社チェリオ中部本社と工場があります。この会社は、大阪府高槻市に設立されたセブンアップ飲料株式会社が、昭和三十七年（一九六二）に名古屋市に中部飲料株式会社を設立。中部ペプシコーラボトリングなどを経て、昭和

河内屋津島神社（平成三十年）

河内屋津島神社の絵馬（平成三十年）

四十四年（一九六九）に小牧に製造工場を移転。昭和五十四年（一九七九）に本社もこの地に移転して、平成三年（一九九一）に旧セブンアップ本社は株式会社チェリオコーポレーションと名称を変更しました。当地の伏流水を利用し、おいしくさっぱりした飲料水を提供しています。

近衛兵から総理秘書官になった人

先に触れたように、河内屋新田は、各地から集まった土豪らによって開発が進められ、入鹿六人衆と呼ばれる人々の努力もあって安定した農村としての歴史を歩んできました。じつはここの出身で珍しい経歴を歩んだ人がいました。大正・昭和の時代に生きた佐藤即一です。彼は元愛知県警察官ですが、昭和十年（一九三五）に天皇陛下の守備を司る近衛兵に参加し、その後、岡田啓介内閣総理大臣の秘書官も務めたという人です。

彼にはこんなエピソードがあります。近衛兵として宮城に登り門衛として勤務していたとき、幼少の現天皇陛下が転倒されたのを見て抱き起こしたのだそうです。そのことがあってか、小牧出身の陸軍教育総監だった渡邊錠太郎陸軍大将（昭和十一年の二・二六事件で暗殺された。56ページで紹介）から部隊の上官に手紙が届き、彼は呼び出されます。総監との関係を聞かれ、同郷である旨を説明したところ、総理秘書官に推薦されたとのことです。

岡田が総理を辞めた後は、中国に出兵し、重慶で終戦を迎えて帰国すると警察官になりました。その後、企業を興して地域の世話をしながら昭和五十七年（一九八二）

昭和初期の皇居二重橋（右）と軍人会館＝現九段会館（左）

に六十八歳で生涯を終えます。当時、百姓の子供は学問を身につけると百姓をしなくなるので上級学校には行かせなかったという風潮のなかで、この即一のように活躍した人もいたのです。

近衛兵は、天皇をはじめとする皇族方を守護し奉ることを至上の任務としていましたので、この重責を担うのは全国の連隊区から選抜された、人柄・思想・家庭・財産・教養・身体ともに優れた者だったといわれています。胸に付ける記章（紋章）は桜の葉に星をあしらったもので、この記章を付けることは男子の本懐でもありました。

◉入鹿出新田

入鹿出新田は入鹿池で水没した村人の移住に由来

入鹿出新田（〝出〟は、出身という意味）は、名神高速道路小牧インターの北西に位置しています。河内屋新田の南に接し、木曽川の扇状地の東側にあります。この地は水利に恵まれなかったため、ほとんどの村では小さなため池に依存する農業を営んでいました。しかし、入鹿六人衆と呼ばれた人たちが中心となってできた入鹿池によって新田開発が急速に進みます。

『入鹿旧記』には、「入鹿池築造により水没したのは百六十軒」と記されています。文政五年（一八二二）発行の『尾張徇行記』には「入鹿出新田の開発人はわからないが入鹿村より百姓九名ほどが移った」と書かれていることから、入鹿出新田の名が付けられたと思われます。

人々がこの地を生活の場とした歴史は非常に古く、入鹿出新田北部の鳥見塚地内か

現在は、東京国立近代美術館工芸館になっている旧近衛師団司令部庁舎（平成三十年）

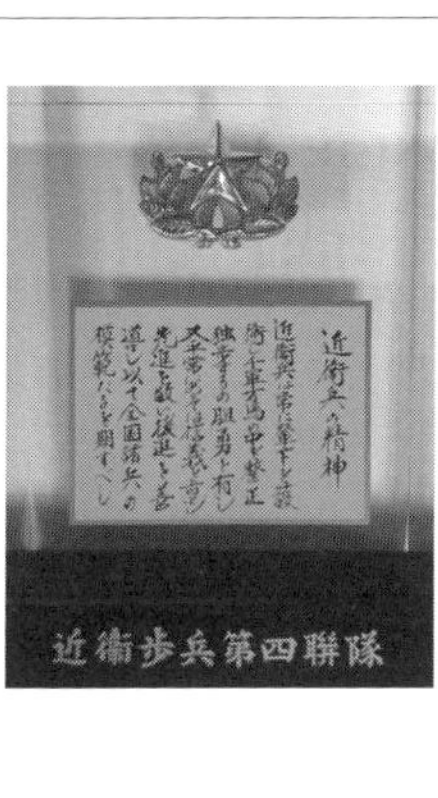

近衛兵の精神を記した連隊の置物、上部の記章が光る。

らは石鏃《せきぞく》が出土しています。南部の牛屋地内には明治の末期まで円墳があり、ここでは須恵器《すえき》が発掘されました。

入鹿出新田の集落は、天保時代（一八三〇～四三）の村絵図では東入鹿・中入鹿・牛屋・大野に分かれていて、近年までほぼこの四つの小字から構成されていました。河川にも大きな変化はありませんでした。河内屋川（河内屋用水）や境川も位置的には村絵図と変わらない状態だったのです。しかし、昭和三十三年（一九五八）の改修工事や耕地・区画整理などによって倉庫や工場が建ち、様相は一変してしまいました。

入鹿出新田のほぼ中央を東西に通過する国道一五五号線は、巾下耕地整理により付け替えられましたが、集落内の道路はそのまま残りました。中入鹿から大口町替地・江南市布袋へ通じる通路は、江戸期のものを改修して使用しています。

また、先述の村絵図には「牛ころし」（現在の西入鹿野墓の西方に位置）という小字が記されています。当時、この辺りでは田畑の耕作や運搬用として牛が使われていたことから、その名が付けられたと考えられます。牛屋・牛屋浦の小字については、牛屋は、牛小屋とか牛を売買する人という意味があり、牛に何らかの関係がある地名です。牛屋浦は、牛屋の裏側に位置していたことから付けられたようです。

明治十五年（一八八二）には十五の小字（鳥見塚・村北・村東・大島・郷内・郷中・村西・牛屋・牛屋浦・新道・宮前・大割・郷前・中池・大野）で形成されていましたが、大割は明治十七年（一八八四）以降に消滅しました。野墓という地名が西入鹿の南方と村中小学校の南西の境川沿いの二カ所にありましたが、今では、境川沿いの野墓は消滅しています。

境川に架かる中屋橋付近（平成三十年）

入鹿出新田を通過する国道一五五号線の南側に新神明神社があります。この神社は、奥入鹿に鎮座していたのを入鹿池の造成により寛永八年（一六三一）に小牧村の江崎氏ら入鹿六人衆が移転させて祀ったものだといいます。祭神は天照大神と菊理姫命です。明治五年（一八七二）に村社となり尊崇を受けています。

白雲山圓昌寺は霊夢により移転

入鹿出新田のほぼ真ん中に、慶長年間（一五九六～一六一五）に創建された曹洞宗白雲山圓昌寺があります。この寺は、岩倉市の龍潭寺の末寺です。初めは丹羽郡入鹿村入鹿池の東北岸にあって、「真言宗入鹿白雲寺」と称していました。境内にある弘法堂に弘法大師を安置しています。しかし、入鹿池の築造に伴う村民の移転にあわせて寺も一時的に東春日井郡篠木村大字下原（現・春日井市）に移転していました。寛永十六年（一六三九）、頭目鈴木某氏・藤村某氏が入鹿出新田の土地を開墾する際、本尊の釈迦牟尼佛（現・阿弥陀如来）の霊夢があって現在地に移転したという記録があります。

寛文十一年（一六七一）の『寛文村々覚書《かんぶんむらむらおぼえがき》』には、入鹿村から農民が入鹿出新田へ移住してきたことも記されています。移住者の名前は定かではありませんが、入鹿出新田の姓は比較的固定しており、藤村、鈴木、倉知、稲山、林の名が多く継承されています。しかし、多くは新田開発のために入植した人々で、入鹿村出身者であるかどうかは定かではありません。

平成二十五年（二〇一三）に山門や本堂を建て替え、檀家から十六羅漢像を寄付さ

白雲山圓昌寺山門（平成三十年）

れています。

「池」として入鹿池の総貯水量は日本一

「池」として日本で一番大きいのは、入鹿池か香川県仲多度郡の満濃池かといわれています。比較の基準はいろいろありますが、総貯水量でいうと入鹿池が千六百八十万㎥で、満濃池が千五百四十万㎥ですから、入鹿池が国内で一番の農業用ため池といってもいいでしょう。平成二十二年（二〇一〇）には、人工の農業用のため池として農林水産省の全国「ため池百選」にも選ばれ、平成二十七年（二〇一五）の国際かんがい排水委員会（ＩＣＩＤ）の「世界かんがい施設遺産」にも登録されました。また、平成二十八年十一月には今上天皇陛下ご夫妻が、私的旅行で長野県阿智村の満蒙開拓平和記念館などを初めて訪問された折、愛知県にも足を延ばされ、入鹿池も視察されています。

なぜ、入鹿池は「池」であって「湖」ではないのでしょうか。

ちなみに、『広辞苑』によると、「池」は、地を掘って水を溜めたところ。「湖」（水海の意）は、周囲を陸地で囲まれ、直接海と連絡のない静止した水塊で、普通は中央部分が沿岸植物の侵入を許さない程度の深度（五～一〇メートル以上）をもつものとあります。「池」は淡水で覆われた領域が、通常は、湖ほど大きくないものを指します。慣例的には、水深の浅いもの（おおむね、五メートル未満）を「池」とし、それ以上のものを「湖」とすることが多いようです。「池」と同様のものを「沼」と呼ぶこともあります。「池沼」と呼ぶこともありますので、「沼」と「池」には明確な区別は

入鹿池を訪れた天皇陛下ご夫妻のスナップ写真（平成二十八年）

入鹿池の記念碑などが建つ堤防の上（平成二十六年）

ありません。日本には、水田耕作の必要から人工的につくられた「ため池」が数多くあります。

繰り返しますと、「湖」とは、湖沼のうち比較的大きなものであり、一般的には五～一〇メートルより深いものを指します。日本においては、古くは水海あるいは淡海と呼ばれており、淡水からなる水域を表していました。日本における湖沼の考え方は、明治九年（一八七六）の『地所名称区分細目』において、天然の広くて深いものが「湖」、浅くて泥を湛えたものが「沼」、人工的につくられたものが「池」とされています。

日本の淡水生態学の開祖といわれる上野益三博士（一九〇〇～八九）は、小型で浅く全水面に沿岸植物が広がっているものを「沼」とし、人工施設によって全貯水量を管理できるものを「池」としました。しかし、江戸時代以前には湖・池・沼などの定義は明確ではなく、地域や時代により用法が異なりました。呼び名も湖沼の大きさを示すものではないとあります。このような諸記述を勘案し、入鹿池の生い立ちや状況を考えると、「湖」ではなく「池」の範疇に属すると思われます。

この入鹿出新田には、大正十四年（一九二五）に創業した合板機材や木工機械の専用メーカーの株式会社太平製作所があります。創立九十年を超え、木材の有効利用と限られた森林資源の有効活用を社訓とし、「信」の文字を常に自分たちの心の中に刻んで次の百年を目指しています。また、村中小学校の西側に位置する所に平成元年（一九八九）に誕生したデリカ食品工業株式会社があります。この会社は、ローストチキンやローストポーク、焼き鳥の原材料などを生産しており、あぶり焼きチキンは

入鹿池水門付近（平成二十六年）

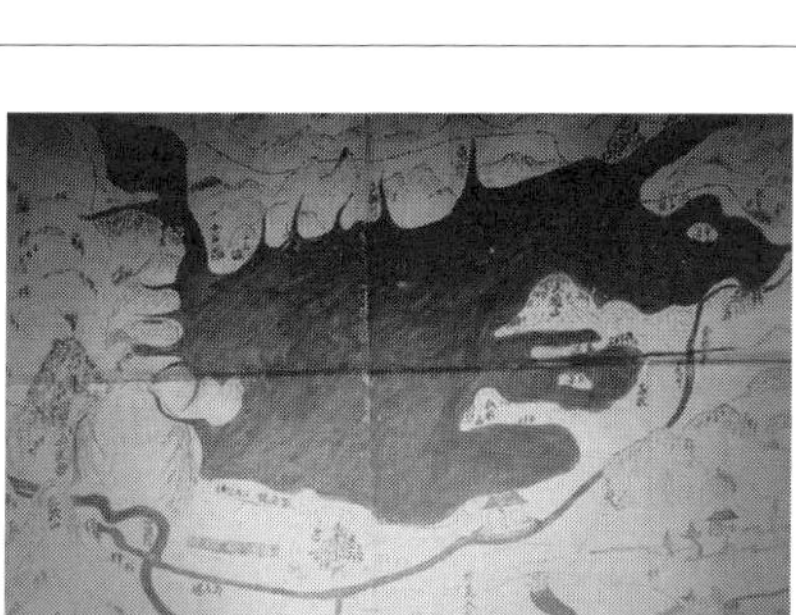

江戸時代の入鹿池の古図（舟橋家所蔵）

定評があります。現在は当地特産の名古屋コーチンの普及に努めています。また、国道一五五号線沿いの北側には、昭和四十六年（一九七一）に運送や配達などをする名備運輸株式会社があります。

◉西之島（西島町・弥生町を含む）

小牧村の西にある西之島は古代には島嶼《とうしょ》だった

名神高速道路の小牧インターチェンジの西方に位置する西之島は、中央を高速道路とそれに並行する市道名神側道が横断し、五条川水系に合流する境川が市の低地を南北に流れています。北側は丹羽郡大口町に、西方は三ツ渕原新田と接し、その境には矢戸川が流れています。さらに西南は三ツ渕に接して、北東は入鹿出新田と村中に囲まれ、南は舟津などに接したところです。

南部を東西に横断する国道一五五号線が昭和四十七年（一九七二）に付け替えられ、東から西へ上る県道小牧春日井線が県道西之島江南線と西之島交差点で繋がって交通量の多い地域になりました。昭和四十九年（一九七四）には集落の南部、南屋敷から山屋敷にかけての中部土地区画整理事業が終了しました。一部は西島町の若竹公園や弥生町の常盤公園・井領公園などになり住宅地が増えたことで、都市化が進みました。昭和五十年（一九七五）に国道一五五号線沿いに隣接の村中の一部と独立・合併して新しく西島町と弥生町が誕生しています。

この地方では村落の別称を島といいますので、西之島村は単純に小牧村の西方にあった集落ということでそう呼ばれたようです。しかし、隣接の舟津と同じように、

西之島の町角（平成三十年）

農業用水として活躍した矢戸川（平成三十年）

有史時代に入ったころは川岸に面し、島嶼《とうしょ》であったのが名称の起源ともいわれています。明確な記録はありませんが、寛永十年（一六三三）の入鹿池の築造完成により入鹿用水ができた新田開発の記録『尾張国石高帳』には、西之島入鹿出新田として名が記録されています。

明治二十二年（一八八九）には、三ツ渕、舟津村などと合併して和多里村になりましたが、明治二十七年（一八九四）に分離して間々原新田、入鹿出新田、村中原新田、河内屋新田、間々、村中とともに境村に併合されて大字となりました。明治三十九年（一九〇六）には小牧町に合併し大字として残ります。

弥生町にあるのが明治四十年（一九〇七）に創業した東洋食品株式会社です。菓子や食品の卸販売をおこなっています。また、中央三丁目に事業所を持つ、平成二十五年（二〇一三）に創立した障害福祉サービス事業をおこなっている株式会社ＤＲＩＦ（ドリフ）などもあります。

雉子野《きじの》には雉子が多く生息していた

江戸時代の集落は、中心を流れる境川の東南よりのやや高台となっている地域に集まり、周辺には竹林が多く茂っていました。小字は三十四カ所ばかりあったようです。明治時代には、旦那畑・西之田・花塚・粟戸・烏海道・串塚・町田（丁田）・雉子野・小塚山・北屋敷・高拍子・柿ノ木島・中屋敷・山屋敷・南屋敷・野畑・野田・大塚に整理されました。その地名のうち主なものを挙げますと、雉子野は西之島の一番北に位置し、そこには牛屋用水がありました。以前は、一帯が野原で雉《きじ》が多く生息してお

現在の西之島周辺（平成三十年）

り、狩人の姿が見られたそうです。現在は、中小の工場や住宅が立ち並び、交通量も多くなっています。旦那畑は入鹿出新田寄りで畑が多くあったところです。ここは、昭和三十四年（一九五九）の伊勢湾台風以前には旧家の寺井家の本家と新家の二軒しかなく、寺井家の主人を代々「旦那」と呼んでいたのが地名の起こりの一つではないかといわれています。

烏《からす》海道は、村中の一番南の飛地と舟津に接しているところで、昭和の半ば頃まではほとんどが田畑でした。餌を求めて鳥類がたくさん集まる場所になっていたので、この地名が付いたようです。

この地域も昭和の前半までは、平穏で変化の少ない農村で、美しい田園風景が広がり、小牧山の艶姿《あですがた》を眺められたところでした。ところが、昭和三十年代の後半から、市などの施策により、集落周辺に中・小の工場の建設が進み、工場地域に変貌していったのです。そして弥生町に接した村中の一部と西之島の一部が整理され西島町となり、主に住宅街となっています。

西之島は小牧市工場誘致条例の魁《さきがけ》として寄与

西之島の中心部から東に寄った北屋敷集落の中にある若宮八幡社は、正保三年（一六四六）の創建といわれ、祭神を仁徳天皇としています。社伝がないのですが宝暦二年（一七五二）編纂の『張州府志』には、大永四年（一五二四）につくられた記録が掲載されています。大正元年（一九一二）に中屋敷にあった神明社の祭神大日孁女命《おおひるめのみこと》を合祀して本社祭神を二柱とし、他に津島社などの祭神も境内に祀り、村の鎮守様と

くろがねもちの巨木のある久王山実相寺（平成二十九年）

鐘楼が山門の上にある珍しい龍王山常昌寺（平成二十九年）

して崇敬を受けてきました。

寺院も中屋敷に二つあります。実相寺は日蓮宗一致派本遠寺末寺で久遠山（現・久王山）と号し、本尊は法華経題目木塔（現・大曼荼羅）です。開基は不明ですが、南北朝時代（一三〇〇年代末期）といわれ、元は天台宗でした。永徳二年（一三八二）に熱田本遠寺より尊住院日富師がこの寺に来て法門を開き、説伏して日蓮宗に改宗し自らこの寺を開山したといわれています。もう一つの常昌寺は、曹洞宗小折久昌寺末寺で龍王山と号し、永禄五年（一五六二）に建てられたとされています。本尊は釈迦牟尼仏。境内には開山堂があって、そこの本尊は道元禅師です。鐘楼が山門の上にある珍しいお寺です。

この地域周辺は、もともと春には菜の花が一面に咲く美しい田園地帯でしたが、昭和三十一年（一九五六）の小牧市工場誘致条例の施行に伴って企業の進出が始まると、小牧市の魁《さきがけ》として目覚ましい工業都市化の発展に寄与してきました。

この機運にいちはやく進出を決めた企業に松永製菓株式会社があります。当初は、小牧市に合併前の北里地域を検討していましたが、ここにビスケットの最新鋭製造設備を導入した小牧工場を建設。松永製菓は昭和十三年（一九三八）に名古屋でキャラメルなどの製造・販売を始めました。昭和二十六年（一九五一）に株式会社となり、昭和三十五年（一九六〇）に小牧工場で操業を開始。昭和四十五年（一九七〇）に、名古屋工場を閉鎖して本社を小牧に移転しました。ボウリング場（小牧国際ボウル、平成三十年閉店）やゴルフ練習場なども経営し、日本のビスケット産業の中核を担う企業に成長しました。主力商品の「しるこサンド」は、長く人々に愛されています。

旧小牧国際ボウルを備えていた松永製菓入口（平成三十年）

また、西の三ツ渕寄りに、長崎カステラで全国展開している株式会社長崎堂の工場があり、名古屋コーチンの卵を使用した「名古屋地どりコーチンパイ」や「長崎カステラ」などを生産しています。

兵庫県神戸市に本社があり、海外にも多くの事業所を持つ三ツ星ベルト株式会社の工場もあります。大正八年（一九一九）設立。搬送ベルト、防水・遮水シート、そして、自動車用ベルトなどベルト産業でトップの会社です。小牧の基幹産業地区の西之島に同社が名古屋工場を建設したのは、昭和三十七年（一九六二）のことでした。

◉舟津・元町一丁目から四丁目

船着場だった舟津は、巾上の段丘周辺にあった

濃尾平野にポツンと佇む小牧山は、古代は山の西北から西南にかけて木曽川の河口を源とする河川の入り江で伊勢湾の海岸線の一部と推測されています。その麓の西南にかけての場所が、現在の舟津と元町一丁目から四丁目です。

舟津が初めて文献にあらわれるのは、文和二年（一三五三）の『尾張国私領国領注進状』という醍醐寺文書です。文政五年（一八二二）編纂の『尾張徇行記』には、織田信長が小牧山城に在住の頃、「村の東に堀江があり、船多く運漕し、その村に着岸せし……」とあります。太古の時代に海辺が近くにあったことで、小牧山が帆巻山などと呼ばれていたことや、周辺の三ツ渕や西之島の地名からして、舟津あたりは港であったと考えられています。「津」というのは、船着場、渡し場という意味なのです。調査・研究によると船津（舟津）と呼ばれたのは、巾上から元町一丁目の柏所辺りの

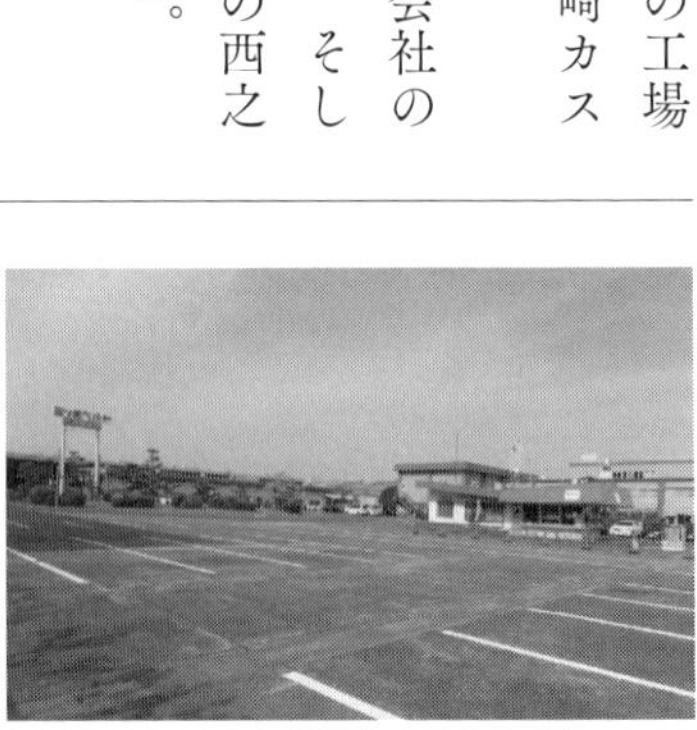

三ツ星ベルト株式会社小牧工場（平成三十年）

段丘付近といわれています。巾は崖を表す古代地名で、この巾上は小牧山にもあり、風に強く海岸線に群生するタブの木が密生し、雄大な原始の風景が見られたそうです。

現在の舟津は、明治二十二年（一八八九）に三ツ渕村などと合併して和多里村となり、明治三十九年（一九〇六）に小牧町に合併した地域です。北は西之島・村中に、東は旧小牧地区から独立した元町一丁目から四丁目に、南は小木一丁目、小木西一丁目、新小木二丁目に、西は小さく残った小木と三ツ渕に接しています。中央を巾下川が縦断し、西側の中央には五条川水系に合流する境川も縦断して、全体的に水利のよい地形になっています。しかし、慶応四年（一八六八）の「入鹿切れ」といわれる入鹿池の決壊による大洪水は、巾下一帯に広がり、舟津村も全戸が浸水、田畑は冠水しました。長年にわたって巾下川・境川などの水利を有効利用して灌漑用に使うことが難しかったのですが、大正二年（一九一三）から始まった耕地整理で解消されました。

舟津に本社がある会社としては、三ツ渕小学校の南寄りにある三友工業株式会社があります。この会社は、昭和二十九年（一九五四）に名古屋市外西枇杷島町で株式会社三友工業所として誕生。工作機械修理、起重機・エレベーター製作などを始めて、昭和三十五年（一九六〇）に小牧工場を建設します。昭和五十五年（一九八〇）に小牧分工場建設と同時に本社機能を一部移転し、昭和五十九年（一九八四）に現在の社名になりました。最優先課題として〝機電一体〟（会社に機械部門と電機部門があり、一体で仕事をするということ）を掲げています。産機システム事業、エネルギー事業、成形機事業、自動化事業を四大コアとして事業を展開。なかでもゴム射出成型機は、国内のトップシェアを誇っています。

太古の時代には船着き場があったと思われる舟津周辺（平成三十年）

舟津にある三友工業（平成三十年）

舟津には縄文時代の古墳や惣堀の遺跡が残っている

舟津の小字は二十九カ所ほどありました。詳細な地名のいわれは明記されていませんが、弘化二年（一八四五）の村絵図には、巾下川・境川の二筋が南北に流れる状況や岩倉に通じる街道が記載されており、現在の姿の原型がよく描かれています。巾下の一色にある古墳からは土器が出土し、巾上の一帯でも多くの石器が出土しています。小牧山山麓の南西に当たる舟津と元町四丁目に接する小木一丁目との間には惣堀の地名が残り、縄文時代の惣堀遺跡が確認されています。遺跡の詳細は不明ですが出土した土器片などは縄文中期のものと思われます。

舟津には東側に県道小口名古屋線が縦断して、これが主要道路になっています。西側は市勢振興のための工場誘致や住宅地の造成も進み、隣接の三ッ渕同様、物流企業や工場などの進出で静かな農村地帯から変貌を遂げました。

舟津には神社が二つあります。一つは、永仁二年（一二九四）創建の日本武尊を祭神とする一色の八剣社。ここには、昭和天皇の御製石碑があります。もう一つは、同じ年代に建てられた少彦名命を祭神とする白山の天神社です。ここには筆神の碑がありますす。双方とも地域住民の崇敬は高く棟札の保存や被災などの再建・修復がおこなわれています。

舟津の寺院を挙げますと、白山に寛仁元年（一〇一七）に開かれた天台宗林光山蓮華寺があります。この寺院は元禄八年（一六九五）に尼僧寺となります。入鹿池の決壊の洪水に遭って明治五年（一八七二）に現在地に移転しました。境内の観音堂には本尊の伝恵心僧都作の観世音菩薩（聖観音）を祀っています。寺前の浄土真宗本願

筆神の碑がある天神社（平成三十年）

尼僧寺の林光山蓮華寺（平成二十八年）

寺派末寺の青照山常念寺は、明応六年（一四九七）に常徳坊として創建されましたが、元和六年（一六二〇）に今の名称となりました。本尊は阿弥陀如来です。

舟津出身早稲田代議士の立身出世の道のり

明治二十三年（一八九〇）に第一回総選挙が施行されますが、小牧出身の代議士が誕生するのは、明治二十七年（一八九四）の第四回総選挙でのことでした。当選者は、江崎均代議士です。この舟津には、戦後の第一回総選挙（選挙は旧選挙法で実施され大選挙区制で名古屋を含む尾張一円）に見事当選した早稲田柳右衛門代議士がいます。早稲田代議士は、明治三十三年（一九〇〇）に和多里村大字舟津で代々続く早稲田家の長男として生まれました。幼名は詮道《のりみち》と言い、三代前は舟津村の庄屋を務めた家柄で、江戸時代から続いた徳望の高い家系です。

多忙な父母に代わって祖母に養育され、柳右衛門名を継いで、明治四十四年（一九一一）に三ツ渕小学校に入ります。品行方正で学力優秀な少年でした。彼の生前中に発行された貿易之日本社発行の『早稲田柳右衛門伝』では、五年生ごろから活発で腕白な少年に変身して学業が低落しましたが、同級生には人気があったと回想されています。大正四年（一九一五）には、小牧尋常高等小学校へ進むも、弟妹が多いため中学への進学は諦め、家業の農業に打ち込みます。

そして、若衆組（青年団）に入り、消防団にも参加して発言するようになると、大正十三年（一九二四）に小牧町役場の書記に任命され、俊才振りを発揮しました。やがて機構改編で社会主事となると、水を得た魚のように各種改革の旗振り役となり、

旧早稲田邸は児童公園となり、横に福田赳夫筆の顕彰碑が立てられている（平成三十年）

町政批判にもなりかねない発言もありました。大正デモクラシーの波にも乗り、弁舌を研鑽して尾北青年雄弁連盟を組織したあと、尾張青年党を結成します。

これが彼を政治の世界へ導き、選挙の応援弁士として引っ張りだされるようになります。選挙応援に熱中して出費が嵩《かさ》んで借財も膨らみ、ついに勘当の宣告を受けて、小牧町役場も辞職することとなりました。どん底に落ちた彼は、京都山科の思想家西田天香により明治三十七年（一九〇四）に創立された「一燈園」（現在は懺悔奉仕団体として一般財団法人懺悔奉仕光泉林として活動）を訪ね、そこに入って懺悔報恩《ざんげほうおん》の生活に入ります。その後、当時、賤業《せんぎょう》といわれた下駄の歯入れの商売に取り組んで尾張各地を回り、昭和二年（一九二七）に瀬戸の近くに私塾「再生塾」を設けて活動を始めます。翌、昭和三年（一九二八）に瀬戸市が誕生。その翌年に市制第一回の市会議員選挙がおこなわれると、早稲田は推薦されて出馬。三回の当選を果たします。戦後の国政選挙にも第一回から十二回まで連続当選しました。大臣にはなりませんでしたが、人の面倒みもよく、この地方の治山治水や地域の自治の確立などに献身努力し、昭和五十三年（一九七八）に瀬戸市と小牧市の名誉市民に推挙されます。昭和四十五年（一九七〇）に勲一等瑞宝章、続いて昭和五十年（一九七五）に勲一等旭日大綬章を受け、昭和五十九年（一九八四）に八十四歳で生涯を終えました。

元町は小牧宿新設のため移転しなかった集落に命名

永禄十年（一五六七）に信長が小牧山城から岐阜へ移った時に、城は放棄され、城下町は寂れました。

現在の元町周辺（平成三十年）

元町一丁目から四丁目は、昭和五十九年（一九八四）に小牧から分離・独立したところです。永禄六年（一五六三）に織田信長が居城を清須から小牧山に移し、南麓に城下町を造営した町並みの中にあった小字の柏所・上御園・下御園が、一丁目から四丁目として区画されました。北は弥生町に、東側は国道四一号線（名古屋高速道路併設）に接し、その東は堀の内二丁目、五丁目、川西一丁目で、南側は小木一丁目に接しています。

元町の名は、信長の時代から残った集落に由来します。江戸時代の元和九年（一六二三）に上街道（木曾街道）の宿場町となった現在の小牧市街地に、信長時代の町筋の住民が移転させられて、旧町筋の大部分は田畑に戻されました。しかし、その中で残った集落もありました。そこが元町と呼ばれるようになったのです。集落の町並みは古くからの面影を残しつつも舟津同様、元町一丁目と二丁目は主に住宅街に、三丁目と四丁目は倉庫や工場が進出しています。新しい時代の流れで変貌を遂げたのです。

旧上御園である元町二丁目にある神社は須佐男神社です。ここには合祀勧奨令によって大正二年（一九一三）に、小牧山南麓の旧池田にあった健速須佐之男命《たてはやすさのおのみこと》を祀る津島社（創建不明）などが合祀されて、現在の神社となり、新しく社殿や鳥居が整備されました。

◉三ツ渕

三ツ渕の由来は、入江の水辺に渕ができていたからとか

旧小牧町で一番面積が広い三ツ渕（大字名）は、古くから公家や社寺が私有した土

新しく整備された須佐男神社（平成三十年）

地（荘園）として知られた味岡荘の一角を占めていました。そこからは、弥生時代の小規模な遺跡も発見されています。かつて、東海湖（三百万年から八十万年前）から熱田海進の時代（十四万年から三万年前）まで、濃尾平野は岐阜、美濃地方まで入り江になっていました。その後、堆積が進んで入り江の水辺一帯に渕ができたことから、三ツ渕と付けられたと言い伝えられています。また、この堆積層からは清水が湧き出ていたことから、その周辺が「渕」といわれました。あるいは、土を掘ると石が多く出たため石渕とも呼ばれ、それが訛《なま》って三ツ渕になったという昔話もあったそうです。

　最初に三ツ渕の名称が記録文献に見えるのは、慶安元年（一六四八）の『尾張国郷帳』だといわれています。明治時代の小字名としては、天神神社がある宮前や諏訪塚・池田・郷前をはじめ、播州など三十余りが記録されています。地名には、神社、仏閣との関係で名づけられるものが多くありますが、天神神社の北に位置するところは諏訪塚と呼ばれています。昔この神社が天神社といわれていたころは、小木西辺りにありました。景行天皇の時代に日本武尊の東征の折、この三ツ渕に立ち寄って風景を眺め、祭神の少彦名《すくなひこな》命を祀ったという伝承があります。小木の地は低地のため、水害が多かったので、住民が小木から現在地へ移るとき、神社も移設されたのです。慶長十二年（一六〇七）に遷座が始まり、当時の豪族・生駒家家臣の蜂須賀阿波守正勝（小六）の子家政の一党が名古屋城落成を期に祈願成就の礼拝をおこない、寛永八年（一六三一）に天神社の社殿、拝殿などを再寄進します。諏訪大明神、八幡社などへの建物の寄進もありました。諏訪大明神は、信州の諏訪湖畔にある諏訪大社から勧請されたものであるといわれ、その時に諏訪塚という地名が付けられたそうです。

天神神社ともいわれる天神宮（平成三十年）

また、天神神社は江戸の古地図（天保十二年の絵図）にもあるように天神宮とも記載されており、慶応四年（一八六八）の入鹿切れの時には三度目の奉還をしています。明治の市制・町村制施行時には、一時、和多里村になって名前は消えましたが、昭和二十八年（一九五三）にふたたび三ツ渕の名前が使われるようになりました。

この辺りは、北から西側に向かって自然の灌漑用水（矢戸川）が流れ、岩倉市との境界となっています。かつて純農村地帯だったこの地も、大きな変貌を遂げました。現在は名神高速道路が横断し、昭和四十年代からは、北里・小木地区を中心にしたトラック・ターミナルの建設にともなって倉庫が群立し、団地も造成されています。

三ツ渕には新たな産業や団地が誘致された

この地域は、完全に農村から工業都市の補完企業の地域となり、地域のほぼ三分の一程度が倉庫群に生まれ変わり、高速道路利用の陸上輸送の一大拠点となりました。そして、全国の物流の集積地となり、自動車王国愛知県の看板となったのです。多くの輸送業界の大手が進出し、豊かな都市となり、全国でも小都市にも拘わらず地方交付金の不交付団体となって運営されています。市の運営に苦しい時もありましたが、全体的に豊かになったということでしょう。

この名神高速道路の北側に昭和四十二年（一九六七）に電気絶縁材料の加工販売を事業目的に創業した名東電産株式会社があります。昭和六十二年（一九八七）には、東京・町田市にも東京営業所を開設し、平成十二年（二〇〇〇）にはＩＳＯ９００２を取得。プリント配線板の製造、ＬＥＤ関連事業などを展開しています。経営理念

岩倉市との境となる三ツ渕の矢戸川周辺（平成三十年）

は「高品質、高信頼をモットーに時代のニーズに応え、顧客と共に夢と幸福を実現し、社会貢献をする」ことです。また、県道西之島江南線沿いの北側には、ヤマショー金属株式会社があります。そして、国道一五五号線の北側には、株式会社ノリタケカンパニーリミテド小牧工場などがあります。三ツ渕のトラックターミナルの倉庫群の南側には、東海タイヤセンター株式会社があり、その南にサカイ創建株式会社があります。名神高速道路の南西の矢戸川沿いには大日本塗料株式会社小牧工場があります。この会社は、昭和四年（一九二九）に大阪市で創業した日本電池株式会社（現ジーエス・ユアサコーポレーション）から鉛粉塗料株式会社として分社化し、昭和十一年（一九三六）に現在の社名で発足しました。昭和三十七年（一九六二）に小牧工場を建設操業し、三菱グループの塗料メーカーとして活躍しています。

また、この近くで名神高速道路を挟んだ矢戸川の北側には、成田養魚園株式会社の養鯉池があります。明治初期から富山県で養鯉場を営んできた成田養魚園は、きれいな伏流水が豊富なこの地に昭和四十六年（一九七一）に養鯉池を設置。現在日本最大の錦鯉の小売店といわれています。昭和五十六年（一九八一）に株式会社になりました。錦鯉を中心に「エンジョイ鯉ライフ」のトータルサポート企業です。平成二十九年（二〇一七）にはNHKやCBCテレビなどの取材番組にも取り上げられ、海外にも販路を広げて営業を続けています。

勅令で建立され修行僧三千人を擁した正眼寺

三ツ渕の北の端にある字雉子野《きじの》には、小牧市内で唯一国指定の重要文化財を所有す

三ツ渕の成田養魚園付近（平成三十年）

る青松山正眼寺《せいしょうざんしょうげんじ》があります。寺の本尊は、尾張地方における曹洞宗最初の禅刹《ぜんてい》といわれた三世如来（釈迦・阿弥陀・弥勒）です。この禅寺は勅令を受け応永元年（一三九四）に中島郡下津《おりづ》郷《むら》（現・稲沢市下津地／一宮市丹陽町）の地に、信仰の厚い尾張の太守《たいしゅ》青生《あおな》直正《なおまさ》（直政＝足利一族）により建立されました。開山は二代目住職となった天鷹祖祐大和尚《てんようそゆうだいおしょう》（一三三六〜一四一三）です。大和尚は明徳三年（一三九二）、京都で室町幕府三代将軍足利義満が諸宗の僧侶千人を集めて開いた大法要《だいほうよう》の導師を務めて大僧正になった方。たまたま尾張に来られたとき、直正がその徳望を慕って参禅。師資《しし》（師弟関係）の礼をとって再建・建立した寺を青松山正眼寺と命名して、住職に招いたのが始まりでした。

天鷹祖祐大和尚は、師匠である通幻寂霊《つうげんじゃくれい》大和尚（曹洞宗大本山総持寺住職）を初代の住職に、自らを二代目として全国の寺院に法を伝え広めることになります。応永三年（一三九六）の勅願にもとづく開堂演法結制の盛典には四千人の僧衆が参列。その功績で後小松天皇より、版本大般若経や銅造誕生釈迦仏立像（飛鳥時代作：八・二センチメートル、昭和六十三年に国の重文指定）を下賜《かし》されました。勅願寺になってからは、天皇家・公家・将軍家からの絶大なる支援を受けます。その後も織田家、豊臣家、徳川家と続く有力者の庇護のもと、修行僧三千人を超える大寺院となり、寺門は興隆を誇っていました。

しかし、放火で全焼したさい、もともと地盤が低いために毎年水害に悩まされていたこともあって移転問題が詮議され、元禄二年（一六八九）に出された東山天皇の勅令で、現在地に移転。寺領十八万坪を拝領します。寺は明治維新まで続き、明治五年

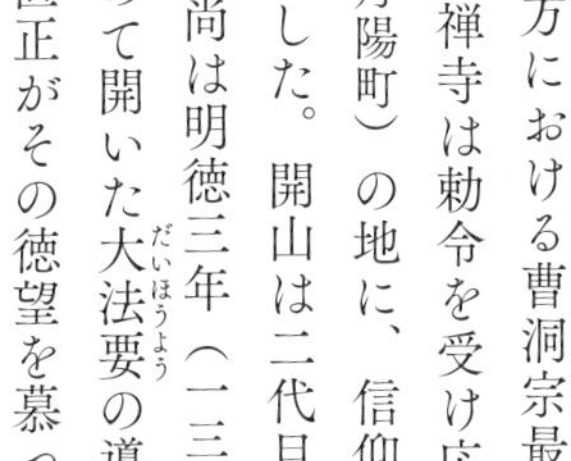
昭和三十四年の伊勢湾台風で被害を受け、その後新装なった青松山正眼寺（平成三十年）

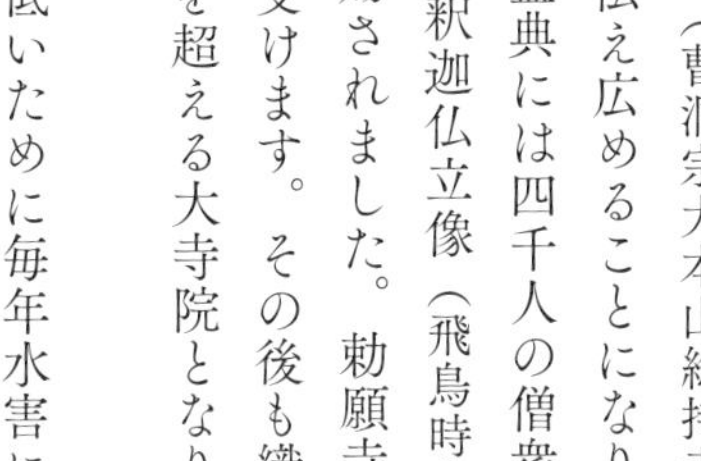
正眼寺墓地入口にある珍しい寝仏（平成三十年）

（一八七二）に寺領を奉還しました。現在、歴代住職の法を受け継ぐ直末寺が七十カ寺、そこから枝分かれして広がる寺院が全国に千五百カ寺を超える尾張の本山になっています。また、正眼寺三世天先和尚の墓碑である無縫塔（住職の墓碑）には、長禄二年（一四五八）と刻まれています。これは禅寺の高僧の墓塔として市内で最古のもので、市指定の有形文化財です。

正眼寺境内には西国三十三カ所観音巡りがある

平成二十年（二〇〇八）三月十日に、正眼寺で二代目天鷹大和尚の五九五回忌法要が、盛大におこなわれました。小牧山の説明の項でも述べましたが、この年、尾張小牧歴史文化振興会の呼びかけで、国の重要文化財となっている我が国の誕生仏の中で最古のものといわれる「銅造誕生釈迦仏立像」（現在、奈良の国立博物館に寄託）が三十年振りに里帰りしました。五月二日より五月七日まで小牧市歴史館（小牧城）・特別展として市民に「天上天下《てんじょうてんげ》唯我独尊《ゆいがどくそん》」と唱える誕生仏が一般公開され、多くの見学者で賑わいました。これに先立ち正眼寺では、二代目大和尚忌の法要と同時に古式にのっとった特別法要をおこなっています。小牧市は文化振興会の提案で立像のレプリカをつくって、正眼寺と市歴史館に贈り、歴史館では常設展示されています。

仏像は、小牧での展示の前の三月二十六日から四月二十日まで、名古屋市博物館で特別展として公開されました。

誕生仏の里帰りに立ち会われた中村宗淳住職は、平成二十三年（二〇一一）に急逝され、瀬戸市の大昌山宝泉寺の江川辰三住職が、正眼寺の住職として赴任されました。

青松山正眼寺の重文「銅造誕生釈迦仏立像」

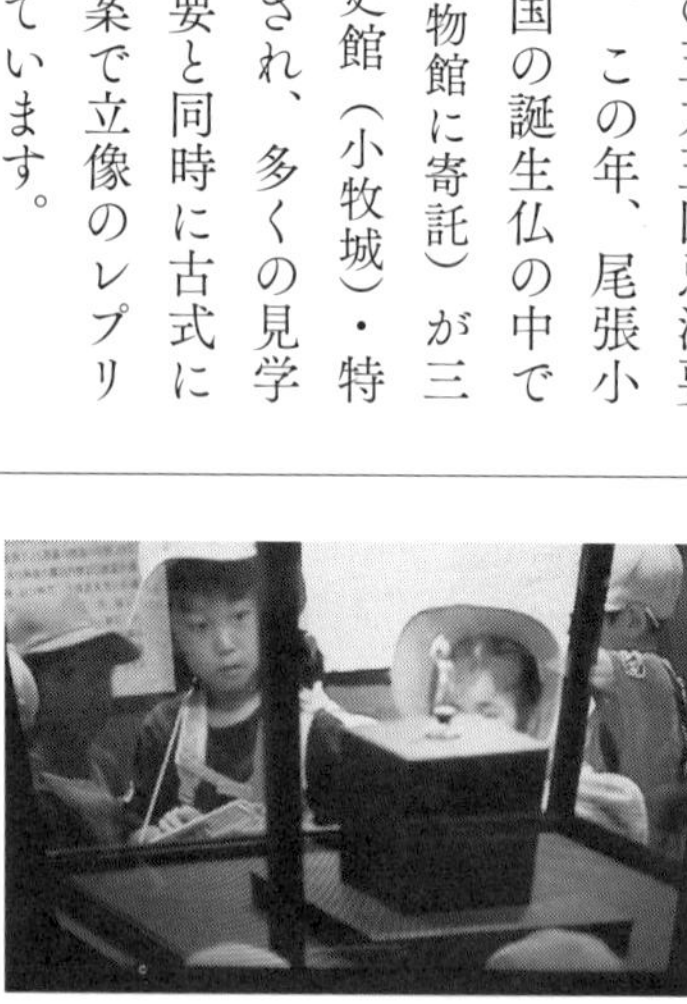

平成二十年に小牧市歴史館の特別展展示で一般公開され、四千人余の人々が参観した。

住職は、そのあとすぐ大本山総持寺（神奈川県横浜市）貫首となられ、平成二十六年（二〇一四）には、曹洞宗の総元締めである曹洞宗管長にも就任されましたが、管長は平成二十八年三月に退任され、現在も総持寺貫首を兼ねて活躍されています。

平成二十五年（二〇一三）三月末の日曜日から、正眼寺では境内に咲く〝しだれ桜〟を愛でる「しだれ桜まつり」が開催されるようになりました。法話と文化芸術の実演があります。正眼寺への道筋にあたる小木、舟津、三ツ渕の道端には、道標や石像、馬頭観音などがあり、境内には、美しく整備された枯山水があって、池には錦鯉が泳いでいます。また、寺宝の駕籠などの調度品が、一時、市歴史館に展示されていましたが、歴史館改修の際、撤去され、主要な古文書や保存されてきた歴史的遺品は、現在、愛知学院大学付属図書館などに保存されています。

明治四十一年（一九〇八）に、境内に西国三十三カ所観音巡りの石像や築山、石橋がつくられ、行事などで集まった人々が功徳を求めてお参りをしたといわれています。大正時代には小船を浮かべて巡拝する人もいるほど栄えたそうですが、戦中、戦後には人々の関心が薄くなってしまいました。戦後の農地解放や昭和三十四年（一九五九）の伊勢湾台風などで大きな被害を受けてそのままになっていましたが、平成元年（一九八九）に一時整備がされています。最近になって再び整備され、観音巡りの中に七福神の一人、石造りの弁財天が遍路の楽しみを盛り上げています。

三ツ渕には他に元亀三年（一五七二）創建の曹洞宗の普門山円通寺があります。本尊は釈迦如来（釈迦牟尼如来）です。当初は字郷前にありましたが、享保十年（一七二五）に中興の師策心により現在地の旦那新田に移動しています。また、明応四年

正眼寺三十三ヶ所観音巡り入口（平成三十年）

本堂前の池に映えるしだれ桜（平成二十八年）

（一四九五）に蓮如の法弟子玄正が、諸国を遍歴した親鸞の志を慕って建てた東本願寺末寺の浄土真宗大谷派の潜龍山《せんりゅうざん》専立寺があります。本尊は阿弥陀如来です。寺の瓦は徳川家の三葉葵の紋となっています。

◉三ツ渕原新田

正眼寺を取り巻くように開墾された三ツ渕原新田

旧小牧地区の三ツ渕原新田は、北は丹羽郡大口町に、西は江南市に、南は三ツ渕地区に、東は西之島に接しています。行政区の地図上では動物がラッパを吹いているような姿で、市の西端の北に位置しています。西之島に接している部分は、小牧市都市計画の工業専用地域に指定され、物流センターの一部ともなっています。その他の三ツ渕原新田地域は、住宅地に畑や田園地帯も残り、農村風景も見られます。

西之島との間を流れている矢戸川は、木曽川に端を発する古木津用水が途中で分かれ、三ツ渕地区を西南に流れる川です。別名、三ツ渕川とも呼ばれています。幹線道路としては、江南市を起点とする県道西之島江南線が南北に通過し、県道小牧春日井線に繋がっています。

三ツ渕のいわれはすでに紹介しましたが、正眼寺がこの地に移転再建された江戸時代の元禄期（一六八八～一七〇四）には、三ツ渕原新田は三ツ渕村の一部で、多くの寺領があったところでした。開拓された新田は三ツ渕村の所属で、土地は平たく広い場所でしたが、竹や木が茂った痩せた土地でした。正眼寺周辺は移転してくる前から鬱蒼《うっそう》とした松林に覆われていたといいます。

三ツ渕川（矢戸川）に架かる正眼寺橋（平成二十八年）

周辺に矢戸川があり、寛永十年（一六三三）に入鹿池が完成して用水の整備も進むと、三ツ渕村の権七という人が原野の開墾に携わって水田や畑などがつくられたのです。やがて、三ツ渕原新田村として独立・命名されます。一時は、三ツ渕入鹿原新田ともいわれました。まだ村落の戸数は少なく、北から西・南へと正眼寺を取り巻くように村がつくられていました。

三ツ渕原新田の小字名は古墳に由来する

三ツ渕原新田村は三ツ渕村から独立し、そのまま江戸から明治まで存続しましたが、明治十三年（一八八〇）に春日井郡が東西に分かれて東春日井郡に所属すると、この村も明治二十二年（一八八九）、三ツ渕・西之島・舟津とともに合併して和多里村となり大字となりました。

その後、明治二十七年（一八九四）には西之島地区が隣接の境村の再編に伴い分離編入されましたが、明治三十九年（一九〇六）の町村合併により外山村・境村・眞々村と共に和多里村も小牧町に合併され、三ツ渕原新田の名も大字として残りました。

小字は、東から雉子野《きじの》・北申塚・西申塚と南に日塚・東申塚の五地域がありましたが、大きくは、日塚・申塚・雉子野の三地区に区分されます。天保十二年（一八四一）の村絵図では、近在の小折村、曽本村、三ツ渕村などの飛地や新田地などの表記があり、正眼寺領となっている部分も見られて、周辺の人々によって開墾されたことがわかります。

日塚・申塚の名からは、四世紀から七世紀の古墳時代に遡る歴史が感じられます。

日塚古墳があった神明神社（平成三十年）

日塚は北東の入鹿新田同様、古墳のあったところです。日塚古墳とも呼ばれましたが、大正十三年（一九二四）の発掘調査のときにはすでに盗掘されており、出土遺物は確認されませんでした。記録ではかなり大きな古墳で、その中から円筒埴輪と思われる祝部《はふり》土器の破片などが出土しています。未確認の部分もありますが、三ツ渕原新田のほとんどが日塚と申塚で占められる一大古墳群だったことから塚の名が使われたと考えられます。

また、日塚に現存する神明神社は、移住民が住み始めた承応三年（一六五四）ごろに祭神に天照大神を祀る神社として設置されました。その周辺に屋敷ができ、それが三ツ渕村出の入鹿原新田という集落のはじまりだといわれています。

雉子野の地名は、三ツ渕の正眼寺の東や西之島の北の端にもありました。いずれも地続きで、この辺りに雉《きじ》が多く生息する一面の野原でした。村絵図にもキジの畑・キジの田と明記されています。それが地名の由来になっているのでしょう。この地域は、昭和の初めには小高い山もあり、狐の住む穴も見られたようです。しかし、時代と共にこの小さな山は削り取られ、現在はなくなってしまいました。

正眼寺周辺の南側にあたる三ツ渕原新田地域は、いま物流センターと住宅地などに変貌しました。旧字野間地域は三ツ渕原団地となり、他の地域の多くは、倉庫や工場地帯として発展してきています。

福玉精穀倉庫株式会社は、隣の大口町で、明治七年（一八七四）に水車による精米・精麦・製粉などで開業しました。昭和二十三年（一九四八）に福玉精麦株式会社を設立。時流に乗って本業を拡大しながら、昭和二十六年（一九五一）に倉庫業に進

小牧トラックターミナル周辺（平成二十八年）

出しました。昭和三十七年（一九六二）に現在の名前、福玉精穀倉庫株式会社に改称。翌年に係属会社の福玉株式会社が、三ツ渕原新田に倉庫を建設し、小牧営業所を開設しました。倉庫を昭和五十年（一九七五）に旧北里地域の小木に整備された小牧トラックターミナルに、そして、昭和五十五年（一九八〇）には村中にも建てています。現在は、福玉株式会社村中営業所（前出）が小牧の主力営業所として、小牧の商工業の発展や社会貢献に力を注いでいます。「五条川の流れが大海を目指すように、明日に向かって、さらなる前進を……」がスローガンです。

福玉精穀倉庫の小牧西営業所周辺（平成三十年）

味岡地区

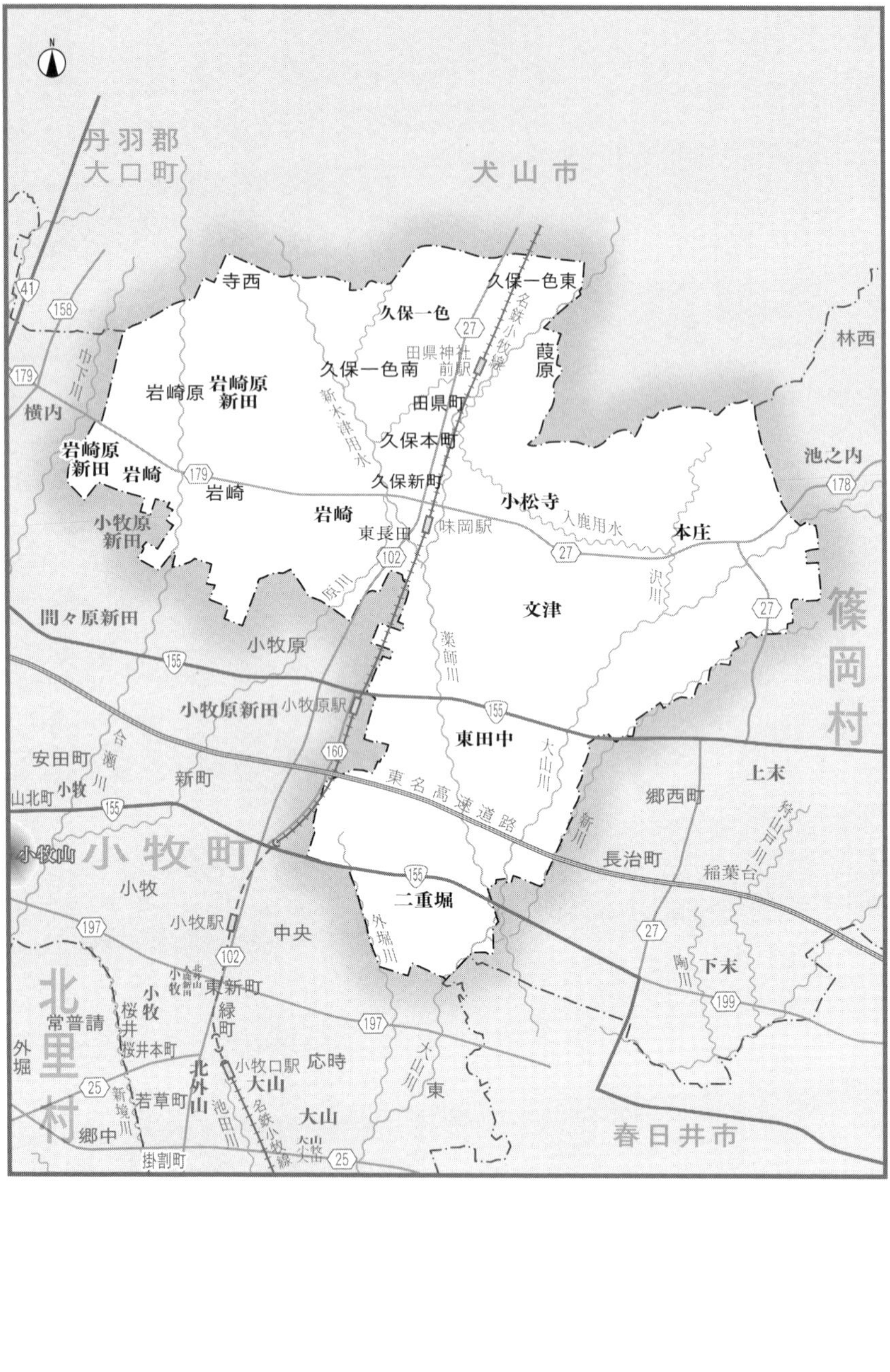
N
丹羽郡
大口町
犬山市
寺西
久保一色東
久保一色
名鉄小牧線
田県神社前駅
久保一色南
蛇原
林西
岩崎原
岩崎原新田
新木津用水
田県町
横内
市下川
久保本町
岩崎原新田
岩崎
岩崎
久保新町
池之内
小牧原新田
岩崎
小松寺
入鹿用水
東長田
味岡駅
本庄
原川
沢川
文津
間々原新田
小牧原
薬師川
篠岡村
小牧原新田
小牧原駅
東田中
大山川
合瀬川
安田町
新町
東名高速道路
上末
山北町
小牧
郷西町
小牧山
小牧町
新川
長治町
稲葉台
小牧
二重堀
外堀川
小牧駅
中央
陶川
下末
北里村
東新町
常普請
緑町
外堀
桜井
桜井本町
小牧口駅
応時
大山
北外山
新境川
若草町
池田川
東
郷中
大山
春日井市
掛割町
41
158
179
27
102
155
160
197
178
199
25

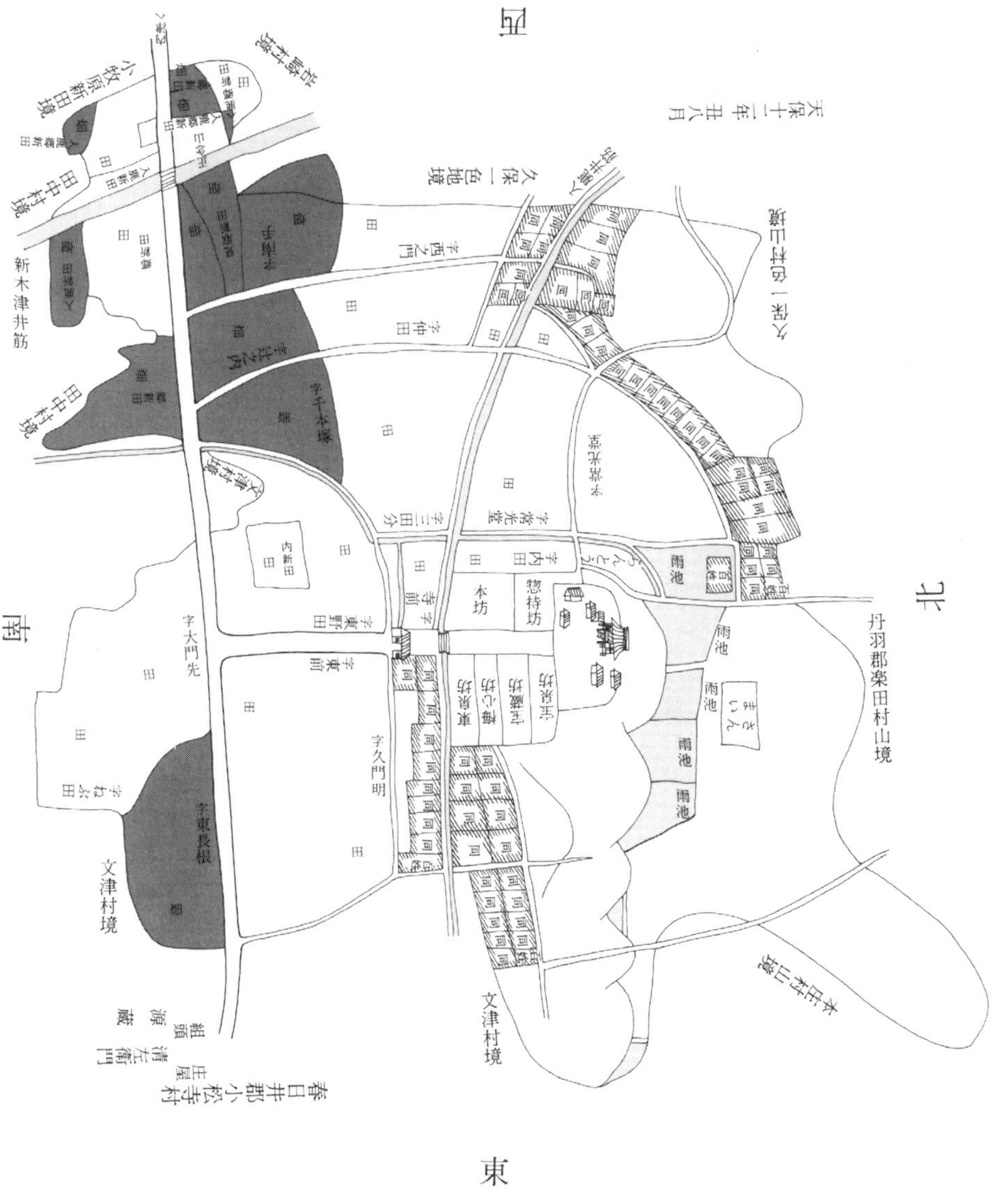

小松寺絵図解読図
（出典：『小牧市史』資料編 2　村絵図編）

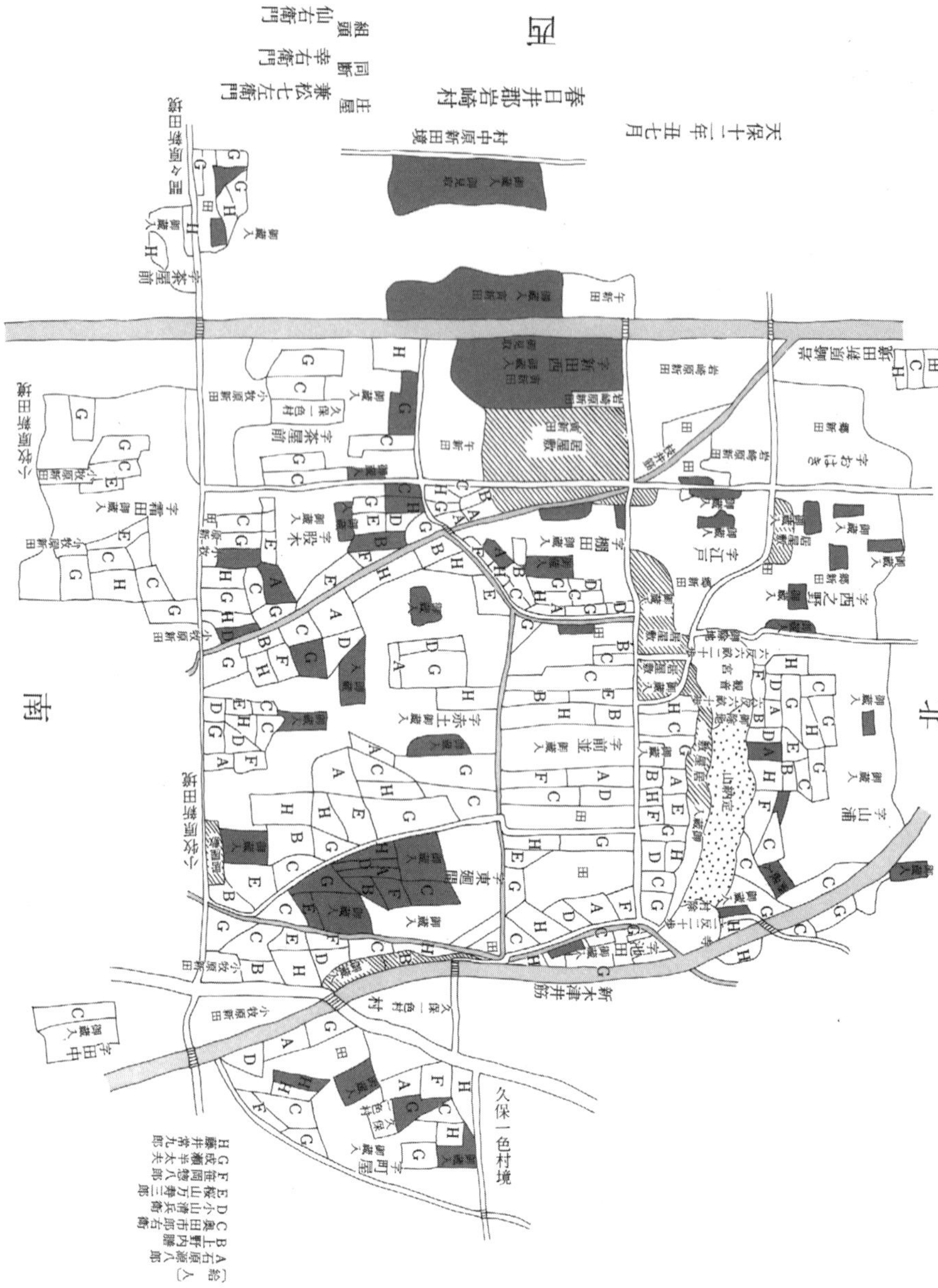

岩崎村絵図解読図
（出典：『小牧市史』資料編２　村絵図編）

味岡地区

◉久保一色・寺西（久保一色東一丁目から二丁目・久保一色南一丁目から二丁目・葭原・久保新町・久保本町を含む）

久保一色は農耕中心の田園地帯が住宅地に発展

久保一色は、旧味岡地区の北の端にあって犬山市楽田に接しています。昭和三十年代後半（一九六〇年代）から始まった田園都市から内陸工業都市へという開発の波に乗って、都市基盤の整備に基づく公営分譲住宅などの建設が進められ、多くは住宅地に変貌しました。

名鉄小牧線田県神社前駅の東には、北から田県《たがた》西団地、田県東団地、久保山団地があります。その間を薬師川（下流は新木津《しんこっつ》用水と合流）が流れ、東南には田縣神社の豊年祭りの行列が出発する熊野神社や護国山久保寺《きゅうほうじ》があります。その向かいの南側の小松寺地区に入るところに水屋前公園があります。

北部には田県苑団地、西部には、昭和四十四年（一九六九）に産業都市を担う人材育成を目的に、機械・電気・自動車科などを設けて開校した愛知県立小牧工業高校、南西部に翌年開校した市立一色小学校があります。地区の西寄りには新木津用水（下流は薬師川と合流）が北から南へ縦断して流れ、東寄りには上街道（木曾街道）といわ

久保一色から見た遠方の田県団地（平成二十八年）

れた県道名古屋犬山線が名鉄小牧線の西側を平行して通っています。昭和三十九年（一九六四）には田県神社前駅が設置されました。その後、近くの犬山市の区域に学校法人市邨学園の経営する名古屋経済大学や短大などができ、通勤通学の人々が増えて朝夕もにぎわっています。

久保一色村は、平安前期（八・九世紀ごろ）には爾波《にわ》郡（丹羽郡）に属していたという記録がありますが、平安末期（十一世紀ごろ）には荘園整理がおこなわれ、味岡御庄と呼ばれる荘園となりました。皇室の中宮職の御料地の一部で、全面農耕がおこなわれていたところです。この味岡御庄は、江戸時代には春日井郡に属し、明治十三年（一八八〇）に東春日井郡となります。明治二十二年（一八八九）の市制町村制施行によって正式に久保一色村となり、明治三十九年（一九〇六）には、町村境域移動で味岡村に合併しました。

当時は小字が二十五カ所あったそうですが、昭和五十四年（一九七九）に土地区画整理実施区域として整理され、県道を跨ぐ南側一帯が区分され北から田県町、久保本町、久保新町となりました。さらに、昭和六十一年（一九八六）に、水田が多く残る県道沿いの北東部一帯が久保一色東一、二丁目となり、南部が土地区画後に葭原《よしはら》になりました。昭和六十二年（一九八七）には、宅地化が進む新木津用水の東側一帯が久保一色南一、二丁目の各大字に区画され、残った部分が久保一色となっています。

この久保一色には昭和五十二年（一九七七）に肢体不自由児を支援する愛知県立小牧養護学校が設置されました。これは、昭和四十八年（一九七三）に養護学校の義務制の政令が出され、肢体不自由者関係者の要望にこたえ、愛知県では五校目の開校と

愛知県立小牧特別支援学校（平成三十年）

なりました。平成二十六年（二〇一四）には愛知県立小牧特別支援学校として組織替えをしながら、重度の障害者などの支援をし、地域社会との交流を図りながら肢体不自由者に対する理解と認識を深める研究が進められています。また、この学校近くの北側の道路沿いには、昭和五十年（一九七五）開店の小島生花店があります。

久保一色南一丁目には、出版印刷を業とする印刷之小栗がありましたが、昭和四十五年（一九七〇）に開業し、昭和五十七年（一九八二）に有限会社となり、平成二十七年にサンプラス株式会社として活躍しています。

入鹿用水による新田開発が久保一色の原型を形成

文化十三年（一八一六）の『尾張国地名考』によれば、久保一色村は「久保と一色の二瀬あり……」と、二つに分けられていました。久保の地名は、「窪」の字が当てられており、地形の高低差から名づけられたものと考えられ、窪一色村の記述もあります。そこは、薬師川や佐久間川などの自然河川の流域でもあって、稲作も早くからおこなわれて集落が形成されてきたようです。ここには条里制時代の遺構もみられます。一色の名称については、『地名考』に記述されていませんが、「一色」という地名には、「一色田」という意味があり、荘園制の時代に公事（租・庸・調・課役など）を免除され、年貢の一種だけを納める田地を指します。

これらの土地は荘園領主から与えられたので、農民が税を納める先が、国衙《こくが》（国家が直接支配すること）から荘園の領主に代わりました。そして、年貢だけを納める一色田の扱いを受けたことから、一色の名が付けられたといわれています。また、「久保は

犬山市楽田と久保一色一帯が圃場整備され、美しい田園がつくられた地域（平成二十八年）

本郷、一色は新開なり…」とも記されており、入鹿用水ができるまでは、農業ができるのは小字の本田だけでした。現在の久保新町を中心とする中北・中南・新田などは、水利に恵まれない荒地だったのです。その荒地も、寛永十年（一六三三）に入鹿六人衆の努力によって入鹿溜《ため》池ができ、入鹿用水が完成してその恩恵を受けることになります。一色一帯の荒地は開墾され、農業を営むことができるようになったのです。

主な小字のうち、山新田は名鉄小牧線の東側一帯にあたります。久保山（秀吉が陣を敷いたため太閤山ともいう）沿いにため池を利用した新田が開かれ、その背後の丘陵全体を山新田と呼びました。田県東団地に接して土地改良事業で独立した葭原は、山裾の低い土地で、葦《よし》（葭）が生い茂っていたところから呼ばれたと考えられます。久保山の土を削って埋め立て、現在の田県東団地を造成したそうです。本田屋敷・北屋敷・南屋敷・新田屋敷は、屋敷がたくさんあったことから字名がつけられたのでしょう。本田屋敷は村の中心で、多くの民家がありました。新田屋敷は木津用水を利用した集落が大きくなったところから名づけられたといいます。寺前は、臨済宗妙心寺派楽田永泉寺の末寺として天文十三年（一五四四）に創建された、本尊を観世音菩薩（如意輪観音菩薩）とする天安山真福寺の門前の集落ということで呼ばれました。この寺では近年まで、旧正月の二十日に病《やまい》退散のため頭に灸をすえる皿灸《さらきゅう》の行事がおこなわれていました。二十日灸（オンコロサマ）と呼ばれ、近隣では有名でした。また、境内にある二体の地蔵は水乞い地蔵といわれ、昭和の初めごろまで雨が降らないときに新木津用水に地蔵を投げ込み雨乞いをし、願いがかなうと再び寺に戻したという逸話が残っています。

天安山真福寺山門（平成三十年）

水乞い地蔵が立つ中庭（平成三十年）

寺西は圃場《ほじょう》整備事業後に命名された

その真福寺の西側に新しく寺西が誕生しています。これは、通常の耕地整理と異なり、田んぼなどの土地改良事業がおこなわれたものです。隣の犬山市楽田などを含めて昭和五十六年（一九八一）ごろからおこなわれた圃場整備事業で平成元年（一九八九）ごろに完了し、一旦は、関連する小牧市や犬山市の大字として纏められました。その後、多くの旧大字名の地名を集め新しい名前を付けて独立したものです。久保一色の東に位置する久保一色東一、二丁目などの一帯も同じ事情で、多くの旧大字名を吸収したことが記録されています。そのため寺西や久保一色東には、旧犬山市と旧小牧市の多くの大字名が紹介されています。

新木津用水（下流は薬師川と合流）に架かる四重橋の東に曹洞宗金剛山庚申寺《こうしんじ》があります。この寺の名前は、平安時代に中国から伝わった庚申の日（帝釈天の縁日）に由来しています。この日は夜眠ると命が縮まり、眠らずに身を慎めば災難が除かれるという信仰があり、応仁の乱（応仁元年＝一四六七〜文明九年＝一四七七）の時代に庚申信仰として広まりました。寛永十一年（一六三四）に妙心尼という尼僧により本尊を青面金剛明王（青面金剛童子）とする臨済宗真福寺の末寺として開祖された庚申堂が寺のはじまりです。中興の祖恵閑《けいかん》尼により、寛延三年（一七五〇）に本堂を建立し、曹洞宗に改宗して庚申寺となります。ここには市指定の有形民俗文化財の算額があります。これは和算幾何学図形問題二題とその解き方を墨で記したもので、江戸時代の数学の資料として珍しい物です。他に三猿像（見ざる・言わざる・聞かざる）の珍しい大型の像があります。

本堂前に三猿のいる金剛山庚申寺本堂（平成二十四年）

この地域には、明治に活躍し、全国的に高い評価を受けた土雛《つちびな》作りの仙田市兵衛（大口町出身＝一八四八～一九一八）・仙田佐太郎（一八七八～一九五七）親子の土雛が大切に伝承されています。平成十六年（二〇〇四）に久保一色土雛保存会が設立され、仙田親子の作品を中心に土雛を収集。毎年二月には「久保一色土雛まつり」を開催し、明治から昭和にかけての農家の時代を風刺した人形などの雛飾りの展示をおこなっています。

久保一色に水奉行所があった

久保一色地域をはじめ尾張平野は、美濃と尾張との国境を西南に流れる木曽川の複合扇状地上にあって緑地が多くありましたが、水利に恵まれた土地柄ではありませんでした。荒地が多くて自然の河川は少なく、沼地やため池などであったため、新田開発には治水事業が不可欠だったのです。

江戸時代の初期には、新田開発が盛んにおこなわれました。入鹿用水だけでなく合瀬川（古木津用水）、新木津用水もつくられて、数多くの水田が生まれ、稲作が広がります。尾張藩は入鹿溜池の築造にあたって、水管理の奉行を置きました。御用懸《ごようがかり》水奉行に江坂清右衛門、御用水奉行に鳥居新兵衛を任命し、三用水（入鹿・古木津・新木津）の開設や管理のために水奉行所を設置したのです。水奉行所は当初、久保一色にありましたが、寛文十三年（一六七三）に隣村の小松寺に移ります。しかし、寛保三年（一七四三）には、再度久保一色村の久保山山麓にある熊野神社南西に造られた入鹿用水の東脇に移転・設置。水奉行所は、天明三年（一七八三）に廃止されるま

例年二月下旬に開催される久保一色土雛まつり（平成二十八年）

水奉行所が置かれていたと思われる入鹿用水路跡（平成三十年）

で百十年余にわたって、地域の種田や水路の杁の管理をおこなってきました。

水奉行所の任務は水を引く時期や日程、杁の管理などをおこなうことです。灌漑期間中には近隣住民が下働きをし、その費用は村々に割りあてられていました。寛保三年（一七四三）の移転時には労役は免除されましたが、その代償として、年貢の増加や人足の補充などの役務が課せられた記録が残っています。当時の絵図面をみると、入鹿用水を渡る橋は情緒のある朱塗りの欄干で、石の太鼓橋という人目につく珍しい橋でした。昭和十五年（一九四〇）ごろまであったそうです。現在の入鹿用水は、薬師川の東側に並行に流れており、一部が水路変更されて暗渠《あんきょ》となり、前述の団地などで周辺が宅地化されて見る影もありません。その田県西団地の南の名鉄小牧線田県神社前駅の北東に小牧地方の電力のサービスステーションとして総合管理をしている中部電力株式会社電力ネットワークカンパニー小牧営業所があります。

坪内逍遥の別荘をモデルに再現された和洋折衷の家

現在、小松寺地区に入る水屋前公園の向かいに二階建ての和洋折衷の屋敷が建っています。そこは、東田中村出身で大正から昭和の初めにかけて女子教育に貢献された人の住居でした。その人は竹内禅扣《ぜんこう》という方です。国際的に活躍されたジュエリーデザイナーの林暁子（名古屋出身で京都在住。平成二十一年に死去）の祖父に当たります。

竹内は、明治十年（一八七七）に東田中の農家の四男として生まれ、幼名は山本助五郎といいました。明治十九年（一八八六）に篠岡村池之内にある曹洞宗金剛山大泉寺（天正七年〔一五七九〕創建―281ページで説明）に入って出家得度し、禅扣という名をも

竹内禅扣の別荘「常懐荘」（平成二十八年）

らいます。

第二次世界大戦までは、商家や農家の二、三男などの多くは家督制度で丁稚奉公《でっちぼうこう》やお寺の小僧などに出されましたが、助五郎は向学心旺盛なまま寺の小僧に出されたのです。

その後、曹洞宗立の旧制私立中学校である第三中学林（名古屋市布池町）を明治三十一年（一八九八）に卒業し上京、次いで明治三十四年に郁文館中学（東京市本郷区駒込）を卒業します。そして、勉学旺盛な禅扣青年は東京専門学校高等科予科（現・早稲田大学）に入学しました。

明治三十五年（一九〇二）に早稲田大学文学部文学科に入学。小牧に縁の深い演劇人、坪内逍遥に出会います。そして、多くの文学・芸術の仲間たちと知り合い、卒業後は名古屋の母校第三中学林の教員となりました。明治四十年（一九〇七）に竹内しげと結婚し、竹内家の婿となります。翌年には、愛知高等裁縫女学校（明治三十八年〔一九〇五〕設立）の校長となり、大正二年（一九一三）には、学校名を愛知高等女子工芸学校と替えました。竹内は、貧しいがゆえに進学を諦めようとしていた子女に学業の道を与えた功績により、名古屋市の教育功労者となったのです。昭和十年（一九三五）に病没しました。

竹内禅扣は晩年、出身地である東田中に住み、別荘を久保一色の久保山団地の南側の高台である久保寺・熊野神社の並びに建てます。建物は昭和八年（一九三三）に完成。大正・昭和のモダニズムの技法を取り入れたものです。和館は仏間を含めて純日本風の和室で廊下で繋がる別棟は玄関のある洋館ですが、その二階には洋室の書斎と

坪内逍遥直筆の扁額のあった「常懐荘」の一室（平成初期）

書庫のほかに和室もある和洋折衷でした。二階の南からは名古屋まで一望でき、見晴らしのよい建物です。

この建物は、晩年まで交流のあった師坪内逍遥の熱海の別荘「双柿舎」（現在は、早稲田大学に寄贈され、熱海市が観光施設として管理）をモデルにしたそうで、「常懐《じょうかい》荘《そう》」と命名されました。「坪内先生に常に心が引かれる」という意味です。「常懐荘」には、坪内の揮毫した書の扁額が保存されていました。また常懐の名前は、昭和二十三年（一九四八）に財団法人常懐学園を設立して使用、そして、愛知女子工芸高等学校を開校。この学園は昭和二十六年（一九五一）組織変更に伴い学校法人となり、昭和三十六年（一九六一）に電気通信科を設置します。そして女子教育だけでなく男子の工業技術教育にも進み、校名も愛知工芸高等学校に改称。昭和五十九年（一九八四）に法人名を学校法人愛知水野学園とし、翌年に東海産業短期大学の設立認可を受け、平成四年（一九九二）に愛知産業大学となりました。平成十五年（二〇〇三）には学校法人愛知産業大学（岡崎市に設置）として、継承されています。

「常懐荘」は、昭和五十年代から十数年間、小牧市が借り上げて迎賓館として使用したという記録もあります。愛知県の大学の学長会議などの会合にも使用されていたとのことです。近年まで、所有者の仲間の皆さんで絵画展や音楽ライブなどの催し物を開催したりして、管理していましたが、現在は放置されたままで、内部の洋室の応接セットや調度品や逍遥の書いた扁額などは、すでに愛知産業大学に寄贈されました。そして、建造物の玄関や洋館部分は大学の構内に記念施設として移設の検討がされています。今までに移転を含めて保存の動きがありましたが、残った和室部分は、解体

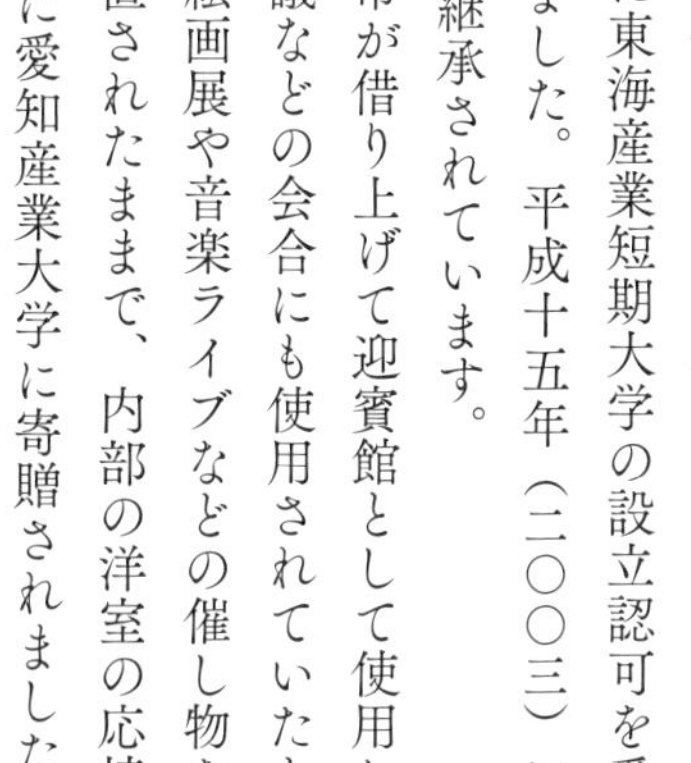

岡崎市にある現在の愛知産業大学のキャンパス（平成三十年）

されてしまうようです。貴重な文化遺産と思いますが、保存の手立てはないようです。

土地区画整理実施後に命名された久保新町・久保本町

味岡地区は、平安末期以降には皇室の中宮職の御料地だった「味岡御庄」と呼ばれる荘園の一角で、一面の田んぼでした。久保一色の北方は、「小牧・長久手の戦い」で秀吉軍の本陣である楽田城のあった地域です。久保一色は東西に広く、村落が発生した時期は、久保と一色の二つの集落で構成されていました。弘化二年（一八四五）の久保一色村絵図によると、江戸時代の味岡庄は、池田・山庄寺田面・まか場・北屋敷などの地域を木曾街道が南北に通る農村だったようです。

昭和六年（一九三一）には名岐鉄道（現・名鉄電車）が開通し、ガソリンカーが、木曾街道（現・県道名古屋犬山線）と並行して走りました。開業当時は、久保一色駅が設置されましたが、廃駅となってしまいます。しかし、近くの田縣神社の参拝客が増えて、昭和四十年（一九六五）に名鉄電車田県神社前駅として復活。周辺も商業地・宅地化が進んでいます。

また、駅の西北側には、駅前のロータリーの役割を果たす広場があります。

久保新町や久保本町、田県町は、土地区画整理実施区域として整備され、昭和五十四年（一九七九）に新しく命名されたところです。

久保新町を東西に走る県道宮後小牧線沿いに名鉄味岡駅があります。この近くの薬師川沿いに昭和五十四年（一九七九）に開設されたのが、「Vトピアスポーツクラブ小牧」です。この施設は、昭和三十八年（一九六三）設立の株式会社ブイ・マートが

薬師川沿いにあるスポーツ施設Vトピア（平成三十年）

経営管理していますが、そのルーツは、旧小牧地区の上ノ町（現・小牧三丁目）に大正八年（一九一九）に創業した綿久です。

この会社は、時代を先取りして大型の食品マーケットVマートを会社設立と共に弥生町にて営業を開始。続いて市内や近隣諸都市にも店舗をオープンさせました。綿久の「味な暮らし、ヘルシーな暮らし」の社訓から健康趣向にも力を入れ、開設したのがスポーツクラブでした。スイミングプールやアスレチック・ジムなど総合体育施設としての機能も備え、アットホームなスポーツクラブとして運営されています。愛知県一宮市にも同じ施設があります。また、平成二十九年（二〇一七）五月には久保新町の西側に位置する岩崎の県道宮後小牧線沿いの北側にフィットネスクラブ「ハーブ」を立ち上げました。「思い描いていたココロとカラダ」をキャッチフレーズとして癒し・健康・心をコンセプトに大人のための会員制の施設をオープンし、新しいライフスタイルの健康管理を提案しています。

現在の久保新町の地域は、明治までの小字である本田・新田・中北・中南、その後、前長・野中が集約されたところと思われます。この地域は、旧久保一色と岩崎の一部が整備されて生まれたもので、東は薬師川、西は新木津用水に挟まれ、県道宮後小牧線の北側に位置しています。区画整理を終えて味岡地区の行政の中心である味岡市民センター（小牧市役所味岡支所）や小牧消防署北支署が置かれ、旧味岡地区の中心地になりました。

街道筋には、自動車用防振ゴム製品、産業用ゴム製品などを製造している佐橋工業株式会社があります。この会社は、昭和二十七年（一九五二）に味岡木毛合資会社と

隣接して消防署が設置されている味岡市民センター（平成二十八年）

して創業し、昭和三十七年（一九六二）に現在の社名に変更しました。「協調と信頼」「信頼される企業づくり」をモットーに、モータリゼーション社会、工業業界に貢献しています。

久保本町は、久保新町の北側に接しています。そこには、増大する医療需要に備えて将来の看護師不足を補うため、小牧市の医師会などの協力で昭和五十八年（一九八三）に小牧市医師会准看護学校が開設されました。市民病院や関係医療機関の整備に貢献してきましたが、現在は役割を終え、春日井市に移転しています。

味岡庄の「久保一色絵図」に、北屋敷、まか場と記載されているところが、現在の町域です。より詳しくいうと、小字の西島や伝福で、木曾街道筋となっていたため集落が点在していました。

◉田県町

今日の隆盛は田縣神社の奇祭に由来する

田県町は、天下の奇祭で有名な田縣神社があるところで、旧久保一色村の中心地でした。縣《あがた》は、大和朝廷が直轄領地として地方官を置いたところの呼び名ですから、領地の稲田を管理していたので田縣の名称が付けられたのでしょう。このことが、「味岡御庄」と呼ばれる荘園が存在したことの証しになると考えられます。

田県町にある田縣神社の裏手の地域は、古来、荒田といわれていました。この名の由来は、あまりきれいではない「さび水」が地下から湧き出していた地域だったため、沼地（荒田）と思われていたことからです。耕作には不向きの地でも取れた分だけ年

田縣神社正門（平成三十年）

貢を納めるという一色田でした。

別の説では、隣接の犬山市にある大縣神社の神官の縁者にあたる大荒田命が、田縣神社の祭神である玉姫命の父といわれていることから、荒田となったというものです。大荒田命は、田縣神社とは別に早くから民衆に祀られていたようです。

田県地区は、木津用水などの灌漑用水の発達で、周辺に多くの人が集まり集落がつくられていきます。そこを小牧代官所が管轄して、石高の報告もきちんと記録されていました。現在の田県町は、小字の荒田・佃・森坪などが統合されたところです。

田縣神社は、旧郷社の社格で『延喜式神明帳』（九〇二年ごろのもの）に「尾張国丹羽郡田縣神社」として記載されている古社です。貞治三年（一三六四）の『尾張国内神名牒』に従三位上田方（田縣）天神とも記されているといいます。現在の神社の格式では四等級。小牧市内では、最高の格式をもつ神社になっています。祭神は御歳命《みとしのみこと》と玉姫命で、五穀豊穣と子孫繁栄の篤い神徳があるとされています。玉姫命と夫の建《たけ》稲種命《いなだねのみこと》との間には、二男三女の子宝に恵まれました。夫は二世紀の大和朝廷時代の日本武尊《やまとたけるのみこと》の東征にお供して遠江（静岡県）で戦死しましたが、残された玉姫命は立派に子育てをし、民《たみ》たちの模範となったといいます。建稲種命は日本武尊の草薙の剣と共に熱田神宮などに合祀されましたが、玉姫命は、夫を偲び、その御霊を奉納することとしました。これが現在おこなわれている豊年祭です。御旅所となっている近くに天文十五年（一五四六）創建の十一面観世音菩薩を本尊とする護国山久保寺《きゅうほうじ》があります。岩倉にある曹洞宗龍潭寺の末寺です。この寺は当初大白山清水寺といい天台宗か真言宗でしたが、現在は曹洞宗です。明治時代の神仏分離以前までは、久保寺が田

明治まで田縣神社「豊年祭」の出発点となっていた護国山久保寺山門（平成三十年）

縣神社の神宮寺であり、旧暦の正月十五日（現在は、新暦の三月十五日に開催）におこなわれていた祭礼の神輿はここから出発していました。それまでは久保寺の住職が田縣神社の宮司を兼ねており、今の制度になって分離され隣接の熊野社から出発することになりました。しかし、昭和三十四年（一九五九）の伊勢湾台風の被害を受け、しばらく近くの久保一色本田屋敷の神明社が御旅所となりました。熊野社が再建されてからは神明社と一年交代で出発地を替えて祭事をおこない、田縣神社まで行列をつくって献納されています。それは夫の建稲種命を模したわら人形を木彫りの大男茎形《おおおわせがた》（男根を模したもの）にまたがらせて御神輿に担いで奉納するもので、その奇祭ぶりは広く海外にも知られています。ちなみに、この大男茎形は、毎年新しく木曾檜で彫りあげています

田縣神社は昭和の初期ごろまでは、小社格にすぎませんでした。その後、昭和十年代に入り、地域活性化の機運が高まり、神社や地域の歴史の発掘のための資料収集がおこなわれました。とくに、中央にも人脈のあった味岡村長などを歴任した丹羽欽治ら関係者が奔走され、神域は拡大。戦後はさらに整備されてきました。

新しく小牧市の無形民俗文化財に指定された田縣神社の奇祭

前述したように、田県神社前駅は、周辺の住宅団地などの開発もあり、名鉄小牧線は、敷設当時、ガソリンカー時代の久保一色駅があったところにできたのです。

平成二十四年（二〇一二）に着手された駅北側の整備計画は、平成二十九年（二〇一七）三月には終了。田縣神社の玄関口としてロータリーのある駅前広場と歩道がつ

久保寺に隣接する熊野社（平成三十年）

小牧市指定無形文化財となった田縣神社「豊年祭」（平成二十八年）

くられ、外国語表記のある観光案内看板が設置されました。
三月十五日におこなわれる例大祭の豊年祭は、前にもふれたように現在、康永年間（一三四二～四四）の創建といわれる久保山の熊野社（尾州府志に白山社を配祀した祭神を伊弉諾命《いざなきのみこと》などとすることが記載されている）と弘長年間（一二六一～六三）に建てられた旧本田屋敷の神明社（祭神は天照大神）が毎年交互に御旅所となっています。二つの神社では祭の大男茎形の斧入れの式場や御旅所となっていましたが、現在は、斧入れ式は三月三日に田縣神社の境内でおこなっています。

祭りは御旅所から行列をつくって田縣神社へ奉納し、五穀豊穣と子孫繁栄を祈願するもので、祭神は御歳神《みとしのかみ》です。餅投げなどの催しもおこなわれています。とくに戦後は、小牧基地に進駐していた米軍の関係者をはじめ海外からも多くの参拝者が押しかけ、記録映画などにもなりました。そのおかげもあって、田縣神社は全国的に有名になり、天下の奇祭がおこなわれる神社として広く知れわたって、小牧の代表的な観光資源となっています。

この神社は、素朴な天祖神として崇められ、江戸時代に尾張藩などの献納の記録もあり、古文書から神社の古い歴史も解明されつつあります。

平成二十八年（二〇一六）の三月には、この祭礼の神輿行列が小牧市の無形民俗文化財に指定されました。いずれは、世界文化遺産の仲間入りをさせたいと、関係者は意欲をみせています。

田縣神社「豊年祭」。応募で選ばれた大男茎形の御神符を抱く女性（平成二十年）

どんど焼き（左儀長）もおこなわれる田縣神社の正月（平成二十七年）

信長も崇敬したといわれる大縣神社と田縣神社

こんな逸話も伝えられています。戦国時代、織田信長が歌舞伎者といわれていた若かりし頃、この尾張地方を縦横無尽に駆け回っていました。田縣神社や隣の大縣神社なども廻り、崇敬を重ねていたようです。信長は濃姫（正室帰蝶）を娶《めと》った後も変わらず、天文二十二年（一五五三）に舅《しゅうと》の美濃の斎藤道三から木曽川沿いの正徳寺に招かれた折、逢いにいくときにも、廣袖の湯帷子《ゆかたびら》（麻でできた浴衣）に「陰形」を背に大染した着物を着て、数百人の家来を連れ、腰にはいくつも瓢箪《ひょうたん》（火薬が入っていたといわれています）をぶら下げていったといいます。

しかし、道三と逢う前には正装に着替えて面談しました。道三は「婿殿はおおうつけ」といわれていることの真偽を確かめるためのことで、信長の度量の深さをこの時見抜いたのです。道三の死後、濃姫には、子供がなく、川並衆を束ねる生駒屋敷に出入りしていた時に夫が戦死して生家に帰っていた類（吉乃）に出会い、側室として三人の子宝に恵まれました。自領の地にある大縣神社や田縣神社で豊穣や子孫繁栄を祈ったことは間違いないようです。後年に書かれ残されている大縣神社の女陰を模った神輿を中心とする神幸行列の絵画や田縣神社の祭列の絵図にも、豊年祭で使用されている男根を描いた幟旗と似たような図柄が使用されています。また、名古屋藩の二代目光友公からの棟札も奉納されていることが確認され、長年、豊年祭が続けられてきたことが実証されてきました。

近年は、地方創世の観光ブームで、名古屋から犬山・岐阜へのルート上にある小牧も脚光を浴びつつあります。田縣神社では、銅板葺き屋根の立派なトイレを新しくつ

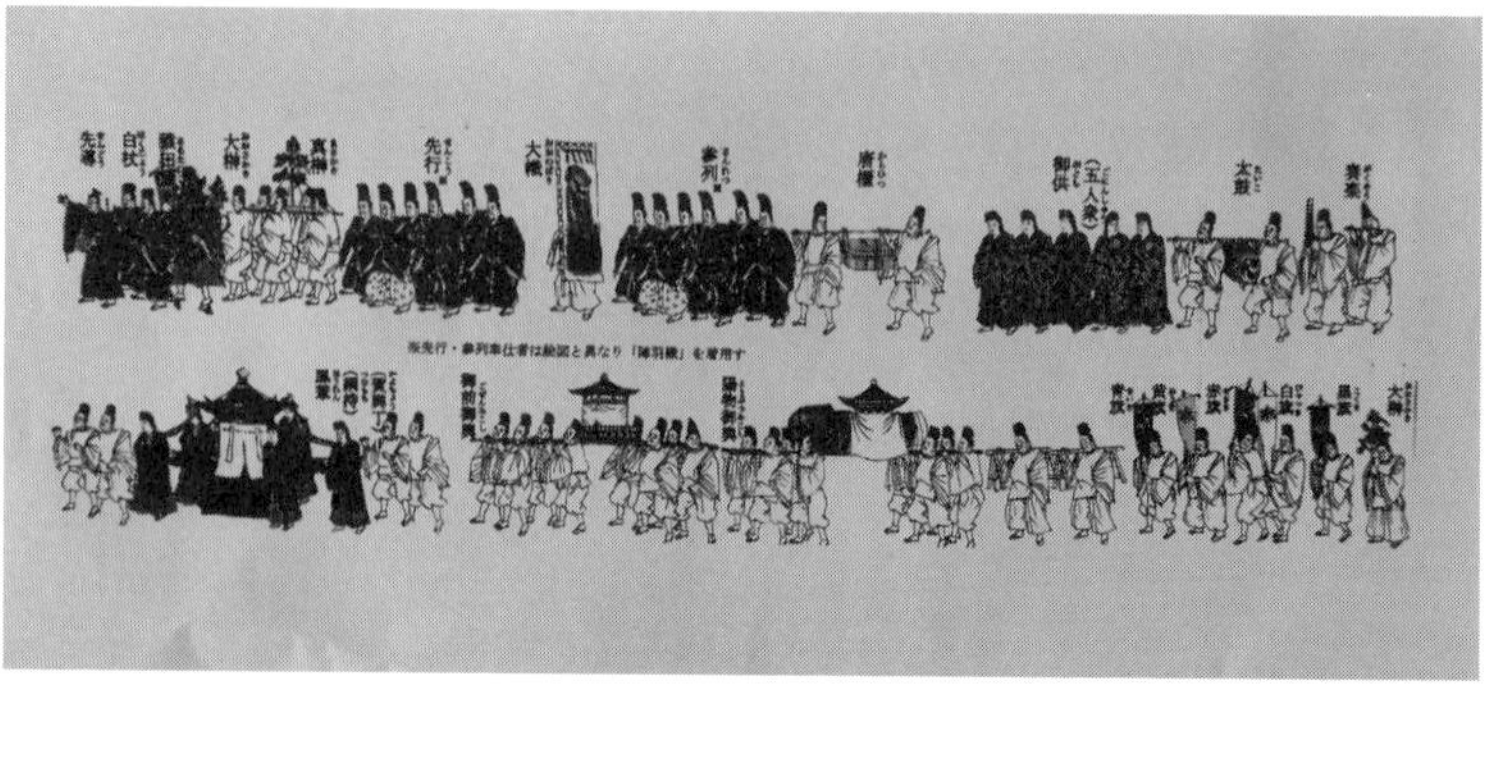

田縣神社の「豊年祭」の祭列の絵巻

くり、参拝者の便宜を図っています。

「野も山もみなほほえむや田縣祭」の句のごとく、観光ガイドには、国境を越えてみな微笑む祭として紹介されています。

また、国土交通省中部運輸局などの提案による石川県から愛知県を結ぶ中部九県の誘客プロジェクト「昇龍道」（ドラゴンルート）が始まりました。この観光ツアーコースの拠点での利用も期待されます。このコースは、最近ノーベル賞を受賞した学者が中部地区から輩出し、研究施設などもあることから、別名ノーベルラインともいわれています。

◉岩崎

岩崎山の五枚岩は県指定の天然記念物

旧味岡地域のほぼ中心にある大字岩崎は、中世には「味岡御庄」と呼ばれた荘園の一角です。一面の田んぼで農耕がおこなわれていました。名称の由来は定かではありませんが、岩崎山とは、岩の先端が突出していることから名づけられ、その山のある地として呼ばれたと推察されています。小牧代官所などの古文書に残された記録から、本格的な開拓や集落の形成は、灌漑用水の整備が進められた後の江戸時代からと思われます。

岩崎地域は全体的には平坦で、海抜五十四・八メートルの岩崎山が中央に聳《そび》えています。東側の大字の境界線には灌漑用水である新木津用水や薬師川が流れ、名鉄小牧線の味岡駅があります。南側は、昔は美しい田園でした。

熊野社から見た岩崎山（平成二十八年）

能登山観音寺境内にある県指定の天然記念物・岩崎山五枚岩（平成二十八年）

岩崎山の山頂は、独山と呼ばれています。花崗岩が地表に露出した非常に珍しい形状をしているので、そこに祭神を伊邪那岐尊《いざなぎのみこと》などとする熊野社が祀られています。創建は不明ですが明和年間（一七六四〜七二）の棟札《むねふだ》があります。ここの五枚岩は昭和三十五年（一九六〇）に県の天然記念物に指定されています。この岩は、花崗岩の風化浸食作用が進んで、五枚に分離したもので、五枚の岩が平行に並び縦に高い奇観を呈しています。江戸時代の初期に岩崎山の花崗石は、名古屋城や建中寺（尾張徳川家の菩提寺）などの建造のため搬出されました。また、岩崎山は、天正十二年（一五八四）の「小牧・長久手の戦い」の際、秀吉方の稲葉一鉄の陣地になり、小牧山に陣取った家康と対峙した砦でもありました。

山の裾や周辺には、六世紀後半から七世紀前半のものと思われる円墳の岩屋古墳や熊野社、それに正保二年（一六四五）に干ばつが続き田畑の不作のための雨乞いの神として安芸の厳島神社より分霊を受け末社として祀った厳島社があります。霊験あらたかで近郊の百姓がこぞって参拝したといいます。祭神は、市杵島姫命です。山頂には、創建が延暦二十一年（八〇二）で大伽藍を備えた観音堂がありましたが、兵火により灰塵に帰しました。

寛政六年（一七九四）に再建され、現在は、十一面観世音菩薩を本尊とする曹洞宗の能登山観音寺となっています。境内には、後述する市指定の有形文化財の切支丹灯籠があります。

山の東側には慶長三年（一五九八）に建てられた曹洞宗岩崎山杲洞寺《がんきざんこうどうじ》があります。本尊の薬師如来（東方薬師瑠璃光如来）は、古くから慢性の耳だれに効くとされ、底

新築整備された岩崎山杲洞寺（平成二十八年）

四天王に守られている杲洞寺慈母観音像（平成二十八年）

が抜けた柄杓《ひしゃく》を奉納することで有名です。境内には昭和三十年代に四国や坂東のお遍路巡りをした信者が建立した慈母観音が祀られています。観音像は、台座から三メートルほどの高さで、その周りは四天王が囲んで擁護しています。なかでも、七福神の一人である毘沙門（多聞天）様が目を怒《いか》らせ、守っている姿が印象的です。本堂が茅葺屋根であることが知られていましたが、平成二十一年（二〇〇九）までに瓦屋根に建て替えられてしまいました。

杲洞寺の近くを流れる新木津用水に観音堂橋があります。その横近くの観音堂公園内には、新木津用水の観音堂橋付近から分かれて支流となった原川に架かっていた「年貢橋」がありました。石の橋です。これは岩崎山から切り出した石でつくったもので、今は少し北に行った本田公園の中に移設保存されています。また、別の石材ですが、名古屋城築城の資材と思われる石で、運ぶ途中に原川の年貢橋付近で川に落下したものが「原川の落とし石」として、小牧市民会館前庭に保存されているのは前に述べました。もとの年貢橋の近くには、お天王様といって、社をつくり祀ったところがあり、その近くには、牛頭天王小洞があります。

この岩崎山は、紀元前にアイヌ系の人々の住んでいたころ、崇拝の対象となっていたといわれています。

また、巌島神社の南に美鳥幼稚園があり、その北側に商工会議所監事の平手公認会計士事務所があります。

杲洞寺墓地より久保山方面を望む（平成三十年）

味岡・清流亭の藤棚が存続の危機にある

岩崎の東部には江戸期の元和九年（一六二三）に藩祖義直公が整備した、木曾街道（上街道）が横切り、新木津用水と交差する筋違橋の袂《たもと》に樹齢四百年といわれる藤棚があります。ここは、古くから著名人の来訪が多いところでした。幕末には、犬山藩の儒者村瀬大乙《だいおつ》も時折来遊し、詩賦《しふ》を残しています。藤棚には、江戸時代から「ういろ」などを提供する茶店がありましたが、幕末になって小牧代官所の所管で、川魚料理や田楽《でんがく》料理を出すようになります。その後、江戸時代からの歴史を持つ料亭の清流亭が管理し、「岩崎の清流亭のフジ」としてよく知られるようになりました。

藤棚は昭和三十六年（一九六一）に県の天然記念物に指定されています。建物は江戸末期のもので、老朽化し、平成二十六年（二〇一四）に清流亭が営業をやめたため廃墟となってしまいました。私有地のため、平成二十八年（二〇一六）には建物が取り壊され、現在はアパートが建ち風景は一変しました。藤棚は一部根腐れしており、存続の危機に立たされています。

明治十九年（一八八六）九月二十六日に、藤棚の横に通船会社「愛船」が川湊の船着場をつくり、木曽川と名古屋の堀川を結ぶ水運として、物資が運ばれていた名残があります。これは木曽川→古木津用水→新木津用水→庄内川→黒川→堀川と、犬山と名古屋間を結ぶ廻船会社の水路が設立されたのです。主に石材や薪炭、米麦飼料、材木などを運搬に活用されていましたが、乗船する人も運賃を払って運んでいました。しかし、明治四十四年（一九一一）ごろに陸上輸送の発達により終わりとなります。それまで、藤の棚は、一休みする憩いの場所でした。現在は当時の面影もなくな

県の天然記念物である清流亭の藤棚（平成二十七年）

清流亭が解体された今の藤棚（平成三十年）

りました。

ここは岩崎村の枝郷《えだごう》で、街道沿いに早くから人家や商家が多く立ち並んだ地区で、町屋と呼ばれるところでした。明治初期には、その街道筋に自転車屋やブリキ屋、医者、米屋、呉服屋、鍛冶屋、髪結い、指物屋など多くの商店が並んでいたといいます。味岡村の誕生のときは、村役場も置かれていました。

岩崎の小字名は農地の自然の風景から

中心部の山前《やままえ》と呼ばれるところには、岩崎山を中心に神社や寺院が集まっています。西部は、古くは郷新田・寅新田・午新田といわれた新田が広がる地域でした。

江戸から明治における主だった地名をあげると、次のようなものがあります。すでに紹介している本田地域は、古くからの農地で、尾張藩の御蔵入り地・給地であったところです。西の新しく開削されたところは、新田となります。新田前や新田屋敷は、小松の生い茂る湿地帯で、池の中央部には謂れや創建が不明の天王社がありました。しかし、木津用水の完成とともに湿地は消滅。現在地の岩崎五丁目近辺に移転したといわれています。かつて岩崎山の南にあった本田は、新木津用水の水が溢れて一帯が水浸しとなったことがあります。池のようになったため池田と呼ばれたこともありました。天保期（一八三〇～四四）の村絵図には本田の東の新木津用水沿いに池田の小字名が記されています。

一時使われた地名に一番目がありましたが、「小牧・長久手の戦い」当時、秀吉方の一番砦があったところで、戦国時代の名残といえましょう。現在の岩崎一丁目の合

合瀬川に架かる岩崎橋向かいの西側周辺が秀吉側の一番砦があったところ。その先岩崎中学がある（平成三十年）

瀬川の岩崎橋付近には、二番砦があり、その辺りを二番目と呼ぶこともありました。これは、秀吉側が持久戦の構えを見せるため、南の二重堀までの徳川軍の来襲に備えて、一日で築いたといわれています。西市は土地の段丘差から、梅の木戸はその地に梅林寺という寺があったことから名づけられたようです。藤塚は前にも説明しました味岡地区の木曾街道筋の中心地で一番の繁華街である町屋の南西に位置し、街道の一里塚があったところです。堤下《つつみした》・高添《たかぞえ》は、新木津用水の西側を流れる原川沿いにあり、いずれも川の南に沿って水田が広がる地域です。水路に沿った堤防上に道がつくられ、堤下は堤防の下、高添は少し土地が高いところにあったため、そう呼ばれました。その他小字が二十数カ所ありました。

この南側一帯には、ＪＡ尾張中央味岡支店をはじめとする株式会社トーエネック関連事業所、株式会社トーモク小牧工場、ホームセンターバロー小牧岩崎店などがあります。

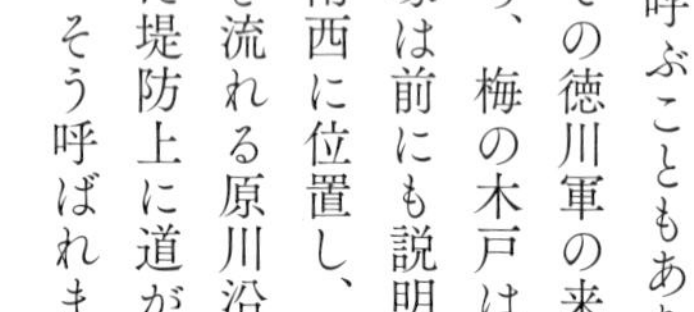

岩崎橋が架かる北側の合瀬川（平成二十八年）

岩崎村の庄屋が幕末の皇女和宮の旅を世話

戦国の動乱も収まり、平和な江戸時代に入ると、全国の統治機構も整備されます。地方の行政管理体制も確立され、各藩は積極的に地域の自治に取り組みました。この地方も士農工商の原則に則り、尾張藩の領地管理などをおこなう代官所の設置をはじめ、自治体機能（地方行政）の整備がなされてきました。

この地区を管理する小牧代官所の指揮のもと、村の行政事務を取り仕切り、領民を掌握する庄屋（関東では名主という）が置かれます。その職責は今でいう区長の役割で、小牧地方では江崎家が有名です。この岩崎にも山前に兼松家がありました。

兼松家の祖先は藤原氏の流れを汲む兼松正盛で、備前守を務めた家柄です。家系は五百年にのぼり、葉栗郡嶋村（現・一宮市）に在住していました。小牧での初代兼松正勝（清太夫）は岩崎に居住。入鹿用水をはじめ新木津用水の開発計画をおこない、新田頭として新田開発にも活躍して、完成に導いた記録が古文書に残されています。八代目の七左衛門は、小牧代官所が所轄する、現在の犬山市を中心とした十八カ村の立ち入り権限をもっていました。楽田村や入鹿出新田などの兼帯庄屋（一村の庄屋が各領地の庄屋を兼ねたもの）も務め、土地争いや訴訟の処理をしていたことが水野代官所や北方代官所の記録に残っています。

余談ですが、この兼松家の親戚には、現在の兼松株式会社の前身、兼松江商を明治二十二年（一八八九）に濠州貿易兼松房治郎商店として創業した広間房治郎がいます。彼は、親戚の兼松家の名を継いで改姓したといいます。父は旧江南市布袋の旧家の広間家の出身で、大坂で生活していました。房治郎は弘化二年（一八四五）に大坂で生まれましたが、幼少期に父親が失踪し、丁稚などして苦難な生活を送っていました。縁あって岩崎の兼松家から広間家に嫁いだ身内があり、十九歳の時、それを辿って岩崎の兼松家を訪ねました。その時に兼松家の人から才気が認められ、兼松家の家名を継ぐことを勧められ、改姓しました。その後、学問習得のため江戸へ行き、武家奉公をし、維新後、神戸で石炭の中継ぎで成功します。そして、将来性のある綿糸貿易に参加し豪州シドニーに渡り、貿易会社を立ち上げたのです。大成した房治郎は、神戸市の産業の基礎づくりにもかかわりました。また、兼松家の次男と養子縁組をしたり

解体前の兼松家の周辺（平成十二年頃）

し、大正二年（一九一三）に没するまで小牧の人々と交流し、小牧を終生忘れなかったといいます。

兼松家に残されている古文書には、幕末の公武合体で文久元年（一八六一）に第十四代将軍徳川家茂に嫁いだ皇女和宮（仁孝天皇の第八皇女）が、江戸に下向された折の記録もあります。それは、中山道の大湫宿《おおくわしゅく》（現・岐阜県瑞浪市《みずなみし》）で旅の一夜を過ごされた際、仮宿舎の建設や人馬の提供をする助郷《すけごう》（幕府が課した夫役）の役割を果たしたことでした。

◉岩崎一丁目・岩崎五丁目

現在の地名は歴史を考慮せず、利便性などで命名

天正十二年（一五八四）の「小牧・長久手の戦い」で羽柴秀吉が砦を築き、徳川家康と合戦をした「岩崎山」の西南に位置する岩崎一丁目と五丁目は、かつて美しい田園地帯でした。昭和の後半に始まった耕地整理事業で岩崎の西部地区の整理・完了が進み、岩崎と岩崎原新田、小牧原新田の一部が整理されて平成元年（一九八九）に町名変更されたところです。残りの岩崎東部や岩崎中部地区は、現在も区画整理事業が進行中で、完了次第、岩崎二丁目から四丁目に変更される予定になっています。

今までの住居表示は、明治四年（一八七一）の土地課税台帳をもとに、町の境界が土地の筆界《ふでかい》の境とされてきました。しかし、現在の社会生活で不便な点があるので、それを見直し、合理的な町名町界と地番整理が進められているのです。つまり、土地の分合筆や道路の新設、区画整理事業などで地番の混乱が出てきたため、日常生活に

現在の岩崎地区周辺（平成三十年）

今も残る岩崎地区の田んぼ（平成二十八年）

おける郵便物の配達や救急車、パトロールカーなどが目的地に早く到着できるように表示しようとするものです。従来の地域の歴史や自治会の組織連帯関係とは、必ずしも一致させて設定されるものではありませんでした。

新しい町の境界は公道、河川、水路などを基準として、また、東西に連なる区分は、原則として道路の南側の側線、南北に連なる場合は東側の側線を境界線として明示するよう決められています。丁目の起点は町の西北を一丁目とし、右回りに順序付けられるそうです。岩崎地区の耕地整理事業の進んだ地域の町名は、この原則に則って付けられてきました。

整備された岩崎一丁目と五丁目は、市道犬山公園小牧線を挟んで、岩崎と接しています。北は、岩崎団地と岩崎原三丁目に接し、西は合瀬川が流れ、その対岸は北から岩崎原二丁目、飛地の岩崎で、南側は市道岩崎村中線の南に飛地の岩崎とやはり飛地の小牧原新田に接しているところです。

この飛地には、昭和五十三年（一九七八）に開校した小牧市立岩崎中学校があり、すでに紹介している横内に広大な工場（166ページ参照）を持つ日本特殊陶業株式会社小牧工場の管理本部があり、品質管理センターや従業員の寮などがあります。

岩崎一丁目はかつて野原や荒地の続く湿地帯だった

岩崎の地名については先に紹介しましたが、江戸時代には春日井郡岩崎村、明治二十二年（一八八九）には岩崎原新田と合併して東春日井郡岩崎村大字岩崎となり、明治三十九年（一九〇六）に久保一色村とともに味岡村に合併して大字となりました。

空から見た岩崎山（平成二十四年）

そして、昭和三十年（一九五五）の小牧市市制施行に伴い、小牧市大字岩崎となり、区画整理事業が進んで現在の町名として整備されてきました。

岩崎一丁目の小字には、旧岩崎村に属していた尾掃《おはき》・山浦・上池・打上り・毘砂田《びしゃでん》浦《うら》・毘砂田前・新道西《しんみちにし》があります。そのなかの、尾掃・山浦・上池・打上りは、紀元前の縄文時代までは木曽川河川扇状地の末端で、野原や荒地の続く湿地帯でした。岩崎山の熊野社由緒書には、次のように記されています。

「春日部乃式内十二社の内、乎江《オエ》天神是也。創立景行天皇御代と言い伝へ、海抜五十一米突田圃の間に孤立シ（字独山＝岩崎山と号す）全山岩より成りて山頂に奉祀シ四肘の風景殊に好く遠近より登拝者多し、往古社殿無き時代山頂広大なる五枚岩を天の磐境をして尊崇し村名も岩崎村と称え、尾張太古図に依れば木曽川の流域にて入江を成し居り下野の如く乎江は小江、魚江に通じ大井に封へる社号にて大井は大きな川にて木曽川なり。又、乎《ヲ》は至極穏やかな意にて魚の多く棲めるよき入江なり……」と。

また、岩崎一丁目の隣接地（区画整理される前の岩崎村時代）に久保一色村金六前という地名がありますが、この辺りに「金六」という人が住んでいて、金六が新木津用水から水を引くため「杁《いり》」をつくり、それが「金六いり」と呼ばれていました。この用水は、今でも一丁目の田を潤す用水として利用されています。

上池は、獨山（独山）の杲洞寺の裏にあたる西側に血ノ池といわれる池があり、それが「上ノ池」と呼ばれるようになって、今の名になったそうです。毘砂田前は、岩崎山西山前に厳島社があることからつけられたと思われます。ここは以前弁天様と呼ばれていましたが、この辺りは湿地が池になっており、いつしか砂に埋もれてしまい

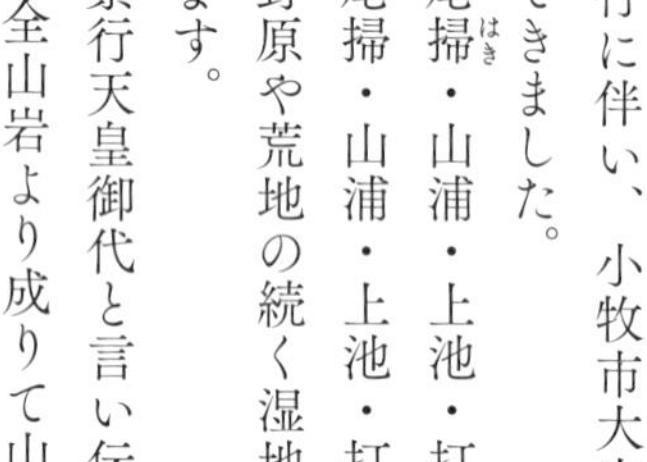

岩崎山山麓にある岩崎熊野社（平成三十年）

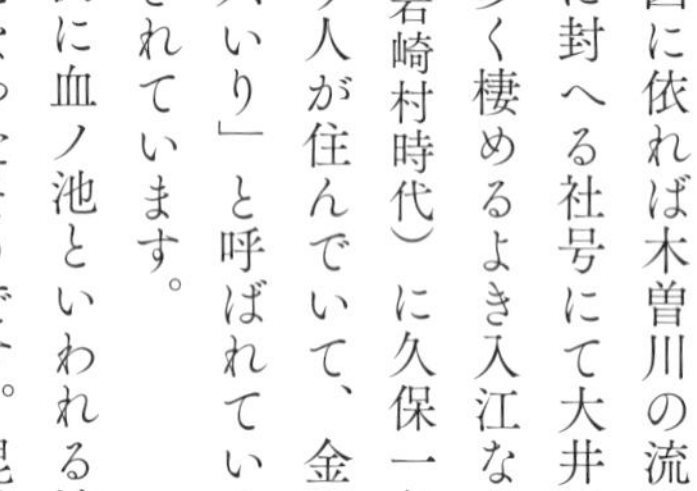

自動車科や情報技術科などがある愛知県立小牧工業高校（平成三十年）

ました。それで、毘砂門天↓毘砂天↓毘砂田と呼び名が変わったのかもしれません。また、推察ですが、安芸（現・広島県宮島）の厳島神社は、武人であった平清盛により平家の守り神としてつくられており、その分霊を祀ったことで、この地名が以前は神社の敷地で弁天様と呼ばれていたことで、弁天様の夫が毘沙門天様であったことから、この守り神として名づけられたのではとも考えられます。

百年以上前の明治のころ、県道宮後小牧線沿線で新田屋敷にある天王様辻を起点に北へ、昭和四十四年（一九六九）発足の愛知県立小牧工業高校まで幅二・七メートルの農道ができました。これが市道久保一色岩崎線です。新道西は、新しい道の西にあるので字名がつけられたと思われます。

新田を開発した人々は新田屋敷に在住

岩崎五丁目には新田前・新田屋敷・股ぎ・茶屋前があります。新田前・新田屋敷は、木津用水開削により新田が開発された地区で、元は大部分が岩崎入鹿原新田と呼ばれていた地域です。

尾張藩では、江戸時代初期に農地開発が盛んにおこなわれました。入鹿池の完成で木津用水が整備されましたが、広大な原野を開墾するため、慶安年間（一六四八〜五二）に岩崎村に移住してきたのが、先に述べた兼松源蔵正勝です。彼は新田頭百姓として活躍し、未開墾の原野を切り崩して切添新田（新しく開拓してつくった新田）をつくり、ここが寛文二年（一六六二）には御縄入り郷新田となり、享保十一年（一七二六）には「午《うま》新田」となりました。現在でも一部にその名は残されています。

岩崎山に寄贈されている灯籠や石仏など（平成二十三年）

新田屋敷は、木津用水の開削や新田開発がおこなわれていた当時、各地から呼び寄せられた農民が住居を構えた地域です。天保十五年（一八四四）に描かれた村絵図には、屋敷地として家並みの姿が残されています。その屋敷地の中心に居を構えていたのが元組頭役の丹羽家です。そこには屋敷産土神があり、寛文七年（一六六七）に新田より岩崎山に遷座《せんざ》されたのが今の熊野社だという話もあります。

岩崎山には丹羽家をはじめとして新田地区の多くの村民から寄贈された灯籠《とうろう》や石仏があります。最近では、平成二十二年（二〇一〇）、木曾街道の岩崎味岡口の辻跡にあった馬頭観音と斬られ地蔵が、県道拡幅のためにやむなく岩崎山の観音寺境内へ移されました。

現在、岩崎山の北部は新興住宅団地として開発されています。昭和三十八年（一九六三）に県営岩崎団地の建設が始まると、田園農村地域から住宅地域へと変貌してきました。その後、約四十年を経て、平成十七年（二〇〇五）に岩崎山北部の小字山浦の東に続く打上り地区にある県営岩崎住宅の未利用地の処分方針を愛知県が決めました。それによると老朽化した低層県営住宅を高層住宅に建て替え、活用しない敷地は民間の住宅関連事業者に売却して、開発を進めるというものでしたが、すでに事業は推進され、快適な住環境はつくられています。

◉岩崎原新田・岩崎原一丁目から岩崎原三丁目

合瀬川や新木津用水などの恩恵を受けてきた岩崎原新田地域

旧味岡地域の岩崎山の西方に位置する岩崎原一帯も、「味岡御庄」と呼ばれる荘園

現在の岩崎団地（平成二十九年）

建設当時の岩崎団地（昭和四十年）

の一角でした。岩崎村の一部から岩崎原新田（岩崎入鹿原新田）村として独立。天保期（一八四〇年代）の村絵図にも一村として掲載されています。ここは、西方を流れる巾下川を擁する横内に接しています。洪積台地の西端のために、沖積層で湿地帯の横内とは部分的に四メートル程度の落差があります。中心を南北に合瀬川が通過していますが、北部は畑地が主体で、今でも多くの地域が市の農業振興地域となっているところです。

岩崎原北側の旧小字の新田屋敷は、丹羽郡大口町の外坪、犬山市の楽田に接し、北東は、隣接する久保一色の項（204ページ）で紹介されている天安山真福寺の西側にあることから命名された寺西や、久保一色の小牧工業高等学校にも接しています。この付近には分譲住宅や工業団地なども誘致されました。東と南は、現在の岩崎に接しています。

岩崎原新田は、江戸時代は名前のように新田の開墾地でした。合瀬川が大口町辺りまで嵩上《かさあ》げによってつくられたのに対し、岩崎原の北部は掘割法を採用して、掘り出した土砂を川の両端に高く積み上げ、松林などを植えた土手となりました。この用水は灌漑用水だけではなく、排水路としての役目も果してきました。昭和二十年代前半（一九四五〜四九）までは、この地方の養蚕産業を支える桑畑として利用されましたが、その後は、野菜畑として活用されています。また、この地区の中心部から南部にかけての西側は合瀬川を利用した水田となり、東側の地区は新木津用水の恩恵を受けてきました。

岩崎原周辺を流れる合瀬川（平成二十八年）

区画整理で新町名と旧町名とに分かれ飛地を形成

岩崎村に所属していた岩崎原新田は、岩崎入鹿原新田ともいわれていました。岩崎村から分村した時期は不明ですが、『寛文村々覚書』（一六六一～七三）の記録には、岩崎村の一部であることが記載されています。文政五年（一八二二）編纂の『尾張徇《おわりじゅん》行記《こうき》』には、岩崎入鹿原新田が独立した村として載り、明治十七年（一八八四）には東春日井郡に所属し、明治二十二年（一八八九）の市制町村制施行により岩崎村に合併。明治三十九年（一九〇六）に味岡村と合併しました。昭和三十年（一九五五）の小牧市の市制発足時には、大字岩崎原新田となります。平成元年（一九八九）の区画整理では小字の北巾・巾前・中巾が岩崎原一丁目に、北川西・南川西が岩崎原二丁目に、北屋敷・中屋敷・天王前は岩崎原三丁目になり、残った北屋敷の一部・伝造・下巾は岩崎原新田の名で飛地として残ったのです。

岩崎原新田の中屋敷・北屋敷は、江戸時代から民家が密集していたことから名づけられ、なかでも村の中心である中屋敷には多くの民家がありました。天王前は、曹洞宗天道寺の前辺りに集落ができたところからきているようです。北川西・南川西の川西は、木津用水の西側を意味し、南北は用水の西側の北と南ということです。北巾・巾前・中巾・巾下は、隣接の横内との落差から名づけられたもので、その落差は北里の小木までの西側に南北にきれいに繋がった段丘となっています。「巾《はば》」とは、前にも述べたように段丘ということです。北巾・巾前の地区では、養蚕業が盛んであったため桑畑が数多くありました。生糸の集積場として使われていた岩崎原公会堂は、合瀬川の大改修のときに北にずらし、現在の位置に存在しています。

現在も合瀬川の辺りに立つ岩崎原公会堂（平成三十年）

切支丹迫害に遭った人々の碑がある

岩崎原三丁目にある天道寺は当初、氏神と天道を敬う草庵として寛延四年（一七五一）につくられました。明和元年（一七六四）に天道庵となり、明和八年（一七七一）に眞照法尼を初代庵主として創建されます。本尊は大日如来です。文化元年（一八〇四）に再建されて曹洞宗大日山天道寺となり、旧暦の縁日には多くの参詣人でにぎわっています。この寺の占いは有名でしたが、最近は実施されているかどうか不明です。

天道寺の近くに切支丹の秘話が残っています。織田信長・信雄らの保護奨励により、尾張地方には多くの切支丹がいました。慶長十九年（一六一四）に、徳川幕府は切支丹をマニラ・マカオに追放し、京都をはじめ各地で斬罪火刑による殉教者が出ました。尾張地方でも多くの犠牲者が生まれます。宝永五年（一七〇八）に書かれた岩崎村の『村鏡』には、寛文三年（一六六三）からの切支丹弾圧により岩崎地区で十七名の男女の切支丹宗門者が召し捕られたと記録されています。やがて尾張藩の検挙活動も収束しましたが、丹羽郡扶桑町の白雲寺には元禄時代（一六八八～一七〇三）に処刑された碑文も残されています。貞享四年（一六八七）に建立された岩崎山の観音寺の石碑によると、この山の中腹にある五枚岩の中央に置かれた最も古い石仏が、切支丹の人々の慰霊冥福を祈る供養地蔵尊だそうです。この地蔵尊は、岩崎西部村境天道から移されたともいわれています。また、岩崎山南麓の栗木栄三宅にあったものを移して参道の西に設置した織部型灯籠の下部には、マリア像が描かれています。これは切支丹灯籠として昭和四十五年（一九七〇）に市指定の有形文化財になりました。

隣り合わせの大日山天道寺（右側）と津島神社（左側）（平成三十年）

小牧市指定の文化財岩崎山切支丹灯籠（左側）（平成二十八年）

この岩崎山の山麓近くにある津島神社は、享保五年（一七二〇）に祭神を天照大御神とする天道社が地蔵尊と共に移されて祀られたものです。天道寺にあったため明治五年（一八七二）の神仏分離令のため寺の御神体を現在地に移し、本殿に御弟神の須佐之男命を祭神とする津島神社として祀られたといいます。寛保二年（一七四二）の棟札があります。境内には五つの祭神が祀られて、住民の崇敬の場となっています。

西南の岩崎原新田には、隣接する小牧地区の横内にも進出している日本特殊陶業株式会社の小牧工場があります。

岩崎原三丁目に接した岩崎原新田の飛地の東にあるのが、昭和三十八年（一九六三）から造営の始まった旧岩崎地区に跨《また》がる県営岩崎団地です。しかし、築五十年を超え、住宅政策や工業都市化などの諸問題も絡んでいましたが、別項で説明している通り、新しく建て直され、整備されました。

◉小松寺

小牧で最も古い歴史を歩んできた小松寺

旧味岡地域にある大字の小松寺は、中央を入鹿用水が横切り、西に薬師川が流れる肥沃な地域です。入鹿用水の北東地域は小松寺山などの丘陵地帯でしたが、その山は削られ、県営住宅をはじめ団地や住宅地となり、昔の面影はありません。

小松寺は、小牧に現存する社寺の中で最も古い木造建築といわれています。明暦三年（一六五七）に再建された本堂で、小牧市指定有形文化財になっています。真言宗智山派愛藤山《あいとうざん》小松寺の歴史は、白河上皇が院政を始めたころの平安末期、応徳三年

小牧市指定の文化財となっている愛藤山小松寺本堂（平成二十九年）

小松寺山門の仁王像（平成二十九年）

（一〇八六）に遡ります。味岡荘が文献に登場する三百年前の天平時代（八世紀）に創建されたと寺伝にあり、聖武天皇の勅願寺として行基《ぎょうき》作（菅原道真作ともいわれている）の千手観世音（十一面千手観世音菩薩）を本尊として開創された古刹《こさつ》です。行基が夢に見た藤の花を模して、山号を愛藤山と付けられたとされています。

承安三年（一一七三）に小松内大臣平重盛公が改築し、寺領を寄進したことから小松寺と名づけられ、周辺に集落や村ができました。しかし、後鳥羽上皇が配流された承久の乱（一二二一年）で寺は兵火によって焼失しますが、間もなく復興しました。その後、織田信長の庇護を受けて隆盛を極めましたが、天正十二年（一五八四）の「小牧・長久手の戦い」の折、豊臣秀吉方の砦が小松寺山頂上に置かれ、三好秀次や丹羽長秀（丹羽五郎左衛門長秀）が布陣。和睦（和解）の条件で、堂宇（本堂など）を焼いて去ることになります。

その後、豊臣秀吉より土地が寄進され、戦火が収まった徳川時代には、尾張藩主の朱印地となりました。江戸時代を通じて小松寺近辺の地は寺領で、年貢が他の地と比べて軽かったため、開墾者が集まり、「百姓をするなら小松寺村で」と謳《うた》われました。しかし、明治政府の神仏分離令で廃仏毀釈《はいぶつきしゃく》の運動がおこり、廃寺となります。そのため、ほとんどの僧坊や建物は売却され、境内は民有地になり、往時の名残はありません。本堂だけは難を免れ、明治十四年（一八八一）に再興が図られました。小松寺村は明治二十二年（一八八九）まで存続し味岡村の大字になりました。

小松寺には、室町時代に制作されたといわれる絹本着色千手観音菩薩像があります。これは平成十年（一九九八）に小牧市指定の有形文化財となりました。この仏画は、

小松寺の堀の周囲に置かれている七福神の石像（平成三十年）

立ち姿の千手観音と下手右に不動明王と下手左に毘沙門天が描かれた三尊形式の絵画で、非常に珍しいものです。平成十六年（二〇〇四）には、寺の周囲の塀などの修築がおこなわれ、周りに福徳をもたらす七福神の石像が飾られました。これは室町時代に注目されるようになった三世紀中国の竹林の七賢の再来をイメージしています。他に、やはり市指定の有形文化財になっている全高三十八センチの青銅製六角形の銅製釣灯籠一対があります。また、平成二十九年の小牧市教育委員会の収蔵物調査で、像高四十九センチの木像地蔵菩薩坐像（由来不明）と像高四十六・三センチの菅原道真作といわれる木像千手観音菩薩立像が、文化財に相当するもので指定の申請をしています。

　小松寺の東隣には康治天養時代（一一四二～四）創建の伊弉冊命《いざなみのみこと》・菅三公《かんさんこう》（菅原道真といわれている）を祭神とする八所社と熊野社の合殿があります。先に述べた天正の戦火により社殿や宝物・古文書などが焼失しました。現在は小松寺砦跡の碑がありますが、宝物としては宝暦四年（一七五四）の棟札が保存されています。

小松寺の地名は寺と合戦に因んで命名

　小松寺の小字は、小松寺村時代に付けられたものです。ほとんどがこの寺に因《ちな》んでいるか、「小牧・長久手の戦い」に関わっています。東前は寺の南東に位置し、その東に久門明《くもめ》という字があり、南は東長様《ひがしながさま》、その西側は西長様《にしながさま》と呼ばれましたが、定かな由来はわかりません。また、現在の市道岩崎村中線に通じる道と、小松寺から南に交差する辺りを大門前、小松寺に向かう道を外大門、仁王門をくぐる辺りを内大門と

市指定文化財の銅製釣灯籠

呼んでいました。東長様の南は、ねぶ田と呼ばれていましたが今はありません。

県営味岡住宅がある桜木の由来は、こういわれています。「小牧・長久手の戦い」で小松寺に陣取っていた丹羽長秀が撤退するとき、徳川家康との和睦条件で、寺だけではなくその周辺にも火を放ちます。すべて焼けてしまいましたが、その中に桜の木が一本だけ残り、春になると爛漫の花を咲かせたので、その名が付けられたそうです。

現在の味岡中学校辺りの千本塚は、長秀が引き揚げるとき、たくさんの槍や刀を埋めたところから、その名が付けられました。入鹿用水の南側に位置する上仲田は、寺領内にある田といった意味で、用水の近くには、井堀《いぼり》・井堀下という地名もありました。それは、用水のことを「いぼり」といっていたからだそうです。下流に下仲田があり、「三田分」や「ひろかいと」という字名がありました。上仲田・下仲田は、濁《にご》らない「かみなかた」「しもなかた」と地元では呼んでいます。

味岡小学校の辺りにある赤土は、地元では「あかど・あかつち」と呼んでいました。赤土というと、一般的には土地が悪く田には適さない土地とされていたようです。その西には集落の位置から名づけられた南手や狐塚と呼ばれる地名もありました。

赤土の北には、街道が交差する道（辻）があることから名づけられた辻之内があり、さらに北には七々屋敷がありますが、その由来は伝わっていないようです。味岡小学校の南には見山があります。江戸時代には見取新田と呼ばれましたが、土地が悪く、年貢米のでき具合を見極めるための田があったことから名づけられたといわれていますが、定かではありません。その西に薬師川を渡る法印橋があります。寺の一番偉い僧侶を法印と呼びますが、その法印が通ることから名づけられました。昔は橋の袂《たもと》に

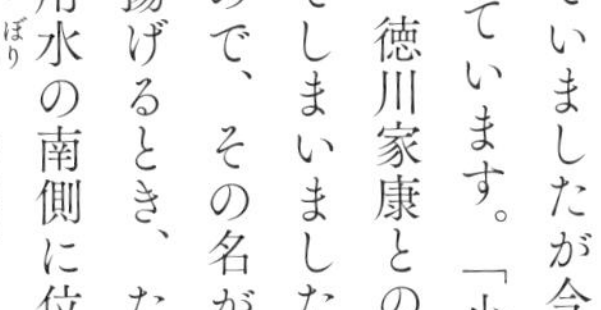

近くの歩道橋から見た味岡中学校グラウンド（平成三十年）

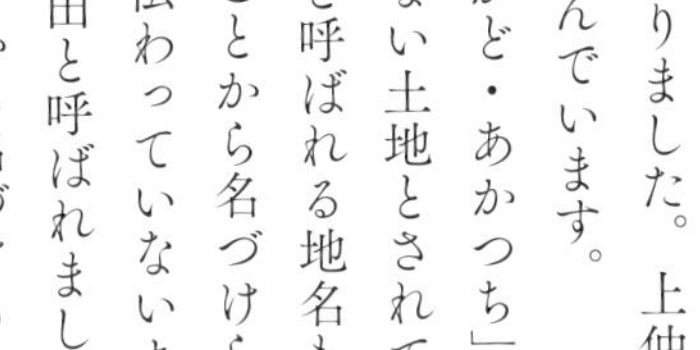

薬師川に架かる法印橋より味岡小学校・中学校を見る（平成二十九年）

門があり、橋を渡ったところを正念山《しょうねんやま》と言い、そこには寺の宿坊があったと伝えられています。

寺の西北には水屋前がありました。そこには地下水が出て共同の洗濯場があったといわれています。常光堂は、常夜灯があった建物のことで、小松寺の東に位置する法華寺は、寺域内に法華経を重んじる真言宗の寺が別にあったため、この地名が残ったということです。法花寺とも書かれています。七ツ池という地名は、昔の村絵図に五つの池が記載されており、ため池もあったところですから、それが由来なのでしょう。他に、「さんまい」という地名がありました。三昧場《さんまいば》というのは、実際に死体を埋葬した墓地のことです。寺の奥の山を奥ノ洞山と呼んでいるところから、昔の寺の規模を偲ぶことができます。

この小松寺地域は、区画整理により町名変更がされ、平成三十年（二〇一八）十月に、小松寺一丁目から四丁目に区分されました。

高松宮殿下が訪問された孵卵場

小松寺地域には、皇族が来駕《らいが》された個人の屋敷があります。平成十七年（二〇〇五）に亡くなられた玉置眞次の家がそれです。そこには記念の石碑が立てられ、現在も大切に保存されています。

昭和十一年（一九三六）に味岡村の村長に就任した眞次の父親・玉置庄五郎は、第二次世界大戦後に復員した傷痍軍人たちの社会復帰に力を注いでいました。体が不自由になった人たちにも職をもってもらおうと、経営していた養鶏場で技術指導をして

区画整理事業の記念碑（平成三十年）

いたのです。昭和二十二年（一九四七）五月、戦前に軍事保護院の総裁をされていた高松宮宣仁親王殿下が、全国から生活の糧《かて》を得るために養鶏技術の習得に集まっていた傷痍軍人の激励のために小牧を訪れました。そして、玉置の家で休憩され、お萩を召し上がったそうです。碑は高さ一・二メートルの石柱で、表には郷土史家の津田応助により「高松宮殿下御足跡之地」と揮毫《きごう》されています。

現在、その孵卵場はなくなり跡地はバラ園になっています。このバラ園では平成十一年（一九九九）ごろから、眞次と子息の一祐氏によって珍しいバラが植栽されています。一祐氏は市内大草の「市民四季の森」などのバラ園の植栽デザインもされ、国内でも有数のバラ研究家として活躍されています。

◉本庄

愛知県で最初に外国語科を設けた尾関学園

東西に細長い小牧市のほぼ中央北側に位置する本庄地域は、東部丘陵地帯の西の斜面に位置し、北側が犬山市楠池、東側は池之内、東南側は上末、西側は東田中、文津、小松寺に接しています。また、東方にある小牧の最高地点の大山に源を発する大山川が西南方向に流れています。本庄の中央部分を東西に走る街道が、大正末期に県道明知小牧線として整備され、中心部の東寄りには、本庄の三差路で分岐した県道本庄花長線が南下しています。北部の高台には、本庄山があります。

山林のある静かな山間地域だったところに、昭和四十年代から建設ラッシュが起こり、県営小松寺団地や藤和タウン、県営本庄団地などが建設されました。昭和五十八

今も残る玉置家高松宮殿下御足跡碑（津田応助揮毫）（平成二十八年）

年（一九八三）、本庄の北東側に男女共学の私立尾関学園高校が開校しました。この高校は、愛知県下で初めて外国語科を設け、海外修学旅行を実施しています。平成二十一年（二〇〇九）に誉《ほまれ》高等学校と改称し「学徳は人なり」の建学の精神のもと、海外からの留学生や研修生を受け入れ、国際化を見すえた人材育成に尽力しています。

団地の人口が増加して昭和五十一年（一九七六）には、本庄小学校が開設されました。団地群の北側にはパルスポーツクラブ（ゴルフ練習場）に所属する施設などがあります。また、北西には市の上水道施設の整備に伴って、昭和四十八年（一九七三）から五十年（一九七五）にかけて給水タンク三基を備えた本庄配水池が設置され、飲料水などの供給をおこなっています。ここの水は、木曽川を水源とする県尾張上水道から受水したものです。

本庄は工場進出地などに変身し、「フレッシュパーク」がある

本庄の大山川を中心とする古い集落の周辺や南側は比較的低地で美しい田園風景が広がっていましたが、ここも昭和三十年代から企業誘致が始まります。ガラス製品で高名な曽我ガラス株式会社が、昭和三十七年（一九六二）に本庄に小牧工場を建設します。この会社は、明治四十年（一九〇七）に名古屋で誕生し、昭和二十三年（一九四八）に株式会社曽我ガラス製造所を設立しました。昭和三十八年（一九六三）に曽我ガラス株式会社と社名を変更。海外にも進出し、平成十九年（二〇〇七）には、小牧工場内にＩＳＯ９００１・２０００を認証取得し、記念館を建設しています。百有余年の歴史にさらなる挑戦をスローガンに頑張ってきましたが、時代の流れで、平成

本庄にある尾関学園誉高校（平成二十八年）

二十七年（二〇一五）に小牧工場は閉鎖。小牧での営業に幕を下ろしました。

本庄には、昭和三十九年（一九六四）に創業した自動車用シートを主力製品とする自動車内装メーカーの丸菱工業株式会社があり、愛知県ブランド企業として認定されています。また、昭和五十九年（一九八四）設立の電子部品加工の野田スクリーン株式会社、ガス制御機器など総合メーカーのリンナイ精機株式会社本社・小牧工場があります。この会社は当初、昭和五十四年（一九七九）に岐阜県可児市に設立され、平成八年（一九九六）に金型製作の小牧工場を建設・移転し、平成十七年（二〇〇五）にＩＳＯ１４００１を取得しています。昭和三十五年（一九六〇）に松浦製作所として創業、一時、株式会社松浦鉄工所となり、平成五年（一九九三）に輸送用機械器具製造業の株式会社松浦があります。その他、貸清掃具・リース業の株式会社ドルチェダスキンドルチェ小牧店、戸田建設株式会社小牧工作所、興和株式会社小牧工場、メイラ株式会社小牧工場、三菱倉庫株式会社名古屋支店小牧営業所本庄倉庫、名古屋プロパン瓦斯（株式会社絹庄グループ）、株式会社大獄小牧倉庫などの企業の建物が林立しています。

また、昭和六十二年（一九八七）に、昭和天皇在位六十周年記念事業として計画され、平成元年（一九八九）から本格的に愛知県が整備を進めている県営都市公園があります。これは春日井市から犬山市にかけて続く尾張広域緑道と呼ばれるもので、本庄の西南を通過しています。平成五年（一九九三）には地域内にトレーニング施設や遊戯用自転車などが利用できる拠点公園「フレッシュパーク」がつくられ、全天候型多目的運動場（体育館）も設置されています。大山川沿いには平成十一年（一九九九）

フレッシュパークより東方のピーチライナー方面を見る（平成二十八年）

フレッシュパークより北方の工場群を見る（平成二十八年）

に障害者福祉施設の本庄授産所がつくられました。

本庄も入鹿池による用水で恩恵を受けた

本庄の地名は、旧味岡の元となる味岡荘に起原があります。この荘園は白河上皇が院政をおこなっていた平安後期の康和三年（一一〇一）に、上皇の妹である中宮職の所領になりました。平時範という人が荘司（荘園の役人）に任じられ、荘園主が時範に雑務を命じた下文《くだしぶみ》に「味岡御荘」との記述があります。この地域は皇室の料地として代々年貢や寄進がおこなわれていましたが、室町末期には寺院や武士の知行地になりました。そして領有者に一部味岡新荘の名で寄進された記録があります。そのため味岡荘は味岡本荘と味岡新荘に分かれ、その中核地域が本庄となったといわれています。

十五世紀の半ばまでに荘園は消滅しましたが、江戸時代の地誌には、味岡荘の由来や位置、範囲は判然としないものの、味岡荘の荘園は小針村、市之久田村から小牧村一円と味岡村地域など十五カ村を称したとあって、その中に本庄村もありました。そして大日本帝国憲法が発布された明治二十二年（一八八九）に、市制町村制施行にともない大字味岡村となって今日に至っているのです。

小字については四十カ所ほどありました。由来が紹介されているものに郷浦《ごううら》があります。村の裏手を指す地名で本庄北部の高台の山地にあります。天保期の村絵図では御林山、定納山《ていのうさん》と書かれている本庄山の高台で、仙右衛門山《せんねやま》ともいわれています。その山の麓の南に八所神社（八所社）があります。その参道と並行して沢川（神田川）

県営都市公園のフレッシュパーク（平成二十八年）

フレッシュパーク横の尾張広域緑道（平成二十八年）

が南下して流れ、参道は県道明知小牧線と交差します。小字は、沢川を挟んで奥屋敷と山脇前があります。奥屋敷は、山麓の東側と八所神社の東から北の奥まで広がる集落で、川の西側の山麓が山脇前と呼ばれています。

この辺りが本庄の中心部で一本杉の大木があります。地名にはよく人名を使用したりしますが、この地域も慶蔵前《けいどうまえ》・喜蔵安《きぞうあん》・仙石エ浦《せんねうら》・平四郎べなど多く見られます。

本庄は、もともと雨水に依存し、ため池もあって水不足の悩みはありませんでしたが、寛永十年（一六三三）に完成した入鹿池の恩恵を受けています。入鹿池から流れる薬師川が久保一色で分岐して入鹿用水となり小松寺を通って本庄に至ると、何本もの灌漑用水が開削されます。入鹿用水は、本庄の北にあるため池の砥池《といけ》を水源とする沢川とも合流し、大山川に注いだのです。用水や川が合流し、引水する所には杁《いり》がつくられますが、桶先や井ノ口という地名はその大杁があった名残だと思われます。

大山川の南一帯は扇状地となっています。水田地帯で池の名が付く地名は多いのですが、白池は本庄の最も南で、大山川が氾濫し洪水で一面水に覆われたことから名づけられたと思われます。その他、黒羽根・八反田は入鹿用水と大山川に挟まれた地域にあります。この小字名は、他地域でも使われているのですが、水利や土地もよく収穫の多いことを意味する地名として名づけられたようです。

八所神社は長崎県の平戸城主の弟が再興

開発のおこなわれる以前の本庄一帯は、松林が続き松茸《まつたけ》が採れる丘陵地帯で、低地は豊かな水田地帯でした。太平洋戦争当時の燃料不足の時代には、地下資源として亜

本庄台団地（平成二十八年）

本庄のため池風景（平成二十八年）

炭（通称イワキ）が脚光を浴び、東部地区では盛んに採掘されました。戦後は順次廃坑となり、現在は当時の面影はありません。

本庄山の山麓にある八所神社は、味岡荘の起源と思われる院政の始まった十一世紀ごろからの氏神様でした。しかし、平安後期の平氏滅亡（治承・永寿の内乱＝一一八〇～八五）に伴う戦乱の世に、兵火で焼失し荒廃してしまいます。天正三年（一五七五）に肥前国（長崎県）平戸城主松浦肥前守の弟松浦讃岐守勝政が本庄村で帰農したとき、社殿を再興したといわれています（平戸藩の松浦氏の先祖は農民か武士か不明ですが、秀吉の九州遠征などの後、長宗我部氏が降伏し、秀吉陣営に入った松浦氏は長崎の平戸に英・蘭の商館などを設置し、合わせて新田開発をおこなっており、小牧に移住していた松浦氏縁者の秀吉の家来も農民になっているといいます）。祭神は高皇産霊神《たかみむすび》。神皇産霊神《かみむすび》などでしたが、勝政が信仰している西京御霊社（伊予親王）も合祀して、十柱の神を祀り八所社と改称したと伝えられています。境内には津島社と秋葉社の二社も祀られています。なお、この神社は東田中などの神社に分祀されています。

郷浦には象頭山《ぞうずさん》泉徳寺がありますが、大草にある曹洞宗大叢山福厳寺の末寺です。慶長元年（一五九六）ともいわれますが、慶長十八年（一六一三）の創建で、本尊は十一面観世音菩薩。境内にある薬師如来像は台座に延享二年（一七四五）の銘があり、山門の前で石造りの七福神の一人、等身大の大黒尊天が出迎えてくれます。現在、毎月、写経・写仏の会がおこなわれています。また、春分の日には大黒天大祭を開催しています。

味岡荘の中心となる八所神社（平成三十年）

象頭山泉徳寺山門山門に向かって、左に大黒天像があります（平成二十八年）

◉文津

文津は藩士の新田開発により生まれた

文津の中心部より北寄りには名古屋上水道用地が部分的に縦断しています。水路が暗渠のため目立ちませんが、旧味岡地区の大字文津はその上水道用地に沿って、先に触れた県営都市公園「尾張広域緑道」が通っています。歩行者道と自転車道が並行して走るグリーンロードです。文津は、大山川沿いの氾濫原に発達した集落で、『尾張徇行記』には低湿地帯と記されたところが埋め立てられ、新田開発で村がつくられたのです。

周囲を小松寺、東田中、本庄に囲まれ、一部を入鹿用水（入鹿川ともいい、支線も入鹿用水と呼んでいた）が横切り、東南を流れる大山川の恩恵も受けています。北部に県道明知小牧線が横切り、中央を南北に市道北外山文津線が縦断しています。江戸期には、尾張藩の小牧代官所の支配を受けました。天保十二年（一八四一）の村絵図には、隣の田中村の庄屋が文津村の庄屋を兼務していたことが記録されています。

明治二十二年（一八八九）まで、文津村と呼ばれた文津はこぢんまりとした集落でした。ここは他の地域と同じように尾張藩の藩士の給地としての新田開発が進められます。やがて新田村落がつくられ、その後、味岡村に合併されます。大正初期には耕地整理がおこなわれて昔の湿地帯はなくなりました。素朴な農村集落としての歴史を歩み、小牧市になっても大字文津として親しまれてきましたが、この地域も平成三十年（二〇一八）十月に一部が区画整理され、文津一丁目となり、他は、未分割となっ

文津を通る「尾張広域緑道」（平成三十年）

ています。

文津の地名は湿地帯だった歴史に由来する

文津の語源は、土地が湿地帯のため、踏むとぐちゅぐちゅで「とんと踏めば、つつと鳴る」から「ふみつ」と名づけられたということです。実際、このあたりは大山川の流れがしばしば変わり、その氾濫原であったため、文津の近辺は葦やすすきの生えた湿地帯でした。古文書の『寛文村々覚書』に文津村は貧村で「卑湿の地にして土はくろすくも也」と書かれています。江戸期には湿地に難儀をしている人々のために、郷士《ごうし》（農村に土着した武士や武士の待遇を受けていた農民）が大山川に「西の堤八十八間」を築き、藩士らによって新田開発が進められました。早くから集落ができた薬師寺周辺は郷屋敷といわれ、新しく開かれた集落の西野々の辺りは新田と呼ばれるようになります。

文津西方の字名である西野々は、集落の西方の野原という意味です。江戸時代には畑地や新田が多く、明治以後でも山や野原のほかに昔からの松林もありました。近くには、村人が薪や松かさなどを採りに行った向山という地名もあります。西野々の南が西野々下で、西野々の北が板屋ですが、とくに命名の由来は伝わっていません。

また、文津の南方から東方にかけての字名は、池や湿地が広がっていたことを物語っています。池田は昔、池があったところでしょう。砂混じりの低い土地を開拓し田や畑にしたのです。池田の南の桶中や南浦も低地や湿地であったようです。神子作《かみこさく》は、古くから住んでいる人が「みこづくり」と呼んだりしていましたが、江戸時代に

文津神明社前住宅地域（平成二十八年）

は南浦に対して東浦と呼ばれ、明治にはまた神子作、その後神子という小字になっています。ところで東浦は、一部が明治に立梭《たておさ》という字名に分かれました。「おさ」という名から機織《はたおり》に関係があると思われますが、確かなことはわかりません。

薬師寺は農民信仰「おちょぼ稲荷」で繁栄した

天王塚や宮前・寺西という字名地域は、薬師寺や神明社を取り巻くようにして集落が早くからできたところで、文津の中心地です。天王塚は、現在地よりも西方にあったようですが、字名の変更に伴い次第に東に移っていったといいます。江戸時代には、牛毛山という字名でしたが、その中に天王という地名が含まれていたことから名づけられたようです。津島神社の分社か何らかのお宮があったと思われます。宮前は、まさに神明社の南正面にあたります。この社は天永二年（一一一一）に伊勢神宮から天照大御神を分霊して奉斎しています。寺西は薬師寺の西にあたるためこの字名となりました。北前は薬師寺から見てほぼ北方向で、それが字名の由来のようです。黒羽根は、本庄に同じ地名がありますが、ここは水周りがよく、米がよくできたといわれています。山岸は入鹿用水の岸辺にあたり、この辺りから小松寺山への丘陵地帯にあたるため、この字名になったのでしょう。

この集落の中心にある薬師寺は、篠岡地区大草の曹洞宗大叢山福厳寺《ふくごんじ》の末寺で応永年間（一三九四～一四二七）の創建で、稲光山（現在は普光山）と号し、後柏原天皇の御代に武家の勢力争いが続いて（世にいう応仁の乱）庶民が疲弊していたとき、仏の道一筋に全国を行脚していた禅僧の一復《いっぷく》和尚が来村。その和尚の高い徳を村人たちが

おちょぼ稲荷のある普光山薬師寺山門（平成三十年）

慕い、草庵を築いて迎えたのが薬師寺の始まりです。一説には創建は大永元年（一五二一）ともいわれています。本尊は薬師如来ですが、境内の鎮守堂には吒枳尼尊天《だきにそんてん》を本尊とするおちょぼ（千代保）稲荷社を祀っています。

稲荷社を祀るにいたるこんな逸話があります。あるとき、山中の草むらに一匹の白狐が傷ついて苦しんでいるのを見た慈悲深い一復和尚は、傷の手当と看護をしてやりました。その夜、和尚は枕辺に衣冠束帯《いかんそくたい》の神様が立つ夢を見ます。神様が「報恩に末永く、貴庵に留まり守護する」と述べられたので、目覚めるとすぐ近隣の里人と相談して小さな祠《ほこら》をつくり、一体の神像を刻み上げました。左手に金色の宝玉を持ち、右手に豊かに稔った稲束を持った衣冠束帯の神像です。これが現在まで伝えられ文津おちょぼ稲荷のご神体となっています。

寛政十年（一七九八）の薬師寺縁起によると、徳川四代将軍家綱公の時代には尾張藩から寄進田をいただき、その後、時の神官（不明ですが、一説には、熱田の宮からいただいたということが伝えられています）より正一位の位号を二回にわたり授与されたということです。村人から庇護を受け、今も稲荷講として年中行事がおこなわれ、近隣からの参詣人も多くやってきます。

この稲荷は「吒枳尼尊天《だきにそんてん》」。豊川稲荷の「豊川吒枳尼真天《だきにしんてん》」は女性といわれ、文津吒枳尼尊天は男性で、陰陽和合から繁栄を示し、双方を参拝することで諸願成就が増大するといわれています。

ここの稲荷社は、京都の伏見稲荷や岐阜・羽島のお千代保稲荷といったところの分祀かどうか調査されましたが、いずれも無関係でした。当地の稲荷は、純粋な農民信

文津の市道沿いの薬師寺（平成二十八年）

薬師寺境内にあるおちょぼ稲荷（平成三十年）

仰として繁栄してきたのです。

◉東田中

東田中にあった秀吉の砦が工業都市へと変貌

東田中の中央には、平成十八年（二〇〇六）に廃線となった新交通システム桃花台線と新国道一五五号線が上下に重なって東西を縦断しています。

この辺りの歴史は、平安末期（十一世紀ごろ）の白河上皇が院政を敷いていた時代に遡ります。味岡之庄の荘園とは別に、東田中の田中村は、田中之庄として独立した荘園でした。その中心が大山川の扇状地帯に位置する現在の東田中です。

江戸時代に入鹿池が完成すると、集落の中心を流れる薬師川と合流する新木津用水が開削されて水利がよくなり、新田開発が進んで肥沃で豊かな田園地帯となりました。地域的には北側を小松寺、文津、本庄に接し、東側は上末、南側は下末、二重堀、西側は小牧原に接しています。また南側を東名高速道路が通過し、南北に名鉄小牧線が走っています。

東田中の北寄りで名鉄線の東側と薬師川の中間にあたるところに慶長十七年（一六一二）本庄村の八所社より祭神である崇道天皇などを分霊して創建された八所社があります。とくに入鹿池完成や木津用水の開設など川の拡張・土地開発などに崇敬を受けてきました。

純農村だったこの地帯も工業都市として変貌していきます。東部には、ダンプやミキサー車をはじめとする輸送機器製造の極東開発工業株式会社があります。昭和四十

国道一五五線上の東田中旧ピーチライナー駅舎（平成二十八年）

五年（一九七〇）に名古屋工場として新設。この会社は、昭和三十年（一九五五）に横浜市に極東開発機械工業株式会社を設立し、昭和三十二年（一九五七）に兵庫県西宮市に本社及び工場を移転。小牧市に進出した翌年に現在の社名に変更しました。

その他に昭和四十七年（一九七二）に三菱重工業株式会社の関連企業の名古屋航空機製作所小牧北工場として開設され、平成元年（一九八九）に分離独立した三菱重工業株式会社名古屋誘導推進システム製作所があります。また、当初、北里の小木東地区に工場建設を予定していましたが、県立高校が誘致されるため、昭和五十四年（一九七九）に用地の取得変更をし、この地に建設された東罐興業株式会社小牧工場がありますが、この会社は、昭和十八年（一九四三）に東罐化学工業株式会社として大阪で創業、その後、名称を紙コップ製品や食品用容器を製造する現社名に改称し、そして昭和五十四年に小牧工場を設置したもので、その後、昭和五十六年に東京に本社を移転し、現在に至っています。さらに、名鉄小牧駅前の駒止公園造成にあたり、石材を寄付された名古屋貨物運輸倉庫株式会社などの工場や倉庫も進出しました。東名高速道路の北側には、東田中県営住宅が造成され、西側には昭和二十七年（一九五二）に名古屋に設立された日本プラスチック工業株式会社小牧工場が昭和三十六年（一九六一）に小牧市へ本社と工場を移転したもので「ニップラ」の名で活躍しています。ダイキン工業株式会社小牧営業所などの工場も立ち並んでいます。

東田中は、明治十七年（一八八四）までは田中村と呼ばれていましたが、天正十二年（一五八四）の「小牧・長久手の戦い」では田中郷と呼ばれ、徳川家康軍の本陣小牧山に対して北東に位置した羽柴秀吉軍の前線砦・田中砦がつくられていたところで

東田中の大山川沿いに立ち並ぶ工場群（平成三十年）

す。そこには昭和五十四年（一九七九）に発掘調査された三ツ山古墳があります。この名称は、新木津用水の西側に三つの小山があったことから付けられました。現在、それぞれの頂上は平らになり、応神天皇を祭神とする八幡社が祀られています。この社は、享保五年（一七二〇）には宇佐八幡宮の分霊を奉斎したものです。江戸時代には、素人相撲がおこなわれていたところだそうです。戦後は、子供相撲として残っていましたが、現在は、中絶して、三ツ山公園と田中砦の碑が置かれているのみです。

江戸時代から旧春日井郡地域（現在の清須市）にも田中村があったので、清須市のほうは西田中村となり、小牧は東のため、東田中となったのです。

余談ですが、「小牧・長久手の戦い」で秀吉軍の砦が置かれた東田中をはじめとする味岡地区は、犬山、大口、江南などと同じように秀吉側へのシンパシーが強く、最近まで徳川や織田に対する歴史的な評価について、消極的な住民感情が残っていたことが伝えられています。

寺社や川、新田開発、耕地整理などに由来する地名

天保十二年（一八四二）の村絵図によると、東田中村に字は四十三カ所ありました。しかし、明治四十三年（一九一〇）以降に始まった耕地整理で統廃合が進み、小字の境界が大幅に変更され、三十三カ所になります。すべての地名の発祥や由来はまだ解明されていませんが、主だった地名についてある程度わかっています。

宮浦・宮前は、三ツ山の一つにある慶長十七年（一六一二）に創建された崇道天皇などを祭神とする八所神社の浦（北）か前（南）かで名づけられました。この神社は、

三ツ山古墳跡につくられた三ツ山公園（平成三十年）

三ツ山公園の北側にある田中砦の碑（平成三十年）

三ツ山の一つにあって村社の役割を果たし、寛永時代（一六二四～四四）の入鹿池完成や木津用水の開設にあたっては小牧陣屋関係者の崇敬が篤かったことが伝えられています。五明池の地名は耕地整理後、宮前に併合されています。寺西は大草の曹洞宗福厳寺の末寺として明応四年（一四九五）に建てられた本覚山松林寺の西一帯をいいます。寺の本尊は十一面観世音菩薩（聖観世音菩薩）。

馬橋は明治時代までは村の端と推察されたことから諸端《もろはた》と呼ばれ、それが変化して馬橋となりました。北屋敷・中屋敷・南屋敷は、古くから生活の基盤となっている集落です。居屋敷は人が集団で住む集落であることから呼ばれました。菖蒲池は大山川の水が支線に引き込まれるところで、菖蒲の群生地であった名残のようです。上池は大山川を挟んで西側を菖蒲池、東側を上池・池下と呼び分けたことからです。現在残っているのは上池だけですが、低湿地帯のためこの付近には池の付く小字の地名が集中しています。

大杁《おおいり》は、この地の村道が大きくカーブしていたため、大曲り南（大廻南）などと呼ばれていたところで、水が引き込まれていないのに杁を表した名前がなぜ使われているか不明です。寅新田・南新田は新木津用水開削後に開発されたところで、寅年の開墾と村の南であることから名づけられたようです。塚の付く地名は古墳や墓地・慰霊碑などに因んだものが多いのですが、花塚は、ここの場所に類推するものがなく由来は不明です。

大照寺の東側に位置する八反田・北反田・上五反田・下五反田は、穀物の収穫量を表した土地を意味するものですが、こちらも詳細は不明です。なお、大照寺は福厳寺

東田中の八所神社（平成三十年）

多くの灯籠が並ぶ本覚山松林寺山門（平成三十年）

の末寺で延徳元年（一四八九）に創建され、本尊は薬師如来で山号は樹良山《じゅりょうざん》です。境内の地蔵堂にはこの地方では珍しい半跏思惟（台座に腰をおろし、想いにふける姿）をする地蔵尊の石像があります。また、庭園の杉苔とドウダンつつじが季節の見所です。

二重堀に接する前田は、以前、南屋敷の東隣に位置していた地名ですが、耕地整理時に南浦に併合されてしまいます。そして西寺という土地を区割りして、新たに前田と西寺田という字名が付けられました。以前あった字名が場所を変えて残されてきた例の一つです。中田は耕地整理後に新しく付けられた地名で、それ以前は上一町田・下一町田・東嶋・松本などが複雑に入り込んだところだったそうです。

◉二重堀

二重堀は沼地や水田が開発され集落が形成された

二重堀は現在の小牧市のほぼ中央に位置しています。市街地からも近く名鉄小牧駅から五、六百メートルのところにあり、西洋梨を逆さにしたような、少しいびつな形をしていて北のほうが横に広がっています。その北部の東田中に接する部分を昭和四十三年（一九六八）、東西に東名高速道路が開通しました。二重堀の中央には国道一五五号線が東西に通り（現在は、西側を通過するピーチライナーが敷設され、それと並行する形でその延伸先の東田中の中央を通過するコースに一五五号線は付け替えられています）、東側には大山川が流れています。川沿いの湿地帯は水田として開発されましたが、現在は日本ガイシの小牧事業所があります。この川の流れに関わった名残として、川向・瀬鳴《せなり》・堤添といった小字名が残っています。

国道一五五号沿いの樹良山大照寺山門（平成三十年）

大照寺にある半跏思惟する地蔵尊（平成三十年）

また、昭和四十年（一九六五）ごろに改修された大山川と薬師川（新木津用水と合流）の合流地点となっている上流の運天《うんてい》（駒越上橋の上流）と呼ばれたところには、杁樋門という水流の調節を図る水門の施設があります。そこは夏になると水遊びをする子供たちの天国でした。きれいな水流を湛《たた》え、蛍が飛び交ったところです。周辺は釣りを楽しむ太公望《たいこうぼう》の憩いの場所でもありました。その近くには古くから水神様が祀られています。その水門のすぐ下流には瀬ができて水流の音が大きく聞かれたことにより、瀬鳴の地名が付いたと思われます。

二重堀の西側は、江戸時代に中根新田といわれたところです。東寄りに北から南に流れる薬師川水系は先に説明した通り、大山川の合流地点で、全体に土地が低く、沼地となっていて、上西浦・中西浦・下西浦と呼ばれ、その先の西側地帯は池となっていました。そして、上・中・下の三渕池といわれる地が明治の終わりに埋め立てられ田んぼになっていましたが、現在は市街化されています。西側の中央部分は南北に人々が集まる島（水面に浮かぶ高台ばかりを呼ぶのでなく集落などにも使われた）の意味合いともいわれる居屋敷があり、北屋敷・中屋敷・南屋敷と呼ばれていました。

寺院は明治の初めに廃止された智法院という修験道の寺と臨済宗東禅寺の二つありました。しかし、東禅寺だけが残り、区画整理とともに市街化が進んでいます。東禅寺は、臨済宗妙心寺派新徳寺の末寺で、法雲山と号し、本尊は、十一面観世音菩薩です。創建は不明ですが、寛永年間（一六二四〜四三）に二重堀に小堂ができたのが始まりでしょう。新徳寺二世荊洲《けいしゅう》和尚が開山し、寛文元年（一六六一）から過去帳が始まっています。古文書などの調査がおこなわれ、元禄から享保中心の記録や証文な

大山川と薬師川が合流する運天の水門（平成三十年）

どが残されていたと報告されています。平成二十五年（二〇一三）の小牧市資料調査委員会によって東禅寺の調査記録が纏められています。境内には薬師堂があり、本尊は薬師如来です。本堂は、平成二十七年（二〇一五）に解体され、翌年五月には上棟式がおこなわれ、十一月に新築完成。平成二十九年の春に、落成法要が営まれました。新しく七福神の一人で学問と長寿の神である寿老人を祀る予定です。

二重堀はキリスト教の布教の地だった

二重堀という名の由来は、天正十二年（一五八四）の「小牧・長久手の戦い」のとき、秀吉軍の最前線にあった砦の堀が二重になっていたためというのが定説です。しかし、文化十三年（一八一六）にまとめられた『尾張国地名考』によると、二重堀は「鎌倉以後の地名にて其謂を詳にせず」とし、続いて「或る人曰く……天正十二年羽柴秀吉此の地に砦を営みて、織田氏の小牧山と対して日根野備中守をして此れを守らしむる事あり、もし其時よりの名にやともいへり猶考訂すべし」と、著者である津田正生も疑問符を付けています。地元の人々にも、この戦いと砦を守った日根野備中守のことは語り継がれていました。しかしその後、『尾張と美濃のキリシタン』の著者である横山住雄氏やフロイスの『日本史』の訳者である松田毅一氏により、「小牧・長久手の戦い」よりも三年ほど前の天正九年（一五八一）に、すでに二重堀と呼ばれていたことが明らかになりました。

織田信長が本能寺の変で他界する半年前のことですが、岐阜にいた宣教師セスペデス師一行が二重堀に来て六日間滞在し、百数十人の人々に洗礼を受けさせたという報

切支丹の逸話が残る法雲山東禅寺門柱（平成三十年）

新築なった東禅寺本堂（平成三十年）

告がイエズス会の記録にあります。その洗礼の地が「フタイベリ」と記されているそうです。過去には、東禅寺近くの家から十字が記された石が掘り出されたこともありました。こうしたことから、二重堀という名は「小牧・長久手の戦い」以前からあったものと思われます。

定光寺にも二重堀命名の記録が残存している

瀬戸市にJR中央本線の駅名になっている定光寺という臨済宗妙心寺派の寺があります。この寺は、尾張藩主徳川義直公の墓があることで有名ですが、そこには寺の歴史や古記録をまとめた『定光寺史』という本があります。この本のなかに、明応九年（一五〇〇）から永正十四年（一五一七）ごろの祠堂帳があり、「二重堀正銀庵」という名前が記されているので、このときすでに二重堀と呼ばれていたことが確認できます。

ではなぜ、そう呼ばれてきたのか、その理由を考えてみます。普通、二重に堀を掘るのは城や砦を敵の攻撃から守るためですから、「小牧・長久手の戦い」が命名の由来にふさわしいのです。しかし、それ以前からそう呼ばれているのに、その場所が戦場になったという記録はありません。ただ津田房勝の『正事記』という書のなかに、次のように書かれています。母方の祖父中根孝勝が正保四年（一六四七）ごろに二重堀に住んでいて、房勝がその祖父を頼って現在の小牧駅の東側にあたる朝日地区に住んでいたころ、「二重堀に大木戸塚というものがあり、昔かくいえる大名、此処にて討ち死にせられるを葬りける由、今、祖父孝勝屋敷の内に入る也」と。この記録は秀吉が砦をつくる以前の出来事ですので、戦場にふさわしい地形的な条件が揃っていた

二重堀砦跡の日根野備中守遺跡（平成三十年）

二重堀周辺を流れる現在の薬師川周辺（平成二十六年）

場所と考えられます。

つまり、この地は、すでに述べたように、もともとは湖沼池で二重堀の東側は大山川が流れ、その西側に沿っては釜池・上池・中池・下池があり、昔はそれが繋がっていたと思われます。部落の西側には大きく上・中・下の三渕池があって、南は大山川が薬師川と合流しているので、二重堀のような地形で戦《いくさ》に利用しやすい。そのため、「小牧・長久手の戦い」以前の戦いでもこの自然の堀が利用されて、二重堀と呼ばれるようになったのではないかと推測されるのです。

国道一五五号線から中央四丁目よりの南屋敷に寛正元年（一四六〇）創建の津島神社があります。祭神は須佐之男命などですが、藩塀《はんぺい》（垣根）の欄間に彩色龍のレリーフがあります。

現在の日本ガイシ株式会社小牧事業所の土地には、かつて「非多知（非多地）神社」がありました。しかし、村民がキリシタンになった天正九年（一五八一）に解体されてしまいましたが、教会は、今宮と呼ばれる地に建てられ、周辺の土地が大正期まで残されていました。他に白山社、座生（蔵王）社、田の神などがありましたが、大正時代一村一社令により廃止されました。

前にも触れましたが、この二重堀に小牧の主要企業の一つである日本碍子株式会社（現・日本ガイシ株式会社）の工場があります。昭和八年（一九三三）に名古屋で設立され、昭和三十七年（一九六二）に窯業土石製品製造を中心とする小牧工場を創業しました。現在は、ガイシ製造はもちろん、世界の先端技術を持つセラミック製品を生産し、宇宙産業にも貢献して、躍進を続けています。

二重堀の津島神社（平成二十六年）

日本ガイシ株式会社小牧事業所（平成三十年）

また、日本ガイシ株式会社小牧事業所の北側に群馬県高崎市に本拠地を置くホーム センターの大手、株式会社カインズホーム小牧店が東海地区一号店として平成十二年（二〇〇〇）に開店しました。国道一五五号線沿いには、ケーズデンキ小牧パワフル館が設置され、西に行けば北側に昭和十七年（一九四二）に創業し、昭和二十年（一九四五）に株式会社になった水野商会があります。総合建設業として、住宅設計・施工やリフォームをおこなっています。また、一五五線沿いで二重堀西交差点近くに株式会社不二家ナフコ小牧二重堀店が営業しています。

そして、日本ガイシの東側、薬師川と大山川の合流地点に大正元年（一九一二）開業の有限会社舟橋石材店があります。当初は、小牧二丁目の旧片町にありましたが、平成十五年（二〇〇三）にこの地に移転しました。そこでは、七福神の布袋さんがにこやかな笑顔でお客さんを迎えています。これは、昭和の初めに先代のご主人が、朝鮮半島を旅行した折、土産として購入したものだそうです。

朝鮮半島生まれの布袋さん（平成三十年）

篠岡地区

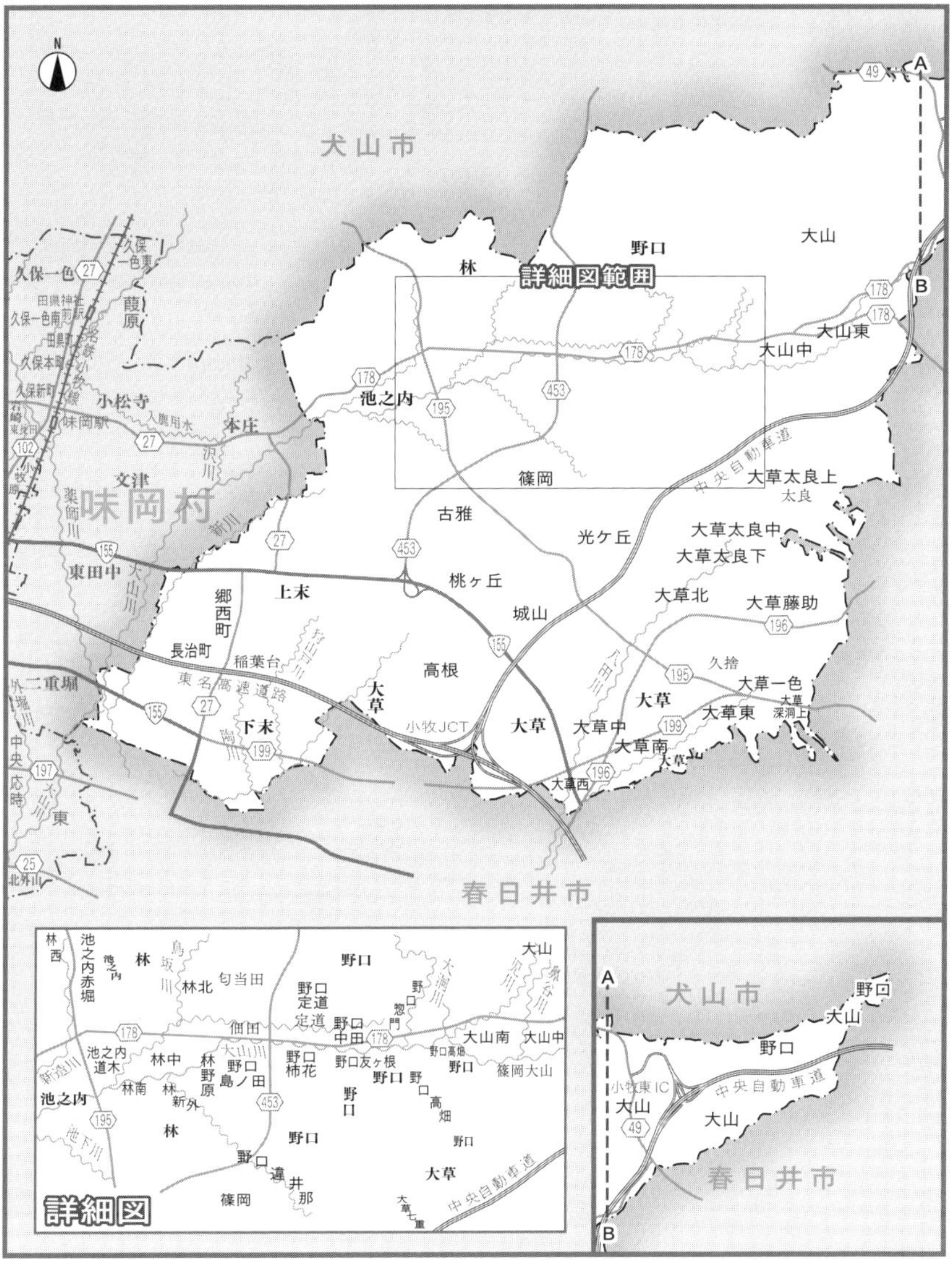

犬山市
味岡村
春日井市
林
野口
大山
詳細図範囲
池之内
大山東
大山中
篠岡
大草太良上
太良
古雅
光ヶ丘
大草太良中
大草太良下
桃ヶ丘
上末
郷西町
大草北
大草藤助
城山
長治町
稲葉台
高根
久捨
大草一色
大草
下末
小牧JCT
大草中
大草東
大草南
大草西
中央自動車道
東名高速道路
久保一色
小松寺
本庄
文津
東田中
二重堀
詳細図
池之内赤堀
林北
匂当田
野口定道
定道
野口中田
大山南
池之内道木
林中
林野原
野口島ノ田
野口柿花
野口友ヶ根
篠岡大山
林南
新外
野口高畑
野口違井那
大草七重
小牧東IC

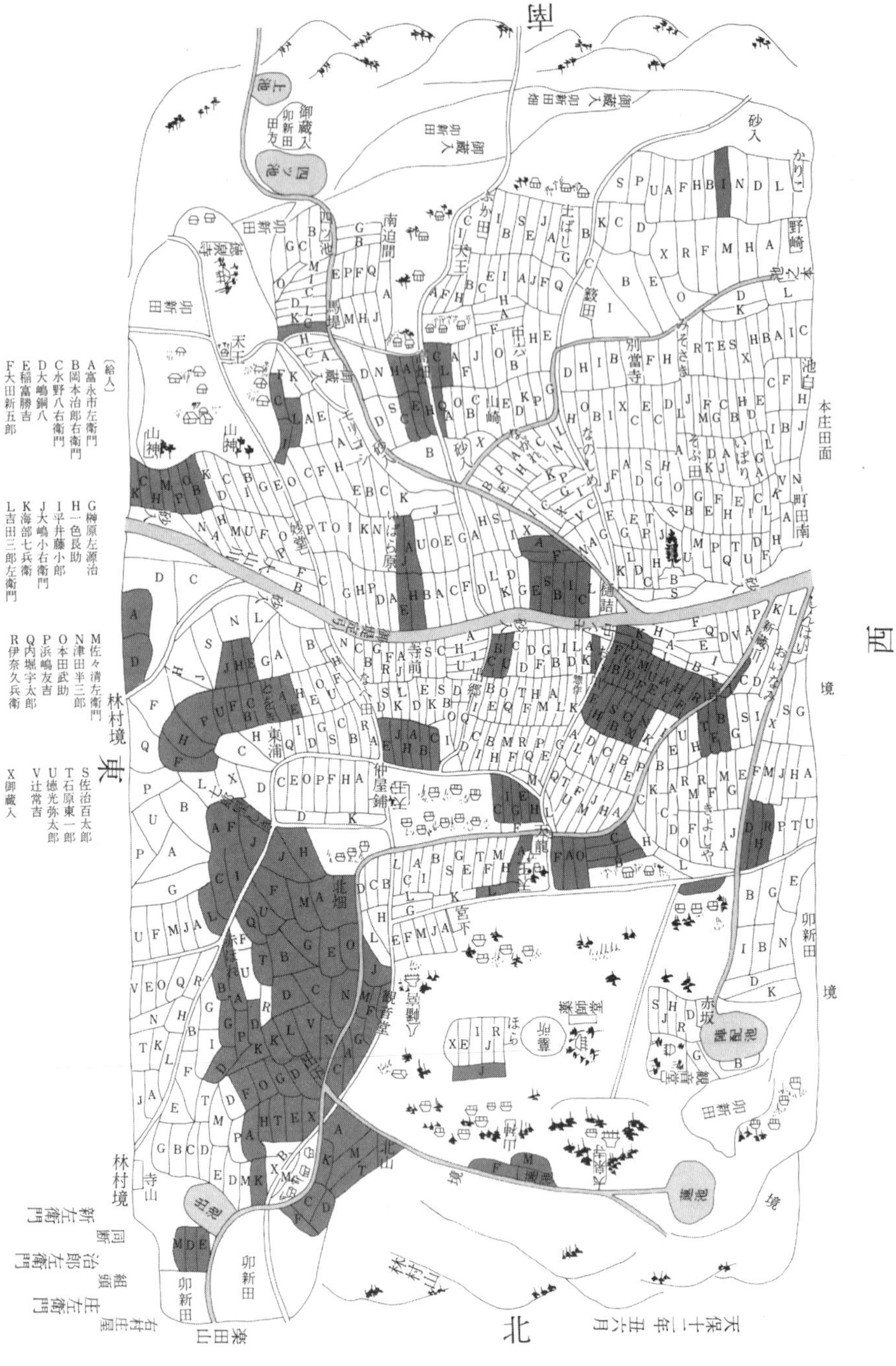

池之内村絵図解読図
（出典：『小牧市史』資料編２　村絵図編）

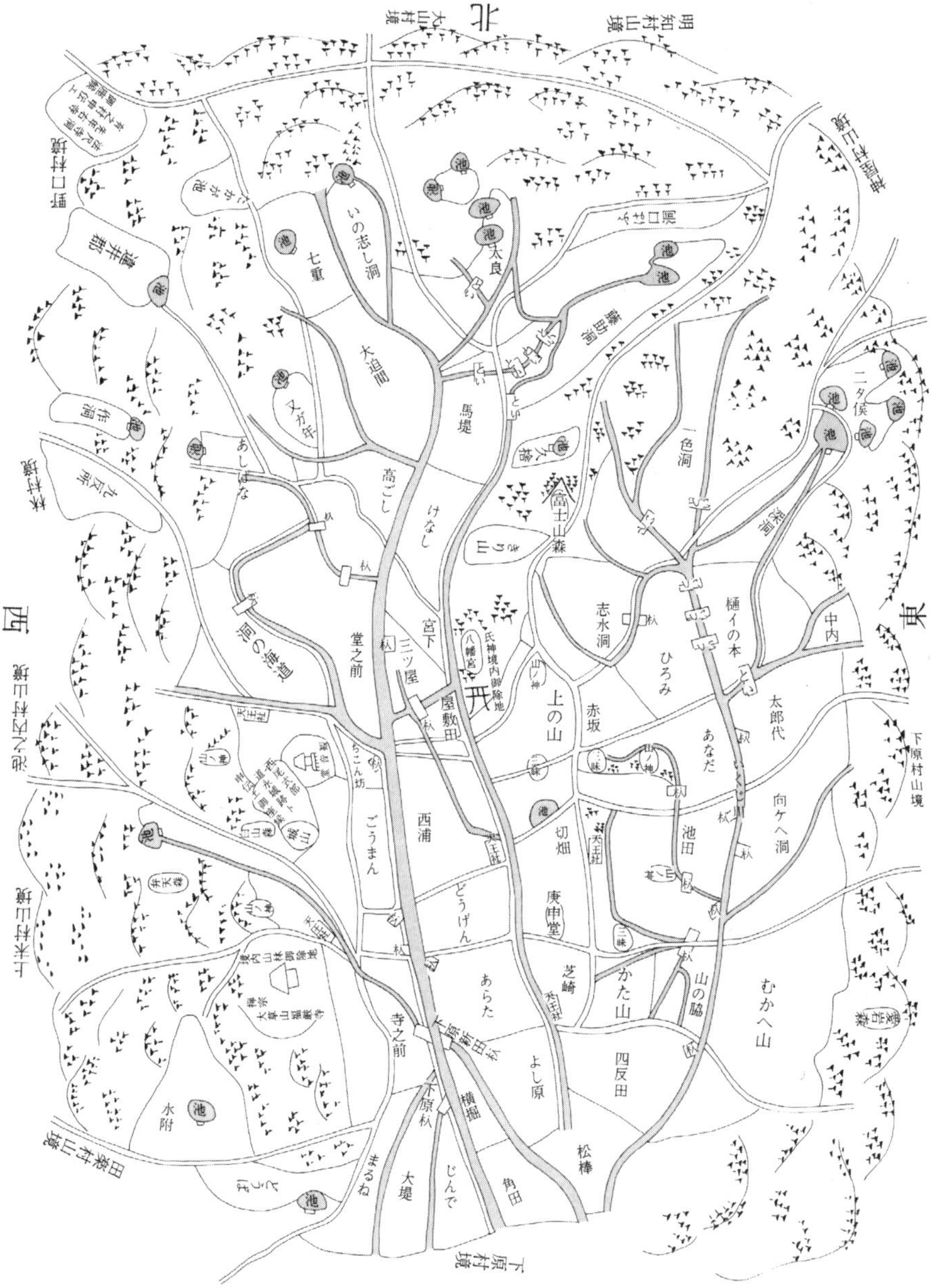

大草村絵図解読図
（出典：『小牧市史』資料編２　村絵図編）

篠岡地区

◉大山（大山中・大山東・大山南を含む）

市内一番高所の天川《てんかわ》山は大山川の源流である

旧篠岡地区の大山は市域の北東に位置し、濃尾平野に広がる東部丘陵地帯にあります。小牧市内では一番高く古生層（二億年前の地層）からなる天川山（二七九・六メートル）を擁し、大山川の源流となっているところです。北は犬山市に、飛地の部分も含めた南東は春日井市に接しています。南は小牧市の管理する「市民四季の森」とその東隣に最近は、道の駅を拡大して小牧ハイウエイオアシスの構想がある大草に接し、西は「ふれあいの森」がある野口に囲まれた緑多い森林・灌木地帯です。

ところで、野口と大山は入り組んでいます。大山の東側に野口の飛地が二つ、大山に挟まれてあります。この飛地の西の大きいほうには、中央自動車道の小牧東インターチェンジがありますが、進入路は大山になっています。大山にはNTT東小牧無線中継所があり、東部の大山の飛地に春日井カントリークラブ（ゴルフ場＝クラブハウスは春日井市になります）があります。

南北に走る県道春日井犬山線の西側で中央自動車道小牧東インターチェンジの入り口のすぐ近くに、平成十四年（二〇〇二）東海旅客鉄道総合技術本部技術開発部の研

小牧市内最高峰の天川山（中央部分）。江岩寺墓地より望む（平成三十年）

市民四季の森正面（平成三十年）

究施設が設置されました。これは東部地区産業立地開発基本計画に基づいたものです。新幹線などの列車の乗り心地やスピードによる揺れを研究するJRグループが、初の風洞実験装置を導入してリニアの超伝導技術の応用など、最先端の研究をしているところです。

南側の東西に通る県道明知小牧線の下を愛知用水の大山トンネルが、サイフォンの原理を利用して通過しています。そして、西側一帯は、昭和四年（一九二九）に国の史跡となっている大山廃寺跡で、県道北の整理された一帯には大山古墳群があります。平成六年（一九九四）に発掘調査が実施され、そこからの出土品が小牧市歴史館に展示されています。明治時代には、ここで大山焼が始められ、風炉・匣鉢《はこはち》・蒸し茶碗・磁器や陶器などが生産されていました。

大山の地名は、鎌倉幕府滅亡後の建武二年（一三三五）の『円覚寺文書』に「篠木庄内大山寺」として登場します。中世には春日井を中心とする篠木庄に属し、大山寺が奈良時代から中世まで栄えてきたことから大山の地名が付けられたという説があります。もう一つの説は、この地に仏教が伝えられたころ、小牧の中で最も高く、大きな山々が多くある地域ということで名づけられたというものです。

明治に入って、この地域は東春日井郡に所属します。明治二十二年（一八八九）の町村制施行に伴い、大山村と野口村が併合して大野村となりました。明治三十九年（一九〇六）の町村合併では篠岡村に、そして、昭和三十年（一九五五）の市制施行によって小牧市大字大山になります。

JR東海研究所の正門と研究所施設（平成三十年）

字名は大山廃寺跡の南麓に集中している

十七世紀ごろには大山村に大久手池・田之洞池・西洞上池・西洞下池の四カ所のため池がありました。十九世紀には東洞本郷・岩ス島・稲葉島・安戸島の四つの地区に分かれていたようです。天保時代（一八三〇～四四）の絵地図には、現在の県道明知小牧線沿いにあたるところに、なかた・いなば・かにた・うなぎ谷・人見坂・西洞・安戸の地名が見られます。明治十七年（一八八四）に、前記の地名の場所を中心に調べると、仲田・稲葉・安戸・鰻谷・郷島・仲島・落合・岩次《いわす》・八反田《はったんだ》・向山《むかえやま》・六反田《ろくたんだ》・苗田・東洞・上六反田の地名が確認されましたが、ほとんどが大山寺山麓沿いでした。県道の南側は大化の改新（＝乙巳の変、大化元年〔六四五〕）に決められた条里制（碁盤の目のように区切られた市街地の区切り）の跡が残っていましたが、近年は耕地整理が進んで一変してしまいました。

八反田・六反田は、田の広さから名づけられたといいます。岩次は昔からその地盤の下に一枚の大きな岩があります。地震のときも揺れが少なく、花崗岩が長い間に風化した普通の土質とは異なったところであることから名づけられました。向山は大山地区を流れる大山川の南にある地域です。小さな部落があり、少数の住民が住んでいます。大山地区の人々との繋がりが薄かったため、遠い向こうの山の部落ということで呼ばれていたようです。

埋もれていた土地の呼び名として、北側の丘陵地帯の児《ち》神社《ご》のある辺りをオンテラヤシキと呼んでいたようです。その上にはフタコブラクダの稜線が見られ、その西側は天川（天河・天側とも？）という小牧市最高峰の頂になっています。天川の峠を抜

大山廃寺遺跡と児神社への登り口（平成三十年）

けて行く道の途中で足元が空洞になっているためか、歩くとドンドンという音がする場所があります。そこはドンドン洞といわれ、児神社の東側の緩やかな窪みは通称アブラデンと呼ばれました。児神社から江岩寺《こうがんじ》に至る二つの谷間には、いくつかの平坦地があって、御寺屋敷と呼ばれていました。現在の江岩寺の東側の尾根を三つほど越えたため池の一帯はノタウチと呼ばれています。麓から児神社に向かう道を登っていくとカーブとなり、左手が緩やかな丘となっています。そこは古来、女ゴロシと呼ばれていました。往時は大山峰正福寺が女人禁制で、本坊に入山できなかったためといわれていましたが、古老の話によると、高貴な女人がお輿しに乗ってそこまで来たため〝女お輿《こし》〟が訛《なま》ったというのが語源だそうです。

小牧山に次ぐ、国指定の史跡となった大山廃寺跡

大山寺は、塔跡の礎石《そせき》や坊跡（建物跡）の発掘による瓦の発見で、飛鳥・白鳳時代（六四五〜七一〇）から室町時代（一三三八〜一五九七）にかけて、山岳寺院として存続したことが確認されています。中腹に現存する江岩寺に伝わる『大山寺縁起』によれば、大山寺は奈良時代末期の延暦年間（七八二〜八〇六）には伽藍がつくられていました。その後、三百年ほど絶えていたのを比叡山法勝寺の玄海上人が永久年間（一一一三〜一一一八）に天台宗の大山峰正福寺として再興したとされています。当時は、「西の比叡山・東の大山寺」「大山三千坊」ともいわれ、絶大な勢力を持っていました。近国近在の有力者は、その子弟を正福寺で修行させたそうです。しかし、二代目の玄法上人の仁平《にんぴょう》二年（一一五二）に、比叡山延暦寺と三井寺の争いに巻き込まれて、比

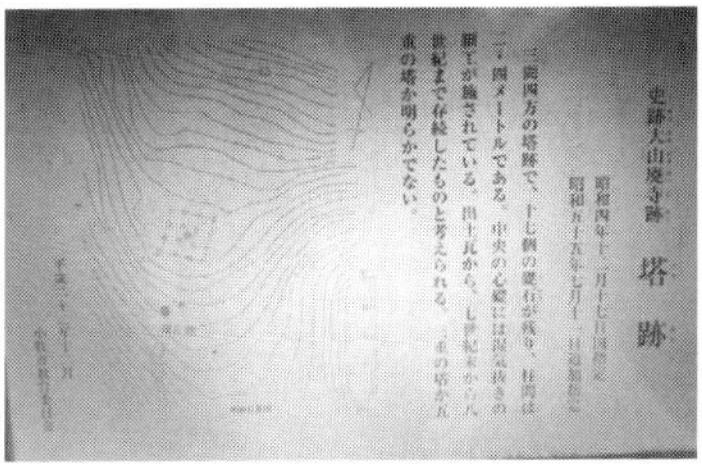

国史跡の大山廃寺の跡地と説明板（平成二十四年）

叡山の僧徒の焼き打ちにあってしまいます。その時、二人の稚児（少年僧）が巻き添えになりました。その後、京では奇怪な出来事が起こったといいます。第七十六代の近衛天皇（一一四二〜一一五四在位）も重篤《おもあつ》（病《やまい》の一種）となり、占いでこの稚児の祟りとされました。その霊を鎮めるため、久寿二年（一一五五）に勅使が大山に派遣されました。社領を寄進し、祭神を天照大御神・少彦名命とする神社（児＝児神社）を建立し、二人の稚児を祀ったのです。別名、稚児の宮ともいわれています。

　安土・桃山時代になると正親町《おおぎまち》天皇（一五六〇〜一五八六年在位）が大山峰正福寺の再興を願い、十洲宗哲《じっしゅうそうてつ》大禅師を勧請し中興と仰ぎ、山号を洞雲山として臨済宗妙心寺派の寺としました。元亀二年（一五七一）織田信長の比叡山焼き打ちの事件もあり、天台宗であったことから累が及ぶことを恐れ、寺号も江岩寺と改称しました。大山廃寺の法灯を継ぐ寺として、誕生仏・千手観音・地蔵菩薩・本尊の釈迦如来を所蔵し、境内の薬師堂には本尊の薬師如来・十二神将などの遺物を保管し、現代に伝承しています。

　この前身である大山廃寺の地は古代・中世の山岳寺院跡で、東部丘陵地帯の大山集落から稚児川をさかのぼった標高二百メートルの山中にあります。昭和三年（一九二八）に寺域の最高所の地下から塔跡や寺院の名残の礎石が確認され、翌昭和四年に国の史跡に指定されました。文献資料が少なかったため長く秘密のベールに包まれていたのです。昭和五十年（一九七五）から発掘調査がおこなわれて、多くの謎が解明されました。出土した瓦や陶器類などは、小牧山にある小牧市歴史館に展示されています。また、江岩寺には、小牧市指定有形文化財の大山廃寺付近から出土したといわ

天川山の麓に建つ洞雲山江岩寺全景（平成三十年）

大山廃寺跡出土の市指定文化財「鋳鉄千手観音菩薩立像（昭和四十九年）

れる「鋳鉄《ちゅうてつ》千手観音菩薩立像」と室町時代の作といわれる「絹本《けんぽん》着色文殊菩薩像」の絵画などが保存されており、例年、終戦記念日の前後には、寺の境内に美しい灯明を灯す行事「万灯会」がおこなわれています。最近、寺院関係者でもある陶芸作家から陶製の七福神の一人、等身の布袋尊が贈呈されて祀られました。また、境内の庭には、弁財天さんが鎮座し、現在計画されている小牧市内の七福神巡りの一翼を担うことになっています。

◉野口（野口島ノ田・野口違井那・野口柿花・野口定道・野口中田・野口惣門・野口友ケ根・野口高畑を含む）

野口には中央自動車道のインターチェンジや愛知用水の地下トンネルがある

小牧市の北東端にある野口地域は、メインの地域のほかに大山を挟んで飛地が二つあります。北は犬山市の入鹿池を擁する池野地域に接し、西は林地域、南は篠岡三丁目、光ヶ丘二、三丁目、大草に接した、大山の西に連なる高い丘陵地帯です。市民の憩いの場である「ふれあいの森」がある緑多い森林・灌木地帯で、今も自然が豊かに残っています。東側の飛地には大山のところでふれましたが、野口になる中央自動車道の小牧東インターチェンジがあります。そして、小牧の最北となる飛地の野口は、西南にやはり飛地の大山と接しているその境界部分が北から南へ東海自然歩道がつくられ、春日井市の内津峠《うつつとうげ》に繋がっています。

そして、西側寄りには県道明治村小牧線が南北に縦断し、東西には大山川が横断、

愛知用水大山トンネル出口（平成二十八年）

その北側を県道明知小牧線が並行して走っています。

大山の西側で野口の北の端に古生層からできている東部丘陵地帯の岩盤があります。これを利用して野口の山の頂に広大な丹羽由組入鹿砕石場がつくられています。事業所の所在地は犬山市ですが、砕石の主な場所は野口なのです。この会社は、昭和二十九年（一九五四）に名古屋市守山区に合資会社丹羽由組として設立され、昭和三十五年（一九六〇）に株式会社丹羽由となりました。昭和三十一年（一九五六）から、この地で砕石を始めています。

水不足に悩む知多半島の農業用水として愛知用水の構想が生まれたのは、昭和二十三年（一九四八）のことでした。昭和三十年（一九五五）に愛知用水公団が設立され世界銀行の融資を得て、昭和三十二年（一九五七）十一月に工事を着工。昭和三十六年（一九六一）九月に完了します。木曽川の水が濃尾丘陵地帯を通過してはるか百十キロメートル離れた知多半島を潤したのです。愛知用水が野口地域を北の白山トンネルから南の大山トンネルまで縦断することで、いままでため池に頼っていた農地がその恩恵を受けています。

野口には清掃工場建設に伴い諸施設が設置された

また、野口にはごみ処理場建設で問題が起こったことがあります。小牧市内のごみ処理場が隣の岩倉市川井町にあったのを移転させることになり、野口に決まったのですが、地元住民らが反対したのです。裁判を経て昭和五十九年（一九八四）に小牧の新清掃工場が、犬山市にも跨る丘陵地帯に一般廃棄物最終処理場として竣工しました。

野口の小牧岩倉衛生組合環境センター周辺（平成三十年）

この建設に伴って、県道明治村小牧線から東へバイパスが敷かれています。清掃工場は、平成十年（一九九八）に小牧岩倉衛生組合環境センターとして管理棟などが建てられました。

　そして、焼却場の余熱を利用した温水プールや小牧市老人福祉センター、野口と大山に跨る社会福祉法人紫水会オーネスト小牧台、社会福祉法人愛知県厚生事業団愛厚ホーム小牧苑、身体障害者福祉施設ハートランド小牧の杜《もり》、民営のケアハウス・特別養護老人ホームなどが次々とその周辺に設置・建設されています。とくに、小牧市温水プールは市民に大人気。老人福祉センターは高齢者の憩いの場所として、全市の老人クラブなどで連日にぎわっており、野口の名前も知られるようになりました。しかし、その施設も現在は老朽化が進み、ゴミ焼却能力の限界に近づきました。市民にはごみ排出量の抑制が求められています。このプールの北側には〝ふれあいの森〟があり、北新池の畔は小牧トンボ王国になっています。

　平成二十七年（二〇一五）四月に名古屋の社会福祉法人ＡＪＵ自立の家が「小牧ワイナリー・ななつぼし葡萄酒工房」を野口の字大洞に設置しました。ブドウの栽培やワインの製造を通じて、障害者の就労を支援する施設です。竣工式には、三笠宮寛仁親王妃信子さまが出席されています。このＡＪＵ（〝愛の実行運動〟の略）は、車いす仲間の愛知重度障害者の生活をよくする会を中心に、昭和四十八年（一九七三）に名古屋市昭和区で設立された団体です。昭和五十九年（一九八四）に寛仁親王殿下より「障害者の下宿」（障害を持つ人々が共に生活する施設）をという提言を賜り、平成二年（一九九〇）に「ＡＪＵ自立の家」をスタート。小牧にも障害者の就労施設としてつ

障害者施設「ＡＪＵ自立の家」小牧ワイナリー工房（平成二十八年）

くられたものです。平成二十八年春には、知的障害者などが努力してつくりあげた初のオリジナルワイン「ななつぼし」を施設の「春の葡萄酒祭り」で発売しました。赤ワインは穏やかな渋みがあり、白はフルーティな味わいで好評だったようです。最近、信長が味わったポルトガル産ワインに因み、「信長ワイン」を提供しています。

野口村は江戸時代には成瀬家の知行地だった

野口の地名は、北側のやや急峻な東部丘陵地帯の山麓からいくと西部が平地に向かう野の入り口にあたるということに由来します。集落は大山川の河岸に集中していて、近年までこの地域の風景はあまり変わりがないといわれていました。しかし、大山川は、時折氾濫する暴れ川です。昭和二十九年（一九五四）七月の集中豪雨では川が溢れ、架橋は押し流されてしまい、多くの家屋が浸水や半壊してしまいました。

野口村の地名が文献に出てくるのは、鎌倉末期の元亨二年（一三二二）の『円覚寺文書』の林・阿賀良村両村名主浄円などの連署請文に野口村の村名が記入され、円覚寺の所領であったことが記されているのが最初です。当時は、篠木庄（現在の小牧市東部・春日井市地域）に属し、春日部（当時の行政名）郡司の藤原範俊が開発したとされています。建武元年（一三三四）には、国衙《こくが》（国家が直接的に支配した地域）の国司との争いの末に鎌倉円覚寺が委任されて地頭（荘園を管理し租税を徴収する役人）請となり、国衙正税を納付する村となりました。その後、室町時代に入り、円覚寺は地頭職を失い、江戸時代には犬山城を管理する尾張藩家老成瀬隼人正の知行地となります。支配者が変わっても野口の村名は、変わることはありませんでした。

昭和時代の野口付近田植え風景（昭和六十年）

弘化二年（一八四五）の村絵図には、字名として高畑・中田・定道・佃田・九反所・匂当田《こうとうだ》・神尾前《かんのまえ》が先に確認され、その後の小字名として、九反所西洞・東洞・岳《かく》造《ぞう》・法尺寺《ほうしゃくじ》・八之口・墓前・柿花・島之田・友ヶ根・惣門《そうもん》・大洞・大平・鳥佐鹿《とっさか》が、その他にも井戸洞・野原・違井那なども見られましたが、現在は、野口を頭に付けて一部は大字となっています。地図や文献上だけの字名のなかには、すでに忘れられたものもあります。主な地名をみていきますと、匂当田《こうとうた》は、律令制時代（八～九世紀）の官職名です。佃田は国衙領や領家の直営田といわれ、中世以前の地名です。神尾前は犬山市側に神尾村があり、その南側ということで名づけられたといいます。この地域は山間で、愛知県の保安林に指定されているところでもあります。

また、旧JA尾張中央大野支所辺りから八幡社（271ページを参照）の地域になる惣門という地名は、奈良時代から中世にかけて栄えた大山廃寺の総門と呼ばれる外構えの正門が設置されていた辺りではないかといわれています。墓前は、旧法尺寺跡に近いため寺領墓があったことから名づけられたものです。その他、田の付く地名が多くあります。

大山川が野口村の低地を流れているため用水利用が難しく、山地の方は山間から流れ出る用水やため池を利用していました。ため池の狐洞池・匂当田池は、戦後、老人ホームの敷地や畑地として埋められました。現在は北新池・大洞池・大平池・空池・南新池・溝沿池・鷹ケ池・法尺寺池・野原池の九つあります。谷を意味する洞の付く名前もあります。戦後までは、洞の斜面の流水を利用した水車で小麦の製粉や脱穀をおこなう水車小屋が三カ所あったそうです。洞には、湿気を好む竹やぶが多かったの

平成の初めころまであった野口の菖蒲園（昭和五十九年）

ですが、昭和三十四年（一九五九）の伊勢湾台風の被害で激減しました。

野口最高地にある白山神社は上げ馬神事があったところ

江戸時代の野口村は、瀬戸市にあった水野代官所の支配下にありましたが、明治二十二年（一八八九）に大山村と合併して大野村となり、明治三十九年（一九〇六）に篠岡村に統合しました。昭和三十年（一九五五）に小牧市が誕生して現在の大字野口として地名は残りますが、昭和五十四年（一九七九）に九反所西洞の一部は篠岡三丁目として独立しています。

旧篠岡地域には亜炭鉱の採掘場が多くあって昭和初期の燃料不足の時代に最盛期を迎え、第二次世界大戦時代まで採掘をしていました。発掘は、文化年間（一八〇四～一八）のことで、東洞の前身の丸根新田を開墾していた時に、井上弥兵衛という村人が川木（イワキ＝岩木＝亜炭）を見つけ、乾《ほ》して燃料にできるため採掘をしたといわれています。明治三十二年（一八九九）には、日本鉱業法の改正で亜炭として採掘が正式に認められ、大正時代には四坑もあり、年間千四百トン余を産出したと記録されています。昭和四十八年（一九七三）からの野口土地改良事業により耕地整理がおこなわれ、採掘場は埋めて閉鎖され、現在はその痕跡はなくなってしまいました。

野口の最高地にあり巨岩に覆われ中心に磐境《いわさかい》のある白山神社は、景行天皇四十二年（承和年代＝八三〇年代）創建といわれています。昔は篠木三十三カ村の氏神といわれた祭神の菊理媛命《きくりひめのみこと》などを祀る信仰の山でした。江戸時代の宝暦年間（一七五一～六四）と明治三十二年に失火で焼失しています。再建後、戦前までは雨乞いのお百度参りを

野口の最高地にある白山神社（平成三十年）

白山神社より見る入鹿池の眺望（昭和六十一年）

し、例祭には飾り馬を山頂まで奉納する習慣がありました。古老の話では、正月に初参で、「三山駈け」という初詣がありました。それは白山神社を詣でた後、草で覆われている道をかき分けて、北側の本宮山（犬山市・大縣神社の奥の宮がある）と夏の「石上げ祭り」（毎年八月の第一土・日曜日に開催される祭礼）で有名な尾張富士の大宮浅間神社（犬山市）にお参りすることです。昭和の中ごろまでで、現在は途絶えています。尾張富士・本宮山・白山の三つの山を尾張三山と呼んでいます。

県道明知小牧線沿いの北側の惣門に八幡社があります。祭神に応神天皇・日本武尊・天照大御神の三神を祀り、延喜式内小口神社であると記載されています。豊前の国の宇佐八幡からの分霊を奉祀していますが、創建は不明です。前方後円墳式古墳上にあり、奈良時代から中世まで栄えた大山寺の門もこの地にあって、その名残の名称に、惣門が使用され、お猿堂や祭礼に山車を引ける道路があったことが、古くから伝えられています。

源氏天流を相伝する市指定無形民俗文化財の野口棒の手

野口の神明社は、寛弘二年（一〇〇五）に伊勢神宮より分霊を奉祀され、天照大神を祭神とし、市指定の無形民俗文化財である野口棒の手の奉納神事をしています。棒の手とは、農民による武術で戦乱の時代に自衛のためにおこなわれていましたが、江戸時代には社寺に奉納する五穀豊穣の神事として伝えられてきたといわれています。野口棒の手は、明治三十五年（一九〇二）ごろ、野口在住の井戸田與八、永井勇八らが、隣の春日井市の関田《せきだ》地区に伝承されてきた源氏天流の棒の手を受け継いだもので

野口棒の手の演技（平成二十二年）

野口棒の手巻物（昭和二十三年）現在は修復保存されている。

す。始祖は八幡太郎義家で、技術向上のため創世当時から立派な巻物の免許も伝えられています。昭和四十五年（一九七〇）に小牧市指定無形民俗文化財となりました。住民の子供たちを中心に伝統技術継承のため保存会を結成して、伝統文化の保存に力を入れて各種行事にも参加しています。免許皆伝の巻物は、平成二十四年度（二〇一二）の尾張小牧歴史文化振興会による文化庁の助成関連事業として、修理し保存されています。

大平にある曹洞宗の北清山龍洞院は、大草の大叢山福厳寺の末寺で、本尊は観世音菩薩（白衣観音菩薩）です。開山は福厳寺の先住大鼎《だいけん》和尚で、延宝元年（一六七三）に創建。嘉永六年（一八五三）の火災で焼失しますが、再建されて、境内には地蔵堂や大日堂があります。

惣門にある瑠璃光山光明寺は、天和二年（一六八二）に建てられた曹洞宗の慈雲寺の末寺で明治四十年（一九〇七）に三重県南牟婁郡《みなみむろぐん》入鹿村より移され、江戸時代の野口の村絵図に二つ記載されている薬師堂の一つに移建されました。本尊は阿弥陀如来（現・薬師如来）です。

大洞にある北應山関無院は、名古屋の臨済宗妙心寺派政秀寺の末寺。正保三年（一六四六）に尾張藩士鹿取市郎右衛門安之によって創建。開山は徹源祖侃和尚で、本尊は釈迦如来を祀っています。境内には庚申仏や野口稲荷大明神などが祀られており、日本メナード化粧品株式会社創設者の野々川家の菩提寺でもあります。この東方にメナード化粧品の発祥、創設時の日本メナード化粧品株式会社野口工場があります。

北清山龍洞院参道（平成三十年）

左右に仁王像のある北應山関無院山門（平成三十年）

◉林（林西・林北・林中・林南・林新外・林野原を含む）

昔の面影を今も残す林地区

小牧市の東北部に位置する林は、南北が丘陵地帯で東西を大山川が横切っています。中央部には農地が広がり、県道明知小牧線が横断しています。名前のとおり、広い森林の中にあり、新池古墳が物語るように、古代から集落がありました。

林の地名が文書に初めて登場するのは、鎌倉時代後期の元亨二年（一三二二）の連署請文と名寄帳です。当時の林、阿賀良村の名主だった浄円らが鎌倉の円覚寺に宛てた年貢や雑公事などの納入に対する請願の覚書の中に、林村の名前だけでなく耕作者の人名も記名されているのです。

江戸期からは尾張藩領の春日井郡と愛知郡の一部を統括する水野代官所（現在の瀬戸市を中心に小牧、春日井、北名古屋、清須、尾張旭ほか百九カ村を管轄）の支配下に入り、明治二十二年（一八八九）の市制町村制施行時には一時、池之内村と合併して池林村となっていました。

明治三十九年（一九〇六）に篠岡村が誕生すると大字林となり、現在に至っています。小字には福塚・平野・宮前などがあり、その名は塚やため池、神社などがあったことから付けられたといわれています。江戸の村絵図には二十七カ所にわたる地名が見られますが、条里制に基づき、山間部にありながら整然とした区画がなされていました。すでになくなっている雨池などの通称名が記載されたものがあり、現在も江戸時代の集落や池、川などの分布は変わりません。一部は開発による整備でなくなった

日本メナード化粧品株式会社創設時の野口工場（平成三十年）

林の現風景（平成三十年）

ところもありますが、市内では当時の面影を残す数少ないところになっています。

亜炭の採掘で一時は活気あふれ、人々が往来した

東部丘陵（尾張丘陵）地帯は、新第三紀層（一七〇〇万年前）の地層で、亜炭を含む灰青色の泥岩層が分布しています。文化年間（一八〇〇年代）に亜炭の採掘が活発におこなわれ、林地域の随所で掘られていたようです。今では住宅が立ち並び、それを知る人は少なくなりましたが、時折、採掘の跡と思われる大きな穴が空いているのが現れることがあります。

亜炭は茶褐色の燃料で、掘り出された場所により、川なら「川木」、井戸なら「井戸くず」、山なら「岩木」などと呼ばれていました。この地方では、工業用燃料として使われ、火持ちがいいため、小牧地方で盛んだった養蚕農家や一般家庭での暖房用として重宝されました。大正時代になると、この地に住む人たちのほとんどは亜炭産業にかかわり、物資もなく燃料不足で亜炭の価値が高まった第二次世界大戦のときには、多くの移住者がやってきました。炭鉱の近くにバラック長屋が出現し、移住者の子供たちも国民学校に通いました。今では想像もつかないほど人々の往来があり、村には活気があふれていたそうですが、現在は静かな集落になっています。

林地区は山間部と田園地帯などで町名が分離独立

旧篠岡地区の多くは開発によって、地形や区画が変えられています。林地区の字中向山・九反所は、昭和五十四年（一九七九）に桃花台ニュータウン建設に伴って、篠

野口・林地方でおこなわれていた亜炭鉱跡（昭和四十年代）

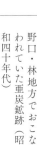

岡一丁目から三丁目が誕生し、その一部となりました。平成五年（一九九三）には林地区の中心部分を残し、林北・林中・林西・林南・林新外・林野原と六つの大字に分離独立して新しい町名が誕生しました。大字林は飛地となり、南北に分断されているので、林地区は、合計八つの地域に分かれています。

林地区は、北は犬山市の楽田《がくでん》に、東は野口地区、南は桃花台ニュータウンの一角となった篠岡二、三丁目に接しています。西側は池之内が、林地区の北へ食い込む形で接しています。小字の地名は、北の林は角手・西山・丸山・新池・元地・鳥坂・福塚・平野が含まれ、林西は角手から独立したところで、東が池之内のうで池から発する新造川に接しています。林北は宮浦・宮前・宮東・東屋敷・木口西からなり、北の鳥坂《とっさか》池（ニラガ池ともいう）から流れる鳥坂川が西側を南北に流れています。林中は落合・西屋敷・前並・辻屋敷・新明・和瀬田・六反田からなり、林南は川南、林新外は新外が独立し、林野原は膝池・野原が独立したところです。そして、大山川の南の残ったもう一つの林は、中向山・東向山・九反所で構成されています。各大字の区画に対し小字は区画整理などで分離されているところもあるようです。

地名の由来の多くは明確にわかっていません。中央部の東西には、大山川の上流となる新造川が流れ、その周辺は田園地帯となっています。北の山間では、雨水を溜めるため池が多くあったようで、林地区には現在、平野池や野原池、鳥坂池の三つの雨池が残っています。地名の平野は、田畑の広がる平らな野が小字となり、その中にある大きな池が平野池という名になりました。福塚も田園地帯で、周辺には御林古墳と呼ばれる多数の古墳があったようですが、この地域の耕地整理をする前にあった小さ

余語右近将監屋敷跡に立てられている記念碑で年末には、お日待がおこなわれているという（平成二十八年）

い塚が地名になったようです。宮浦・宮前・宮東は「延喜式内」に出てくる天神・村神・山神の三明神社の周辺にあることから名づけられました。

また、この地区には、余語《よご》・尾関という姓が多くあります。余語は、滋賀県湖北の余語庄からこの地へ移住してきた余語右近将監の子孫ともいわれています。その屋敷周辺を西屋敷・辻屋敷と呼ぶなど小字の関わりは深く、現在、氏神様と呼ばれている三明神社の西側が右近将監屋敷跡のようです。遺跡の碑が立てられています。

林の三明神社は農耕生活の住民を支えた中核

平安時代から鎌倉時代に移りゆくなか、この辺りは皇室の中宮職の直轄地であり、年貢を納めていたところでもありました。鎌倉時代に林の名前が、鎌倉の円覚寺への請願の文書に残っているのは、先に紹介していますが、野口村の紹介の中で鎌倉末期の国衙の篠木荘が支配していた人々の中にも林村の名主などの記名や円覚寺の所領であったことが記述されています。今は存在していない長源寺というお寺とともに年貢台帳などに隣の阿賀良村と並んで記されています。

このことはこの寺社のあった敷地や修理田・供御田は、当時の皇室の直轄寺だった二宮神宮寺（犬山市にある大縣神社）の供御田とともに除地扱いとされ、免田の恩恵を得る林村の村民たちの農耕生活に深い関わりあいをもっていたことを意味します。

この地区の三明神社は、創建時期などの詳細は伝えられてはいません。しかし、承和八年（八四一）正二位三明神の記述が、延喜年間（九〇一～二二）に全国の主だった神社を記載した『延喜式神名帳』には書かれているので、由緒ある神社だったので

林の三明神社正面（平成三十年）

三明神社境内（平成三十年）

しょう。当初、鳥坂池近くにあり、村の中核としての役割を果たしてきました。『延喜式神名帳』には比多神社（卑田宮）の名があり、『尾張地名考』には味岡の庄・林村の三明神社に卑田の地名が使われた記録があります。そこは現在の曹洞宗小林山祥雲寺周辺で鳥坂川沿いの西側に位置しています。しかし、三明神社は、奉祀・移転などの詳細は不明ですが、鳥坂川の下流の野口から流れている道木川と合流する北側にあります。その北方に位置する犬山市楽田の二宮（大縣神社）の摂社でもあります。戦国時代には戦場となっています。戦禍が収まり神仏混合《しんぶつこんこう》がおこなわれる中、祥雲寺が社守となりました。三明神社の祭神は国常立尊《くにのたちのみこと》・豊斟淳尊《とよくむぬのみこと》・国狭槌尊《くにさつちのみこと》で、他に境内には熱田社をはじめとする七社ほどの境内（神）社があります。大縣神社には二宮の本殿と本宮山の奥の宮があり、これを併せて三明神ともいわれることがありますが、確たる証拠はありません。しかし、大縣神社にも三明神が祀られています。ところで、大縣神社の春の豊年祭は、小牧の田縣神社と並び称される天下の奇祭です。「姫の宮」ともいわれ、女性器がモチーフになっています。

曹洞宗の少林山祥雲寺は、北の林地区に位置しています。平野に面し、寺の北側には自然たっぷりの山間が続く静かな佇まいの禅寺です。大草の曹洞宗福厳寺の末寺で、本尊は聖観音菩薩。創建は室町時代中期の文正年間（一四六六～六七）ともいわれていますが、永正年間（一五〇四～二一）に一時祥雲寺住職をしていた後述する大草の観音寺の偃龍《おんりゅう》和尚が住職となっており、享保八年（一七二三）に中興されています。建てられた当時は三明神社の西に位置していましたが、文化十五年（一八一八）の水害で高所の現在地に移転。寺子屋を受け継ぐ形で明治五年（一八七二）には「篠岡学

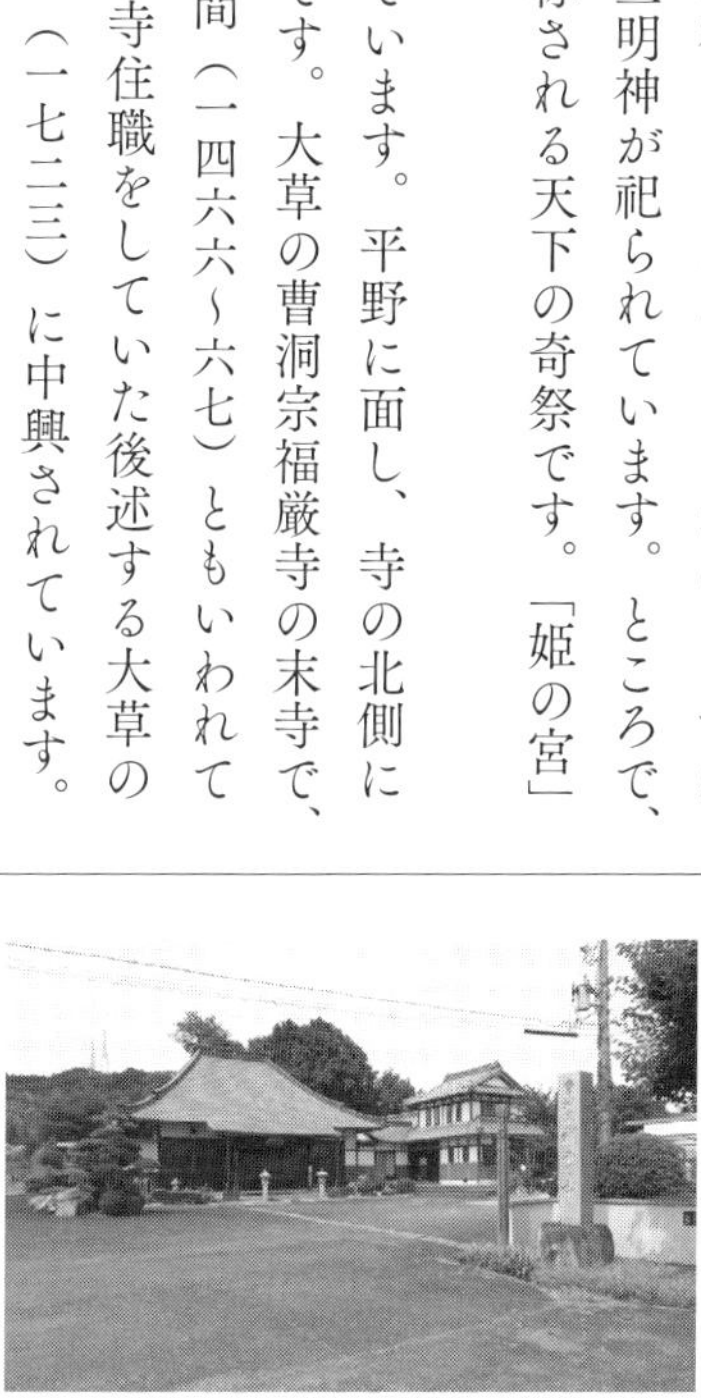
篠岡の教育界の歴史をも担った少林山祥雲寺本堂（平成三十年）

校」が置かれ、その後の篠岡の教育界の歴史に篠岡尋常高等小学校と現在の篠岡小学校となって篠岡の教育界の歴史へと繋がっていきました。

犬山焼の「中興の祖」尾関作十郎は林村出身

「小牧・長久手の戦い」では、秀吉軍は家康の本拠地岡崎を奇襲しようと楽田城を発ち、姫の宮（大縣神社）の南に位置する物狂峠《ものくりとうげ》を通って林村字九反所を抜け、篠木・小幡砦から岡崎方面に向かったという記録が残っています。

林はこの歴史的な街道筋にあり、小牧より犬山寄りの地で、北に尾張富士、本宮山、信貴山を、南には桃花台を望むところに位置しています。江戸時代は池之内交差点から姫の宮に向かう上り道の東辺りに瓦を焼くところがありました。そこには粘土でつくられた窯跡が残っており、いかにも瓦を焼いていたと思われる色をしています。その窯は、宝暦七年（一七五七）に瓦を焼き始めた尾崎直八と犬山焼を再興したといわれる尾関作十郎らの先祖がつくったと考えられています。

林村で代々製瓦業を営んでいた尾関常八（元林区長・尾関藩矢氏の先祖）は、文政十年（一八二七）に犬山藩成瀬家の御用瓦師市郎兵衛の株を譲り受け、引き続いて御用をおせ付けられます。その長子が作十郎で、彼は幼くして学問を好み、名古屋藩士の岡孟彦について国学を修めました。生来、敬神尊王の志が厚く、殖産興業の念も強かった作十郎は、父親に代わって犬山に製陶所を設け、犬山焼の「中興の祖」といわれるのです。

また、嘉永三年（一八五〇）には製茶業を、安政のころには率先して養蚕の飼育研

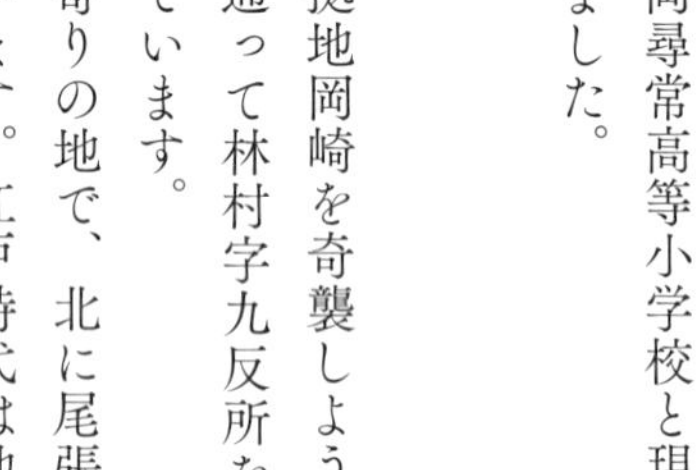

県道荒井大草線にある秀吉軍が岡崎をめざした物狂峠（平成三十年）

究や奨励、指導をして、小牧が他の郡村に先だって養蚕が盛んになったといわれています。その分家にあたる初代・弥三郎（現・尾関三也氏は五代目）も本家に習って製瓦業を営み、江戸時代の末期には、瓦屋の道筋に面した一軒で雑貨屋も営んでいたようです。犬山から林を通って篠木村（現・春日井市）に街道が続いていましたが、当時、山の奥深いところにある林村にも茶店《ちゃみせ》があったようです。三也氏が子どものころの家（築百年以上）には「店の間」といわれた部屋もあったとのことです。

林の南端の篠岡保育園に隣接するところに株式会社松本義肢製作所があります。創業は明治三十八年（一九〇五）。人々の社会復帰を手助けする義肢、装具、リハビリテーション機材などを製造し、医療・社会福祉の分野で愛知のブランドとして知られています。「しあわせをかたちに」する「人と技術」をテーマに、人の失った部分に光を当て社会に活躍できる精密技術を提供し、二〇二〇年開催の東京オリンピック・パラリンピックに向けても身障者の活躍の下支えをする社会貢献をしています。

林地区の北方にはランドマーク「桃花台ゴルフクラブ」があります。

◉池之内（池之内赤堀・池之内道木を含む）

池之内は多くのため池があったことに由来

大山川水系の上流にある池之内は、北は犬山市楽田に接し、北東から東にかけて林地区と入り組み、西は本庄地区に接しています。南側は上末の一部と東部ニュータウンのある桃花台地区の古雅四丁目などに囲まれています。この南側の地区は、池之内村に属していた地域と上末の一部が分離してできたところです。

犬山焼の再興をした尾関作十郎らの窯跡の周辺（平成三十年）

北部と南側が起伏の多い丘陵地帯になっていて、中央部は三つの河川が流れています。一つは〝うで池〟（江戸時代の古地図には〝出池〟とあり、出池→いで池→うで池と変わったと思われる）に水源を発する新造川、二つ目は池下川。この二つの川が池之内の中央西部で大山川に合流して、肥沃な農地を育み美しい田園地帯を形成してきました。

この地域には、現在では数少なくなった緑豊かな自然や昔からの条里制に基づいた集落があり、地名の小字も残されています。江戸時代の十七世紀中ごろには、大山川の水利の他に、四ツ池上池・四ツ池下池・山之脇池上池・山之脇下池・出池・榊迫間池などと記された池がありました。その後、田畑になってしまった池も多くありますが、池之内は、数多くの池の中央に村があったことからそう呼ばれるようになったようです。

歴史的な記録としては、鎌倉時代の元亨二年（一三二二）『円覚寺文書』の名寄帳に「池内押領」と記されています。江戸期から池之内村は尾張領となり、山林などを管理する水野代官所（現在の春日井市中心を支配）の支配下に入ります。

天保時代（一八三〇～一八四四年代）には、小字は四十カ所ほどもありました。主だった地名は、新造・上赤堀・蓮池・雨作・中赤堀・下赤堀・道木・中屋敷・毛中・羽根海道・下ノ坪・大稲葉・赤坂・西山・陣配・大曲・杉之本・砂原・峠・前田・西ノ下リ・流・高木・森之越・高畑・南廻間・池下・鳶ケ巣・山下・妙堂・向山があり、最近まで使われていました。

明治十三年（一八八〇）には、一時、東春日井郡の池林村となり、村役場があり、

大山川の水源ともなっている〝うで池〟の堤防下周辺の農地（平成二十八年）

行政の中心地でした。明治二十二年（一八八九）の市制・町村制施行で隣接の林村と合併して大字となり、小字も三十数カ所になります。そして、明治三十九年（一九〇六）に篠岡村の所属となりました。

陣配という小字の由来は、天正十二年（一五八四）の「小牧・長久手の戦い」の時に、秀吉軍が二宮（現在の犬山市内）から物狂峠を越え、池之内、大草を通り、岡崎城をめざした際に陣を置いたことから名づけられたといわれています。大山川が新造川と合流した下降に今でも陣配橋が架けられています。また、蓮池は蓮池というため池があったことに由来します。現在も上蓮池、下蓮池の地名が残っています。平成五年（一九九三）には、県道荒井大草線と県道明知小牧線の交差する東側の北が池之内赤堀、南が池之内道木として独立した大字となりました。

寺社は少ないが、名古屋コーチンの祖、海部家の墓地などもある

池之内には二つの寺があります。一つは、北の中心地の字雨作の曹洞宗金剛山大泉寺です。

天正七年（一五七九）、この地方の豪族・足立為右衛門が三ツ渕の曹洞宗青松山正眼寺の末寺として創建したものです。当初は、篠木庄の荘園の管理下にある現在の春日井市大泉寺町にあったと考えられています。火災で焼失して移され、新造川の西側にある八幡神社付近に建てられましたが、文化二年（一八〇五）にその西方の現在地に移されました。本尊は釈迦如来（釈迦牟尼仏）で、恵心僧都が彫ったといわれる拈《ねん》花《げ》釈迦像も所蔵しています。境内にあった観音堂は明治三十二年（一八九九）に火災

名古屋コーチンの海部家の墓のある金剛山大泉寺（平成三十年）

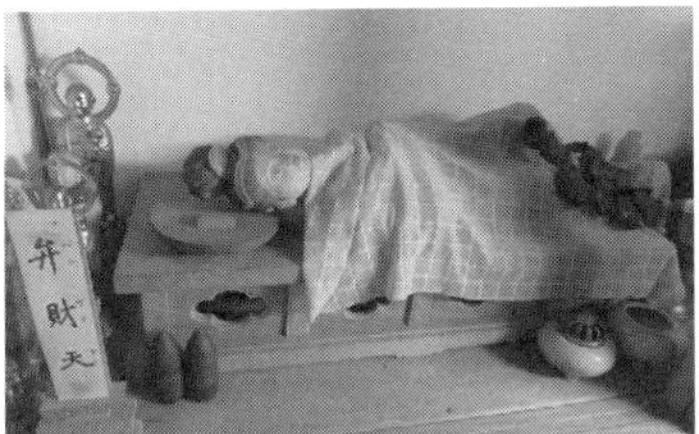

大泉寺に安置されている寝姿の弁天様（平成三十年）

で焼失しましたが、本尊は無事だったといわれています。また、七福神の弁財天もあります。もう一体の弁財天がありますが、珍しい寝姿のものです。

この寺の墓地には昭和四十八年（一九七三）に桃花台にあった峠墓地より移転した名古屋コーチン生みの親である海部家の墓があります。また、味岡・久保一色で紹介した「常懐荘」の創設者、林（竹内）禅扣氏が小僧として修行した寺でもあります。

もう一つは、池之内の南東の県道明治村小牧線近くにある字鳶ケ巣の浄土真宗の松濤山徳泉寺です。天和二年（一六八二）に真宗大谷派東本願寺の末寺として創建されたといわれていますが、昭和二十四年（一九四九）の本堂大屋根の大修理時に趣意書が見つかり、明和二年（一七六五）にこの地に移転したことが記録されていました。今はこれを創建の年にしています。本尊は阿弥陀如来です。

神社は、大泉寺のところで少し触れた八幡神社が字雨作にあります。祭神は応神天皇で、元亀二年（一五七一）の棟札が宝物として保存されており、この年に、豪族の足立亀右衛門が建立し勧請したといわれています。境内には秋葉社、金刀比羅社があり、集落の崇敬を集めています。また、「平和の礎」の碑があります。

名古屋コーチンは藩士と住民が協力して誕生した

明治に入りこの池之内に、尾張藩の海部流砲術指南役を勤める家柄の兄弟が移り住んできました。海部壮平・正秀兄弟と、姉のすま夫妻です。海部家は明治二年（一八六九）の明治新政府による廃藩置県で藩士としての身分を失いました。

当時は飢饉も起こって、海部家も生活に困窮します。尾張藩は、不毛地の開墾を

桃花台より移転された海部壮平の墓（平成三十年）

大泉寺の名古屋コーチンの説明看板（平成三十年）

目的とした帰田（農業などに従事すること）を請願する者には手当金を支給するという「帰田法」を発し、養鶏などの副業を奨励します。長男の壮平はその奨励策に応じ、元庄屋・松浦庄左衛門の屋敷などを譲り受け、かねてより興味をもっていた養鶏をおこなうことにしました。こうして日本を代表とする地鶏の「名古屋コーチン」が生まれることになります。

　しかし、当初は失敗の連続。苦しい生活が続きましたが、池之内の住民に慕われ支えられて研究を重ねていきます。あるとき、弟の正秀が手に入れた清国（中国）産の巨鶏バフコーチンと尾張の小さな地鶏をかけ合わせたところ、薄毛《うすげ》の鶏が誕生しました。明治十五年（一八八二）ごろのことです。この鶏は粗食に耐えてよく育ち、肉質が良く産卵能力もきわめて高くて、頑健で温厚という長所を兼ね備えていたので評判となり、尾張の鶏は、薄毛一色となります。明治二十三年（一八九〇）ごろから旧尾張藩出身の人々が京都や大阪に養鶏場を開き、尾張から持って行った「薄毛」を広めました。これが評判となり養鶏ブームが起こります。そして、「名古屋コーチン」と呼ばれるようになり、東海道本線が開通すると販路が広がり、全国から聞きつけた養鶏家が海部養鶏場に殺到したのです。この間も海部兄弟は「名古屋コーチン」の育種改良を続け、明治三十八年（一九〇五）に日本家禽協会から日本最初の卵肉両用の新品種「名古屋コーチン」と認定されました。

　こうして夢は叶ったものの、壮平は明治二十八年（一八九五）に、四十八歳で急逝。翌年、家族は名古屋へ引っ越しましたが、育種改良の技術は地域の人々によって継承されていきます。

名古屋コーチン養鶏所跡（平成三十年）

現存する海部壮平の元住居群（平成三十年）

海部兄弟の居住地の集落は現存しています。名古屋コーチンの発祥の地として案内板が立てられ、関係者は保存の努力を続けています。

戦後の一時期は、外国種のブロイラーに押されて衰退しましたが、最近、名古屋コーチンは、脂分が少なく歯ごたえがあり、他の鶏肉より味が濃いと大人気で、生産が追いつかない状況のようです。小牧でも地元で生まれた「名古屋コーチン」を使った料理を全国に普及させようとしていますし、地元でお菓子の生産をしている企業も原材料として利用しています。小牧発祥の特産品として、その名がより広まることが期待されています。

愛知県は名古屋コーチンの普及と奨励のために愛知県畜産総合センター種鶏場（現在安城市に所在）で雛の養鶏をしていましたが、施設の老朽化と増産のため、平成二十八年（二〇一六）に施設を小牧に移転する計画がもちあがりました。場所は小牧市内の旧篠岡の大草地区の北方の中央自動車道の北側にある愛知県の保有する県有林（場所は未定）です。現在、この種鶏場による名古屋コーチンの孵化・生産は年間百万羽を提供していますが、百五十万羽に増産しようとしています。平成二十九年の愛知県議会では小牧市に移転する計画が決議されており、近くには名古屋コーチン発祥の地があるので、市の関係者は展示場などの観光施設をつくる協議が始まっているようです。

平成二十八年十一月十八日に天皇陛下が来牧され市役所で休憩された折、関係者に小牧のコーチンの名を挙げられて、話題にされたそうです。

また、昭和二十四年（一九四九）池之内に開業した和菓子専門店株式会社ゑびす屋

上末の名古屋コーチン養鶏所（平成二十八年）

商店が、名古屋コーチンの卵を百パーセント使用した「壮平さんどら焼き」を販売しています。店舗には天然の石の表面に七福神の一人恵比寿様の姿が見られる珍しい黒雲石が飾られています。これは平成十五年（二〇〇三）ごろに篤志家から進呈されたものだそうです。

池之内には、昭和二十八年（一九五三）創業の土木工事やとび派遣などを主とする春是産業株式会社があり、他に旭産業株式会社、有限会社高原工務店、日本コンクリート株式会社小牧工場、大洋ハウス株式会社小牧工場などがあります。

◉上末（郷西町・長治町を含む）

上末は須恵→主恵《すえ》→末→陶《すえ》から命名

上末地域は東部丘陵地帯の旧篠岡地区の一角を占めていますが、西部一帯は低地となっていて、その中心部の南北に集落が形成されました。南に位置する下末とは本来一体の村で、平安後期（十一世紀ごろ）の『神鳳鈔』に尾張国の伊勢神宮領としての末御厨《みくりや》（天皇や寺社に御供えや神饌の献納をする土地）の名があり、『和名抄』にも主恵《すえ》の名が出てきますが、まだ詳しいことは確認されていません。しかし、七世紀ごろから尾北古窯址群として主恵あるいは陶と呼ばれている地域は、尾張の窯業の中心地で、須恵→主恵→末→陶と言葉を結び付けてルーツが辿れると考えられます。

十六世紀の戦国時代には、上すゑ郷として古文書に記され、江戸時代には上末村という名が正式に使われました。明治二十二年（一八八九）から三十九年（一九〇六）までの間は、下末と合併して陶村となります。その後、篠岡村の成立によって、旧字

木彫りの名古屋コーチン像（平成三十年）

は二つの大字に再び分かれて「陶」という名は消滅しました。しかし、昭和六十年（一九八五）に完成した小学校や体育施設には陶の名がつけられています。

上末には、今は廃線となった新交通システム桃花台線と並行して新国道一五五号線が、東西に横断し、南寄りには東名高速道路が走り、西部の東田中と接して準用河川（市町村が管理する川）の新川が南流しています。東名高速道路の北側には、昭和五十八年（一九八三）に小牧勤労センターがオープンし、昭和六十三年（一九八八）に小牧市総合運動場（小牧市民球場）などが完成しました。その東隣に昭和二十四年（一九四九）にオフィス用家具を中心に製造販売する株式会社ホウトク小牧本社が創業しました。

また、上末の中に独立した形で昭和四十九年（一九七四）の土地改良事業により、ほとんどの区域を水田が占める郷西町と長治町が誕生しています。郷西町は、旧小字の郷戸と西前の一字ずつを、長治町は、長様と久治面の一字ずつをとって名づけられました。

字名は湿地帯や用水があったことに由来

江戸の天保期（一八三〇～四四）に描かれた絵地図と比べてみると、現在の上末は、大きく変わってしまっています。天保期には大山川の支線や入鹿用水系統の支流が、古井筋・山の内川筋などと呼ばれて集落を流れ、その周辺にはきれいな水が湧いていました。集落の中心は中小路《なかしょうじ》と呼ばれていたところですが、字が三十一カ所ありました。現在は整備され、桃花台周辺など町づくりの造成が進むにつれ、水は枯れ、入鹿

小牧市総合運動場内の小牧市民球場（平成二十八年）

用水は道路の拡幅・拡張などで暗渠化《あんきょか》されてしまいました。

字の名前をみていきますと、新国道一五五号線を挟んで西よりの宮前や神宮・八幡下は、八幡社の周辺にあるところです。この社は、天文二十二年（一五五三）に落合《おちあい》将監安親《しょうげんやすちか》が社殿を寄進して創建されたといわれる祭神に品陀別命《ほむだわけのみこと》（誉田別命＝応神天皇）としています。とくに神宮は、八幡社の入口の西側に位置し、以前は八幡社の敷地の一部であったといわれています。宮前はその入口の東側に位置し、文字通り「お宮さんの前」です。栗島・志水坪・久瀬川・北池・馬池・雁戸島など、水に関する小字が多く見られるのは、この辺りが湿地帯だったからです。永禄二年（一五五九）に京都の貴船神社から祭神を高龗命《たかおかみのみこと》を分神して、南中の地に祀ったことからも人々の思いが推察できます。この神社は、降雨や止雨を司る龍神であり、降った雨を地中に蓄えて適量を湧き出させる神様を祀っているのですから。貴船神社は八幡社の末社で飛地にあり、上末の中心に当たる郷西町の東方にあります。ここには、平成二十二年（二〇一〇）に市の指定した天然記念物のアベマキがあります。

また、灌漑用水の整備によって新田・七重田・神田・小坊田などの字名が付けられたようです。丘陵地帯には、東山や平《ひ》ラがありました。その他、森坂下・西前・道場・洞向・稲葉後・下稲葉・赤土原・井ノ口・石子・山中・郷戸・長様・山下、久治面・南中がありました。

上末には、この地の豪族で織田氏の家臣であった落合左近将監勝正が、室町時代末期に築いた平山城である上末城（森下城、上陶城ともいわれる）がありました。城を受け継いだ息子の右近将監安親は、永禄十年（一五六七）に信長が斎藤龍興《たつおき》（道三の孫

竹林の中にある上末城跡（平成二十八年）

京都の神社から分神され祀られた貴船神社（平成三十年）

の居城・稲葉山城（岐阜城）を攻略したとき戦功を立てています。安親は、自らの城の一部に曹洞宗久保山陶昌院《とうしょういん》を創建しました。永禄七年（一五六四）のことです。この寺は、大草の曹洞宗大叢山福厳寺の末寺です。本尊は釈迦牟尼仏。境内に薬師堂があり、本尊は薬師如来です。また、落合右近将監安親は、八幡社の社殿も寄進したと伝えられています。

安親は、天正十二年（一五八四）の「小牧・長久手の戦い」のときには、羽柴秀吉の家臣池田勝入恒興の説得に屈し、その子「庄九郎」と共に秀吉方について長久手までの道案内をしました。合戦の後に、消息を絶ちます。残された家臣の一部は、近くの高台で自害した者もいましたが、その地は安親らを偲び、稲葉城攻略に因む地名として、稲葉の名を残したと思われます。その後、城は廃城になりましたが、生き残った庄九郎により安親のお墓が陶昌院に立てられました。

上末にあったカオリン（粘土）の採掘場

この地方にも、高度成長期には開発の波が押し寄せ、昭和五十七年（一九八二）ごろに国道一五五号線のバイパス新設工事がおこなわれます。ブルドーザーで掘削していると、偶然トンネルが現れました。それは昭和の初期に始まったカオリン採掘の跡だったのです。

落合善造さん（上末在住）の話によると、その場所は現在の上末の交差点より東に三百メートルほどいったところで、JA尾張中央小牧東部営農生活センターの選果場のあたりでした。カオリンは一般の粘土より粒子が細かく、生産量も少ないため貴重

落合安親の墓のある久保山陶昌院山門（平成三十年）

なものです。中国では景徳鎮付近の高嶺山から産出した粘土を「高嶺土・高陵土」といいますが、その発音から中国音で「カオリン」と呼ばれ、磁器をつくる粘土の原料として使われてきました。磁器の他に、紙、ゴム、顔料、紡績、化粧品などに混入して使われ、戦時中にはビスケットの粉にも混ぜられたという話も残っています。

こうしたことから、この地域は、古くから上質の陶土が出たことが裏づけられますが、上末で採掘されていたというのは大きな発見でした。トンネルの入り口は赤土で崩れやすいため、太い木で補強されましたが、カオリンはトンネル内の堅い磨き砂の層の下にあるため、磨き砂の層が天井となって崩れることはなかったそうです。

運搬にはトロッコが用いられ、トンネル内の灯りは石灰岩でつくったカンテラで、有毒ガスが溜まらないように縦穴や井戸を掘って細工をしながら掘ったといわれています。その後、瀬戸などで作業が機械化され大量生産された安価なカオリンが産出されるようになると幕を下ろしますが、この発見がなかったら永久に忘れ去られてしまうところでした。

貴船神社の近くで操業している株式会社美鈴工業は、昭和三十七年（一九六二）に木型及び梱包用の資材の製造の鈴木木型製作所としてスタートし、セラミックス製電子部品の製造をはじめ昭和四十五年（一九七〇）に現在の社名に改称しました。本庄にも工場を持ち、ファインセラミック製電子・精密部品・自動車部品・建築用防水シートの製造加工などをおこなっています。

また、八幡社の北側に埼玉県川越市に本社を置く電子部品製造をする株式会社プロセス・ラボ・ミクロンの中部テクノロジーセンターなどがあります。

カオリンの採掘場のあった近くに建つ、JA尾張中央小牧東部営農生活センターの選果場（平成三十年）

◉下末

小牧宿の助郷としての役割も果した下末村

下末は上末の南で、旧篠岡地区の西を流れる大山川の東に位置し、東名高速道路の南側です。東西に旧国道一五五号線と重複する県道高蔵寺小牧線が横断し、名古屋上水道の幹線が縦断しています。東部丘陵地帯に入る下末の東部には中部六県（富山・石川・福井・岐阜・愛知・三重）の警察の中堅幹部の育成や機動隊の教育・訓練をおこなう中部管区警察学校があります。また、都市デザインカレッジ愛知実習地（旧名古屋電気通信技術学校から名称変更し愛知工業専門学校となり、平成二十五年に廃校）もありました。

西部の二重堀に隣接するかつて水田地帯であった低地には、金属や樹脂のキャップを製造する日本クロージャー株式会社小牧工場があります。この会社は、昭和十六年（一九四一）に東京で帝国王冠製造所として設立。牛乳王冠の製造販売をおこない、昭和二十九年（一九五四）に東洋製罐株式会社の傘下に入り、昭和三十四年（一九五九）に日本クラウンコルク株式会社と改称します。昭和四十三年（一九六八）に小牧工場を新設し名古屋出張所を廃止して、小牧工場に編入しました。平成二十五年（二〇一三）に現在の社名に改称しています。

また、近くに日本ガイシやＤＩＣ株式会社（旧・大日本インキ化学工場）などの小牧工場が立ち並んでいます。

地名の〝末〟は上末の末と同じで、古くは「主恵」「陶」と呼ばれていました。朝

中部管区警察学校（旧陸軍幼年学校正門）（平成二十八年）

延の儀式に使用する須恵器などを生産していた篠岡古窯址群の一部に含まれています。十六世紀の戦国時代には、下するゑ郷と明記され、天正十一年（一五八三）の織田信雄から池田恒興宛の書状にある知行地の写しにも「下するゑ郷まいらせ候」と認められています。江戸時代には、下末村として尾張藩の水野代官所の支配下に置かれてきました。また、下末の中央部にあたる南北に用水がつくられ、末の命名のもとともなっている陶を使い陶川として、現存しています。その陶川の東側一帯に後述する天満天神社が設置されており、陶川は、西行堂川に合流しています。明治二十二年（一八八九）から三十九年（一九〇六）までは、陶村として上末と合併していましたが、より広い地域を含んだ篠岡村が成立して陶は消滅し、下末という名前が現在まで継承されています。

　下末の東部は、上末と同じように古くからなだらかな丘陵地帯の荒地で、西部の低地は水田地帯となっていました。江戸時代には上末同様、大山川や入鹿用水が灌漑用水として利用されて開墾が進み、畑や田んぼがつくられました。そして、農村部落として小牧宿の助郷（江戸時代の宿場に常備された人足や馬の補充夫役）としての役割をも果してきたところです。

用水によって整備された集落が地名に

　江戸時代、この地には字名が二十八カ所ほどあったようです。下末を東西に通過する県道高蔵寺小牧線が旧国道一五五号線に繋がる手前の南に北南に流れる入鹿用水（陶川）があり、その西側沿いに荒田があります。用水が引かれる前は荒地であった

陶川沿いに設置されている天満天神社の正面（平成三十年）

ことから名づけられました。天神前や天神裏は、菅原道真を祭神とする天満天神社の南側に位置することから天神前、その北側で天神裏と呼ばれました。万治元年（一六五八）の棟札があり、それが創建といわれる神社の境内には「学問之祖神天満天神社神」の石柱があります。宮ノ前は土臼山といわれる下末古墳《しもずえ》の丘にお稲荷さんが祀られ、その南に小さな川があって、お参りする時に、御手洗いをした場所です。お稲荷さんには稲荷大明神の石碑があり、下末のお宮さんと呼ばれて、近在の人々に慕われていました。

　下末の集落の一番西の外れで、二重堀や春日井市上田楽町に接する小字の向《むか》ヱは、大山川、薬師川、少し下って新川が交差、合流する新木津用水の南に位置し、集落の向かい側にあることからこう呼ばれています。樋之口《といのくち》は、台地の端から低地に清水が湧き出し、水が出る形が樋に似ていることから、一帯の呼び名となりました。その水を利用して水田耕作がおこなわれてきたのですが、清水から湧き出る水は冷たく、米の出来がよくありませんでした。そこで当時の人々の知恵で水を温かくするため、ため池をつくって米作りをしました。今でも清水のため池の名残があります。

　四反田・五反田は、田が広がっている真ん中の一番よいところに位置し、収穫の多い水田を意味していたようです。狩山戸《かりやまと》は、下末の東部に位置し、春日井市桃山町に接し、現在は愛知県水受水ポンプ場などがありますが、この一帯は狩り場となっていたようでその入り口にあたるところから名づけられたようです。雉や兎、鳩などが獲れたといわれています。川向ヱは、集落のあるところから見て、狩山戸川（用水）の向こう側に位置することからそう呼ばれたのでしょう。段ノ上は、陶川と中部管区警

お稲荷さんが祀られている
下末古墳（平成二十九年）

察学校の間の一段と高く盛り上がったところで、陶川の堤防や水田をつくるときにその土を使ったようです。

流は、大山川の堤防ができる前、この一帯が低地で排水の悪い湿地帯であり、少し雨が降ると水がたまって道が冠水し、川の流れのようになったためつけられました。天王地は、津島神社の所有地で、お祭りを天王祭といったことによります。石田苗は湧き水から出てくる清水の水を利用して苗田を多くつくったことが由来です。池田は大山川に接しており、かつて池のように水を湛えていたための呼称です。北屋敷は、北に位置する下末の中心部の集落で、新田の別名があります。江戸中期に移住者によって開墾が始まり、木津用水を築いた落合新八郎の子、利八らが明治になっても新田開発をおこなっていました。昭和七年（一九三二）この地を下末新田と名づけたために新田とも呼ばれたのです。

その他、黒土畑・西廻間・野本・揚見・針・間瀬口・長田・山ノ田・東屋敷・西屋敷・中屋敷・山畑の地名がありました。

小牧にも円空仏があった

この地にも古くからの古刹があります。それは、東屋敷にある真相山真福寺です。臨済宗妙心寺派新徳寺（現・春日井市上田楽町）の末寺で、新徳寺の二代目耕州《こうしゅう》和尚によって寛永十二年（一六三五）に開基され、寛文八年（一六六八）に新徳寺三世荊《けい》洲慧《しゅうけい》和尚の開山によって創建されました。本尊には、天平時代（八世紀）の僧行基《ぎょうき》がつくったといわれる聖観世音菩薩が祀られ、脇仏に不動明王、毘沙門天、地蔵菩薩、

津島神社の例大祭でおこなわれた下末のもちなげ（昭和六十年）

韋駄天《いだてん》、達磨大師などが安置されていたそうです。

注目したいのは、ここに全国を行脚し、仏道の修行に十二万体の仏像をつくろうと悲願をかけた円空の作品があることです。円空は、十七世紀（元禄時代）末の修行僧で、美濃（岐阜県）に生まれ、主に尾張地方の寺院で研鑽を積み、東北、北海道にも足跡を残しています。北海道から愛媛まで五千二百八十一体（平成二十年代中ごろ）の円空仏が確認されていますが、愛知県内では二百カ所ほどで見つかっています。

真福寺の円空仏は、厨子の中に安置された高さ九・五センチの菩薩像で、顔面は欠損していますが、菩薩の微笑が感じられます。前面、背面には円空仏の特徴である力強い袈裟彫りが施されていて、仏像全体に金粉を塗った形跡もあります。神秘的な中に異様さがうかがえる円空仏として珍しい仏像です。この仏像は、昭和四十六年（一九七一）に篠岡中学の関係者によって発見されたもので、小牧市内の円空仏第一号でした。保存のための本格的な調査が期待されています。また、七福神の一人、毘沙門天の像も保存されており、現在、修復も終わり輝くような素晴らしい立像として生まれ変わって立っています。隣の不動明王の仏像もきらびやかで七福神巡りが楽しみです。

昭和四十二年（一九六七）に真福寺で、下末在住で小牧市第二代目の市長を務めた神戸眞《かんべしん》の密葬がおこなわれています。神戸は、昭和四年（一九二九）に篠岡村議に当選し、篠岡村長を経て愛知県議となり議長も務めました。戦後に衆議院議員を二期務め、農林行政関係で活躍しましたが、昭和三十四年（一九五九）に小牧市長となり三期目の在任中に急逝。七十五歳でした。氏は、昭和三十一年（一九五六）に施行され

毘沙門天像などがある真相山真福寺山門（平成二十九年）

珍しい厨子に入った円空仏（平成二十九年）

た小牧市工場誘致条例を活用して、小牧を農村都市から工業都市へ変革させようと、市内の農地の四分の一を提供してほしいと選挙公約を掲げました。市長となって本格的な企業誘致を積極的に進めて工業都市化の基盤をつくります。住宅造成、飛行場騒音対策、東部地域の開発計画促進などの分野の施策にも取り組んで成果を上げました。死後「名誉市民の第一号」となり、偉業を讃えるため旧市役所の玄関前に胸像が立てられました。現在は、旧庁舎が移転し、新庁舎南側玄関横の庭園の中にあります。

北屋敷には、地域の信仰を集めている安永九年（一七八〇）創建の薬師寺がありま す。はじめは臨済宗妙心寺派新徳寺の末寺として薬師堂を覚洲《かくしゅう》尼が開基。二世智翠尼が浄財を集めて建立して開山したと伝えられています。本尊は薬師如来です。

この下末には昭和二十二年（一九四七）創業の衣料関連事業を展開する鈴木靴下をはじめ、ポリテクセンター中部（中部職業能力開発促進センター）に自動車部品製造を主軸とする三協株式会社関連企業の事業所などがあります。また、遠心分離機を中心とする各種産業用機械部品を取り扱う株式会社マルエス機工があります。

◉大草（大草七重・大草太良上・大草太良中・大草太良下・大草北・大草藤助・大草一色・大草深洞上・大草東・大草南・大草中・大草西を含む）

大草は開発されたところもあるが、まだ自然が残っている

旧大草は、篠岡地区では一番広い地域でした。その半分近くは「桃花台ニュータウン」として開発が進められましたが、まだ自然が残っているところがたくさんありま

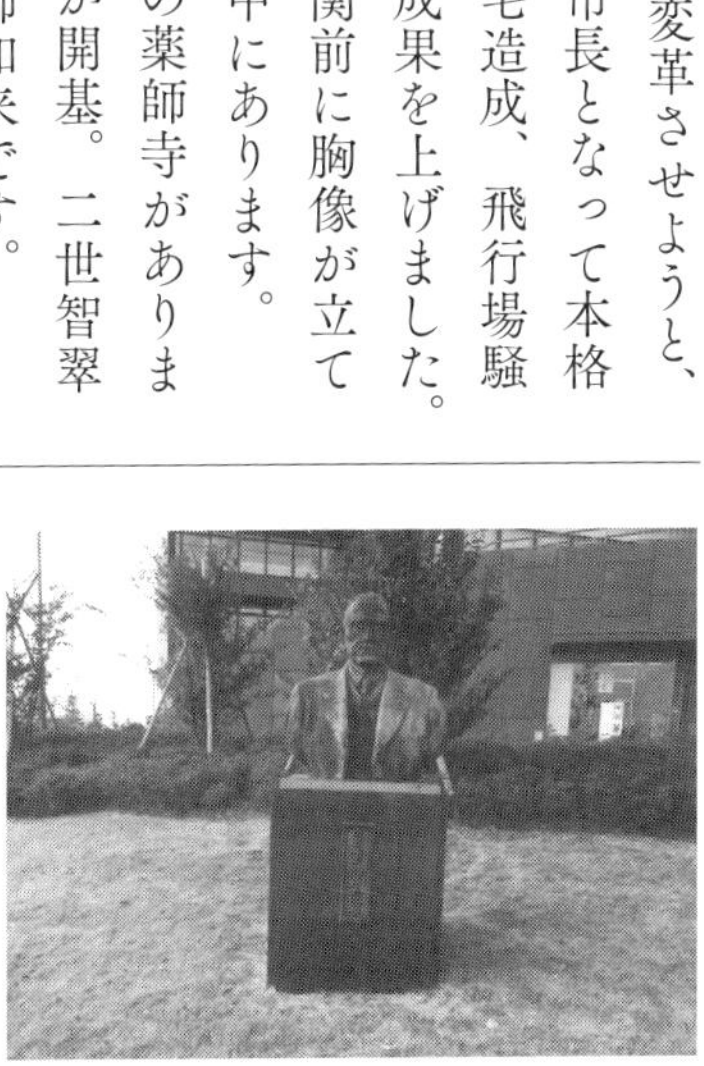

小牧市役所玄関横に立つ神戸眞の銅像（平成二十九年）

す。大草の東側は春日井市神屋町、坂下町、上野町に、南は春日井市東山町、西山町に接し、一番南端に中央自動車道の小牧ジャンクションがつくられています。北は野口と大山に接していますが、大山との境から愛知用水は大神トンネルとなって大草の下を南東に流れ、春日井市の国道十九号線神屋橋近くで顔を出します。大草の中央北部にある東部丘陵地帯南面集水地のため池で、太良下池からは八田川が南西に流れ、沿川の田畑を潤しています。

大草の地名の歴史は古く、南北朝時代の文和四年（一三五五）の古文書には篠木の庄に属す大草郷としてその名を見ることができます。その後も、人事の交流記録や年貢の記録などに大草村と記され、他の地域同様、江戸時代は尾張藩領として水野代官所が支配したところです。

その後、明治二十二年（一八八九）の市制・町村制施行まで大草村として広大な村域を有し、明治三十九年（一九〇六）に大野村、池林村、陶村と合併して、篠岡村大草になりました。

旧大草地域には、五十三カ所ほどあった字名も現在ではかなり消滅してしまいました。というのは、昭和四十八年（一九七三）から愛知県のプロジェクトとして桃花台団地など多くの団地の造成が始まって開発整備されたからです。大草の山間部の違井《ちがい》那《な》・九反所《くたんしょ》など旧字で一番広い面積を誇った地域が、新町名の古雅、桃ヶ丘、篠岡、城山、光ヶ丘、高根などに独立し、整備・吸収されたりしました。

中央自動車道の北側一帯は、かつては小牧ヶ丘とも呼ばれたところですが、畑地や各種施設がつくられました。昭和三十六年（一九六一）に完成した愛知用水の大神ト

空からみた小牧ジャンクション（平成二十六年）

中央自動車道上の高根橋からみた東名・名神方向の分岐点（平成三十年）

ンネルが通ったことで文線開削がすすみ、水利がよくなりました。ため池の桜池の近くには大山川の源流となる川があり、その側《そば》にはホタルの里があります。また、西方には「市民四季の森」があり、四季折々の草花に彩られた市民の憩いの場所として、季節の節目にはにぎわっています。北側の野口地区と地域が入り組んでいますが、桃や西瓜畑などに開墾されたあと葡萄畑へ転換されたところもあります。

中央自動車道を挟んだ南側には平成十六年（二〇〇四）にゴミの減量や資源化を推進するリサイクルプラザ（エコハウス・小牧）や処理棟のリサイクルハウスがつくられました。

中央自動車道の北側には、日本ガイシ廃棄物処分場がありました。この跡地周辺に現在、小牧商工会議所などのプロジェクトでレジャー施設を併設した小牧ハイウェイオアシス設置の動きがあります。その南側の県有林には、別項で紹介した名古屋コーチンの生産をする刈谷市の愛知県畜産総合センター種鶏場が移設されることになっているので、そこに名古屋コーチンの普及展示の施設なども併設しようと協議・連携の模索をしているところです。

この近くの大野には一級建築事務所として昭和四十四年（一九六九）に創業し、昭和五十六年（一九八一）に設立された株式会社三喜工務店があります。本来は住居などのリフォームなどを中心とする企業ですが、平成二十八年（二〇一六）より営農型太陽光発電（ソーラーシェアリング）を取り入れた太陽光発電パネルの下の空間でおこなうクヌギやコナラの原木を使いシイタケ栽培などをする農場「三喜ファームきのこ村」を開設しています。

小牧ケ丘でおこなわれたぶどう狩り（昭和五十一年）

大草ではヘリによる空中散布がおこなわれていた（昭和三十九年）

大草地域の地名は丘陵地の土地景観に由来する

先に紹介した新地名の町名以外に、他の大草地域の旧字が平成六年（一九九四）より、整理され新しく名づけられました。それは旧字の神田・角田・四反田・松棒・吉原・荒田・山ノ脇・道源・芝崎・山崎・上ノ山・太良代・中内・蛤田・中嶋・赤坂・前沢・屋土・穴田・西浦・東上・清水洞・五反所・堂ノ前・毛無・久捨・太良・鹿見ヶ根・年上坂・新池・大野などが、大草・大草西・大草南・大草東・大草北・大草中・大草一色・大草藤助・大草太良上・大草太良中・大草太良下・大草七重・大草中内・大草深洞上などとなります。この地域の旧字は、各小字に水田用のため池が一つはあったといいます。現在はその多くが埋められてしまい、かつてほどの数は残ってはいません。ため池の命名には、開発・管理した人がわかるようにし、山間部に囲まれた地勢から来る起伏のためか、南側の八田川の川下にあたる水田などが開墾された低地を中心に細かく名づけられているのが特徴です。しかし、今では余りため池は使用されていないようです。

前記以外で記録が残されている主な字のいわれを紹介します。十三塚は、十三の塚があったことから、池田は現在残っていませんが、農業用のため池があったということで名づけられました。深洞・一色洞・清水洞・藤助洞・定根洞・大洞・井戸洞・長洞など洞のつく地名は、狭間と同じで谷間を意味します。大草は古くから多くの丘陵地が広がっているので、丘と丘の間に挟まれた地を呼んだと思われます。切畑は、丘陵地のため水を引きにくく水田より畑として利用される農地が多かったためでしょう。大堤・馬堤は、八田川沿いにあることから、水が溢れないように土を高く積んだ地域

大草の中心を南下する八田川周辺は、水田が広がっている（平成三十年）

を指して名づけられたと思われます。

寺之前は福厳寺の東に位置していて、寺の正面になることからです。大草深洞上から春日井市東山町に跨《またが》る地域に、昭和三十八年（一九六三）に小牧市と旧豊山村の共同で豊山町火葬場組合がつくられましたが、昭和四十八年（一九七三）に春日井市が加わり、尾張東部火葬場施設建設組合を設立。尾張東部聖苑が設置され、人生の最後を締めくくる施設として整備され、昭和五十五年（一九八〇）から尾張東部火葬場管理組合が管理しています。この聖苑に向かう途中の自然の森である丘が、産廃の山になっていましたが、最近は減少し、墓地開発や資材サイクルのトラックターミナルなどに使用されています。

この近くの上之山に曹洞宗福厳寺の末寺で安政二年（一八五五）に薬師堂として創建された瑠璃光山薬王寺があります。本尊は薬師如来で明治七年（一八七四）に火災にあいましたが、その後、現在地に再建されています。また、この南にあたる大字大草の飛地になっている生地川の南側に陸上自衛隊第十師団大草自動車教習所がありますが、東側に愛宕神社があります。

大草城は土豪西尾式部道永が室町時代中期に築城

室町時代中期の文安元年（一四四四）、三河の西尾城（現・西尾市内）の城主であった西尾式部道永が、争いの絶えない三河吉良の庄から戦火を逃れ、岩倉の織田伊勢守信安を頼ってやってきました。春日井郡の半分近くの領地が与えられ、この地方の豪族となり、山城の形式を整えた小規模な大草城を築城しました。

人生の最後を締めくくる尾張東部聖苑（平成二十九年）

大草城は平山城で、後述する大草字西上の曹洞宗黄梅山《こうばいざん》観音寺の近くの南側にありました。現在は、白山神社の名称で小さい祠が祀ってあります。この一帯は、かつて標高百八メートルの丘陵地帯で、南北二・五キロメートル、東西四キロメートルに広がっていました。城は本丸を丘陵の頂点に据え南側斜面には空堀があって土塁で仕切られ、大規模な堀切などが見られました。現在は大半が造成され、北側が桃花台の城山三丁目となり、城郭の本丸部分は竹林に覆われてしまいましたが、空堀や曲輪《くるわ》、土塁が残されています。この調査は、愛知文教大学の関係者によっておこなわれ、その詳細が、平成二十三年（二〇一一）発行の「地域文化センター叢刊」第二十三号に報告されています。

道永は、尾張の守護である斯波《しば》氏が京都にいるため守護代である岩倉の織田伊勢守信安に従っていましたが、岩倉織田家の家督争いから岐阜の斎藤道三を頼り、永正十四年（一五一七）美濃の地の濃州の戦いで戦死したという。大草城は、天文十七年（一五四八）ごろに廃城となるまで百年間にわたり存在したようです。その後、織田家の領地になり、永禄四年（一五六一）、徳川家康の命を受けた酒井政家《まさいえ》が城主となり、「西条城」「吉良ノ城」と呼ばれていた城の名を「西尾城」と改めたといわれています。

福厳寺より独立した観音寺は霊水による禅体験の専門道場

この大草城の東南五百メートルの丘陵地に城と並ぶ、曹洞宗黄梅山《こうばいざん》観音寺は、当初、観音堂といいました。永正十年（一五一三）に福厳寺を再建した大草城主の西尾道永

西尾道永が築城した大草城遺跡遠望（平成二十九年）

大草城想像図

が病床に伏したため、道永の病気平癒を祈願するために建てられたものです。後述する盛禅和尚の弟子の偃龍《おんりゅう》和尚がこの堂に籠り道永の快癒の祈願したといいます。永正十三年（一五一六）に偃龍和尚は遷化《せんげ》（高僧が死ぬこと）し、一説には、道永も続いて亡くなったそうです。前述と異なり、病気で他界したという記録もあります。その後、大草字丸根にある曹洞宗大叢山福厳寺の管理のもと、永年、尼僧が監守となり守られてきましたが、昭和二十八年（一九五三）宗教法人法により宗教法人仏面宗黄梅山観音寺として独立しました。本尊は観世音菩薩（聖観世音菩薩）で行基作と伝えられています。他に、創建当時につくられた七福神の一人、多聞天（毘沙門天）と不動明王も祀られています。

境内の庭には竹林を背にして丈六（成年男子の身長をいう）の美しい観音像が立ち、足元近くから観音霊泉が湧出しています。現在、境内の高台にある奥の院には、巨大な岩石の上に座す金色の大観音像がありますが、その右手に持つ水瓶から岩風呂に、観音霊泉から引かれた霊水が注がれています。また、ここには、禅の体験道場として座禅堂と沐浴礼拝堂を兼ねた日本で唯一の一般向け禅体験の専門道場があります。自己改革をはじめとする現代病（糖尿病、癌、精神病等）の平癒の寺として一般に公開されています。観音寺が建てられた経緯を考えると現代人の病気平癒の道場として再興されたことは、現代に生きる人々の欲求にこたえる寺の意味合いには大きなものがあります。

大草城跡の頂上には白山神社が祀られている（平成二十九年）

福厳寺は、西尾道永の寄進により盛禅和尚により開堂

道永は、宝徳二年（一四五〇）、野口村に修行僧の集まる大道場のあった備中・曹洞宗洞松寺《とうしょうじ》（現・岡山県矢掛町）で修行を積んだ月泉性印和尚を招きました。そして、本尊を観世音菩薩として宝積寺《ほうしゃくじ》を建てました（福厳寺文書「月泉性印禅師行状記」）が、その後、月泉和尚は入寂。応仁元年（一四六七）にその弟子の盛禅洞奭和尚《せいぜんどうしゃくおしょう》が後継となり、文明二年（一四七〇）には新しく堂塔や伽藍などを別の場所に建立しました。当時、大草城城主であった西尾道永は、盛禅和尚を思慕し、自らも出家して、僧形となり、参禅しました。盛禅和尚を慕う衆徒は多く、宝積寺では集まる大衆を収容するには狭すぎることを憂い、道永は大草城の南西に広大な寺領を寄進します。文明十年（一四七八）には入仏法会を営み、大供養をして、寺名を変更。本尊を聖観世音菩薩とする大叢山《だいそうさん》福厳寺として再建し、大草村と下原村（現・春日井市）の衆に一大道場もある寺として普及し、寺の財政を充足させました。

境内を取り巻く自然はススキ、萩、つつじなど灌木の生い茂る丘陵地であったため、寺の山号を大叢山と命名しました。大叢は後々自然の景観が変化するとともに「大草」と変化して、現在の地名となったという説もあります。

ところで新寺建立の工事は、文明六年（一四七四）に始まり、三年有余を要しました。盛禅和尚の高弟、祖庵英彭《そあんえいほう》和尚が指揮しましたが、このとき、旅の途中で立ち寄った一人の怪僧が現れ、人間離れした力を発揮し伽藍の建立を助けました。この僧は、伽藍の完成と共に何処ともなく立ち去りました。後の人々は、この不思議な怪僧こそ、盛禅和尚の守護神、秋葉三尺坊であったに違いないと信じ、境内に遠州の秋葉

福厳寺の隠居寺ともいわれている黄梅山観音寺入口（平成三十年）

観音寺境内にある観音霊泉（平成三十年）

山より秋葉三尺坊を勧請し、日本最古秋葉三尺坊御出現道場として、秋葉三尺坊総本殿も建立されたのです。

盛禅和尚は遠州（静岡県）森町（森の石松で知られる）の大洞院住職の霊岳洞源《れいがくどうげん》和尚《おしょう》のもとで出家得度し、修業する中、霊嶽の一番弟子月泉和尚のもとで悟りを開いたという因縁で、福厳寺開堂にあたって、得度の師である霊嶽和尚を開山とし、悟道の師月泉和尚を二世とし、自らは三世として収まった。その後、人々は、盛禅和尚を三代様と呼びその遺徳を崇めました。寺の門前に広がる集落を大洞と呼ばれますが、盛禅和尚が大洞院で出家得度したことに起因し、福厳寺の寺領でもあるこの地を大洞と命名したものと思われます。

福厳寺、盛禅和尚の神通力の逸話

盛禅和尚の神通力を示す逸話も広く知られています。語り継がれている話に、春日井市開田村（当時）の蘇魯利《そろり》宗八《そうはち》の話があります。宗八は、盗賊の頭《かしら》で常に十数人の子分を連れて、民家を襲い、強盗、殺人、放火をほしいままにしていました。しかし、延徳二年（一四九〇）に病気にかかって死去。子分たちは福厳寺の盛禅和尚に葬儀を頼みました。葬式の最中、天が急に掻き曇り、雷鳴と共に激しい雨が降って周りの人々はその物凄さに驚嘆しました。黒雲の間から魔物が現れて、宗八の遺体を奪おうと棺桶の蓋に爪を掛けたのです。盛禅和尚は自分が掛けていた袈裟を外して棺を覆い、その上に飛び乗って座し、炬《こ》（たいまつ）を右手に持って大空に向かい、一円相を描くと「三世の諸仏また是《かく》の如し、天下の老和尚また是の如し、汝もまた是の如し、

秋葉大祭で火渡り神事がおこなわれている大叢山福厳寺山門（平成三十年）

福厳寺本堂（平成三十年）

我もまた是の如し、如是《じょぜ》、如是」と引導し、炬でもって棺をパンパンと三回打って「翡翠蹈翻《きすいとうほん》す荷葉の雨、路地衝破《ろじしょうは》す竹林の煙」と大喝《だいかつ》しました。すると今まで棺を摑《つか》んで遺体をさらっていこうとしていた魔物の爪が折れ、魔物は空中に去り、黒雲の中から大音声が聞こえました。「この者は極悪非道の悪党だから、天が罰しようとしたが、和尚が許さないので空しく帰る」と。その後、不気味な笑い声が聞こえ、まもなく黒雲が消えて、空は元のように晴れわたったのです（『尾張名所図会〔後篇巻之四〕』と『春日井物語』による）。この物語に出てくる魔物の爪と盛禅和尚の袈裟が今も寺宝として保管されています。

盛禅和尚には五哲と呼ばれた五人の優れた弟子がおり、この弟子たちが東海地方の各地に教宣を張り寺院を建立したため、福厳寺は直末寺、孫末寺院を含めると百二十余ケ寺の名刹として知られています。

日本最古の秋葉三尺坊「火渡り神事」をおこなう福厳寺

秋葉三尺坊総本殿は、盛禅和尚が幼少のころより浜松市の秋葉山にある秋葉三尺坊大権現にも指導を受けており、自身の守護神として勧請したものです。もともと秋葉三尺坊は、現在の長野県戸隠出身の実在した人物で、若干十歳にして蔵王権現にて修験の行に入り、二十七歳のとき真言密教不動三昧法を修して火難を救う身火心火の火防災除の大願を成就して、迦楼羅身《かろうらしん》（仏教の守護神のこと）を現じたといいます。その後は、遠州の秋葉山に居を構え、常に白虎に乗って諸国を遊化（旅すること）したそうです。焼畑農業の普及とともに、人々を火難から救う権現として、全国に秋葉信

往時は野草の生えた野原が多くあった（平成十年代）

年末におこなわれる福厳寺火渡り神事（平成八年）

仰が広がったもので、観音菩薩が本尊です。福巌寺境内にある秋葉堂には、火防の神（仏）として広く信仰されている不動明王（秋葉三尺坊の化身といわれている）を再建当初から祀り、日本最古の秋葉三尺坊の大祭として、例年、十二月の第二日曜日に「火渡り神事」を実施してきました。御嶽修験者が祈祷して燃え盛る火の上を渡るというものです。近在の参詣者も同じように渡りますが、これは除災を祈願する風物詩にもなっています。また、境内施設では、写経、写仏、仏教彫刻といった体験ができたり、境内には、出店などが並び、歌舞音曲などの催しもあり、火渡りをして一年の邪気を払い火災除けをと願う大勢の参詣者でにぎわっています。

また、天正十二年（一五八四）の「小牧・長久手の戦い」のときには、兵火により焼失するも、一説には日根野弘就が兵を率いて堂宇（本堂の建物）などを二重堀に避難させ、その後、天正十四年（一五八六）に再建されました。

境内には、忌を流す金剛水があります。この地域には水が乏しく大衆の生活に困っていましたので、盛禅和尚は秋葉堂の近くの桜の木のもとで座禅をして水乞いの祈願をしたところ、満願の日の暁がた、膝の下に月の映っているのを見て、水が湧き出ているのを知り、石を組んで井戸と成し、金剛水と名づけました。金剛水は、この時以来、五百有余年雨の時も濁らず、渇水の時にも枯れず、常に水面が保たれて増減なく、今日もコンコンと湧きでて、ここで修行・生活するものを潤しています。

寺宝として永正三年（一五〇六）に道永が描いたといわれる『絹本着色盛禅画像』や台石からすべて陶製である高さ四メートルの天保七年（一八三六）に製作されたという陶製宝篋印塔《とうせいほうきょういんとう》と天保六年（一八三五）の銘のある陶製香炉の二つが山門の入口に

福巌寺境内の金剛水の水源（平成三十年）

あります。いずれも昭和五十三年（一九七八）に市指定有形文化財になっています。また、寺坊の玄関内に等身大の仁王立ちの多聞天像があります。多聞天は七福神の毘沙門天ともいわれ、この像が一般に公開されることを楽しみにしております。

道永は、この文明二年（一四七〇）に福厳寺の建立を指示したとき、多くの請け人を連れてきて、この地を領民の安住の地とするための開拓をおこないました。生活のためには、まず農作物を作り食料を確保することが必要です。当時は、大草の名のとおり一面に背の高い葦や草が生えた原野でしたが、平坦な水田適地でもありましたから、湿地帯を開墾し水田用のため池が多くつくられました。開拓を始めるために、南北に流れる八田川の東側に東洞、西側に西洞といった集落がつくられました。また、この辺りの湿地帯を形成する広大な原生林は、保水能力が高く湧水も多くあったので、豊富な水の恵みによって上質な農産物ができたのです。猪や狐、狸など、多くの生き物が生息する環境で、なかでも狐の生息率が高かったため、狐にまつわる多くの寓話が生まれています。

現在、この地域は、一時、小牧ヶ丘、桃花台、高根などの地名になって分割されました。

東上地区に大久佐八幡宮がありますが、大草という文字が使われる以前は、大久佐といわれていたという説もありますが、未だ定かではないようです。

大草には狐についての逸話が残されている

住民と共存してきた狐について、大草の地で実際にあった伝説や体験した方のお話

市指定有形文化財陶製宝篋印塔（平成三十年）

寺坊玄関内に安置されている等身大の江戸初期作といわれる多聞天（毘沙門天）像（平成三十年）

を紹介します。今から八十年ほど前の話ですが、その家は玄関に土間があり、障子戸を開けると居間になっていました。つい最近まで、どの家も同じように居間には火鉢があって、来客に対応する家族団欒の間でもありました。

冬になると篠岡の近在では暖をとるため、その火鉢に亜炭を細かく砕き入れ、火持ちをよくするため周囲を灰で覆い、火種の上に「ゴトク」（やかんを乗せる鉄製の台）を置いて、お湯を沸かしたり、餅を焼いて子供のおやつなどにしていました。

昔の山村はテレビを見るような娯楽もなかったため、年寄がいろいろな話を聞かせてくれるのが楽しみであり、秋祭りは村人の交流の場であったのです。村人はお互い家を訪問し、夕方になると当時のご馳走である「いなり」や「巻」寿司、松茸や川魚の佃煮を張った（盛った）「切」寿司を土産にもらって家路につくのです。

いただいた重箱の寿司を大事に持って何時間も獣道や畦道を提灯を片手に帰る途中に、狐が「あぶらあげ」の匂いに誘われて、どこからともなく現れて村人の前や後ろを付いてきたそうです。そして、帰宅して村人がお土産を食べようと包を開くと、寿司はなくなっていたといいます。昔から、要領を得ないことを「狐につままれたようだ」といわれますが、これもその類でしょうか。

一週間ほどして、お世話になった村人へお返しにと同じお土産を重箱に入れ、提灯を片手に持っていくと、やはり狐が現れて、いつの間にか中身はなくなっていたのです。

いまから八、九十年前には電話もあまり普及していませんし、すぐには連絡はとれません。現代なら笑いごとで済むことでも、当時は、食料も豊富ではありませんでし

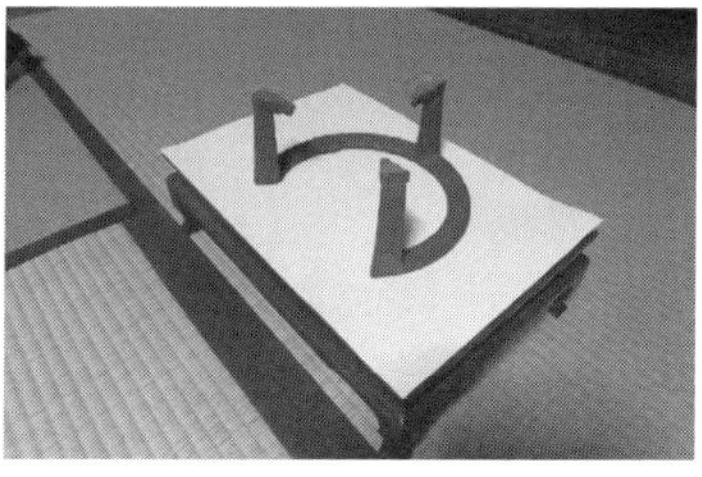

「ゴトク」＝五徳の上で餅を焼いたり湯を沸かした（平成三十年）

たから、お寿司の土産は大変ありがたかったに違いありません。それがなくなるのですから、大問題にもなりかねない状況であったでしょうが、大騒ぎには至らなかったようです。

「狐に意地悪をすると祟《たた》りが起こる」「狐に化かされた」「狐に憑《つ》かれた」など狐にまつわる話は日本のどの地方にもあります。狐は泥棒でもあり、殺し屋でもあり、いろいろなものに化ける名人でもありました。

大草部落では鶏をたくさん飼育していました。卵は現金収入を得るために不可欠だったからです。ところが、時々鶏が襲われて近くの畑に埋められているのが見つかったりしました。狐は一度にたくさんの獲物を狙って襲い、食料として確保しておくために土に獲物を埋める習性を持っているようです。

昔話によれば、狐は記憶力がよくて、忘れ物をすぐに思い出したり探し出したりもします。人間社会に溶け込んでいて、稲荷神社に祀られたりして、いつの間にか神様になったりもしています。狐はただの悪者ではなく、怖がられ、逆に頼りにされてきたわけですから、里から追放されず住民と共存してきたのです。そのため、数多くの寓話が今に伝えられているのでしょう。

大草は大学などの教育機関が集まる文教地域である

旧篠岡地区の大草は、東部丘陵地帯の面影を多く残しています。北の中央部の太良下池を水源とする八田川が南下し、南を流れる生地川が春日井市の三ツ又ふれあい公園のところで八田川と合流します。二つの川の周辺は平坦な水田地帯となり、集落も

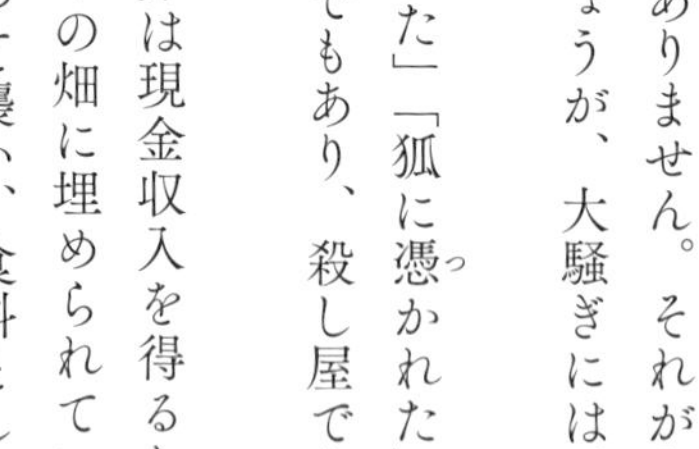
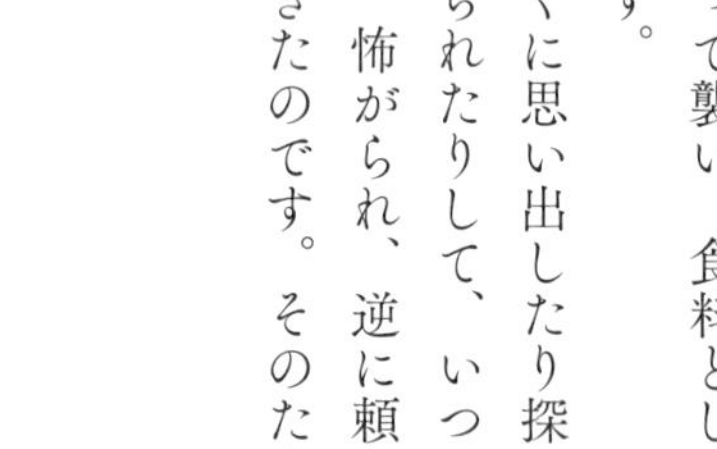

大久佐八幡宮の秋のまつり風景（平成二十四年）

つくられ、十九世紀ごろには、水田用のため池が小字ごとにあったと思われます。現在も桃花台以外の場所ではかなり残っているようです。

幹線は、中央から少し南の東西に県道荒井大草線が通って桃花台に通じ、その南に斜め西方へ県道高蔵寺小牧線が走り、八田川の東を平行に県道神屋味美線が南下しています。北部は曲がりくねった道が山間に整備されています。

昭和六十年（一九八五）に名古屋市中村区に本拠を置く学校法人同朋学園が、大草の中央部に名古屋造形芸術短期大学のキャンパスを完成させました。同学園は、地域社会との結び付きを重視する「芸術大学」を目指して、平成二年（一九九〇）に、四年制の名古屋造形芸術大学（平成二十年に名古屋造形大学に名称変更）を開学しました。造形芸術学部には美術学科とデザイン学科を設置。その後、大学院も設立し、小牧市街地で開催される町の行事にも学生らが参加して、市民との交流を図っていますが、現在、名古屋市内へ移転の話が出ています。

造形大学の北東には、平成十年（一九九八）に四年制大学の愛知文教大学を、愛知県稲沢市に本拠を置く学校法人足立学園が開設しました。国際文化学部国際文化学科の単科大学としての発足です。現在は、人文学部を設置しています。ここは小牧市が国際交流拠点エリアとして設定していた大草地区の「カルチャーゾーン」内です。留学生も多く、国際感覚を身につける教育がおこなわれています。充実した大学院も擁し、平成二十九年度からは地元の文化を学ぶ〝小牧学〟の講座を設け、学生たちは市の公開講座や講演会などの事業、市民との交流会にも参加しています。

大草の南東の県道高蔵寺小牧線の春日井市寄りに昭和二十九年（一九五四）に名古

名古屋造形大学の前身の名古屋造形芸術短期大学大学祭でみこしを担いで練り歩く学生（昭和六十一年）

屋で創業した水栓バルブ専門鋳物メーカーの兼工業株式会社が昭和四十三年（一九六八）に小牧工場を新設し、本社営業部を置いています。

大草にも、地元企業や優良銘柄の企業がいくつか進出

少し離れた東側には体験農園「くりの木ランチ」があります。このランチは、昼食のことではなく牧場のことで、栗の木林に囲まれた牧場を意味しています。安全・安心をモットーに自社生産の卵・豚肉のみを使用した菓子、総菜、ミート製品と野菜、果物を販売。小牧特産のお菓子として名古屋コーチンの卵を使ったカステラもあります。バーベキューも体験でき、家畜と遊ぶこともできます。時折、イベントも開催されています。

この会社は、大正八年（一九一九）に採卵養鶏をてがける栗木養鶏場（後に合資会社愛鶏園となる）として創業し、昭和三十八年（一九六三）に株式会社となって、鶏卵を中心とする各種関連事業を拡大。平成十年（一九九八）に鶏卵の生産及び販売事業などを統合した株式会社クレストを設立します。「安全、安心、新鮮」をモットーに自社農場で生産した卵を集め、すべてベルトコンベヤーによる完全自動化システムをおこなっています。国際品質規格の認証を取得して全国に事業展開もしています。現在は、ドイツやオランダの種豚や養豚設備会社の日本総代理店業務を開始。平成二十二年（二〇一〇）に愛知県発祥の食品関連企業でつくる「あいち食育サポート企業団」に加盟して、夢ある事業展開を進めています。

また、大手電機機器メーカーのオムロン株式会社があります。京都市下京区で昭和

〝小牧学〟の講座を設けている愛知文教大学（平成三十年）

体験農園や牧場を持つ「くりの木ランチ」（平成三十年）

八年（一九三三）に創業し、昭和二十三年（一九四八）に株式会社になった会社です。平成十七年（二〇〇五）に小牧車載事業所新研究開発棟を竣工し、平成二十二年（二〇一〇）にオムロンオートモーティブエレクトロニクス株式会社を小牧に設立し、車載電装部品を主とする軽電気機器の製造をおこなっています。名古屋市西区に本社のある昭和二十年（一九四五）開業の名糖産業株式会社は、平成二十五年（二〇一三）にバウム・クーヘン・ゼリーを主に製造する小牧工場を設置しました。

東名高速道の小牧ジャンクションの南側には、三州食品株式会社があります。この会社は、昭和三十六年（一九六一）に名古屋で鶏卵販売業として誕生し、育成・養鶏から加工までをおこなっています。平成元年（一九八九）に本社及び新工場をこの大草の地に建設しました。製造ラインの自動化を進め、鶏卵製造では日本有数の企業です。

大久佐八幡宮の『三十六歌仙絵札』は市指定有形文化財

大草の八田川沿いにある古宮《ふるみや》の由来は、四百年前に現在の東上地区にある大久佐八幡宮があったことからとされています。大草の地名もこの「大久佐」によるとも考えられています。この八幡宮は、祭神を大鷦鷯命《おほさざきのみこと》（仁徳天皇の名）や誉田別命《ほむたのわけのみこと》などとし、貞観十三年（八七一）の創建ということです。別項で紹介した大草城主の西尾式部道永により曹洞宗の大叢山福厳寺が建立された時に、現在地に再興されたとされています。流鏑馬や御輿巡行などの行事がありましたが、天正年間（一五七三～九一）後半、豊臣秀吉の時代に、「検地」「刀狩」で社領や物品などが没収され、神事も途絶

小牧市指定の棒の手など伝承する大久佐八幡宮（平成二十八年）

えました。しかし、それからおよそ五百年にわたって農民たちが非常時に備えるために鍛錬していた棒術法が伝承されています。途中途絶えたこともありましたが、現在は地元の氏子たちが組織をつくって守り、市指定の無形民俗文化財「大草棒の手」を奉納しています。

この大久佐八幡宮には、幕末に制作されたと思われる「三十六歌仙絵札」が奉納されており、平成十四年（二〇〇二）に市の有形民俗文化財に指定されました。この絵札は江戸期のものとして市内では唯一のものです。上部に歌仙名と和歌一首が墨で記され、下部に彩色が施された歌仙絵が描かれています。

大久佐八幡宮の東側には如来教の正法軒があります。本尊は釈迦で大正十年（一九二一）に創建されました。如来教は享和二年（一八〇二）に尾張国熱田の農民きのが教祖となって「一尊如来」（仏像の中の最高位である如来を祀る）を開祖した民間宗教の一派です。座禅を重視することから、一時曹洞宗に属しましたが、昭和二十一年（一九四六）に独立しました。

大久佐八幡宮と福厳寺との間に残された田園地帯を中心に地元の人々によって平成六年（一九九四）からバンブー（竹）フェスティバルが開催されています。かつて小牧は、竹を利用した細工が中核産業でした。それを偲んだフェスティバルです。「田んぼは美術館だ」の掛け声で、秋の取り入れの終わった田んぼに竹でつくった芸術作品が並びます。有志の皆さんや協賛された方々、名古屋造形大学の先生や学生などの協力で毎年見事な作品が展示され、今では地元の風物詩となっています。

大草棒の手の演技（平成二十五年）

大草の田園で開催されているバンブーフェスティバル（平成二十八年）

◉篠岡一丁目から三丁目・光ヶ丘一丁目から六丁目

伝統ある篠岡は小牧最大のベッドタウンとなった

「桃花台ニュータウン」の構想は、昭和四十二年（一九六七）に東部開発協議会が設置されたことが始まりです。昭和四十六年（一九七一）に都市計画が決定され、翌年の四月には、愛知県が事業主体となって「尾張北部都市計画新住宅市街地開発事業桃花台新住宅市街地開発事業」として国から事業認可を受けました。

この計画は、旧篠岡地区の大草、池之内、林、野口に跨り、都道府県事業としては全国で九番目の規模となる大規模住宅開発です。そして、用地買収や付随する懸案事項の解消に努力が続けられ、遺跡の発掘調査や財政問題などを克服しながら、当初の計画を変更・改善して建設が進められました。

並行して新交通システムの団地間の鉄道計画も進められ、国庫補助事業として名鉄小牧線の小牧駅から桃花台ニュータウン間の高架が着工されます。全国で三番目の新交通システム事業としてのピーチライナーが、小牧・桃花台アーバンフェア'91が開催された平成三年（一九九一）に営業が開始されました。

そして、開発の始まった篠岡の東部開発事業として整備・区画整理されてきた篠岡一丁目から三丁目、光ヶ丘一丁目から六丁目は、桃花台ニュータウン事業の東部地区の東半分を形成しています。町名の命名で篠岡がついたのは、旧篠岡村時代から伝統的な名称だったことと、桃花台の中心地であったため、篠岡の名称を残す必要があったからでしょう。

桃花台ニュータウン建設前の用地（昭和五十四年）

小牧・桃花台アーバンフェアの開催（平成三年）

篠岡の辺りは、整備される前までは桃を中心とする果実栽培がおこなわれていて、桃源郷のようなところでした。春先にピンクに染まる山肌は美しく、四季それぞれの花々、新緑や紅葉が彩ってきたのです。昭和五十八年（一九八三）に篠岡の東南の場所が整備され光ヶ丘と名づけられたのは、桃花台ニュータウンの東側に位置し、太陽の光が一番早くこの地を照らすということからだそうです。

篠岡一、二丁目の南西に県道荒井大草線が通りニュータウンの中心の大通りとなっています。二丁目は西に池之内が、北に林が接し、三丁目の北を林と野口が接していますそして二丁目と三丁目の北側の境界を県道明治村小牧線が通過しています。

また、一丁目と三丁目は、西から北へ斜めに上る桃花台鳥居松線によって南側の光ヶ丘一、二丁目と分けられました。光ヶ丘の二、三丁目の北側は、未整備の大草が盲腸のように侵入していて、光ヶ丘四、五丁目の東側は大草地区に接しています。

県道荒井大草線に沿って廃線となったピーチライナーが走っていましたが、篠岡地区の人々が利用する「桃花台センター」駅は古雅地区にあり、光ヶ丘地区の人々が利用する「桃花台東」駅は城山地区にありました。

この辺りの住宅地の中の道路は、居住地の道は縦筋と横筋に整然として分けられていますが、丘陵地帯のためか周辺は回廊のようになっています。光ヶ丘の中には、掘割した崖下を中央自動車道が通過するため、通常の視線では高速道路を走る車が見えないので、のんびりとした静かな環境のよい住宅地となっています。

空から見た桃花台ニュータウンの事業範囲（平成二十七年）

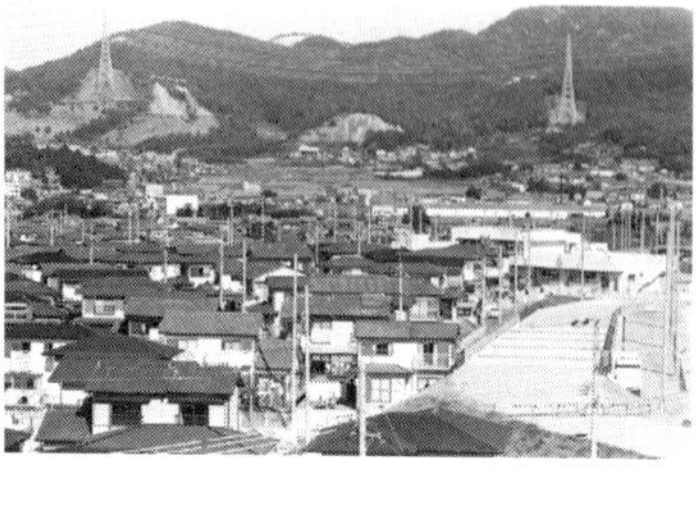

桃花台ニュータウンの一部（昭和五十六年）

開発でなくなった緑地帯は公園が代わりを

篠岡地区でもこの地域は、すでに紹介した旧大字の大草、野口、林、池之内の高台地帯が統合されて整備されたところです。篠岡と呼ばれていた時代には、地理的にも中心部であったところで、その一部分が整備・纏められたため篠岡の名が残されたものです。ニュータウンの北東の一角は、小字でいえば大草の九反所、野口の九反所・西洞、林の向山・中向山・九反所、池之内の向山・池下・妙堂の各地の一部分が整備されてつくられました。光ヶ丘となった旧大字の大草の部分については、小字の九反所・高根・定根洞・洞之海道・七重・西上などが分割・整理統合されて、光ヶ丘一丁目から六丁目になりました。

開発されたこの地域でも、残った川や用水には昔の面影が多少ありますが、水害や防火のために利用されてきたため池や小池、湿原などは消失してしまいました。灌木地帯だった緑地帯もなくなりましたが、快適な生活空間を保持するためにいろいろな施設が配慮されています。篠岡地区には、一丁目に桃花台第三公園と篠岡第一公園、二丁目に篠岡第二公園、三丁目に篠岡第三公園がつくられ、調整池はすべて宅地になっています。光ヶ丘には、一丁目に光ヶ丘第一公園、二丁目に光ヶ丘第二公園、三丁目に光ヶ丘第三公園、光ヶ丘第七公園と桃花台第四公園、四丁目に光ヶ丘第四公園、五丁目に光ヶ丘第五、六公園などが設置され、四、五、六丁目にあった調整池はすべて宅地になりました。その他、幼稚園から中学校までの教育機関も完備され、桃花台ニュータウンでの生活が快適になるよう工夫されています。新旧住民の交流も図られ、年間の行事も定期的に開催され、にぎわっているようです。

桃花台ニュータウン中央公園（平成二十八年）

小牧市役所篠岡支所のセンターは旧役場の庁舎使用から始まる

篠岡二丁目には東部市民センターがあります。ここはニュータウンに住む人々を含め、旧篠岡地区の皆さんのために、市役所の出先機関である支所と公民館の複合施設として設置されているものです。東部市民センターの建物は平成元年（一九八九）に開設されました。市民センターは、町村合併により他の味岡・北里にも設置されており、いずれの施設も多目的に使えるよう計画されて市民に利用されています。

支所の施設としては、昭和三十年（一九五五）に篠岡村が小牧市に合併したときからの役場の庁舎が利用されてきました。

昭和二十八年（一九五三）に政府の地方制度調査会の答申に基づいて「町村合併促進法」が施行されました。その後、地方税などの大幅な改正をおこない、各種合理化や救済制度が確立して地方財政の基盤固めが進められると、この地方にも一気に町村合併の機運が起こり、村民の意識変革や論議を経て合併したのです。

しかし、合併に至るまでには幾多の曲折がありました。愛知県にも町村合併促進審議会が設置され、「愛知県新町村建設計画審査要領」に基づいて、当初は小牧町、味岡村、北里村で町村合併促進協議会が設置されます。ところが、内容に問題があるということで、小牧町長の辞表騒ぎがありました。その後、篠岡村も協議会に加わり、一町三村の町村長の連名で「小牧市建設計画」を提出します。だが、北里村が合併を見送り、篠岡村は住民投票で合併を決めました。そして、小牧町、味岡村、篠岡村の一町二村で申請して承認され、昭和三十年（一九五五）一月に市制が施行されます。八年後の昭和三十八年（一九六三）に北里村が合併して、現在の小牧市となりました。

桃花台中心部の手前東部市民センター、奥スカイステージ33（平成三十年）

以前村役場だったところが、市民センターとなり住民の交流の場として活用されています。

◉古雅一丁目から四丁目（桃ヶ丘一丁目から三丁目を含む）

「古雅」は菊の品種から、「桃ヶ丘」は桃源郷から命名

古雅は、旧篠岡地区の中心部桃花台ニュータウンの西方に位置しています。北から東南に横断する県道荒井大草線が篠岡一、二丁目の境界で、北は池之内、西は上末に接しています。南に桃ヶ丘がありますが、ここは東南に城山、南に高根、西は上末と接しています。また、県道明治村小牧線が古雅の三丁目と四丁目を分けて通過し桃ヶ丘三丁目に至り、上末から城山を抜ける北尾張中央道に突きあたります。北尾張中央道は、昭和三十七年（一九六二）に国道一五五号線に付け替えられ桃ヶ丘三丁目で合流しています。この地域には自然を重視した一戸建ての住宅が広がり、県道の荒井大草線と明治村小牧線に沿って廃線となったピーチライナーの高架が残されています。

桃花台ニュータウンの沿革については、別項で紹介していますので、それに譲ります。古雅の地では昭和四十八年（一九七三）に土地整備がおこなわれ、昭和五十三年（一九七八）に旧池之内地区でニュータウン建設の起工式がありました。昭和五十四年（一九七九）に町名が検討され、当時の市長の裁断で菊の品種名から「古雅」（当時は、桃ばかりでなく電照菊の栽培もおこなわれていた）と名づけられました。桃花台ニュータウンでは、翌年に最初の入居が古雅から始まりました。ニュータウンの土地の分譲が始まって住宅地の供給が進み、県下の土地の高騰が止まったといわれていま

古雅地区の半分はピーチライナーに囲まれていた（平成三十年）

す。

続いて入居が始まった桃ヶ丘では、明治以来の開墾で桃の栽培が農家の重要な収入源になっていましたので、桃の花の咲き乱れる桃源郷をイメージして「桃ヶ丘」と名づけられました。

この地域は東部尾張丘陵地帯で、地質は泥炭層と火山灰層からなる新第三紀層（約二千万年前）となっており、他の地域と同じように江戸時代の末期から昭和の中期まで、亜炭の採掘が盛んにおこなわれたところです。北側には大山川の支流である池下川があり、多くの貯水池もありました。古雅三丁目には桃花台西公園内に昔からの四ッ池が残っています。古雅の憩の場所として第一から第三公園がつくられています。昭和五十六年（一九八一）、古雅四丁目に上水道送・配水施設である桃花台中継ポンプ場が完成し、翌年上水道管理センターが竣工。小牧市街地区と桃花台地区の上水の管理がきちんとできるようになりました。

桃花台は、日本の「ふるさと」で動植物の天国だった

桃花台ニュータウン開発以前の篠岡の丘陵地帯は、戦前・戦後を通じて亜炭の採掘や採土がおこなわれ、戦時には木材の伐採があったところです。採掘や伐採によって自然災害も繰り返されました。その後、小牧市の工場誘致の施策や愛知県下の人口増加で、ここにベッドタウンの構想が浮かび上がります。昭和四十六年（一九七一）に都市計画を策定し、本格的な開発がはじまったのです。

区画整理がおこなわれ、昭和五十四年（一九七九）に大草地区の旧小字の高根・九

古雅四丁目にある小牧市上水道管理センター（平成二十八年）

反所と池之内地区の向山・池下が、古雅一丁目に区画されました。以下、古雅二丁目は大草地区の高根と池之内地区の向山が、古雅三丁目は大草地区の高根と池之内地区の向山・高畑・南廻間・池下が、古雅四丁目は池之内地区の向山・高畑・南廻間・池下・峠が、桃ヶ丘一丁目は大草地区の高根、桃ヶ丘二、三丁目は大草地区の高根と池之内地区の向山が、それぞれ区画されたのです。

大草、池之内の由来はすでに紹介していますが、この篠岡地区も日本の「ふるさと」と呼ばれる佇《たたず》まいが残り、古くから果樹園のある動植物の宝庫でもありました。しかし、それらは開発とともに消え去り、小字の地名も不確定になって消滅し、各戸の表示は道筋と棟の号番号で区分されるようになりました。

桃花台線のピーチライナーの建設とその顛末

古雅一丁目には、今は廃止された新交通システム桃花台線のピーチライナーの駅舎「桃花台センター」、古雅三丁目には「桃花台西」がありました。

桃花台ニュータウンが整備されるなかで、住民の足となる輸送機関の整備計画も進められます。名鉄小牧駅を起点に、桃花台ニュータウンと春日井市の高蔵寺ニュータウンを経由して国鉄（現JR中央本線）高蔵寺駅に至る団地間鉄道として、昭和五十三年（一九七八）の完成をめざして計画が立てられていたのです。しかし、愛知県の財政事情の悪化やニュータウン開発自体の遅れ、さらに愛知県が主導する第三セクターの新会社の経営案でも将来の巨額赤字が予想されたことなどから、実現には至らなかったといわれています。

大草交差点から見た桃花台（平成三十年）

運行していた頃の古雅地区の桃花台ピーチライナー（平成十一年）

「団地間鉄道」は無理としても、小牧駅と桃花台ニュータウンとの足は確保したいと論議が重ねられて、鉄道や銀行など民間企業六社で構成される「事業主体設立準備委員会」を設置し、検討することになりました。（しかし、この赤字見通しより別の問題がありました。それは、予定通りの路線を完成させた場合、出発地の小牧の開発が住民運動で不可能になる予想があったからです。もちろん、市の計画のラピオ構想は挫折することになります。この理由が一番だったことと隣接の関係自治体の難色もありました）その結果、県や関係機関による低利の貸付や施設の提供があれば、営業開始七年目に単年度黒字になり、二十年目には予想される累積赤字が解消できるとの結論を得ます。愛知県が事業の実施を決め、社長は愛知県知事、副社長に名古屋鉄道株式会社の副社長、愛知県副知事、小牧市長が就任して、第三セクターによる新会社「桃花台新交通株式会社」を設立。全国で三番目となる新交通システム事業がスタートしたのです。

工事は昭和五十七年（一九八二）に着工され、平成三年（一九九一）に小牧駅から桃花台東駅までが完成したので、とりあえず営業を始めました。軌道は道路と同じ考えでつくられ、自動車専用の軌道としました。車両は電動式、車輪は振動が少ないゴムタイヤになっています。国庫補助が三分の二となる道路建設として全国で初めてのケースといわれるインフラ・ストラクチャー方式で、官民一体となった事業でした。しかし、この新交通システムは平成十八年（二〇〇六）に運行が終了し、現在、所有者の愛知県が撤去に向けて審議し、一部、取り壊しがはじまっています。

当初の予想が外れ、年間の経常経費の負債が膨らんで、将来、その負債を解消することができないというのが主な理由です。廃止にあたっては、数度の説明がありまし

桃花台ニュータウン遠望。大草城跡より北側を望む（平成二十八年）

たが、もともと春日井市の高蔵寺ニュータウンと結ぶ路線で、計画の半分余りしか延伸されませんでした。駅の設置場所も企業や公共施設の利用より地域優先をしたため、不合理なところが多くなり利用者の利便性も悪く、乗車率は上がらなかったようです。

小牧では、古くから東西の人事交流と交通の利便性を高めるためとして、中央本線と東海道本線を小牧で接続させる計画を悲願としていましたが、いつも頓挫してきました。高齢化時代を迎えた今日、廃止線や国道一五五号線などを利用した軽便なモノレール程度の交通アクセスも考えられるのではないでしょうか。朝晩の幹線はもちろん、路地まで交通渋滞が起きています。現在、篠岡地区の人々から、中央本線まで延伸して、復活させてほしいという要望も聞かれます。

◉城山一丁目から五丁目

大草城の一部はニュータウンの城山として独立

ところでニュータウンへの入居は、昭和五十五年（一九八〇）から始まり、昭和五十八年（一九八三）には、城山地区で団地建設の宅地造成も終了します。

城山一丁目から五丁目は旧大草地域に含まれ、現大草の観音寺あたりから桃花台中央公園を中心とする城山三丁目辺りまで大草城（西尾城）が広がっていた地域です。それに因んで、大草から独立したとき城山の町名が付けられたのです。

城山地区は、北東が県道荒井大草線に接し、北東側は光ヶ丘一丁目、六丁目、五丁目、北西は古雅一丁目、桃ヶ丘一丁目～三丁目に接し、南西は高根二丁目と三丁目に、南東は大草に接しています。また、城山のほぼ中央部分を北東から南西に向かって中

ホーム以外は取り外されたピーチライナーの駅舎（平成三十年）

桃花台団地に設置されている小公園が城山地区にもつくられている（平成三十年）

央自動車道が縦断し、それと直角に北尾張中央道となる国道一五五号線が城山の四丁目から五丁目にかけて通過しています。団地の中は丘陵地帯や遺跡などを考慮して、画一的に区割りをしない道路が敷設されました。

大草の名称は、先に紹介していますが、城山一丁目は旧大草の高根と大洞、二丁目は高根・洞之海道・西上・九反所・大洞、三丁目は大洞・西上・洞之海道、四丁目は大洞・丸根、五丁目は大洞・高根の小字が区分されて、整理分割されたものです。高根については、別項で紹介しますが、大草地域には洞の付く名称が多くあります。前にも説明したように、洞とは狭間と同じ谷間の意味ですから、大草地区には多くの丘陵地が広がり、その地形が小字名として付けられたと考えられています。海道の名は、本来、海岸に沿った道筋をいいますが、この地は八田川の渕にある大草城の近くということで付けられたと推察されます。

新旧住民の融和をはかる「桃花台まつり」へと発展

桃花台ニュータウンは、当初の計画より幾分縮小されたものの建設が進み、古雅地区から入居が始まりました。学校は当初篠岡小学校（明治三十九年設立）と篠岡中学校（昭和二十二年設立）だけでしたが、人口が増えるとともに就学児童も増加したので次々と新しい小中学校が生まれました。昭和五十一年（一九七六）に桃ヶ丘小学校、昭和五十七年（一九八二）に桃陵中学校、昭和六十年（一九八五）に陶小学校、昭和六十三年（一九八八）に光ヶ丘小学校、平成二年（一九九〇）に大城小学校と光ヶ丘中学校と設置されました。一時は、生徒数が一千人を超える学校も出現しています。

桃花台の住民により自主的に始まったまつり（平成二十八年）

小学校は住区の外縁に近い位置に置かれました。住区の核として活用しながら新旧住民との融和を図るためです。小学校区ごとに他の地域ではあまり例をみない桃花台ニュータウン独自のコミュニティがつくられています。それは、盆踊り大会を中心としたもので、桃花台中央公園をメイン会場に、各種バザーや演奏会などのイベントもおこなわれていました。この住民たちの「ふれあいの場」が、今では夏の行事になった「桃花台まつり」へと発展しました。この祭りは、ニュータウン住民四万五千余の融和の場となっています。実行委員会はニュータウンの町内の役員で構成され、ほとんどの住民が参加するといいます。いまや小牧市内最大のイベントに成長しました。

また、各住地区では、公園や緑地、コミュニティ施設などの設置もおこなわれました。歩行者優先の立場から、自転車や歩行者専用の緑道を設けて、公園や学校、ショッピングセンターなどへ安全に行けるような整備もされました。

新交通システムの桃花台線が平成十八年（二〇〇六）に廃止され、高架はそのままの状態で残り、現在代替バスで用を足していますが、朝夕のラッシュ時の対応を迫られています。

旧篠岡地域では、高度経済成長期に入った昭和三十八年（一九六三）に新住宅市街地開発法の制定もあり、その四年後には、愛知県の主導で桃花台ニュータウン構想が進められました。ここに四万余の人口の町が誕生したのです。半世紀を経過したいま、全国で話題となっているニュータウン住民の少子高齢化が進み、高齢単身世帯が増加しています。住環境や地域の伝統文化を活かした古くからのコミュニケーションの場づくり、横の連携をとる交流の場が必要です。

桃花台中央公園が桃花台まつりのメイン会場（平成二十八年）

◉高根一丁目から三丁目

桃源郷だった高根地域は住宅地として変貌

陽春を迎えたころに小牧山の山頂から東部篠岡方面を眺めると、ほんの数十年前までは、東部丘陵地帯にピンクに彩られた美しい桃の花が咲き乱れ、周辺の農村地帯の所々に桃色の絨毯が敷かれたような清々しい光景を目にすることができました。その地は、まるで桃源郷のようでした。大草地域から独立した高根地域を中心とした丘陵地帯は、いまもその光景の残る場所です。その北側は、桃花台ニュータウンの住宅群が繋がり、一大ベッドタウンになっています。

高根は、名神高速道の小牧インターから東よりの東名高速道路・中央自動車道の交差する小牧ジャンクションの北側一帯です。現在も一部に桃畑を見ることができます。昔の面影を残しながら桃の産地の面目も保っているようです。高根は、平成三年（一九九一）に一丁目から三丁目に区分され、現在の町名となりました。一丁目は、旧大字の池之内の向山、上末の東山、大草の高根の一部が区画され、二丁目は池之内の向山、大草の高根、三丁目は大草の高根と壇ノ上が区分されています。

高根の地名は、東部丘陵地帯の高台が北に広がり山林地帯の南にあることから付けられたようです。ここには古い歴史があり、昭和三十一年（一九五六）に愛知県指定の史跡文化財として高根遺跡が指定されています。一丁目のゴルフ練習場南側にあります。七世紀から十一世紀にかけて猿投窯《さなげかま》と並ぶ規模をもつ窯業の中心地篠岡古窯跡群の一つです。陶器の欠片《かけら》などの出土品はありませんでしたが、陶土の精錬などをし

篠岡の桃の果実（平成二十六年）

愛知県指定史跡の高根遺跡（平成二十八年）

た作業現場と考えられています。

一丁目にある株式会社一鍬が経営する一鍬ゴルフクラブコースは、豪快な二百五十ヤード打っ放しの練習場を持ち、プロ設計の本格的なショートコースを備えています。自然環境が整いゴルフ好きの市民に健康増進の場を提供しています。

高根の開拓は戦後の苦難を克服する夢と希望の歴史

まるで桃源郷のようであった高根にも苦難の歴史がありました。第二次世界大戦後の昭和二十年（一九四五）、緊急開拓事業実施要領が適用され、翌年には、駐日連合軍司令部（連合国軍最高司令官総司令部）より公共事業計画の原則が示されます。食糧増産と離農者の帰農促進を目指して新規開拓に重点を置き、農地開発に取り組むこととなったのです。昭和二十四年度（一九四九）に、高根地域に上末地区高根開拓組合、大草に篠岡地区大草開拓組合が設立されて開拓・入植地域として準備されました。

当時は人家もまばらで、住んでいる人も少なく、寂しい丘陵が続いていたそうです。開拓は生育のよくない雑木林が自生する洪積台地を開墾することから始まりました。地下水源は深く井戸水が利用できるのもわずかで、湧水があっても流水量が皆無に等しかったため用水に不便をきたしました。天水や溜水、谷間水に依存することになり、開拓事業は困難を極めたのです。開拓者の募集は、初年度の十一月ごろから始められました。旧満州（中国大陸・東北地区）からの引揚者や地元の二、三男を優先的に募集したところ、多くの小牧地方出身者の応募を得て、はじめは一人から六人ほどの家族からなる三十五世帯余りの入植者がありました。その人たちに対しては、県から

未だ緑が残る高根地域（平成三十年）

高根より小牧山を望む（平成三十年）

助成金が支給されましたので、敗戦によって帰国して生活のあてのない人々にとって、高根の入植は夢と希望に満ちたものでした。

当時は、今のようにブルドーザーなどの機械もありません。朝早くから夜遅くまで人間の手で山を切り開く作業には困難辛苦が伴いました。そのうえ、食糧難から落伍者が出ます。第二次入植者を募集して開拓が進められていきました。その努力が実り、昭和二十七年（一九五二）ごろになると山も開け、耕地も広がり、桃、梨、りんご、柿などの苗も植えられました。これらが育つ間、スイカやほうずきなどが栽培され、収穫した農産物は出荷場から名古屋などの市場に運ばれました。とくに桃は人気が高く、値段も高く売れたといいます。

開拓耕地の種分けは、普通畑と樹園地で勧められ、裸麦（小麦）や大豆、甘藷《かんしょ》（さつまいも）などを順につくる輪作形態が採られました。家畜の飼育も認められたためサイロのある開拓牧場もでき、放牧された乳牛などが草を食むのんびりとした風景も見られました。また、小牧に伝統のある養鶏の導入にも力が注がれました。

高根は昭和三十四年（一九五九）ごろまで電気や水道が引かれていなかった家もあり、住民は不便な生活を強いられてきましたが、その後、生活も向上して人家も多くなり、会社の社宅も建てられています。

現在桃花台ニュータウンを取り巻くこの周辺の変貌は目覚しいものですが、その裏には、最初に入植した数十名の人たちによる血のにじむような努力と開拓精神があったことを記憶に残しておきたいものです。

高根の開拓牧場でのんびりする乳牛（昭和三十六年）

開拓時代から一変して整備されつつある高根（平成二十八年）

農協が整理統合され、高根の開拓の地に本部を設置

この整備された高根地域のコア（住居や事務室などの共用施設を纏めて設置した建造物）があった高根二丁目に、平成十四年（二〇〇二）尾張中央農業協同組合（JA尾張中央）が、小牧市、春日井市、西春日井郡豊山町を管轄する農協本部を設立しました。農協は、昭和二十三年（一九四八）の農業協同組合（農協）法の公布と同時に全国に農村の組織化が図られ、各地につくられていきます。昭和三十六年（一九六一）の〝農政の憲法〟と呼ばれる「農業基本法」が公布され、「農業協同組合合併助成法」が施行されるまで全国に一万二千余の農協があったといいます。この地方の各地にも農協が設立され広く活動していました。

「農業協同組合合併助成法」施行後の昭和四十九年（一九七四）には、地域の農協は吸収併合や合併で五千弱に減少しました。小牧地方も統合が進められ、都市化に伴う社会構造の変化の波を受け、農業に従事する人々も減っています。昭和三十年代から始まった小牧市の農村から工業都市への変身によって、農業に関する環境も大きく変わりました。

現在農協は変革の時代に入っており、農業の体質も変わりつつあります。市町村合併で小牧市内の各地の農協も統合減少傾向にあります。昭和五十三年（一九七八）に小牧と北里の農協が合併し、平成四年（一九九二）に味岡と篠岡も合併しました。その一方で農協は、名実ともに農民の味方として多角的な事業にも取り組んでいます。金融関係でも小牧地方の実績はかなり高く、農協改革が進んでいるなか「信頼と成長」を信条として新しい運営への模索がされています。

道路が整備された高根の高原地帯（平成三十年）

高根のJA尾張中央本部（平成二十八年）

尾張小牧地域は、尾張平野を背景に農村として発達してきましたが、この篠岡地域も戦後の荒廃の中から立ち上がり、開拓の苦しみを乗り越え、新しい町づくりがおこなわれてきました。その結果、農業の総元締めであるＪＡ尾張中央の本部がこの地に置かれたことは意味あることでしょう。

北里地区

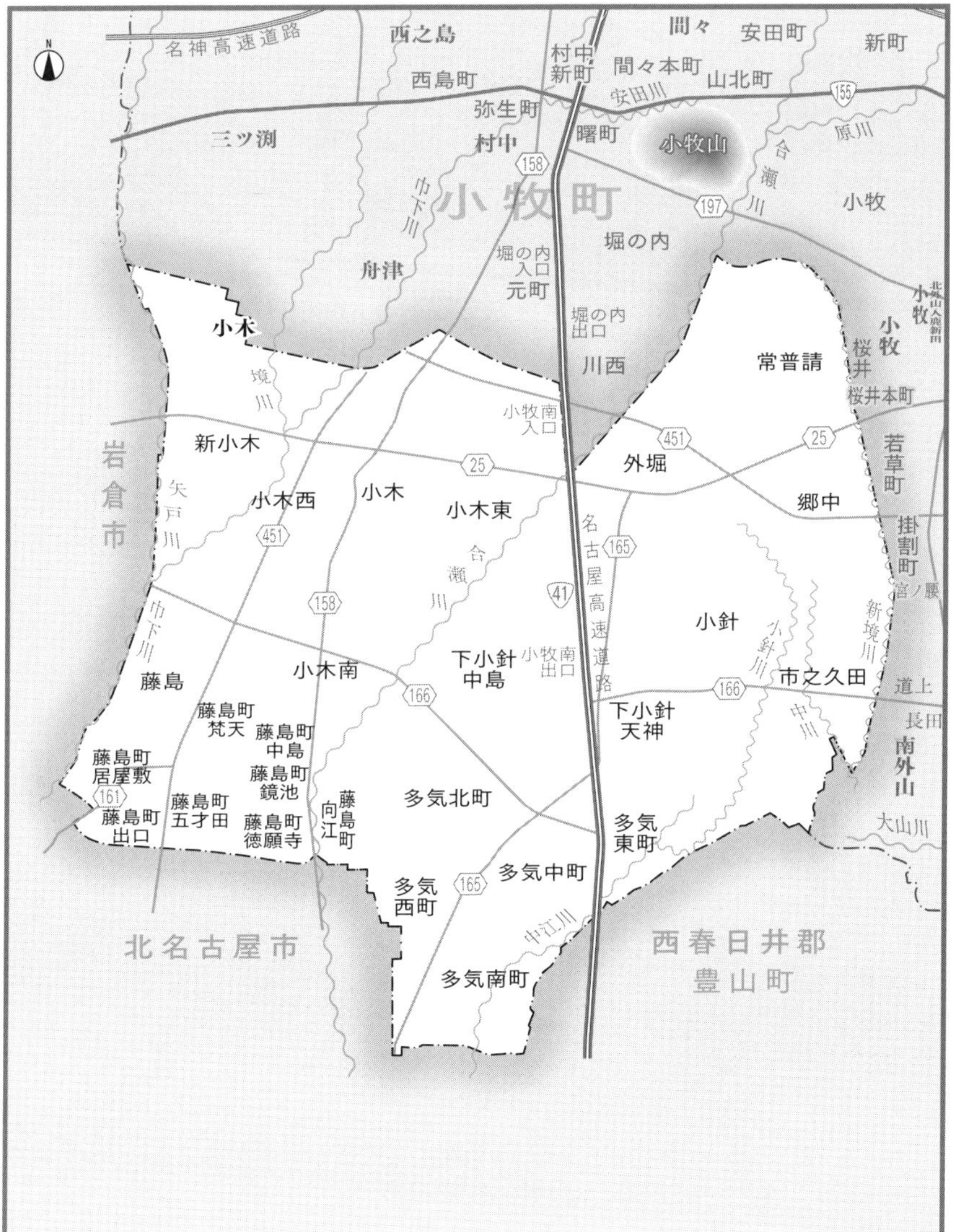
名神高速道路
西之島
間々
安田町
新町
村中新町
間々本町
西島町
山北町
安田川
弥生町
三ツ渕
曙町
小牧山
原川
村中
合瀬川
小牧町
小牧
堀の内
巾下川
舟津
堀の内入口
元町
堀の内出口
小木
川西
常普請
桜井
桜井本町
境川
小牧南入口
新小木
外堀
若草町
岩倉市
矢戸川
小木西
小木
小木東
郷中
名古屋高速道路
掛割町
小針
巾下川
小牧南出口
新境川
藤島
小木南
下小針中島
市之久田
道上
長田
藤島町梵天
藤島町中島
下小針天神
中川
南外山
藤島町居屋敷
藤島町鏡池
多気北町
向江
藤島町
藤島町出口
藤島町五才田
藤島町徳願寺
多気東町
大山川
多気中町
多気西町
中江川
北名古屋市
西春日井郡豊山町
多気南町

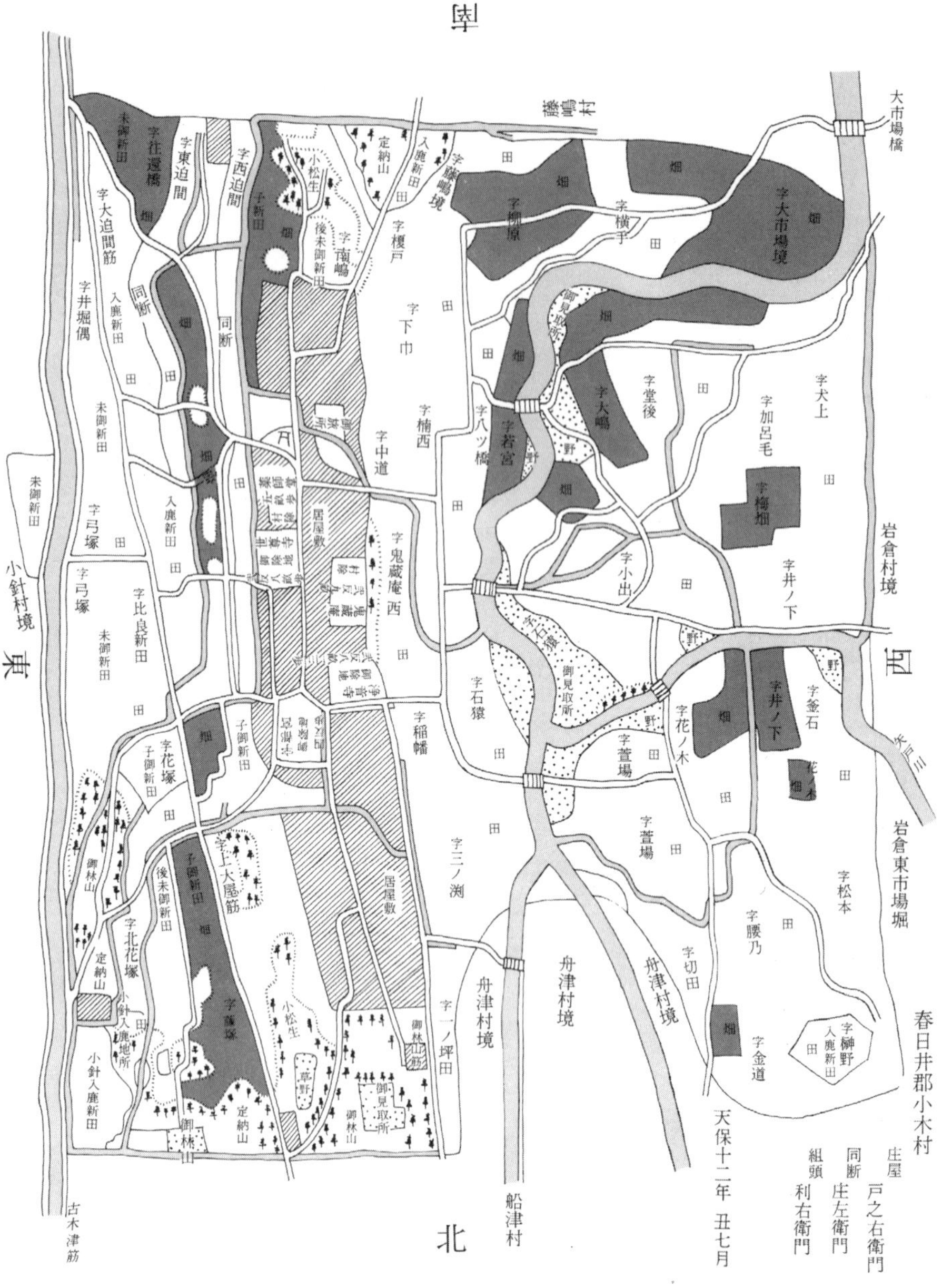

小木村絵図解読図
（出典：『小牧市史』資料編２　村絵図編）

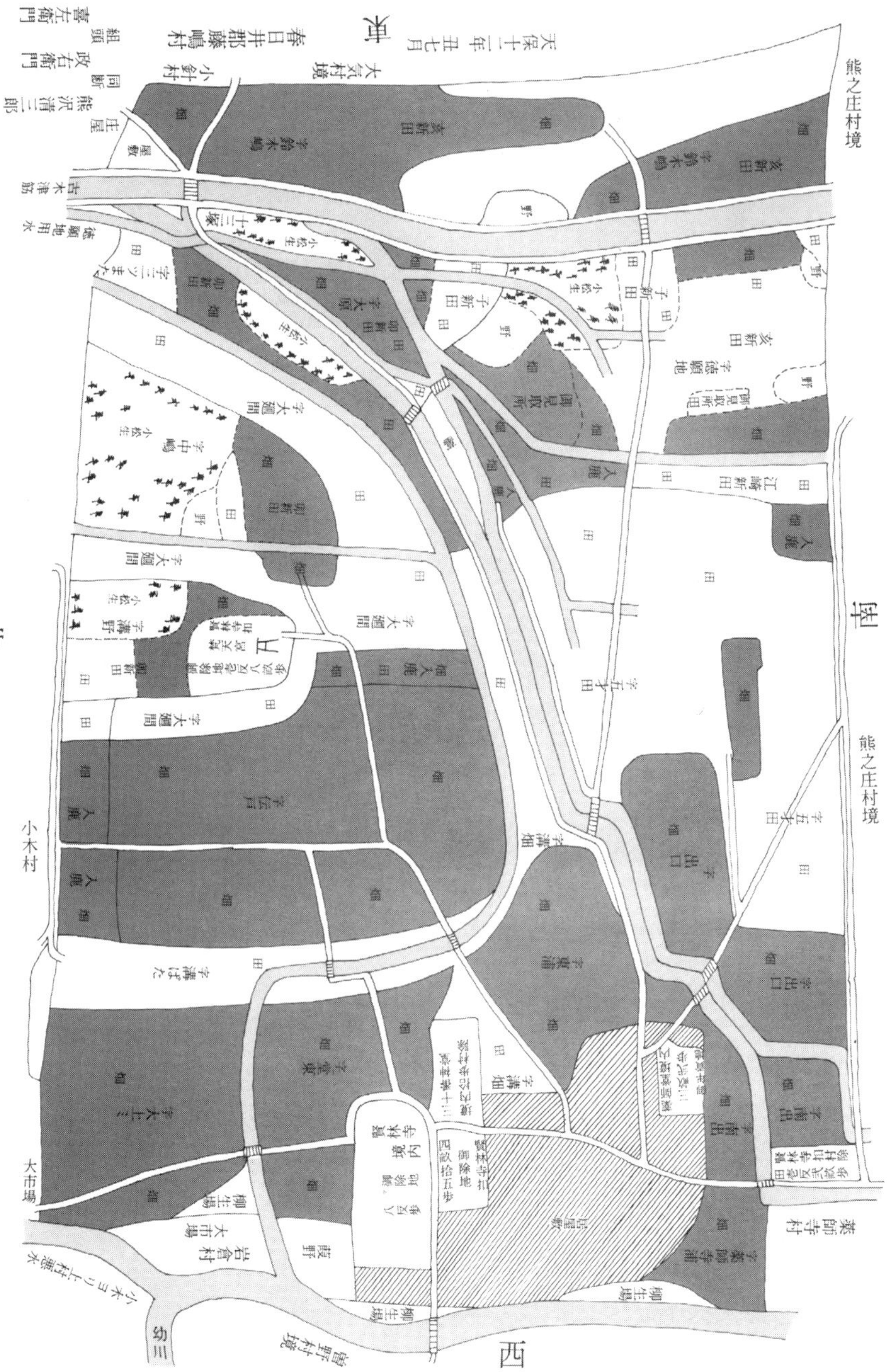

藤島村絵図解読図
(出典：『小牧市史』資料編 2　村絵図編)

北里地区

◉常普請一丁目から三丁目・市之久田一丁目から二丁目

旧西春日井郡北里村の最北に位置する常普請地域

明治三十九年（一九〇六）に新町村制の実施によって、尾張、小木、五条、多気が合併して北里村になりました。その地は、西春日井郡の最北端にある里という意味で北里村とつけられたのです。

常普請《じょうぶし》はその一番北に位置していました。後述される『尾張徇行記《おわりじゅんこうき》』や『寛文《かんぶん》村々覚書《むらむらおぼえがき》』に書かれている市之久田を含む五郷の一つにあるこの地域は、地理的にも経済的にも小牧と強く結びついていましたので、戦後の学制改革にあたり、住民の間に北里村から分離して小牧町に合併しようという気運が高まりました。一時は行政区とは異なる通学区の中学校に生徒が通ったこともありました。その後は、そのまま北里村に留まり、昭和三十八年（一九六三）に北里村と小牧市が合併したことで、変則的だった諸問題は解決しました。

常普請の地名は、古文書やいい伝えによると、城普請・定普請・上普請などと呼ばれ、現在の常普請に至っています。この地は、小牧山の南、旧西春日井郡北里村の最北に位置し、江戸時代には市之久田（一之久田）と呼ばれていましたが、常普請・

大正時代の常普請方向から見た小牧山

郷中・市之久田と細分化され現在の姿（常普請）になりました。『天満宮略記』には「常普請地区は往古より蟹清水を水源とする、米作の地として船橋・山田・伊藤・谷口・勝田・堀尾・服部の七氏の武士により開村せり、当村氏神は室町時代九州の遊行僧此の地に来たり、樟《くぬぎ》の木皮に天満宮と記せるを太宰府天満宮の御分霊として祀りし最初にして、延宝六年（一六七八）尾張藩侯より御祭菅原道真《みちざね》公の御神像を寄進賜り共に本殿に奉祀す、……」と記《しる》されています。天満宮の創建など不明ですが、延宝六年に尾張藩主より御神像が寄進され本殿に奉祀されています。明治元年（一八六八）に天神社となり、昭和五十年（一九七五）に天満宮に改称・昇格し、祭神を菅原道真公とし、昭和五十八年（一九八三）に鉄筋コンクリートで新築。末社に市杵島姫命を祭神とする厳島社を祀っています。この北側に慶長六年（一六〇一）ごろに建てられ、天明六年（一七八六）に實山布毛大和尚により再興された曹洞宗の普照山本光寺があります。本尊は釈迦如来（釈迦牟尼如来）です。寺宝に西行法師作の木像と自筆の筆跡があります。

その北西には日蓮宗の蓮光山妙法寺があります。宝徳二年（一四五一）に東京池上大本山本門寺の直末寺として妙法堂を建立。その後、天文五年（一五三六）に京都の大本山本圀寺《だいほんざんほんこくじ》日助上人が来堂し「鎌倉に妙法寺があったが焼失したため移転すべし」との沙汰を受けました。檀信徒共に合意して弘治元年（一五五五）に日蓮宗の蓮光山妙法寺として伽藍移転の法要をおこないます。日助上人を開基としたといいます。本尊は法華題目木塔（大曼荼羅）です。

現在の常普請は、市の西部に位置し、東は小牧、桜井、桜井本町に、南は郷中に、

学問の神様・菅原道真公を祀った天満宮（平成二十八年）

天満宮に隣接する普照山本光寺（平成二十八年）

西は外堀と堀の内に、北は小牧に接しています。常普請一丁目には小牧市民病院、上切公園、二丁目に常普請公園、若宮公園、天満宮、厳島社、御岳社、妙法寺、本光寺、三丁目に中島スポーツ広場、市之久田中央公園、若宮神社などがあります。

常普請には、神社仏閣などの慶祝行事で唄われる木遣り歌を奉納する木遣り保存の会が活動しています。この地区は、名前の通り大工さんやその関係者が多く住んでいたといわれ、木遣りの歴史は、織田信長の時代までに遡るようです。信長の城普請をしたときに大勢の人足が謡ったといわれています。木遣りは市内のいくつかの地区で伝承されてきましたが、いまでは淘汰されてしまい、広く活動しているのはこの常普請のみです。昭和五十年（一九七五）に天神社が天満宮に昇格したときに復活し、保存会が結成されて、伝統を守っています。

一丁目には昭和五十六年（一九八一）創業の株式会社中部設計があり、土木建築サービスと地域の活性化に取り組んでいます。小牧市保健センターや休日急病診療所もあります。

市之久田は江戸時代には小牧代官所の管轄

江戸時代の市之久田村は南北に長く、地層のほとんどは洪積層ですが、南端は大山川の氾濫によってつくられた沖積層の湿地でした。自然流水による灌漑ができることから低地の開発が進められました。その経緯は、名前に残っています。市之久田の久田は、鍬田《くわた》の変形で、最初に鍬を入れた田ということでそう呼ばれたそうです。

市之久田と総称するこの地域は、古文書によると市之久田・郷中・常普請・御屋

里村紹巴が休息したという蓮光山妙法寺（平成二十八年）

常普請の木遣り保存会の演舞（平成四年）

敷・池新田の五つの郷からなると記されています。『尾張徇行記』には、市之久田入鹿出新田（池新田）の名があるところから、池新田は市之久田とは別個に扱われてきたと考えられますが、明治十一年（一八七八）に合併し、明治十三年（一八八〇）には西春日井郡に所属しました。また『寛文村々覚書』には、郷中嶋・定普請・小屋敷の名が出ており、江戸中期には、家数百二十、人数六百五十六と記され、小牧代官所の支配下にありました。

また、字は、二十五カ所ばかりありましたが、常普請地域は、西出・北浦・東出・常普請・池田・若宮・中島・大島・西ノ木戸などが整理統合され、昭和六十一年（一九八六）に一丁目から三丁目に分けられました。

市之久田二丁目は、大部分を占めている旧小牧飛行場の拡張工事に伴い、道路など途中が途切れた状態になった部分もありますが、以前は豊山町青山から小牧に通じる道路でした。むかしは、現在の市道小牧市之久田線の道路に沿って集落がつくられていましたが、今は集団移転で殆んど空港の敷地になっています。この道は市之久田、郷中を南北に縦断し、常普請の若宮から小牧に至りますが、集落の西端を経て小牧に至る市道小針青山線と並行しています。

市之久田一丁目には誉田別命などを祭神とする創建年代不明の八幡社があります。大正三年（一九一四）には近在の稲荷社など三社を合祀しています。境内社前に「村中安全」と享保九年（一七二四）と記した碑があり、本殿から円空仏が発見され、現在、小牧市歴史館に展示されています。この神社の南に尾張藩が米切手（藩札）を発行した年の寛政三年（一七九一）に誕生した岩倉龍潭寺の末寺である曹洞宗不動山養

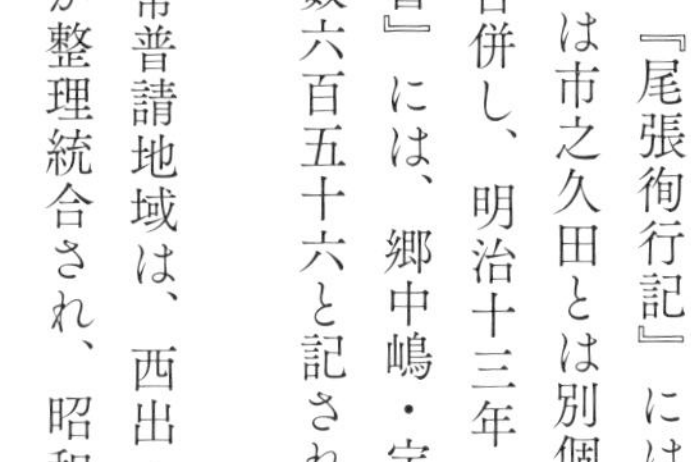

市之久田区画整理（昭和五十二年）

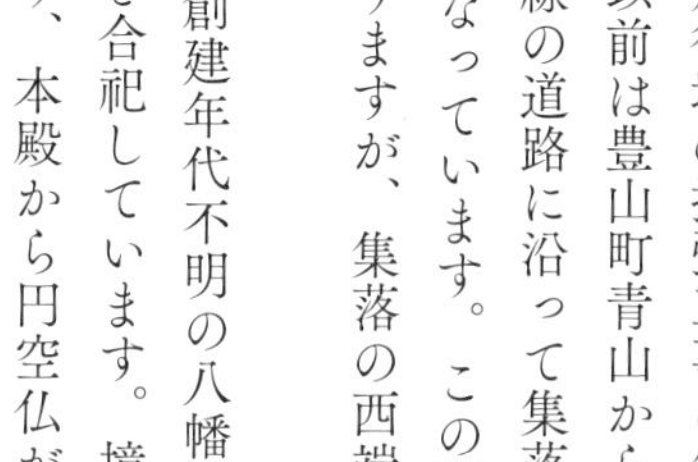

市之久田幼稚園を併設する不動山養光寺参道（平成三十年）

光寺があります。本尊は聖観世音（十一面観世音菩薩）で、境内にある秋葉堂に七福神の大黒天が祀られています。現在は、市之久田幼稚園を併設しています。

一丁目には、昭和五十二年（一九七七）に設立された鉄屑の再生・加工販売などを営む小牧金属株式会社、出版印刷や木・紙製品などを執り扱う有限会社豊山紙器などがあります。

小牧飛行場（小牧基地）の拡張に伴い集落移転

旧市之久田地域の最南端にあった岩之田・堂之前・屋敷・鍛冶海道・西浦・菖《あやめ》・六反田・松野・大塚などは、市之久田一、二丁目に整理統合されました。

別項でも取り上げていますが、昭和三十三年（一九五八）に、旧市之久田地域にあった集落の多くは、旧小針地域と共に、小牧飛行場（小牧基地）拡張のため、東の南外山寄りに移転しました。一丁目の市之久田会館前の公園には、土地改良碑とともに、この集落移転を記す碑が設置されています。

移転碑には、昭和三十五年（一九六〇）の日米安全保障条約に基づいてアメリカ軍が駐留していた小牧飛行場を拡張する際、危険地域にあたる市之久田の集落を北方の現在地に移転したことが記されています。小字の松野（松林ともいわれていた）・菖・六反田・大塚の名は名古屋空港内に今も残っています。

碑にある「永住ノ地ヲ此処ニ定メ」という文字からは、住み慣れた土地を離れることになった市之久田の人々のさまざまな思いと願いが伝わってきます。この地域では古くから旧暦の正月元日前には餅をつかず二日に餅つきをして、二日から四日まで、

市之久田二丁目の小牧飛行場の滑走路の北端（平成三十年）

一日遅れで正月の行事がおこなわれていました。しかし、移転によってその慣習も途絶えてしまいました。

昭和三十八年（一九六三）には、北里村が小牧市と合併し、市之久田は小牧市の大字になりました。昭和三十年代の飛行場拡張に伴う集団移転や土地改良事業などで田畑の整地が進み、大字市之久田地区内の堂之前・岩之田・鍛冶海道・屋敷・西浦など、多くの小字が話し合いによってまとめられて、一時、その地区が小字の昭和と呼ばれるようになりました。その後、平成七年（一九九五）の町名変更で、大字市之久田と多くの小字をまとめて市之久田一丁目から二丁目になり、常普請・郷中の中にあった小字も昭和も消えてしまいました。

市之久田二丁目地域は、ほとんど名古屋空港の敷地となりました。

◉外堀一丁目から四丁目

信長時代の空堀に由来する「外堀」

外堀の一、二丁目は東に常普請地域、南は小針一丁目に、西は川西二、三丁目に接しています。一、二丁目の南にある外堀三丁目は、東に小針一丁目と南に下小針天神一丁目に、外堀四丁目は南に下小針中島一丁目、西に小木東二丁目に接しています。

幹線道路としては、一丁目と二丁目の間を県道名古屋外環状線、二丁目と三丁目の間を県道春日井一宮線が、それぞれ東西に通過しています。そして三丁目と四丁目の間には、国道四一号線の上に南北に名古屋高速道路が通っています。

外堀地域は、市之久田、小針入鹿新田、小針などの小字が整理統合され、新町名と

市之久田会館近くにある小牧飛行場拡張移転碑（平成二十九年）

してまとめられたところです。外堀一丁目から三丁目は、市之久田の松山・野田・長島などと、小針入鹿新田の八方西・土器田《かわらけでん》・八瀬割・寺屋敷・中市場・鏡田・小屋西などに小針の大池などの一部が整理併合されています。外堀四丁目は、小針入鹿新田の一部が整理されて新しい町名になりました。

外堀地域は合瀬川の東に接したところで、昭和六十一年（一九八六）に新町名がつけられました。名前の由来は、織田信長の時代に小牧山城の外堀があった通称池新田地域が含まれていたためだといわれています。その名は現在、外堀二丁目に池新田公園として、その名は残されています。池新田は、市之久田・郷中・常普請・御屋敷とともに五郷（村）といわれた地域の一つでした。江戸中期の『寛文村々覚書』には、郷中嶋・定普請・小屋敷の名が出ており、『尾張徇行記』には、一之久田・一之久田入鹿出新田（池新田）の名称で出ていますから、池新田は市之久田とは、独立した別の行政区とみなされ、池を埋め立てた新田村ともいわれました。この地域の地中には、開拓されたことにより、松や桜の大木が足場として放り込まれていたといわれています。

昭和四十七年（一九七二）ごろより、市之久田土地区画整理事業のため、区画整理上の行政区として入鹿新田・御屋敷・池新田の三地区の名称も候補に挙がっていました。しかし、各地区の代表が集まって新しい町名について話し合われた結果、この地区を外堀とすることが決まりました。というのは、地域が近い小牧山城の濠（堀）のあった合瀬川の土手橋付近から小牧市民病院の北側を通る新境川辺りの西側が堀の内と名づけられ、合瀬川の下流の南側の外側に位置する地域を外堀としたのです。

小牧山より堀の内、外堀、小牧飛行場方面を望む（平成二十六年）

区画整理後に各町内には、公園がつくられています。一丁目には、天道公園ができました。この名前は、東隣にある天照大御神を祭神とする天道社（創建不明）からとられたものです。字松山にあるこの神社の社殿は、大正時代に建て直されたもので、入口の鳥居前には、文化十年（一八一三）と記した常夜灯があります。町内には、小針一丁目にある日蓮宗本行山妙遠寺所属の説教所の番神堂があります。妙遠寺は、文保年間（一三一七〜一九）に建てられたと言われ、番神堂は、大正十三年（一九二四）に再建されたものです。

廃仏毀釈時代の宗派争い「亀蔵事件」とは

二丁目には、外堀命名の原点となった池新田の名をつけた池新田公園がつくられました。町内の観音寺は常普請二丁目にある曹洞宗本光寺の所属で当初、観音堂として農家の家を利用して創建（創立は不明）。明治十四年（一八八一）に観音寺として許可されました。聖観世音（聖観世音菩薩）を本尊とするこの寺には、明治維新後の廃仏毀釈の時代に宗派争いをした「亀蔵事件」の伝説が残っています。

この伝説は、こう語り伝えられています。江戸時代には、この地域の農村はほとんど禅宗だったのですが、江戸末期になると日蓮宗を信じる人も増えて、二つの宗派の老信者たちの争いが絶えませんでした。観音寺は観音堂といわれていましたが、ある時、庄屋が自費で別に巳新田に観音堂を建て、本尊の観音様を移して両宗派の村人が仲良く信仰していました。ところが禅宗派の亀蔵と日蓮宗の八兵衛の二老人が喧嘩をしてしまい、亀蔵が怒って密かに観音堂の本尊を近くの禅宗の長林寺に移して、そこ

天道公園の隣りにある天道社（平成二十八年）

宗派争いの伝説のあった観音寺（平成三十年）

で拝んでいました。それを知った八兵衛は、憤慨して何かにつけ亀蔵を目の敵にすると、亀蔵は耐えきれずに引っ越ししてしまったのです。年月が流れ、二人とも他界すると再び平和な村に戻ったというお話です。他には、創建不明の天照大御神を祭神とする神明社があり、三丁目には入鹿の名称を残す入鹿公園が設置されています。

永禄六年（一五六三）、信長が二十九歳の時に小牧山城を築き、南麓の草原地帯に本格的な城下町をつくります。この地域は、周辺を固めるためにいくつかの空堀を設けた地域でもあり、惣塁などの遺構が発掘されています。

観音寺の西隣には、造園業や土木設計施工を営む昭和五十八年（一九八三）設立の株式会社舟橋植木があります。

平成二十五年（二〇一三）は、信長の小牧山城築城四百五十年にあたり、尾張小牧歴史文化振興会などの提案で、年間を通じて、小牧市や小牧商工会議所、関係団体が「小牧山城築城四百五十年記念事業」をおこないました。

◉郷中一丁目から二丁目

農村からスポーツや商業地域へと変身した郷中

郷中一丁目は東に若草町、北は県道春日井一宮線を挟んで常普請三丁目と接し、郷中二丁目は、北は外堀二丁目、西は小針一丁目、南は市之久田一丁目、東は掛割町に囲まれています。一丁目と二丁目は、東に若草町、掛割町の横を流れる新境川に接し、県道名古屋外環状線で南北に分けられています。昭和五十年（一九七五）の市之久田土地区画整理事業実施区域として整理され、昭和六十一年（一九八六）に現在の町名

平成二十五年の信長の小牧城築城四百五十年記念事業で海外や全国的配布PRされたポスター（右）。左は行政が作成したもの。

になりました。

郷中は主に旧市之久田地域と旧小針地区、旧小牧の北外山の一部が整備されて区画されたところです。郷中一丁目の主な字は、市之久田の西ノ木戸・小屋敷・半ノ木原・大島などに北外山の上西田の一部が組み入れられたようです。郷中二丁目は、市之久田の西ノ木戸・半ノ木原・奥屋・島ノ前などに小針の大池の一部が組み入れられました。

ここは、もともと肥沃な地で、古くから開墾されていました。市之久田には常普請、出屋敷（池新田）、郷中と三つの支村がありました。郷中は、「江中《ごうなか》」とも書きました。この辺りは洪積層で、太古に木曽川の支流河川の中洲だったようで、湖沼が多く、その地形から「江中」と呼ばれたようです。

犬山市を起点に岩崎山の西を通過し、小牧市民会館前を通る市道犬山公園小牧線が郷中二丁目の武道館で終点となっています。この武道館は、昭和五十五年（一九八〇）に完成しましたが、東に市民プールのある南スポーツセンターがあり、南には昭和五十二年（一九七七）にナイター施設を備えた野球場があるので、いわばスポーツの殿堂の地といえましょう。また、武道館前は、平成三年（一九九一）から始まった小牧シティマラソン大会の出発地点ともなっていました。現在は、平成十三年（二〇〇一）にオープンした小牧スポーツ公園のパークアリーナ小牧に会場が移っています。

武道館が完成した昭和五十五年は、小牧市にとって重要な年でもありました。小牧山や小牧市市民会館を中心に第一回市民まつりが開催され、北里地区には県立小牧南高校が開設され、篠岡地区に尾張東部聖苑（火葬場）がオープンしました。さらに、

昭和時代のシティマラソン風景（昭和六十二年）

郷中二丁目の武道館（平成二十九年）

味岡地区に味岡児童館の開館、小牧地区に少年センターが開設といった具合です。また、第二十二回オリンピック（モスクワ）が開催されましたが、日本やアメリカ、西ドイツ、中国などが参加しなかった年でもありました。

昭和三十年代後半から始まった小牧への大型商業施設の進出は、中心市街地から周辺地域にも及び、昭和六十年代には郷中にも地元主導型の大型商業施設の建設計画がだされました。平成三年（一九九一）に春日井市に本店を置くスーパーマーケット清水屋が小牧店を郷中一丁目に出店しました。それ以降、総合家電のジョーシン小牧店、衣料品のユニクロ小牧店、名古屋が本店のスーパーマーケット、フィール小牧店などが郷中に店を構えています。また今はなき、山田タイル小牧工場などの企業も進出して、田園風景であった農村地域から都市化していきました。二丁目には、太陽光発電や家電量販店のオール電化を目指す昭和三十六年（一九六一）創業の株式会社イトデンが「元気な電気屋さん」として頑張っており、天然温泉の「こまき楽の湯」が岩盤浴や岩盤房などで市民の疲労を癒しています。

寺社に関しては、郷中一丁目の半ノ木原に臨済宗妙心寺派慈眼山善慶寺があります。この寺は、慶長十五年（一六一〇）の創建で、本尊は聖観世音（聖観世音菩薩）。春日井市田楽の新徳寺の末寺として運営され、明治以降は、尼僧寺となっています。また、七福神の恵比寿と大黒天が祀られており、通常は無人となっています。郷中二丁目にはいつ建てられたのか不明ですが、奥屋に祭神として、天照大御神、大国主神ら六神を祀る旧村社の六所社があります。境内には、「国家安全」「村中安全」の碑があり、狛犬が飾られています。

大型商業施設が進出した郷中地域（平成二十九年）

その北隣に永正年間（一五〇四〜二一）の創建で春日井市の密蔵院の末寺である天台宗の潤應山《じゅんのうさん》龍徳寺があります。本尊は不動明王です。小牧不動ともいわれています。ここには、別項で紹介する天狗の伝説の逸話が残っています。日本では仏教伝来以来、神仏を一カ所に配祀する習わしがあり、鎌倉時代には神仏習合が進められました。しかし、明治時代に神仏が分離され、廃仏毀釈の運動で寺院は苦難な時を過ごしましたが、この六所社と龍徳寺は、隣接して現在に残る神仏習合の模範的な例として挙げられています。

今も語り継がれている郷中の伝説

郷中には、今も語り継がれている伝説があります。『北里村誌』に載っているものからいくつかを抜粋して紹介しましょう。

○六所社の船乗り地蔵

六所社（郷中の氏神）のご神体は地蔵尊に似て、背丈が一尺（約三〇センチメートル）ほどの木像で、二十八体もあるといわれ、大きな舟に乗っておられる。昔、干ばつが続き、里人が雨乞いをしたところ、今度は、幾日も幾日も、大雨が降り続き、困ってしまったという。そのために、ご神体も舟に乗られてしまった。それ以後、郷中では、干ばつでも絶対に雨乞いをしなくなったという。

○犬飼わず伝説

郷中というところでは、昔は、決して犬を飼わなかった。それは、神様が嫌いだったからだそうで、商売をする人も一軒もなかったという。これも神様が禁じたからと

多くの伝説がある潤應山龍徳寺山門（平成二十九年）

いう。

○龍徳寺に関する三つの伝説

〈その一〉不動明王の足がらみ伝説。今からおよそ四十数年前、祐京阿闍梨《ゆうきょうあじゃり》が住職だったある夜、この寺に入った盗人が、釈迦誕生仏など多数の寺宝を盗み出して、山門まで来ると急に腰がしびれ、歩くことができなくなった。そこで、盗人は、阿闍梨に懺悔《ざんげ》して、盗品を返すと、ふたたび歩けるようになったという。それは、寺の本尊である不動明王が足がらみ（硬直）をかけたためだそうだ。また、近くで、栽培されている煙草を盗んだ人が、たちまち動けなくなったということも伝えられている。

〈その二〉龍徳寺狸の臼回し伝説。寺の境内に棲んでいた狸が人に化けて、臼を指先で回したり、足で回したりして、里人を恐れさせたという。近くの多気の日蓮宗の了廣山妙禅寺にも同じような言い伝えがある。

〈その三〉龍徳寺の閉じずの門。立派な門だが、昔から一度も閉められたことがないといわれている。これを閉めると天狗が来て、叩き続けるからだそうだ。また、不動明王のご利益で、開け放していても盗難の心配がないからとも言い伝えられている。

　龍徳寺の門前には、この謂れなどの立て札が立てられています。

◉小針一丁目から三丁目

「尾張」発祥の地といわれた小針の地名の由来

　県営名古屋空港（小牧空港）の敷地内で、一番北側の一部を占める小針は、滑走路の延長線上に位置し、離着陸飛行航路の真下にあります。

山門前に立てられている龍徳寺天狗伝説の看板（平成二十九年）

この辺りは、四世紀ごろに統一が進んだ大和朝廷の統制下に入りました。小針二丁目の中宮にある尾張神社の記録によると、孝昭天皇（第五代）の外戚にあたる大和（奈良県）の葛城地方の高尾張から来た豪族の一族が、国造（一国を統治した世襲の地方長官）や県主として君臨してきました。彼らは朝廷の氏姓制度の導入に伴い尾張氏を名乗るようになり、十世紀の『延喜式神名帳』にも掲載されている尾張神社を氏神として祀りました。近くに小木古墳群などがあるのもその歴史の古さをあらわしています。

七世紀の大化の改新の際には、尾張国の名称が使われるようになり、『日本書紀』に「尾張」、『天孫本記』には「尾治」、万葉集には「小治」という名称で出ています。『続日本書紀』には、従三位尾張天神とあり、慶雲二年（七〇五）天火明命《あめのほあかりのみこと》の二十七世の孫、阿曾連《おもねそれん》の後裔《こうえい》と記されているという。尾張神社の祭神は先に説明した豪族尾張氏の祖と考えられる天香山命《あめのかぐやまのみこと》と大名持命、誉田別命です。

小針は、木曽川の洪積層がもともと肥沃な土地であったため、尾張氏が開拓し「小治田の里」と呼ばれていたのが、「小治」「小墾」（この地の開墾の始まり）などと変じて尾張と呼ばれるようになったといわれていました。しかし、諸説あって、宝暦二年（一七五二）編纂の『張州府志』によると「尾張の国名発祥の地」と記されており、それにちなんで、昭和十五年（一九四〇）に、尾張神社にそのいわれを記した記念碑「尾張名称発源之地」の石柱碑が立てられました。その根拠は、神社の周辺に、政所・油田・直会・鏡田・土器田・一色畑などの小字があり、学問的には実証し難いといわれているものの、古代社会の存在を物語るに相応しいというものでした。

尾張発祥の地ともいわれる尾張神社（平成二十九年）

大正天皇の即位にともない献穀田となった田んぼ（平成二十九年）

大正四年（一九一五）十一月の大正天皇の即位時には、当時の大野松蔵所有の田んぼを献穀田として大嘗祭に使用する献上米の収穫をおこないました。この儀式は現在も続けられています。

小針一丁目には、創建が文保年間（一三一七〜一九）とも元亨三年（一三二三）ともいわれる日蓮宗の本行山妙遠寺があります。建立は、日蓮大聖人の法孫日澄聖人だとされていますが、本尊は法華題目木塔（一塔両尊四士大曼荼羅）です。この寺は、昭和三十四年（一九五九）に接収された小牧基地の拡張に伴う集落の移転で現在地に移築されました。また、本堂の内陣に、小ぶりで斜視な木像の毘沙門天とその奥の大黒天と二つの七福神が安置されています。この寺の東には昭和三十三年（一九五八）に開業した林建住宅があります。「きさくな会話の中から　まごころ生まれる家づくり」として昭和五十五年（一九八〇）に林建住宅株式会社となりました。

空港整備などで集落そのものが変化した小針

小針地域は、戦国時代の天正十二年（一五八四）ごろには、徳川家康の長男信康の未亡人（織田信長の長女・徳姫＝吉乃の娘）の知行地でした。また、江戸時代には、上小針ともいい、小針巳新田は、別名下小針と呼ばれ区別されていました。そして、小針入鹿新田を含めて小針村といわれていたのです。主な小字を挙げてみます。政所は、政治を司った役場の跡ともいわれ、土器田・鏡田は、土器や神器を製作した跡。一色畑は、単一の作物をつくっていたとも考えられますが、その畑からは鉄屑が掘り出されたことから刀剣鍛冶の住居跡ともいわれています。宮浦・鳥居前は、尾張神社に関

尾張名称発祥之地の記念碑（平成二十九年）

連して名づけられたとも考えられます。観音堂は江戸時代、その辺りに観音堂があった名残と考えられています。

明治に入って周辺地域が合併し、明治二十二年（一八八九）には、一時尾張村となりましたが、明治三十九年（一九〇六）に北里村となり、この地域は大字小針となりました。そして、昭和三十八年（一九六三）九月に小牧市と合併します。昭和三十四年（一九五九）から始まった大幅な小牧基地・空港の拡張に伴う集団移転がおこなわれ、昭和四十八年（一九七三）ごろの土地改良事業の完了により田畑の整地・区画整理が進みました。もとの集落跡は野菜・庭木の栽培や倉庫などに利用され、本来の小針の地形から北方にずれたところに集落ができて近代的な農村となり、以前の面影はなくなりました。また、小針二丁目には飛行場が一望できるエアフロントオアシス小針公園が設置されています。

この空港の北側の小針三丁目には、昭和三十七年（一九六二）に春日井市で創業したクラウン・パッケージ名古屋工場があります。昭和四十年（一九六五）にこの地に移転、株式会社クラウン・パッケージ本社として主に段ボールを利用して芸術的とも思われるパッケージの製作に取り組み「明日のパッケージ文化の創造を通して、社会に貢献する」をテーマに操業しています。市内に他にも事業所を持ち、国内ばかりでなく海外にもネットワークとしての事業所を持っています。

空港を望むエアフロントオアシス小針公園（平成三十年）

◉下小針天神一丁目から三丁目・下小針中島一丁目から三丁目

「入鹿切れ」の影響を受けた下小針地域

下小針地域には、小針巳新田という村がありました。ここは、江戸中期に新田を開拓して小針村から「巳」の年に分村したことから、小針巳新田と名づけられたそうです。他の説では、この村は合瀬川から見ると東南にあたり、「巳」は東南の方角を意味することから、名づけられたともいわれます。いずれにしても、この土地は古くから合瀬川水系の恩恵を受けて開拓されていたようです。

下小針地域の北側には、かつて小針入鹿新田がありました。この地方は土地が低く、長雨のときなどに入鹿用水池が決壊して田畑を荒らすことがあったので、住民たちはそれを「入鹿切れ」とか「入鹿水」と呼んで恐れていました。「入鹿水」によって被害を受けた人々が、その荒地を整地し、小針村からの分村を申し出たところが小針入鹿新田です。天保十二年（一八四一）ごろや慶応四年（一八六八）に大きな「入鹿切れ」があった記録が残っています。

明治五年（一八七二）には、小針村からこの地域の一部が独立して下小針と呼ばれるようになりました。そして、明治十七年（一八八四）に、それぞれ西春日井郡の小針巳新田と小針入鹿新田が大字となり、明治二十二年（一八八九）に、それらと小針、市之久田が合併して、尾張村となります。明治三十九年（一九〇六）には、尾張・小木・五条・多気が合併して、北里村が誕生。昭和三十八年（一九六三）に小牧市に合併します。

小牧市の隣接の大口町には「入鹿切れ」の碑がつくられている（平成二十六年）

各村の名称は大字として残りました。ところが、昭和五十七年（一九八二）になると土地改良事業も進み、小針巳新田は、下小針中島一丁目から三丁目と下小針天神一丁目から三丁目になります。さらに、この新しい町には、小針と小針入鹿新田からも一部が区分吸収されます。また、小針巳新田の一部は、昭和四十九年（一九七四）に多気東町に併合されています。昭和六十一年（一九八六）ごろから土地区画整理事業もおこなわれ、一部に水田地帯が残るものの、住居地や工業用地、道路として整備され、水の被害は減りました。

村絵図によると小針巳新田には水田が広がっていた

小針巳新田の変遷をもう少し詳しく説明しますと、昭和五十七年（一九八二）に下小針天神一、二、三丁目として小屋前・中市場・天神・川西・政所・川東・申塚・観音寺・西之海道・門・高畑・萱場・大塚などが整理されました。同六十一年（一九八六）に郷中二丁目と外堀二、三丁目に、平成七年（一九九五）には市之久田一丁目となり、小針巳新田の名は消えてしまいます。残った部分の大池・宝録田・一色畑・土井之口・堂路・三月堂・観音堂・北反田・光善寺・猿沢・宮浦・大門先・薬師前・林嵜・八幡・大瀬町・西出・鳥居前・居屋敷・東出・西ノ爪・政所・名野・森浦・平山・大塚などが現在の小針一丁目から三丁目にまとめられました。

小字の地名は二十五カ所ほどありましたが、それぞれ確たるいわれは調査されていません。どの地域でも地形や風土、生活、信仰の場所、人々の営みのなかから自然発生的に付けられることが多いようです。例えば「島」は、水面に浮かぶ高台ばかりを

歩道橋より旧小針新田の住宅地を見る（平成三十年）

呼ぶのでなく、集落にも使われ、小針巳新田のほぼ中央に位置していた集落を中島と呼んだと考えられます。村絵図を見ると、その周りは畑に囲まれ水田が広がっています。野田は、野の中にある水田のことをいいます。合瀬川から杁によって取水しているところには水田が広がり、その外側には畑が広がって、それを囲むように水田があります。中島から南のほうにある東野田・西野田・下野田などの地名がそれにあたります。

下小針中島一丁目から三丁目も丸太（田）・池下・小中島・中島・西野田・東野田・事津橋・北六町野・南六町野・下野田・西内証戸（庄道）・東内証野（庄道）・内松・馬頭などが整理統合分割されました。残った戌亥《いぬい》・戌亥田《いぬいだ》は、屋敷の集まっていた北西（戌亥）に位置していたことで呼ばれ、川西一、二丁目に組み入れられました。

この下小針島一丁目に昭和三十二年（一九五七）に設立された本間製パン株式会社本社工場があります。業務用高級食パン（ホテル・レストラン・機内食など）や本間製ラスクの製造・販売で、東海近郊に展開し、直営のベーカリーショップでも個性豊かなパンを提供しています。他に平田倉庫株式会社の倉庫群やJA全農のミートフード株式会社中部支社などがあります。

水田の残る下小針地域は国道四一号線の施設などで変貌

南北に走る国道四一号線に接する東の下小針天神一、三丁目と西の下小針中島一、二丁目地域は、小牧飛行場の拡張に伴う公共補償の一環として道路整備がなされました。その後、国道四一号線の上に小牧インターチェンジと接続する名古屋高速道路が

小針己新田地内産業道路信号機渡り初め式（昭和四十五年）

昔北里村役場が置かれていたという松樹山長林寺（平成三十年）

架設され、主要な幹線の通る重要な地域となりました。国道の西側は工場地帯になり、東側は住宅や工業用地などに変貌し、工場や商店街が立ち並んで人口の増加も激しく地域の姿が急変しました。

下小針天神一丁目は、北を外堀三丁目と、東を小針二丁目と接しています。

一丁目の南にある三丁目の東の下小針天神二丁目は、東は小針三丁目に、南は名古屋空港の敷地のある西春日井郡豊山町に、西南は下小針天神三丁目とともに多気東町に接しています。

下小針中島一丁目は、北側を外堀四丁目に、西を小木東二丁目と三丁目に接しています。下小針中島二、三丁目の南側は多気中町と多気北町に接し、三丁目の西は小木東三丁目と小木南一、二丁目と接しています。また、下小針中島一、三丁目の西側は合瀬川が流れ、川で境界が区分され、対岸には小木東、小木南の工場や農地が広がっています。

国道四一号線は、旧小牧地域の県道名古屋犬山線のバイパスとして付け替えられたものですが、交通量の増加に伴って、昭和四十六年（一九七一）に国道として指定替えされました。この地域の東西を県道小牧岩倉一宮線が通過しています。下小針天神二丁目には、創建が元亀元年（一五七〇）とも元和元年（一六一五）ともいわれる曹洞宗松樹山長林寺があります。本尊は薬師如来（薬師瑠璃光如来）です。この寺には明治三十九年（一九〇六）から六年間に亘って北里村役場が置かれました。道を隔てた東側にある曹洞宗無根山宝林寺は、本尊を聖観世音菩薩（十一面観世音菩薩）とし、慶長八年（一六〇三）か元文四年（一七三九）に建てられたといわれています。一丁

本堂内は弘法大師を祀る無根山宝林寺山門（平成三十年）

目には創立の由緒・年月など不明ですが、明治十一年（一八七八）に尾張神社より分祀され大名持命などを祭神とする天神社があります。この「天神」にちなんで、現在の地名が付けられたのでしょう。

小針巳新田といわれた地域の森浦に古くから鎮座していた栗田神社は、例祭に神輿の渡御《とぎょ》がおこなわれていたのですが、明治八年（一八七五）に尾張神社の境内に合祀されてしまいました。

下小針中島一丁目に名古屋高速道路の小牧南出口があり、二丁目には市役所の支所を兼ねた小牧市北里市民センターや北里中学校、北里小学校などがあります。また、プレス機械を中心とする工作機械メーカーのワシオ機械株式会社が昭和四十二年（一九六七）に小牧工場を開設しましたが、グループ会社への吸収合併などを経て、現在は株式会社アマダマシンツールの小牧営業所となっています。

苦難・苦渋の歴史を歩んでつくられた小牧飛行場

平和で豊かな道を歩んできたようにみえる小針地方にも苦難の歴史があったことを、旧北里の人々が『北里教育百年の歩み』（北里中学校編纂）にまとめています。昭和十六年（一九四一）十二月の太平洋戦争勃発当時、東海地方には航空機産業にかかわる企業が集中し、航空機生産の拠点になっていました。大都市名古屋を控え、防空飛行場の必要性が取りざたされ、立地条件がいい小牧周辺に帝国陸軍の飛行場建設話がもち上がりました。

戦局が進展すると昭和十七年（一九四二）一月には、国民勤労報国協力令が発令さ

地名の発祥となった天神社（平成三十年）

れ、次いで昭和十八年六月には学徒戦時動員体制確立要綱が決定され同年十二月には学徒出陣がおこなわれました。そして、軍部の強制措置で飛行場建設が始まります。昭和十七年の四月には米軍による空襲があり、小牧飛行場の建設に拍車がかかりました。予定地内の民家や施設などを壊し、田んぼの埋め立てが始まります。「一億総動員」のかけ声とともに、近隣の人々や婦女子までも動員されて突貫工事が進められていきました。その結果、昭和十九年（一九四四）一月に千五百メートルの滑走路が完成し、五月に陸軍飛行戦隊の「飛燕」（当時の最新鋭機）三十八機が配属されて使用を開始。敵機の来襲を避けるため、周辺地域に機体を隠す防空壕や暗渠がつくられました。また、当初の空襲は連合軍が、一宮地方と小牧地方を間違えておこなわれたことが後日の話題となりましたが、小牧周辺にも軍需産業などの施設もあり、終戦近くには空襲を受けたりしました。ここでは、幾多の苦しいドラマが展開されたのです。

戦後は、占領軍である米軍の管理下に置かれ、昭和二十五年（一九五〇）に勃発した朝鮮戦争時に小牧基地は米軍戦闘機の駐留基地としての役割を果すことになります。そして、引き続き飛行場の滑走路の整備ため、小牧山の土を運びこみ、空港の整備が続けられました。昭和二十七年（一九五二）には対日講和条約が発効し、昭和三十三年（一九五八）、飛行場は全面的に日本に返還。航空自衛隊の基地と民間空港との官民共用の施設として活用することになりました。しかし、航空機もプロペラ機からジェット機へと航空革命が進むと、滑走路の延長や施設の拡張に伴う周辺住民の移転、用地買収問題が発生し、住民にとって、また苦渋の歴史を味わうことになります。

それは、尾張発祥の地といわれる由緒ある小針の存亡にかかわる一大事でした。住

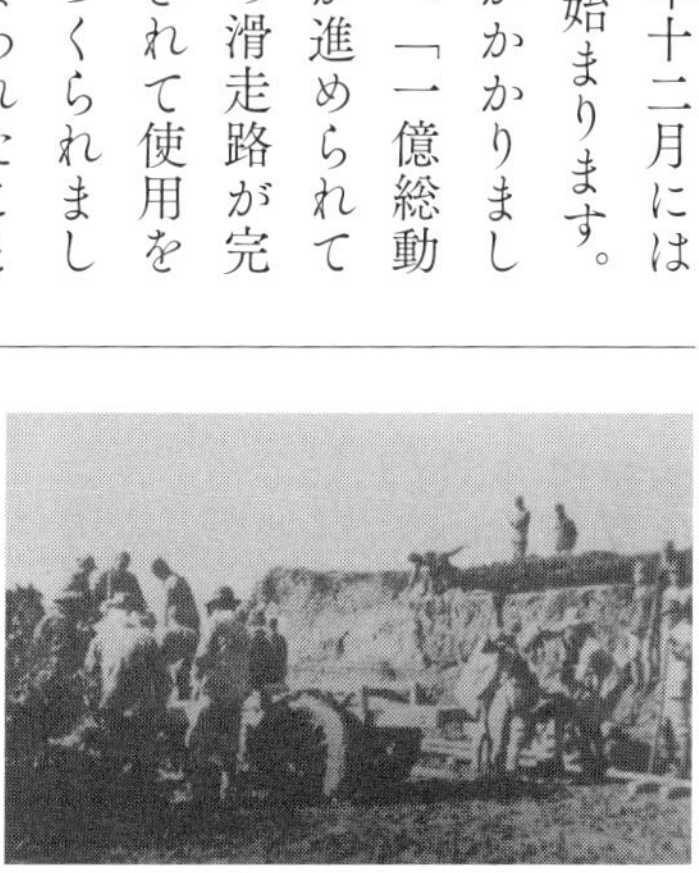
第二次世界大戦中に始まった飛行場建設の作業風景（昭和十七年）

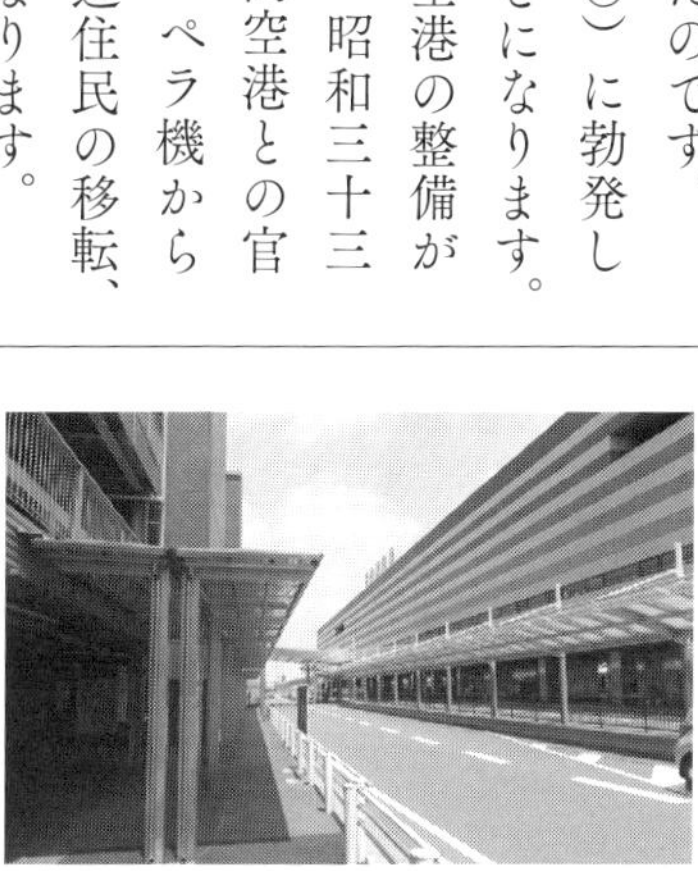
現在の県営名古屋空港の玄関口（平成三十年）

民は、当時の鳩山一郎首相や船田中防衛庁長官をはじめ関係部局に、反対の陳情を重ねておこないました。しかし、政府としては米軍の至上命令であり、政府間交渉での約束事項でしたから、鳩山首相は、住民との板ばさみのなかで涙を流して苦渋の決断をおこない、拡張に同意。今日の空港に整備されたのです。

国際空港でなくなった空港に宇宙航空産業の芽が

その後、空港は国際空港になり、小牧市の市章にも飛行機がデザインされました。ところが、愛知万博が開催された平成十七年（二〇〇五）に、愛知県常滑市の知多半島沖合の伊勢湾上に中部国際空港（セントレア＝中央の意）が開港。ほとんどの路線が移転して、小牧空港は愛知県が管理する県営のローカル空港となります。ターミナルの所在地は、西春日井郡豊山町ですが、小牧市に指令本部の所在地を置く航空自衛隊は、小牧基地と呼んでいます。平成二十一年（二〇〇九）には、航空自衛隊の小牧基地五十周年の式典が開催されました。

一方、空港周辺の西春日井郡豊山町には独立行政法人宇宙航空研究開発機構（ＪＡＸＡ）の研究所が設置され、ＪＡＸＡと共に豊山町と小牧市に跨る施設を持つ三菱重工名古屋航空宇宙システム製作所小牧南工場が航空機の最終組立・艤装、航空機の修理、航空機の飛行試験などをおこなっています。

平成二十六年（二〇一四）十月に、国産初のジェット旅客機ＭＲＪ（三菱・リージョナル・ジェット）の生産を名古屋空港内に本社を置く三菱航空機株式会社が担うことが発表されました。世界からすでに四百数十機に及ぶ受注を受け、平成二十七年十一

ＦＤＡ機が並ぶ名古屋空港（平成二十八年）

月十一日に初飛行をおこない、現在試験飛行を繰り返しています。一部設計の見直しなどがあり、納入が二〇二〇年の後半まで延期されるそうです。

本格的な日本国産の旅客機の生産が開始されて、この地域に新しい宇宙航空産業の芽が生まれました。

また、県営名古屋空港は路線が減少していましたが、平成二十二年（二〇一〇）株式会社フジドリームエアラインズ（Fuji Dream Airlines = FDA）が名古屋空港内に営業所をオープンしました。このエアラインは、大手物流関連企業「鈴与」が平成二十年（二〇〇八）に静岡空港を基盤として設立した会社です。享和元年（一八〇一）に静岡県清水港に「廻船問屋播磨屋与平」として創業した「鈴与」は、昭和十一年（一九三六）、株式会社鈴与商店を創立。昭和十九年（一九四四）に鈴与株式会社となり、現在では物流を中心に倉庫、情報処理などのグループを構成し、平成十九年（二〇〇七）に航空事業推進本部を設置し、現在の事業を進めています。FDAは、小牧・福岡間に航空路を開設。以後、熊本・花巻（岩手）・青森・新潟・高知・山形・北九州・出雲・鹿児島と定期空路を開いています。小牧にとっては全国と人事交流の拠点が出来、観光振興や産業の発展の礎ができた感じです。

この県営名古屋空港には、平成二十九年（二〇一七）十一月に「あいち航空ミュージアム」がオープンし、航空機産業の情報発信をおこなっています。産業観光にも参加し、戦後の日本初の国産プロペラ旅客機「YS11」や前述した戦前の零式艦上戦闘機（ゼロ戦）などのほか、日本の航空史に名を残す「名機百選」のプラモデルがあり、開発が進む国産初の小型ジェット旅客機、MRJ機の試験機も展示されています。ま

大山川沿いのJAXA小牧研究所（平成二十八年）

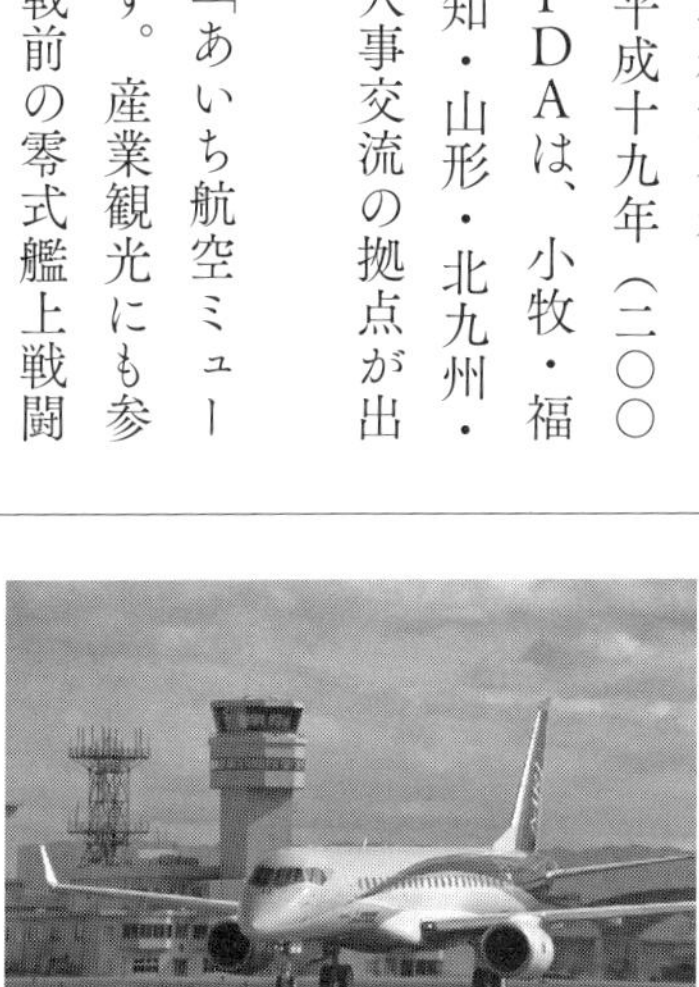

国産初の小型ジェット旅客機MRJ機（平成二十七年）

た、隣接する三菱重工株式会社名古屋航空宇宙システム製作所小牧南工場には「MRJミュージアム」が開館され、MRJの量産工程も見学できます。

渡邊陸軍大将が北里小学校で閲兵と訓示を

旧北里地域の人たちは、寺小屋時代から非常に教育熱心でした。北里のほとんどのお寺は寺子屋として利用されていました。北里小学校は、明治六年（一八七三）に小針学校として開校し、明治二十年（一八八七）に市之久田学校と合併して市之久田尋常小学校となります。その後、学校の名称が変わったり、合併したりしながら明治四十一年（一九〇八）に北里尋常高等小学校となりました。大正に入ると実業学校や農業補習学校などが併設され、女子教育もおこなわれます。大正時代末期からは軍事教育が始まり、各種訓練の教習も開始されます。小学校は、昭和十年（一九三五）に村民の船橋鏡治の寄贈による鉄筋の講堂が竣工し、北里は「教育村」と呼ばれるようになりました。この年には、勅令によって青年学校令が発布され、実習学校や青年訓練所などが統合されて北里村立北里青年学校が併置されています。この年の十二月三十日には、小牧出身で陸軍省教育総監の渡邊錠太郎陸軍大将が来校され、北里尋常高等小学校の校庭で、青年学校の生徒たちに閲兵及び訓示をされます。郷土愛の強かった渡邊大将は、小木の宇都宮神社に「柏の木」の記念植樹をされ、忠魂碑に揮毫されたりしましたが、別項でも説明しましたが、翌年の二・二六事件で帰らぬ人となりました。

北里市民センター前の忠魂碑などがある北里小学校（平成三十年）

渡邊陸軍大尉お手植えの「柏の木」ですが、現在は枯れて、碑だけが残っています。

◉小木一丁目から五丁目

小木の名は平安時代に歌にも詠まれた

小木地域は、太古の洪積世時代（紀元一万年以前）には海の底でした。堆積物が覆う沖積世時代に平野が現出し、石器時代になると人間の生活が営まれるようになります。小木地域は弥生時代（紀元前二世紀ごろから紀元二世紀）には開拓され、古墳時代（三世紀ごろから七世紀）に入って多くの古墳群がつくられたことが確認されています。尾張における前期古墳文化の拠点の一つになっていたのです。尾張地方には小国家が形成されていましたが、発掘調査などから大和政権の権力が及んでいたと考えられています。小木には、有力者たちが散在して居住した集落があったといわれています。

小木の語源については諸説があります。一つは、東西に広がる段丘面の地域で、水際には荻《おぎ》（水辺に群生するイネ科のススキに似た多年草）や真菰《まごも》（水辺に群生するイネ科の大形多年草）の群生が見られ、この草木から、「こき」「おぎ」とも発音され、かつて海から沢地になっていた巾下の方に『こき草』『おぎ草』『荻』が、いっぱい生えていたことから「荻村」が「小木村」と変名して呼ばれるようになったという説。もう一つは、「古木」「小さい木」が多く生えていたことから名づけられたというものです。異説では、日本武尊の東征の時、この地において古綿《ふるわた》（古衣《こごろも》）を着替えて出発したので「古きぬ」が変名して「こき」になったというのがあります。明治中期に小木の世尊寺に役場があった時、古い机の裏に『古錦』（古衣）と彫刻されていたのをみつけて、昔の伝説と符合しているので驚いたそうです。

真菰の茂った湿地帯（平成三十年）

小木の名は、すでに平安時代（十世紀ごろ）の歌にあり、鎌倉時代の初期（十二世紀）にこの地を訪れた西行《さいぎょう》法師の歌にも詠み込まれています。江戸時代に入って新田開発が進むと、正式に小木の名前が使われるようになりました。その後、明治二十二年（一八八九）に藤島村と合併しますが、翌年に分離。小木の小字は三十二カ所ありましたが、行政区画整理のため、十九の町名に変更されて現在に至っています。

在原業平や西行法師が小木を詠んでいる

旧北里の中心部である小木地域は、現在も主要な神社仏閣が残り集落の中枢を担い、昔からの広い敷地を持った家と新しい住宅が並んで建っています。ここは小牧市内で初めて縄文時代（紀元前六世紀ごろ）の住居跡が発見された織田井戸遺跡や小木古墳群などがある集落なのです。平成元年（一九八九）、この辺りも「住居表示に関する法律」が適用されました。町名の区画がおこなわれ、小木一丁目から五丁目に区分されました。

小木の立地をみてみましょう。大まかにいうと、県道名古屋外環状線に北と西を囲まれています。この道路は、小木一丁目を東西に通過したあと舟津と接した地点から大きく南に曲がり小木西地区を南下します。小木二丁目と三丁目の境界を東西に県道春日井一宮線が横切り、小木五丁目の南と小木南三丁目の境を県道小牧岩倉一宮線が東西に通っています。また、小木一丁目から五丁目を県道小口名古屋線が南北に縦断していますが、この道路の一部は、昭和三十八年（一九六三）まで名鉄小牧・岩倉線として名鉄電車が走っていたところです。

織田井戸公園（平成二十八年）

織田井戸古墳の発掘風景（昭和五十六年）

これらの道は江戸時代の主要街道でもありました。清須から藤島を通過し小木を通って小牧から中山道に通じる清須街道を縦断し、旧小牧町と旧北里村の境界となっていた元町四丁目と小木一丁目の接する道には、織田氏の小牧山城築城の折の総堀《そうぼり》(土塁と堀)の遺構が残されています。

前にも触れましたが、鎌倉初期(十二世紀)に、現県営名古屋空港の敷地内にあった春日寺に西行法師が逗留《とうりゅう》していました。その西行が、次の歌を詠んだことが伝えられています。

曳馬山《ひくまやま》　麓《ふもと》に近き里の名を　幾《いく》しほ染めて小木と言ふらん

また時代をさかのぼりますが、平安期(十世紀ごろ)には、六歌仙の一人といわれる在原業平が東下りの途中、この地を通って次の歌を詠みました。

飛車山　麓に見へし里の名はたか言ひそめし　こきといふらん

＊曳馬山は小牧山の別称で、飛車山は小牧山の呼(古)称です

小木の古墳群からは多くの出土品があった

小木一丁目には、旧字の狐塚・藤塚・織田(小田)井戸などが主に組み入れられ、元町との間に先に説明した総堀があります。小木二丁目は、織田井戸・甲屋敷などが

伝西行法師像(市之久田・本光寺蔵)

組み入れられました。ここに縄文時代の織田井戸遺跡がありましたが、現在は道路となって消滅し、二丁目内のまったく別の場所に織田井戸公園として残されています。小木は洪積台地上にあり、古墳時代の住居跡からは押型文土器や撚糸文土器・石鏃《せきぞく》などが出土しています。

小木には、五基からなる小木古墳群があります。二丁目の中心にあった天王山古墳（推定）は大正九年（一九二〇）の岩倉・小牧間の名古屋電気鉄道建設の際、盛り土の採取のために滅失しました。宇都宮神社の北西約二百五十メートルに位置し、二丁目の小木西一丁目寄りにある竹林の中の市指定史跡・甲屋敷古墳では、高さ五メートル直径三十メートルの円墳が確認されています。ここから市指定の有形文化財となっている銅鏡の仿製三角縁獣文帯三神三獣鏡（小牧市歴史館で展示）が出土しました。現在の県道春日井一宮線のところにあって、すでに破壊されてしまった甲屋敷第二号古墳でも仿製内行花文《ないこうかもん》鏡という小型の銅鏡が出土し、市指定の有形文化財として小牧市歴史館に展示されています。

三丁目は、甲屋敷・池之上・乙屋敷・浄音寺山などが組み入れられました。そこには、愛知県の指定史跡となっている宇都宮神社古墳があります。

この神社は、越前の織田《おた》神社と関係があるといわれています。むかし越前（福井県丹生郡越前町）の織田庄に式内織田神社（現在は、越前町二宮・剣神社内にありその摂社）というお宮があり、そこの神主が京に上るときに近江国（滋賀県）津田庄の里長《さとおさ》（村長）の家で落人（平家の一族か？）の子をもらい受けて帰り、織田氏を名乗らせ後継の神主にしたそうです。

宇都宮神社内にある在原業平歌碑（平成二十八年）

宇都宮神社古墳丘脇（平成二十八年）

戦国時代に、小木の古墳群のある地域に平手義英という武将が住んでいました。彼は城の南側に神社を造営したいと、越前の織田氏の子孫・織田宰相常昌（信長の先祖）を神主として招きました。この神主が永正元年（一五〇四）の元旦に、夢のお告げにより、下野（栃木県）の宇都宮神社の神を招き、高さ六・五メートル、全長五十九メートルの前方後円墳の古墳墳丘の上に祀ったのが、この神社の始まりとされています。祭神は、大名持命・天照皇大神などです。下野とのかかわり合いは、小木に城を構えていた信長の家臣平手政秀《ひらてまさひで》の先祖が関東・上総の出身という説がありますが、織田一族と関東の宇都宮との関係は不明で、後の織田政権・家康にとって歴史の描策（計略）があったのではないかとも考えられているようです。この神主の子が、下津在城の織田常松で当時の守護斯波義統《よしむね》より尾張国の初代守護代を命ぜられ、そのあとを継いだのです。余談ですが、天正時代の兵火に遭い、武将の往来などで、当時の村人はこの神社を「浪人の神」といい、寒素寂寞《かんそせきばく》（まずしくひっそりと）にして元旦より七日まで村内において歌舞音曲を禁止していた時があったそうです。

宇都宮神社古墳の発見は、昭和四年（一九二九）に本殿を建立した際に竪穴式石室が見つかったのがはじまりです。そのときに「卑弥呼《ひみこ》の鏡」ともいわれている三角縁獣文帯三神三獣鏡が出土し、神社に保管されました。鏡は愛知県指定有形文化財となり、古墳も昭和六十二年（一九八七）に愛知県指定の史跡となりました。

小木古墳群の中で一番南にある浄音寺古墳は宇都宮古墳とほぼ平行に並び、高さ七メートル、墳丘長三十九メートルの前方後方墳と推察されていますが、出土物などの伝承はないようです。小木には、その他多くの古墳が存在したといわれていますが、

宇都宮神社祭礼（平成二十年）

すでに消滅してしまいました。小牧は縄文・弥生・古墳時代と、このころからすでに多くの人々が集まり活躍をした背景があります。尾張地方の更なる調査発掘などがおこなわれれば、小牧の歴史や文化が全国に発信されることになるでしょう。

この小木一丁目には、昭和四十二年（一九六七）設立の段ボールケースなどの製造販売している田島段ボール株式会社があります。

平手政秀の寺は清洲越えで名古屋へ移転

余談ですが、小木の城に平手政秀（一四九二～一五五三）という武将が住んでいました。彼は、義英の子孫で、織田信長の父信秀の家老でした。政秀は、老臣として幼少から信長の子守役を務めていましたので、信長の奇行・わがままに幾度も涙を流しながら意見をしたそうです。信長が、父信秀の葬儀の日にも着流しで現れ、抹香を仏前に投げつけたことを諫《いさ》めて天文二十二年（一五五三）に自害したといわれています（諸説は、多くあります）。信長は急いで駆けつけ、政秀の死の間際に初めて自分の非を悟り、死を悼んで菩提を弔う政秀寺を小木の現在の世尊寺のある一帯に信長の師であった沢彦《たくげん》和尚を開祖として建立しましたが、天正十二年（一五八四）に焼失してしまいました。その後、天正十三年に清須に移転し、慶長十五年（一六一〇）の清洲越え（遷府）で、名古屋の現在地（名古屋市中区栄三丁目）に瑞雲山政秀寺として移転して現在に至っています。小木にあった寺跡は広大なものです。境内の跡地から発掘された政秀寺の銘入りの屋根瓦などは小牧山の市歴史館に展示され、政秀が自ら彫った木製の狛犬一対は宇都宮神社に奉納されて現存しています。

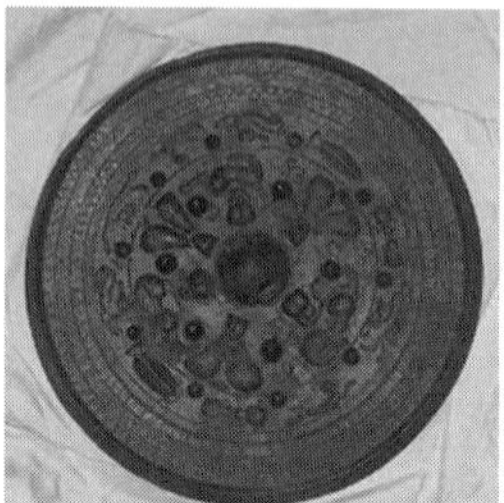

愛知県指定の文化財三角縁獣文帯三神三獣鏡

現在の政秀寺は太平洋戦争で焼失し、戦後、再建され、政秀の墓は名古屋市東区の平和公園に移転されている（平成三十年）

集落周辺は切添新田として開拓

この小木の集落一帯は、巾下川と境川が合流して五条川となる東側の洪積世台地の小高いところです。巾上地区といわれ、古墳時代の古墳群があることからわかるように歴史的にも古く、早くから大きな集落が形成されていました。

江戸時代には、木津用水を中心に新田開発がおこなわれ、本百姓（田畑・屋敷を保有し、年貢・諸税を負担、諸権利などを持つ独立自営農民）が中心となって、村内の荒地を少しずつ開墾していく切添新田として開拓された地域でした。字名も多くありましたが、主なものには、小木一丁目から二丁目の狐塚があります。天保十二年（一八四一）の村絵図にその地域は、御見取所・御林山・御林山筋などと書かれ、周辺には松林が描かれています。ここに狐が多く生息していたことから、その名が付けられたといいます。二丁目の織田井戸は、織田氏関係の説話も多く、織田一門の城跡の一部がそこに建てられていたことから名づけられたようです。三丁目の甲屋敷・乙屋敷は、居屋敷として村絵図に記されています。

「小木のデキモノ医者」として有名な「龍庵先生」

小木四丁目は、旧字の乙屋敷・江崎などが組み入れられ、江戸時代の新田開発によってつくられた集落地がありました。そこには、戦国時代に守護代となる織田氏の勢力下に入った平手氏を中心とする家臣団が多く住むようになりますが、その末裔の丹羽・伊藤・船（舟）橋などの「氏」の名がついた字も多くあります。また、古い堀や塚、寺院が多く、教育にも熱心な地域でした。

収穫した米を脱穀する小木地区の農民（昭和六十年）

この地に代々続いている名家で、尾張地方では「小木のデキモノ医者」として名を知られた「龍庵先生」という医者がいました。「龍庵先生」は安政四年（一八五七）三月、小木村在住の船橋庄三郎の長男として生まれました。幼少より利発な子で、明治十五年（一八八二）、医師の船橋齋の養嗣子となり、紀州（和歌山県）の漢方医に師事します。さらに、旧尾張藩徳川家典医藤波万得について医術の習得に励み、家伝の漢方の秘薬によって「デキモノ医者」として養家を繁栄・興隆させました。また、「医は仁術なり」と語って貧困者には無料で治療や施薬をしています。公徳心も厚く、北里小学校の講堂（長男鏡治の名前で寄贈）や神社仏閣への寄進、消防事業の後援、村内の交通道路の改善などに私財を投入しました。医業のかたわら各種の公職にもつき、社会福祉の増進や地域の開発・改善にも貢献しています。

昭和二年（一九二七）の昭和天皇ご行幸のときには、地方の名望家として拝謁《はいえつ》の栄誉に浴し、昭和十四年（一九三九）に八十二歳の天寿を全うしました。医業は長男の船橋鏡治が継ぎますが、その名声はますます高くなり、診察に訪れる人たちが列をなしました。鏡治も父の徳を受け継ぎ、北里村の村長（小牧市合併当時も）などを歴任し地域に貢献しましたが、現在は廃院となり、住居は解体され、隣接に在った廣大山妙経寺の宗教法人正信会の大法山正系寺教会所になっています。

小木の中心地には五つの寺院が点在

小木には五つの寺院がありますが、歴史的にはいずれも集落の中心地に位置していました。小木四丁目の曹洞宗佛徳山世尊寺は、元禄元年（一六八八）に岩倉市龍潭寺

龍庵先生の子息、船橋鏡治北里村長が神戸眞小牧市長らを囲んで合併合意を喜ぶ人々（昭和三十七年）

平手政秀のお寺の跡地に建設された佛徳山世尊寺（平成二十八年）

の末寺として政秀寺跡地に創建。元来は天台宗の龍光山宝珠庵といっていましたが、寛政元年（一七八九）に現在の名前に改宗・改称され、享和年間（一八〇一〜一八〇四）から嘉永三年（一八五〇）にかけて殿堂（本堂）が再建されました。本尊は釈迦如来です。また、七福神がすべて祀られています。寺宝の十六善神・涅槃像軸は、元禄九年（一六九六）に名古屋の伊藤次郎左衛門（いとう呉服店を創業。第三代の伊藤祐《すけ》基《もと》は松坂屋を開業）の祖先が寄進したものといわれています。

　伊藤家は、織田信長の小姓役で、家臣であった伊藤蘭丸祐広が、天正元年（一五七三）の三好征伐の戦いで戦死し、二代の祐道が元和元年（一六一五）の大坂夏の陣で戦死。徳川時代に入り、名古屋藩が設置され、清須から新しく名古屋に城下町を移したころの慶長十六年（一六一一）に祐道の次男の祐基が母親と共に呉服小間物問屋を開業し、伊藤家第三代目を名乗り代々伊藤次郎左衛門を継いでいます。元文五年（一七四〇）尾張徳川家お召抱えの呉服御用達となりました。

　同じく四丁目の浄土宗鎮西派古錦山薬王寺は、貞享元年（一六八四）に聖徳太子の作といわれる座像、薬師瑠璃光如来を本尊として創建。当初は薬師堂と称しており、土地の人からは村薬師と呼ばれて親しまれていました。そして、明治十一年（一八七八）に現在名の公称が許され、次に説明する浄音寺の末寺として守り継がれてきました。本尊の他に寺仏として日光菩薩、月光菩薩などが祀られています。三丁目にある薬王寺の本山、浄土宗松林山浄音寺は、元亀三年（一五七二）に恵心僧都作といわれる座像阿弥陀如来を本尊として建てられました。名古屋の豪商関戸家の文献には、岩倉城が落城した後、小木村に隠棲《いんせい》していた不遇の父（信忠）を供養するため、初代当

村薬師と親しまれてきた古錦山薬王寺山門入口（平成二十八年）

宇都宮神社と同じく古墳の横に建てられた松林山浄音寺（平成二十八年）

主清信が建立したとあります。関戸家は岩倉城主織田信安の家臣で戦乱後、小木に隠棲したといいます。そして、名古屋の蝦屋町で質屋を営み、その後、信濃の国へ薬種を売り出し、質屋から米穀及び味噌の販売などもおこない、屋号を信濃屋に変え、名古屋では、松坂屋の伊藤家と並び称される商人となった家系です。その敷地内の浄音寺古墳については、前に触れました。

「小牧・長久手の戦い」で、戦死した森長可《ながよし》を弔う真通寺

四丁目の日蓮宗岸長山《がんちょうざん》真通寺は、明応二年（一四九三）の開基ですが、当時の寺名は不明。天正十二年（一五八四）、美濃国金山城主森武蔵守長可（信長の小姓・森蘭丸の兄—鬼武蔵守といわれていたか？）が、「小牧・長久手の戦い」で死亡した後、その妹が名古屋法華寺に住み尼僧となりましたが、兄の菩提を弔うためこの寺の境内に一庵を結び、鬼蔵庵と号しました。享和元年（一八〇一）、尾張藩家老で六代目犬山城主の成瀬隼人正典は心願成就所として寺に鬼形子安鬼子母神を祀り、今なお年に三回の大祭がおこなわれています。明治十三年（一八八〇）には葉栗郡黒田村（現・一宮市）の法蓮寺の末寺で当時廃寺だった真通寺をこの地に遷し、庵号を廃止しました。本尊は法華題目木塔（一塔両尊四士）です。

同じ四丁目の日蓮正宗の廣大山妙経寺は、大日蓮華山上行院大石寺の末寺で、正保元年（一六四四）に駿河国（静岡県）富士郡白糸村に半野山妙経寺として創建。そして、明治二十八年（一八九五）、当地に移転・開山し、現在名に改称しました。本尊は十界の大曼荼陀羅（十界互具大曼荼羅）と日蓮上人の影像を安置しています。また、

森蘭丸の兄長可を弔う岸長山真通寺（平成二十八年）

日蓮上人の影像を安置する廣大山妙経寺（平成二十八年）

隣接に宗教法人正信会の富士日興門流大法山正系寺として興門派教会所を設置。他に北外山の普宣寺を独立させています（130ページに掲載）。

他の字名として、小木東二丁目にまたがる浄音寺山があります。これは甲屋敷の南東にあり、小木三丁目の元亀三年（一五七二）に建立された浄土宗浄音寺やその古墳との関連も考えられますが、その伝承はありません。四丁目周辺には多くの寺社がありましたので、その寺社からとられた字名が多くあります。五丁目は、江崎・善能寺などが組み入れられましたが、善能寺地域には、古来、弓や甲冑が埋蔵されており、これを発掘しようとしましたが祟《たた》りを恐れて中止したといいます。そこは、瓢箪《ひょうたん》形をした熊笹が群生し、別名善能寺塚とも呼ばれ、十五世紀の室町末期に同名の禅寺があったという言い伝えがありますが、今はその痕跡はありません。

四丁目にあって、祭神を大名持命とする日吉神社（創建不明）には、樹齢約五百年と推定されるクスノキがあります。この木は小牧市内第一の巨木で昭和五十三年（一九七八）小牧市指定の天然記念物に指定されています。

なお、五丁目には、昭和五十四年創立のインテリアルテキスタイルの専門商社としてオーダーカーテンを扱う五洋インテックス株式会社があります。

◉小木東一丁目から三丁目

小木東地域は江戸から明治まで新田開発が続いた

小木地区は室町時代から小木の郷として純農村の田畑が続いていました。昔から南北に長く、部落を挟んで西と東に農地があり、西を郷西、東を郷東といっていました。

宇都宮神社と共に大名持命を祭神とする日吉神社（平成二十八年）

日吉神社にある小牧市指定天然記念物のクスノキ（平成二十八年）

小木東一丁目から三丁目は、小木と異なり、沖積世層の地盤で巾下地区とも呼ばれ湿田が多くを占めていたため、明治末期から大正初期にわたって巾下耕地整理が施行されたところです。

今は内陸の工業都市とも大都市近郊の住宅地ともなっている地域で、工場や倉庫が立ち並び、ひと昔前の桑畑や田園地帯が一変してしまいました。北は県道名古屋外環状線に接し、一丁目と二丁目の境界には県道春日井一宮線が東西に通り、二丁目の南には愛知県立小牧南高校があります。東は一丁目が国道四一号線（名古屋高速道路が上を通る）と、二丁目と三丁目は花塚橋南より合瀬川に沿って接しています。南の三丁目は小木南一丁目と、西側は小木二丁目から四丁目と接しています。そして、一丁目には名古屋高速の小牧南入口があります。

小木の地名は、すでに紹介していますが、この地域は、江戸時代から小木村に所属し、新田開発が進み明治まで開墾が続けられたところで、字などに「新田」のついた地名が多くあります。明治二十二年（一八八九）に合併した藤島村が小木村に所属し、明治三十九年（一九〇六）に、小木村、尾張村、多気村が合併して北里村となりました。そして、昭和三十八年（一九六三）の町村合併で北里村が小牧市に編入され、旧村名となっていた尾張（旧村名の市之久田などに戻る）を除いて、それぞれが大字になります。昭和五十六年（一九八一）に区画整理が進むと旧大字の小木から小木東一丁目が先に独立し、その後、平成元年（一九八九）に小木東二丁目から三丁目として独立し、現在に至っています。

小木一丁目の名古屋高速の小牧南入口（平成二十八年）

小木地域の区画整理事業の竣功記念碑（平成二十八年）

小木東地域は旧北里村時代から工場を誘致

小木東地域には、旧小木地域から分かれた八つの小字があります。一丁目には藤塚・實町がありました。藤塚は富士塚とも呼ばれ、古くから桑畑で、小木の集落から十町（約百メートル）ほど東の古墳から古い器物や武器が発掘されています。實町は実丁とも呼ばれ、天保十二年（一八四一）の村絵図には北花塚と記されており、実丁花塚とも端塚とも呼ばれたといいます。昔は塚らしいものがあって狐が生息し、野の花が咲き乱れていたところでした。現在の花塚橋交差点の辺りだったそうです。明治十五年（一八八二）の小字名は「じっちょ」となっており、明治十七年（一八八四）の地籍図では實町となり、昭和四十五年（一九七〇）の地図は実丁と改められています。二丁目の花塚もこうした命名と考えられます。

二丁目には池之上・浄音寺山・平新田などが組み入れられています。浄音寺山は小木の甲屋敷の東南に位置する古墳群の一部のようです。しかし、これは、想像の域を出ません。現在の愛知県立小牧南高校のある地域は、平新田と呼ばれ新田が開墾されたところで、高校の南の川筋には平新田橋が架かっています。三丁目は、江崎・松山などが組み入れられています。松山は以前、西寄りが小高い丘や畑になっており、鏡橋が架けられている川寄りは湿田や低地でした。

この地域に工場誘致の話があったのは昭和三十年代はじめの旧北里村時代ですが、小牧市が積極的に取り組み、協力してくれました。地元の要望や農地転用が可能になったことで、二丁目に優良企業の一つ東洋製罐グループの東罐興業株式会社が用地を取得しましたが、その後、小木地区の有志の行政機関を誘致したいという願望が

小木東二丁目に建設中の小牧南高校（昭和五十四年）

実って、全日制・普通科の愛知県立小牧南高校の新設が決まります。そこで、東罐興業株式会社は、地元の意向を汲んで工場建設の準備を進めているなか、譲渡に応じて市内の東田中に用地を取得し、昭和五十四年（一九七九）に小牧工場を新設しました。跡地に昭和五十五年（一九八〇）県立高校が誕生しました。

三丁目には各種合成樹脂容器・PETボトル製造販売の地元企業・富川化学工業株式会社があります。昭和三十七年（一九六二）に現在地で誕生し、健康的で安全な食生活を送るためには、『容器も食品の一部です』というスローガンのもと、容器の改良に努め、地域に密着した企業として発展しています。東京に営業所を持ち、岐阜県恵那市に工場があります。

同じく三丁目にあるDNP田村プラスチック株式会社も地元企業です。昭和三十一年（一九五六）自動車の雨除け「サイドバイザー」の製造販売で田村商会を創業。昭和三十八年（一九六三）に田村プラスチック製品株式会社となり、平成二十七年（二〇一五）に東京の大日本印刷株式会社の傘下に入りました。

昭和三十五年（一九六〇）に誘致創業した企業として雪印ローリー株式会社がありました。当時は乳酸菌製品の製造をおこなっていましたが、平成十四年（二〇〇二）に明治三十二年（一八九九）に名古屋で創業されたカゴメ株式会社の子会社となり、雪印ラビオ株式会社、カゴメラビオ株式会社などと名前が替わり、平成二十一年（二〇〇九）にカゴメ株式会社に吸収合併され小牧工場としてチルド飲料水の製造を中心に操業し、地元で開催される催しにも積極的に参加しています。

小木東と下小針中島の市道沿いの工場群（平成三十年）

小木東に伝わる狐や狸の昔話

どの地方にもユニークな伝説が残されていますが、この小木東地域も例外ではありません。これからお話するのは、昭和四十八年（一九七三）当時中学三年生の丹羽明仁さんの祖母（七十歳）の子供の頃の話です。『北里教育百年の歩み』（同年発行）に載っています。

『狐と狸のこと』（原文のまま参照）

祖母の子供の頃（一九一〇年代、明治四十三年から大正九年）、小木には沢山の松山があったそうだ。そういう山には、狐や狸が多く居て、人を化かしたり、驚かしたりしたと言う。当時の藤塚辺りには、狐が多く居て、夜になると幾匹も群れを成して歩いていた。目の前を狐が横切るとふさふさした尾が、ピカピカ光ってビックリしたとか。祖母も見たそうだが、それを遠くから見ると、提灯行列のように見えると言う。これを狐火と呼んだ。また、狐に化かされると、道が川になり、山や畑の中に道が出来るそうだ。事実、深い深いと言って歩いて行く人を見たことがあると言う。僕の家の人もよく狐の被害にあったとか。

曽祖父は、祭に行って、揚げ寿司を貰ったが、家に帰ってみると、寿司は荒らされ、飯だけになっていたそうです。祖父は、岩倉へ魚を買いに行き、よく取られたと言う。

父の話によると子供の頃、家の普請のため、夕方、合瀬川へ川石を拾いに行ったところ、当時の花塚の辺りは、とても寂しく、近くの森や塚に狐が多く居て、石を拾っている堤で一人待っていると、南の高圧線の鉄塔の側で、急に稲荷様の

静かに流れる小木の合瀬川（平成三十年）

炎の模様そっくりの火が、パーと灯り、その火から左右へ同じような火が、分かれ飛び、三つになって燃え、更に見ていると、再び一つの大きな炎に集まって燃えたと言う。私の父は、すっかり怯《おび》え川の中の親を呼ぶと「また、狐が提灯を灯しとるな！」と言って、急いで帰ったとか。

こんな話もありました。小牧山の東の川の深いところで子狐が溺れ死んでいたので、村人が拾い上げ、網代篭の上に木の葉を敷いて乗せておいて家に帰ったところ、その晩、美しい婦人が訪ねて来て「今日は、家の子供が溺れたところを助けて頂いて有難うございました」と言って、お礼に凄いご馳走の折箱を置いていった。何のことやら、わからず家族で食べたが、本物の折詰でとても美味しかった。ところが、近くの村で嫁入りがあり、座敷に並べた客用の折詰が、一人分だけ行方不明となり、大騒動をやっていたと言う。

狸が化けると、俗に大坊主（白坊主）と呼ばれる白い着物を着たお坊さんに化けると言う。度胸のある人が、側へ行って殴ってやると、元の狸に戻って逃げていくそうです。その中でも薬師寺の狸は有名で、五条川で夜釣りをしていると、駒下駄を履いた花嫁の姿に化けて、人を驚かした。これも叩いてやると、元の狸になり逃げて行ったそうです。

●小木南一丁目から三丁目

小木南地域の二つの顔　田園風景と住宅団地と

小木南一丁目から三丁目は、旧北里の小木の南西部にあたります。旧小木地域全体

最近まで小牧地方では、嫁入りの場合、近所周りをすることが慣例であった（昭和年代）

が昭和三十八年（一九六三）に小牧市に合併して以来、区画整理や工場誘致などで行政区割りがおこなわれ、整備されてきました。先に整備され、昭和五十六年（一九八一）に周辺とともに独立した小木南一丁目と二丁目は、大正時代から始まった耕地整理に伴う土地改良事業で農地の多くは残されました。耕地の整理は進みましたが、工場の進出が多くなかったために、美しく整備された田園も大半がきれいに保たれています。東側に接する合瀬川が北から南へ流れ、稲田が続いています。小木南一丁目の北側は小木東三丁目で、西は小木五丁目と接し、その五丁目の南は、県道小牧岩倉一宮線を挟み、平成元年（一九八九）に地名が改められた小木南三丁目です。県道小牧岩倉一宮線は、小木南一丁目と二丁目の南北の境界にもなっています。

小木南三丁目は、昭和四十二年（一九六七）ごろから始まった旧日本住宅公団（現・UR）などによる「とみづか団地」が建設され、隣接の藤島団地に繋がっています。一、二丁目と違って地域の大半は、市街化されてほとんどが住宅です。小木南三丁目の北西は小木西に、南は藤島地区に接しています。小木南二丁目と三丁目の間には南北に県道小口名古屋線が走っていて、南二丁目には、平成十年（一九九八）に市と民間の協力による高齢者入居型施設の特別養護老人ホーム「ゆうあい」が開設されました。

小木には、飛地の小木が存在しています。ここは最後の大字小木で、三ツ渕の南に位置し、西と南は新小木一丁目に、東は舟津に接し、工場や民家などがありますが、いずれ、隣接地へ合併されると思われます。

小木南一丁目には総合プラスチック製品の製造加工・販売をしている株式会社大京

現在のとみづか団地、藤島団地周辺（平成三十年）

化学があります。この会社は昭和二十五年（一九五〇）に名古屋市西区で中京ミシン株式会社を設立し、その間に化学部門にも取り組み、昭和三十九年（一九六四）に現在名に社名変更。昭和四十五年（一九七〇）に小牧工場を開設し、本社機構も現在地に移転してきました。

中島は入鹿切れで水難を逃れた小高い丘

小木は古い歴史のある地域です。小木南地域の周辺は、工業誘致や住宅団地などの開発がおこなわれてきましたが、通称巾下地区の下方地域（土地の低いところで今でも少しずつ沈下しているという）に属し、もともと低地で川に近い所でした。合瀬川周辺の開発とともに田も広がり、整地された美しい田園風景が継承されてきたところでもあります。

小木南一丁目は小字の江崎・松山・下出などが、二丁目は十三塚が、三丁目は南狭間・猫塚が統合されたところです。

松山は北の洪積台地の南端で、小高い丘や畑となっています。『北里村誌』によると、松山にある遺跡は「昔、丹羽五郎左衛門長秀という代官（織田信長の家臣）の屋敷跡と称せられ、地中より基礎石が発見され、またの名を御屋敷とも呼ぶ」といわれたそうです。

十三塚の由来は諸説ありますが、合瀬川の橋の袂《たもと》に小木の花塚から小さな塚が並んでいて、その一番南の十三番目の塚のあったところがその由来だそうです。別の説では、村境に多い地名で、小木村の南端に位置した小字で、古墳のあったところともい

十三塚橋の袂の道祖神の碑（平成三十年）

合瀬川の十三塚橋周辺（平成三十年）

われています。周辺にはいくつかの塚があり、発掘すると祟りがあるともいわれてきました。また、冥福を願う供養として、十三の仏に例え、仏僧に経文を書かせて、それを埋めた塚ともいわれることから名づけられたともいわれています。近くの合瀬川に架かる橋は十三塚橋といい、その袂には古い道祖神があります。あるいは、往還橋《おうかんばし》ともいわれ、江戸時代の主要街道で小木から名古屋へと通じる旧正眼寺街道（往還）があったといわれています。

南狭間は、天保十二年（一八四一）の村絵図に西迫間・東迫間と記されています。狭間は、前にも述べたように、二つの谷に挟まれた土地を指します。低地ですから長雨などで用水の池が切れる入鹿切れが起こると浸水してしまいます。慶応四年・明治元年（一八六八）の入鹿切れにより合瀬川から水が流れ出た時には、一帯が水に浸かっています。この時、現在小木三丁目になっている乙屋敷の集落と下小針中島・藤島町中島の集落は、地盤が高く、その間を水が流れました。水難を免れたことから、「中島」と呼ばれたのです。

猫塚は中島と呼ばれた地域より西方約三町（約三百二十七メートル）のところにあり、小木南三丁目に位置し、古墳の跡として記載されています。しかし、古墳は荒らされていて古器物などは見つかっていません。今は住宅地などになっています。

小木に居住した丹羽長秀は織田信長の寵愛を受けた武将

松山の遺跡の俗称となっている「御屋敷」の主だった丹羽長秀は、天文十九年（一五五〇）、十六歳の年に織田信長に仕えました。幼名は「万千代」、通称を「五郎左衛

現在の下小針地区周辺や公園（平成三十年）

門尉」と呼ばれ、信長の名を知らしめた天文二十一年（一五五二）の「萱津《かやつ》の原」の合戦に参戦し、その活躍で寵愛を受けることになりました。父長政は、もとは織田氏の上司であった尾張の守護斯波《しば》氏の家臣でした。長秀は、信長の養女（信長の兄・織田信広の娘）を妻にし、嫡男の丹羽長重も信長の五女を娶《めと》り、二代にわたって信長の姻戚《いんせき》になりました。また、柴田勝家・滝川一益・明智光秀と共に織田四天王と呼ばれています。織田家中では、「木綿《もくわた》藤吉（羽柴秀吉）、米五郎左《こめごろうざ》（丹羽長秀）、掛かれ柴田（柴田勝家）、退き佐久間（佐久間信盛）」という風評があったそうですが、木綿は華美ではないが調法（便利ということか）であるのに対して、米五郎左の丹羽長秀は、非常に器用でどのような任務でもこなし、米のように上にとっても下にとっても、毎日の生活に欠くことのできない存在であると評されていたようです。

永禄年間に信長が小牧山城を築城して在城していたころ、長秀はこの地に一時的に居を構え、岐阜攻略に備えました。信長の参謀として軍事面での作戦ばかりでなく、政治面でも優れた手腕を発揮し、天正四年（一五七六）には、安土城築城の普請奉行となり、天正八年（一五八〇）に完成させています。

長秀の孫・光重は陸奥二本松藩の初代藩主となる

余談になりますが、信長が上洛途中の元亀四年（一五七三）に、武田信玄の西上作戦によって浅井長政が織田家から離反したので、木下藤吉郎は浅井氏の居城小谷城（滋賀県）攻めを陣頭指揮していました。この年の四月に武田信玄が没し、七月には室町幕府最後の将軍足利義昭も信長から京を追放され、七月二十八日に年号が天正元

佐久間信盛

柴田勝家

丹羽長秀

羽柴秀吉

織田四天王

年（一五七三）と変わります。藤吉郎は、八月に越前（福井県）の朝倉義景を自殺に追い込み、次いで長政も自害させました。この功績により信長から、藤吉郎は浅井領を賜り、木下姓を羽柴姓とします。この時、織田家の重臣にあやかりたいと、姓は丹羽長秀の「羽」と柴田勝家の「柴」との一字ずつ取って「羽柴」としたといわれています。

その後秀吉は、拠点を滋賀の「今浜」に移し、城をつくり始めます。天正三年（一五七五）に城ができあがると、地名を信長の「長」をもらって「長浜」と改めました。こうした時代の流れのなかで、かつて丹羽長秀が小牧山城下に住んだことは、北里の歴史に強く刻まれています。

天正十年（一五八二）の「本能寺の変」で信長が自殺すると、丹羽長秀は秀吉とともに山崎の戦いで明智光秀を討ちとります。しかし、信長亡き後の「清須会議」（その後の領地分配の会議などは清洲会議という）で丹羽長秀は、織田四天王の一人にも関わらず、秀吉との対等の立場にありませんでした。その勢力差は歴然で「秀吉の家臣」に準じられてしまいました。三年後に胃がんで亡くなりますが、その病巣を自ら取り出して秀吉に贈ったともいわれています。後を継いだ長子の丹羽長重は、領地を次々と取り上げられ四万石の小藩となってしまいます。江戸時代に入ると長重の三男・光重が陸奥・二本松藩（福島県）初代藩主に任じられて明治時代まで続きました。

戦国の世に尾張小牧を中心に尾張・三河で群雄割拠した武将らの末裔たちは、徳川の時世になっても二百七十余諸藩の三分の二近くに散って占めていました。この郷土の英雄たちの活躍を誇りに思い、活躍していることを見直してみることも必要かもし

幕末の戊辰戦争で焼失し、この戦いで出陣した二本松少年隊の像のある現在の福島、二本松城（平成二十年）
寛永二十年に長秀の孫の光重が城主となり、大改修した現在の二本松城の跡

れません。

◉小木（小木西一丁目から三丁目・新小木一丁目から四丁目を含む）

小木の西部は物流一大拠点のトラックターミナル

旧北里の小木を中心とした地域は、昭和三十八年（一九六三）に北里村が小牧市に合併したあと、区画整理や工場誘致などで行政区画割りがおこなわれて整備されました。小木一丁目から五丁目は、古くから小木村の中核を成して発展してきたところです。歴史もほとんどその辺りを主軸に語られてきました。

小木について平安時代（十世紀ごろ）から記録されていることは、すでに紹介しました。新小木一丁目から四丁目と小木西一丁目から三丁目については、西に岩倉市が隣接し、北に接する道路は昭和三十九年（一九六四）に廃止された名鉄岩倉線の通っていた線路跡です。新小木一丁目の北側の一部は、三ツ渕に接しています。

県道名古屋外環状線は、舟津の東南に接したあと小木西を南下しながら縦断し、小木西三丁目の北の端で東西に走る県道小牧岩倉一宮線とクロスします。また、県道春日井一宮線は、小木西一丁目の南寄りで外環状線と東西に交差したあと、新小木三丁目の北端を通過していきます。この県道の東方には名古屋高速道路と並行する国道四一号線が交差し、左折して北方に向かえば名神高速道路の太平洋ベルト地帯を結ぶ小牧インターチェンジがあります。この地域は、小牧を含む名古屋北部工業地域の産業活動の拠点となり、中京工業地帯の重要な役割を果たすことになりました。この利便性によって昭和四十年代に荷物の集配施設としてのトラックターミナルが出現したの

旧小木地区のトラックターミナル建設予定地（昭和三十九年）

です。

昭和四十年代に小木は、小木上・小木中・小木下・とみづか・トラックターミナルと五つの行政区画（大字として）に一時決められましたが、平成元年（一九八九）には、舟津の一部を入れ、巾下川の東側の県道名古屋外環状線が通過する地域が小木西一丁目から三丁目に改められ、平成五年（一九九三）には、トラックターミナルの中心となる巾下川の西側が新小木一丁目から四丁目となりました。

前にも触れましたが、どういうわけか旧来の小木の町名で残っている小木の飛地がありますそこは西と南に新小木一丁目、東に舟津、北に三ツ渕に囲まれた正方形の場所です。日本通運株式会社小牧支店小牧流通センターやブリヂストンタイヤサービス中部株式会社小牧店などが立ち並んでいます。

巾下川の開削・新田開発で整備された湿田地帯

新小木一丁目は、旧小木の一部と隣の三ツ渕の一部が整理されましたが、組み入れられたのは旧字の大向・榊・小鉢・萱場・縄添などです。二丁目は、やはり小木の一部と隣の舟津の一部である萱場や松本などが整理されてできたところです。二丁目の中央を流れる境川と巾下川が合流する地点が、二丁目の南西端にありますが、そこは県道春日井一宮線が東西を横切っているところでもあります。三丁目は、里を中心に、四丁目は、堂之後を中心に整理されました。

小木西一丁目は、舟津の一部と旧字の一ノ坪・上巾などで整理され、二丁目は、中巾・杁之下・下巾・横手などで区割りされました。ここには小木小学校があります。

整備され姿を現したトラックターミナル全景（昭和四十八年）

三丁目は、柳原地域でまとめられています。

この小木西と新小木の境界線は巾下川で区切られていますが、この川は江戸時代の新田開発の名残を感じさせる場所なのです。この巾下地区は、低地や湿田、小川の多くあったところで、人々は水に悩まされてきました。とくに、小木西に住んでいた人々は、水害のため天神社とともにやや高台である三ツ渕に移り住んだといいます。ターミナルになる前までは、水田の広がる美しいのどかな田園風景の続くところでしたが、現在はその面影がまったくなくなってしまいました。物流の拠点である倉庫や車庫の立ち並ぶ地帯に変貌するとは、昔の人々は想像することもできなかったことでしょう。

小木西地域には字名として一ノ坪・上巾・中巾・下巾・杁之下・横手・柳原がありました。これらの名前は巾下川の流域であることと湿地帯だったことから、水田を中心とした新田開発が進められて整備されたことで名づけられたようです。大正初期の耕地整理で水路が整備され、碁盤割りの耕地に整地されたといいます。

新小木地域には、大向・榊・小鉢・萱場・縄添・松本・里・堂之後の字がありました。この地域は天保十二年（一八四一）の村絵図によると、小木西とくらべて小木の地形が、南北に走る大きな段丘崖で、それに上段と下段があることが見えます。西の方には所々に畑が点在していましたので、東側より早く開発が始められ、合瀬川や巾下川といった木津用水の開削が進むにつれて、それなりの地名が付けられたと思われます。

小木西の巾下川から小牧山を望む（平成二十八年）

全国初の四文字「尾張小牧」ナンバー発祥の地

小木の西部には、大正九年（一九二〇）に名鉄岩倉線が開通して小木駅がつくられました。鉄道が通ったことで人々の交流が頻繁になりましたが、戦後になって高度経済成長の時代になるまでは、あまり変化はありませんでした。小牧市が農村田園都市から工業都市として目覚しく発展する時代になると、この地域は陸路の大動脈である高速道路の拠点となる整備計画が進み、昭和四十年（一九六五）には小牧インターチェンジが完成します。

名神高速道路が全線開通すると、工業や流通関連産業にとって立地のいい場所となり、関連企業の誘致・進出がおこなわれるようになりました。

昭和三十九年（一九六四）には、長距離高速輸送の大型車と短距離市街地輸送の中小型車の中継基地として、愛知県の企業局が用地買収をおこないます。昭和四十一年（一九六六）には、新小木、小木西地域にまたがる小牧トラックターミナル団地の分譲が八〇パーセント完了したそうです。この時には、流通関連企業五十一社が進出していたといいます。

そのためか、新小木三丁目に自動車ナンバープレートの発行機関である小牧自動車検査登録事務所が設置され、昭和五十四年（一九七九）に「尾張小牧」のナンバープレートが誕生。全国にこの地をPRする車が走ることになりました。当初、名称が「小牧」だけでしたが、尾北地域の関係自治体から異論が出されたため、登録機関の事務所の地名という本旨を変更して、都市名とは異なる全国初の四文字の「尾張小牧」ナンバーの誕生となりました。現在は、「一宮」「春日井」の御当地ナンバーも発

自動車ナンバープレートの発行や自動車整備講習所などがある小牧教育センター（平成二十八年）

行しています。

今では、町おこしの名の下に、「富士山」や「湘南」などといった観光地や行政区の異なる地域のナンバーも発行されるようになりましたが、小牧が第一号でした。私たちの会の名称も、激論のすえ「尾張小牧」を冠する尾張小牧歴史文化振興会に決定しました。私たちのやろうとしていることが誰にでもすぐわかる名称です。

この地域には、一丁目と四丁目（東側は三丁目）の矢戸川沿いに昭和四十八年（一九七三）に県から移管されたさかき運動場、三丁目に愛知県自動車整備振興会小牧教育センター、四丁目に県の施設として昭和六十二年（一九八七）より公共下水道施設として汚水処理の使用を開始し、平成七年（一九九五）には三市一町（小牧市・犬山市・岩倉市・大口町）での併用の五条川左岸浄化センターが設置されました。

明治四十四年（一九一一）に新設認可された東邦電力株式会社小木変電所が現在も小木西一丁目の名鉄電車の旧小牧・岩倉線の通っていた県道春日井一宮線の南側に中部電力株式会社小木変電所として稼働しています。


◉藤島一丁目から二丁目（藤島町梵天・藤島町中島・藤島町鏡池・藤島町向江・藤島町徳願寺・藤島町五才田・藤島町居屋敷・藤島町出口を含む）

藤島は集落の立地から命名
旧北里地区の藤島は市域の南西端に位置し、南は北名古屋市（旧師勝町）に、西は岩倉市に接し、現在は住宅地として発展しています。この藤島の地は、太古には木曽

明治に設置された小木変電所は現在もリニューアルされ稼働しています（平成二十八年）

川の支流の河川に続き、伊勢湾がこの地まで浸食していた地域でした。沖積世（紀元一万年前）時代には、中州だったと推定され、藤島に続く北方が同じように潟《かた》をなし、小牧地区の西之島、三ツ渕、舟津など海に関係のある地名が並んでいます。そして、水際には荻や真菰《まこも》の群生が見られたと考えられています。

土質は砂質土壌でしたが、藤の茂る島であったためか、その島の名が藤島となり地名となったといわれています。また、島は別名「しま」「講中」などと呼ばれ、人の集まる意味もあり、藤島は藤や蔦葛《つたかづら》の繁茂《はんも》していた「むら」とも解釈されます。それに地名の居屋敷が昔からの部落の中心で、砂原や溝野は、やはり島の砂浜や入江の溝を想定させます。また、昔から海の名残の小字名が多くあり、東浦・中島・向江・鏡池などでは、居屋敷を省くと土地が低く、昔からよく水をかぶったことが伝説として残っています。

この地方には石器時代から縄文、古墳時代の遺跡が多く見つかっていますので、このころから集落もでき人々の生活が始まったと考えられます。

鎌倉時代にはすでに集落が形成されていました。西が木曽川を源流とする矢戸川と巾下川が合流した五条川水系に、東を合瀬川に挟まれた純農村地帯です。江戸時代に入ると正保五年（一六四八）から十カ所にわたる用水が引かれ、明暦三年（一六五七）には、五カ所の用水を引く大規模な開発をおこなって、尾張藩士の給知《きゅうち》（＝給田・領主が家臣に給与として、年貢の取り立てを認めた土地）となっていたのです。

新小木二丁目で合流する境川と巾下川、そして矢戸川に注ぐ（平成二十八年）

古い歴史がある賢林寺の本尊は、愛知県指定有形文化財

藤島の地には、古くから小字名として居屋敷と呼ぶ地域がありました。そこには鎌倉期の建永元年（一二〇六）に創建されたといわれる天台宗の藤島山賢林寺がありま す。山号に「藤島」が使われているので、鎌倉初期には藤島の地名があったことがわかります。

賢林寺は、累年《るいねん》の兵乱により衰微し、本堂など廃頽、散乱しましたが、元亀元年（一五七〇）に再興されました。本尊の一木造りの十一面観音菩薩坐像は、伝聖徳太子作ともいわれていますが、造立の経緯や伝来は不明です。秘仏となっていたためか、これほど保存状態がよいのも全国的に珍しく、資料的価値も高いといわれています。平成十四年（二〇〇二）に愛知県の有形文化財に指定されましたが、一般公開はされていません。

観音信仰が広く普及した江戸時代には、多くの信者を集めました。また、伝説も残っていますが、一例をあげると「掘っても出ない金の宝物」という話があります。江戸末期に賢林寺の境内の裏を流れるさかしま川の近辺に深夜になると「火の玉が出る」との噂があって「掘れば黄金が出る」との評判になりました。木津用水の工事で働く人夫たちが宝物を得ようと我先にその周辺を掘ったといいます。この噂は噂を呼び参詣者の盛況を極めましたが、何も出なかったそうです。ある人によれば、観音様の参詣者を増やすための方便であったのではないかと。現在も旧暦の一月八日の初観音には、大勢の参詣者が訪れています。

賢林寺の北隣には天文年間（一五三二～五五）に創建され、元亀年間（一五七〇～七

古刹といわれる藤島山賢林寺（平成二十八年）

賢林寺の愛知県指定文化財の十一面観音菩薩坐像

二）に再興された神明社があります。祭神は天照大御神です。

藤島地区は、江戸期には、藤島村として尾張藩の小牧代官所の支配を受けました。明治二十二年（一八八九）に小木村の所属となりますが、明治三十三年（一九〇〇）には、隣の熊之庄村（現在の北名古屋市の一部）の薬師寺を分離合併しています。五条川沿いにあったことから五条村となりました。六年後の明治三十九年（一九〇六）にふたたび分離され、北里村に併合されます。昭和三十八年（一九六三）に北里村が小牧市に合併されると同時に大字となり、昭和四十八年（一九七三）に、現在の町名になったのです。

かつての面影を残しつつ大住宅団地に変わった藤島地区

賢林寺のある居屋敷は部落の中心で一段高くなっていますが、北の現在藤島団地になっている藤島一、二丁目の小字の砂原・溝野・東浦という名は、河川の中州の砂浜や入江の溝が由来であることを思い起こさせます。高畑は畑地で、昭和に入ってもほとんど桑畑が広がっていました。傳土《でんど》は、江戸時代には傳戸と表し、明治期から土の字を使ったといいます。

大字の藤島町居屋敷は、土地の高い地域で水害を受けにくく、古くから屋敷が集まって集落ができたところです。周辺の他の低い地域は、入鹿池などが決壊したときは水を被《かぶ》りました。この地区は砂地で、井戸はよほど深く掘らないと水が出ませんでした。江戸期には、居屋敷を囲むように南出や出口・溝畑などの地名があって、その一帯には畑地が広がっていました。南出・出口は、居屋敷を起点にして付けられ、居

藤島の地元信仰の熱い梵天神社（平成二十八年）

屋敷の北東方向にある梵天《ぼんてん》には梵天神社があります。祭神は天之御中主《あめのみなかぬし》大神です。この神社は天文時代（一五三二～五五）の古書に見えるといわれています。由来は不明で無格社ですが、天保時代（一八三〇～四四）の絵地図には梵天宮と記されていることから、位の高かったお宮だと考えられます。明治維新前には一時、藤島山賢林寺の支配に属し、天之皇産霊社ともいわれ、現在も藤島住宅の中に往時の面影を残す木々が繁り、梵天様として地元民に信仰されています。

藤島地域の周りを囲む低い田んぼの部分を小字の大廻間《おおはざま》と呼び、その中で島のように小高くなっていたのが、小字の中島と呼ばれたようです。居屋敷の南東にある鏡池あたりには、明治期に手水池《ちょうずいけ》という小字もありました。昭和の時代にも田が広がっていましたが、地元で池があったという話はありません。江戸期の村絵図を見ると大きな用水が二つ通り、昔から低い土地であることがわかるので、それ以前には、池があったと考えられます。絵図には用水の中州に墓地が見られます。今でも、その中州の形を残しながら、手水池があった辺りに墓地が存在しています。徳願寺（江戸時代には徳願地ともいわれた）や五才田・向江も新田開発に伴って名づけられ、耕地整理に伴う土地改良事業が終わりを告げた昭和四十八年（一九七三）から、これらはすべて藤島町の下に小字を付けて藤島町徳願寺というように大字の地名となりました。

現在、藤島の地名を冠した大字は藤島一、二丁目を含めて十カ所あります。この地域は、あまり交通機関に恵まれなかったためか、小牧で数少ない畑作農業や蔬菜《そさい》園芸を中心とした都市近郊型の農業地域といわれていました。昭和四十二年（一九六七）ごろから、日本住宅公団（現・UR）などにより、藤島団地や「梵天東栄団地」、隣

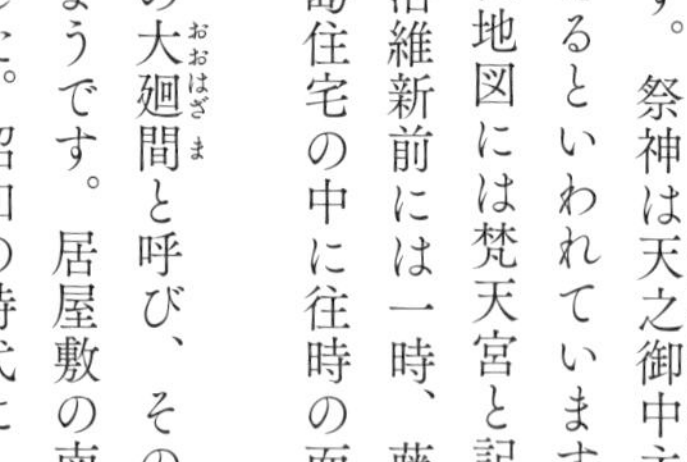
四十年前におこなわれた防災訓練の様子（とみづか団地・藤島団地）

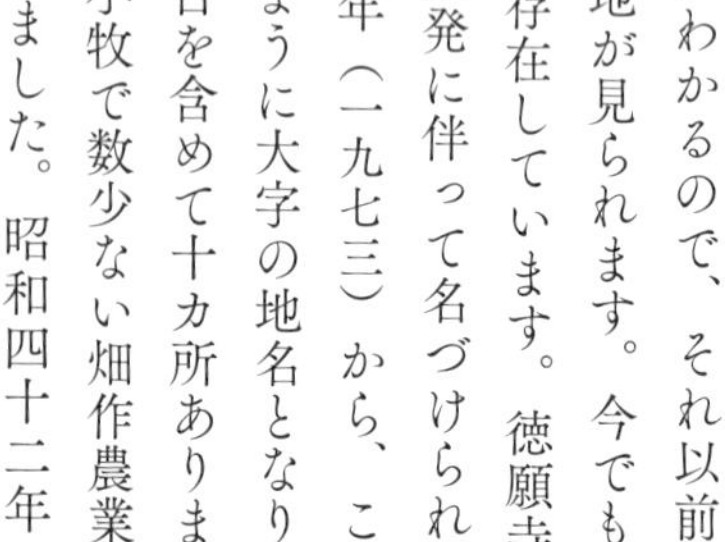
藤島交差点（平成二十八年）

接の小木南三丁目に跨るとみづか団地など大住宅団地群が建設されました。これらは庭を備えた美しい個別住宅団地です。名古屋方面に通勤する中堅年齢層（当時の三、四十代の人々）のサラリーマンが多数入居できました。各種商店も立ち並び、完成時には名古屋のベッドタウンとして人口が一挙に増大。土地の景観も大きく変わりました。ここは、一戸建て住宅が多いですが、空き家がではじめ、桃花台ニュータンと同じ高齢単身世帯の問題がでています。

また、合瀬川に架かる県道名古屋豊山稲沢線の十三塚橋の袂《たもと》の藤島町中島側には古い道祖神があります。この辺りの地名の十三塚については、前述しています。

◉多気北町・多気中町・多気西町・多気東町・多気南町

多気の名称の由来は「おおき」から

東の春日寺地域と共に小牧市の一番南に位置する多気地域は、昭和四十九年（一九七四）に、大字として多気北町、多気中町、多気東町、多気西町、多気南町の五つの地名に分けられました。南は、北名古屋市と西春日井郡豊山町に接し、国道四一号線と名古屋高速道路が南北に通り、灌漑用水である善光寺用水や中江川が流れています。地形的には古来より河川の入り江であった洪積層末端の低地で、肥沃な農村地域だったのです。

多気村という名前は、明治十二年（一八七九）に大気村と坂場村が合併して付けられたものです。大気村は、現在の多気中町にある多気神社に由来します。江戸期に「おおけ」と呼ばれ、「大気」「大毛」とも書かれていました。古くは、東に位置する

建設当時の藤島団地（昭和四十三年）

多気神社前の多気交差点（平成三十年）

大山川の氾濫によって、川の西側に「大沼」ができ、土地が低いために少しの出水でも「大池」になりました。その「大沼」が「おおけ」になり、「大気」から「多気」に変形したともいいます。

また一説には、「多気は、昔、山田郡大木村と称し、大きな木の生えていた村であった。明治初年の郡役所の字調査の時、（中略）村民が「たいき」「おおき」と発音するのを役人も無頓着に「多気」という当て字で記帳していった。以来「大木村」は「多気村」と読まれ書くようになってしまった」（『北里教育百年の歩み』より）ということです。

多気東町より多気中町の南東の端を中江川が流れていますが、その地域には、「大沼」や「流《ながれ》」の地名が残っていました。「大沼」は、中江川の影響で大きな沼が形成されたため、「流」は中江川の流れが速かったために付けられました。昔から多気地区では「ななおけはん」と呼ばれています。「なな」とは「七つ」の意味で、「おけ」とは「大気村」の「おおけ」が詰まったものです。「大気村に点在する七つの集落」を総称してそう呼ばれたのです。「はん」とは「半分」の意味で、新田を指した言葉ともいい、南新田や北新田のことをいいます。『尾張徇行記』には、元文五年（一七四〇）ごろの七つの集落の屋敷として、坂場・北屋敷・新開・本郷・山中・皿屋敷・西屋敷と記されていました。その中の坂場は、天保十二年（一八四一）の村絵図では坂場村として描かれています。坂場村は大気村の北東に位置し、現在の多気東町周辺であり、明治十二年に合併して多気村となりましたが、それ以外の字の地名は、集落が村のような役割を果たしていましたが、今はその名は残っていませんが、形態的な名

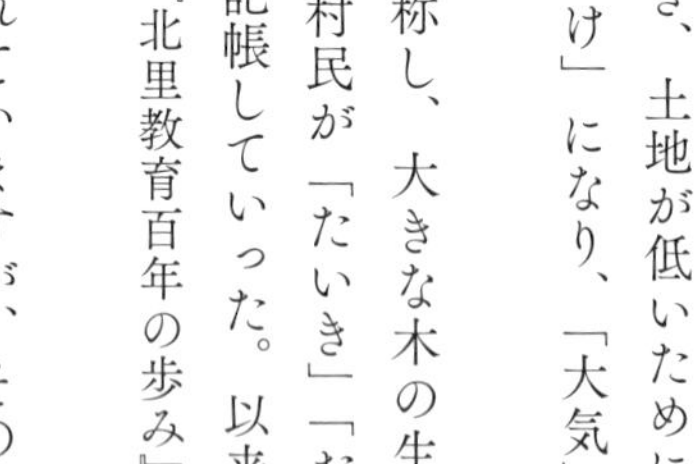
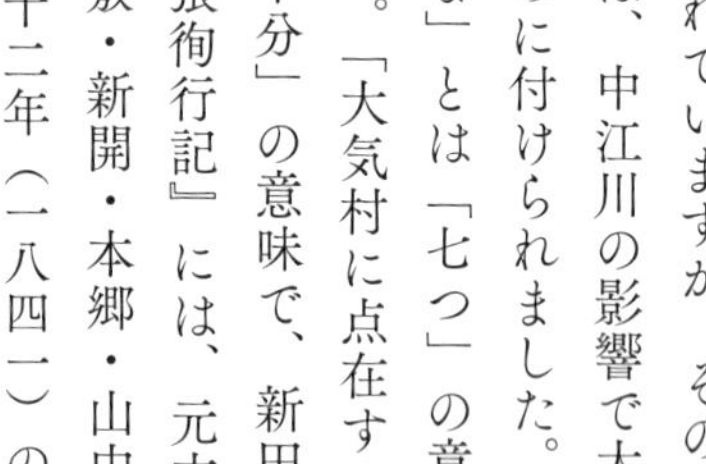

今も残る美しい多気周辺の田園風景（平成三十年）

残はあるといわれています。

多気の名は十世紀の「延喜式」にも登場

坂場村については、戦国時代（十六世紀）の分限帳では定かではありません。多気村に合併する前の坂場村が「さかば」と濁って発音され、春日井郡坂場郷の名で周辺以上の知行を収めた地域として記録されています。『寛文村々覚書』（一六六一～七三）にも明記され、尾張藩小牧代官所の支配を受けていました。

そのほか、小字も数多くありました。現在の十二柱神社を含む一帯は、ひと際高く聳《そび》える榊《さかき》の木があったところから「御榊《おさかき》」と呼ばれ、多気は小牧でも地形が低く、とくに低いところは、田に荷を背負って入ると腰まで浸かるほどだったことから「荷《い》イ角《なずみ》」と呼ばれています。多気中町にある多気神社の地域は、祭神が伊邪那岐命《いざなぎのみこと》、伊邪那美命《いざなみのみこと》、天照皇大神です。『尾張国神名帳』には「従二位上多気神社」と記されています。この地域では、十世紀の『延喜式神名帳』に、「多気神社」の名前があることから「神ノ毛」と呼ばれていたようです。

多気中町の南寄りには安永四年（一七七五）開基の浄土宗の安正寺があります。本尊は薬師如来で聖徳太子作といわれています。当初は安藤吉左衛門や藤原光信らの村民の発起により薬師堂が建てられ、その後、明治十一年（一八七八）に現在の名称の公称が許されたといいます。

多気神社の西に位置する多気北町にある日蓮宗の了広山妙禅寺は伝・承応元年（一六五二）創建で「寛永五年、僧日理再興ス」と『尾張徇行記』に記されています。本

小児の難病を救護した了広山妙禅寺参道（平成三十年）

尊は法華題目木塔（一塔両尊四士）で、開山当初は、鬼子母尊神が祀られ、小児の難病を救護し、虚弱者を加護したといいます。多気南町の中江川西方に天正十六年（一五八八）に建てられた曹洞宗の補陀山《ほださん》龍泉院があります。当初元屋敷にありましたが焼失。寛保二年（一七四二）に現在地に移転し、文政七年（一八二四）に再興を果たしました。その後も廃頽が繰り返されましたが、昭和二年（一九二七）に中興開山、新築し現在に至っています。本尊は、十一面観世音菩薩（伝・運慶作）です。

その他に、庵ノ浦・高畠・張原・前田・南阿原・義領・北山・北野・東畑・八塚・塚本・馬頭・西之海道・野田・山東・大道北・大道南などの地名がありました。

多気東町には創建は不明ですが、『尾張国内神名帳』に従三位上坂庭天神とある坂《さか》庭《にわ》神社があります。祭神は国常立命、天照皇大神などです。その北側には明暦年間（一六五五～五八まで）に建てられたという曹洞宗の妙光山自照寺があります。当初は青陽山徳春庵という尼寺で、安政三年（一八五六）に中興の祖が自ら浄財を喜捨し、現在の自照寺となりました。本尊は十一面観世音菩薩です。境内には、達宗大和尚の守護仏である安産守護子安地蔵菩薩が安置され、寺宝に谷文晁筆の「十六善神」などがあります。

交通の便が悪かったため、よき慣習や伝統が残る

多気北町や多気西町には、現在、県道名古屋豊山稲沢線が斜めに境界を通り、住宅地や工業地域として整備されました。また、多気東町や多気中町、多気南町には、かつて水田が広がっていましたが、今ではその大半が住宅地や工業地域に変貌してしま

運慶作と見られる本尊をもつ補陀山龍泉院山門（平成三十年）

多気東町の坂庭神社（平成三十年）

いました。

多気地域にはとくに名をあげるような歴史的な出来事はありませんでしたが、美しい田園の中から、北に小牧山を見ることができる純農村地域で、農耕を営む集落が形成されてきました。道路の改良は明治以来の地図を比較しても一部にとどまり、交通の便が悪く、変化の少ない地域でした。

そのため、古くから引き継がれた衣食住にかかわる伝統的な慣習も多く残されています。往年よりは少なくなったとはいえ、今でも農家の多い集落では近所の付き合いが続いています。また、よき伝統を残そうと、生活習慣などに関する古老たちのいい伝えも記録されるようになりました。

多気の中心ともいわれる多気中町に十二柱神社（創建不明）があります。祭神は、伊邪那岐命、伊邪那美命、天照大御神など十二柱で、古くより鎮座の産土神として崇敬されています。ここには、平成十一年（一九九九）に市指定の天然記念物「シイノキ」があります。樹齢三百年以上と推定され、樹高約十五メートル、胸高囲五・一メートル、根本から二メートルで二つに分かれ、樹冠を落下傘状に美しく広げているのが印象的です。

大木や名木は、無言のうちに先人の語り部となり、未来への示唆を与え、夢を託してくれる子孫への宝物です。大切にしなければなりません。文化・伝統は、皆さんの協力で残すことができます。

ここの多気中町には、地域に密着した不動産情報を提供するセンチュリー21株式会社小牧不動産があり、多気南町には、昭和三十年（一九五五）創業の土木・建築

谷文晁筆の仏画のある妙光山自照寺（平成三十年）

多気の中心を担う十二柱神社（平成三十年）

の鉄筋加工などを営むマツダスタール株式会社、昭和四十五年（一九七〇）創業の化学・医療用機器などの精密機器を扱うフジデノロ株式会社があります。

十二柱神社にある市指定の天然記念物「シイノキ」（平成三十年）

おわりに　小牧のさらなる発展をめざして

六年にわたる連載が意味すること

本書は、平成十九年（二〇〇七）に、小牧商工会議所からの依頼で「つつじ」（所報）に六年間にわたって「小牧地名・逸話物語」シリーズとして連載したものを再編集したものです。

西洋の諺に「非学者、論に負けず」という言葉があります。私どもはこの言葉どおり、無知を承知でその道の大先輩に頼らず、先駆者の記録を紐解《ひもと》き、公に刊行されている資料や古老や郷土史家などの意見を参考にし、独自の調査で不明な部分や散逸した部分の一部を補填《ほてん》しながら連載を続けました。いまこうして、小牧市全体を網羅する地名などの履歴書をまとめることができて、長年の宿題を果たした気持ちでいます。

この間、小牧山城の発掘調査による新しい発見があるなど、小牧には埋もれたままの観光資源や歴史的な名所が数多くあることもわかりました。スペースに限りがあり説明不足や調査不足で誤解を受けるところもありましたが、無事に連載を終了することができましたことは、関係者やご協力いただいた多くの皆さんのおかげです。心より感謝申し上げます。

小牧市は市制が施行されて平成二十七年（二〇一五）で六十周年を迎えました。引き続き、各地では区画整理や開発が進み、田畑や山林、原野は減少していくことでしょう。その一方で、工場や宅地が着実に増え、国の大動脈である高速道路の恩恵を受けながら進歩・発展を続けています。

平成二十五年（二〇一三）に開催された織田信長公の小牧山城築城四百五十年事業で、戦国時代に信長公が未開地の山林や田畑ばかりの小牧に新しい城をつくり、城下町も商工業を中心とした城下町につくりあげようとしたことを紹介しました。このとき奇しくも、信長公のおこなった都市づくり事業と小牧が農村都市から工業都市へと変換することが、私たちの中でオーバーラップ（重なり合うこと）したのです。

小牧は、昭和三十年代から始まった産業の振興と財政基盤の強化をめざして進められてきた工場誘致政策により、農業依存型の田園都市から内陸工業都市へと変貌してきました。この連載を続けるなかで、新しい時代の流れに適応しながら開発が進められている地区がいくつもあることもわかりました。もちろん、古い地形や区画整理のために、新しい地名に変更・整備され、その名を留めていない地区もありましたが……。

小牧には、まだ発展の素地あり

小牧は、外部から新しく居住地を求めて来た方々や仕事などで滞在された人たちにとって、非常に住みやすく印象深いところのようです。小牧地方は、古くから地域文化の中心的な役割を果たしてきており、周辺の市町村の憧れの町でもありました。太古の時代から開かれてきたところで、中心部は災害にも強く、小牧山の南側には紀元前（縄文時代）の織田井戸遺跡があり、古墳時代には小木の宇都宮神社古墳などでも見られるように早くから集落ができ、開けたところでもありました。今までの資料では、尾張地方が木曽川下流にかけての扇状地で、今から三万五千年前に小牧山や岩崎山が熱田の海（伊勢湾）に浮かぶ島であったと思われていました。養老元年（七一七）に作成されたといわれる尾張国猿投神社の古地図や文化十一年（一八一四）の春日井郡の玉井之神社修復時に発見された尾張太古之図などは想像図のようですが、北の岩崎山の西側一帯から南の小牧山の西南まで伊勢湾の入江で、海が迫っていたと推察されていたのです。

ところが、六百五十万年から百万年前までのこの地方は、東海湖という大きな湖だったのです。その湖が堆積したのが、十二万年前ごろからで、桃花台付近に分布する矢田川累層が浸食、隆起して、今の丘陵地となったようです。自然河川は少なく沼地や荒れ地が多いところでした。とりわけ篠岡地域は、その北東から東側は東部丘陵地帯と高台になっていました。氷河期の終了する一万年前から旧石器時代・縄文時代へと移りますと各種遺跡も発見され、早くから人々が集落をつくり、生活をしていたことが推察されます。有史時代に入ると古墳時代の篠岡古窯跡群をはじめ、他の地域の高台も古墳などとして利用されたようです。やがて、灌漑用水がつくられると洪積台地の原野は畑や開墾の地として形づくられてきました。

こうした地勢のため、大きな災害に見舞われることが比較的少なかったようです。そのため企業の工場などの移転先候補に挙げられてきました。気候的にも住みやすく、春は温暖で過ごしやすく、夏は伊勢湾と周辺の山間地域のため多少の蒸し暑さを感じますが、秋は清々しい日和が続き、冬は伊吹おろしがあるなど、四季折々の風情が楽しめます。また、木曽川や入鹿用水などの美味しい伏流水も豊富で、財政も豊かですから、今後もその素地を有効に利用すればさらに商工業や観光の発展が期待されます。

新しい小牧文化発展の礎となるように

小牧は、長く文化不毛の都市と揶揄《やゆ》されてきましたが、そんなことは決してありません。本書では、数多くの伝統文化や歴史、遺跡、史跡を紹介しました。偉人も多数輩出しています。しかし、まだまだ、埋もれているものがたくさんあります。

私どもの活動の基盤としている特定非営利活動法人尾張小牧歴史文化振興会は、平成十七年（二〇〇五）の愛知万博の時に産声をあげ、町おこしの一環として郷土の歴史を掘り起こしてきました。平成二十年（二〇〇八）には、小牧市教育委員会などの協力で、奈良の国立博物館に寄託されていた三ツ渕・青松山正眼寺所有の国の重要文化財「銅像誕生釈迦仏立像」を三十年振りに里帰りさせました。仏像の里帰りに際して、古式にのっとった法要を実施し、その記録をＤＶＤにまとめ、仏像を名古屋市博物館や小牧市歴史館で鑑賞していただきました。埋もれている有形・無形の文化財など伝統文化の発掘・保存する啓発活動を中心に、勉強会、見学会をも開催してきました。また、小牧商工会議所などの支援で「こまき歴史探訪の日」を十一月に設定し、立札を立てた文化財を巡回するスタンプラリーなどの事業も推し進めてきました。

平成二十二年（二〇一〇）度からは、文化庁の「地域伝統文化総合活性化事業」の支援を受け、小牧神明社を中心とした春祭り・夏の秋葉祭り・秋の五本棒オマント神事奉納祭りや大草・野口の棒の手、常普請の木遣りを取り上げ、その記録を調査書やＤＶＤにまとめています。そして、老朽化した機材や山車、からくり人形、道具類などの修理、後継者育成のための援助や市民に周知するための「郷土芸能・文化フェスティバル」を開催してきました。

さらに、平成二十三年（二〇一一）度には、引き続いて、文化庁の「文化遺産を活かした観光振興・地域活性化事業」の助成を受け、観光振興として「小牧こども歌舞伎」を七十年振りに復活させ、当該年度の一月には、篠岡の東部市民センターでも披露して好評を得ることができました。このお祭りなどの模様は、ＤＶＤにまとめ日本と国交のある在外公館を通して海外にも紹介しました。平成二十四年度にも実施いたしました。

そして、平成二十五年（二〇一三）の織田信長公の小牧山城築城四百五十年記念事業には事前（二年前から）にこの事業と『小牧』をＰＲする広報ポスターを作成し、都道府県や主要都市などに配布して啓発を図りました。また、調査書をまとめ『小牧山城秘話』（信長はなぜ小牧山に城を築いたか）と題したサスペンスを織り交ぜた歴史小説を、愛知県出身の小説家司城志朗氏に執筆を依頼し、若き信長が小牧を中心に闊歩した時代と天下布武の足がかりを紹介しました。

本書の内容も小牧の隠れた文化資料として、市民の皆さんに利用していただくよう幅広い分野にわたって記事を集め、加筆・挿入・改編・作成したものです。そして、平成二十五年の四月からは、連載したこの地名物語を切っ掛けに地名の生い立ちや現風景などがＣＣＮｅｔ（ケーブルテレビ）で放映されたりもしました。これらの資料が小牧の再発見の一助となったことを誇りに思っています。

平成二十五年の十一月の小牧歴史探訪の日の特別事業で、日本のルーツをたどる「日本城史展」を小牧駅前のラピオ四階「市民ギャラリー」で開催し、古代から幕末に至る全国の主要な城や遺跡の写真を中心とした展示と解説をして市民の共感を得ました。

この本では、連載中に紹介できなかった各地域の歴史や文化、こぼれ話などに加え、商工会議所に関係する主たる企業の簡単な創業の沿革や今後の観光振興の素材となりそうなものも取り上げています。皆さんの活動の参考に資するものになれば、と思っています。地方活性、地方創世の掛け声の高い現代において、尾張小牧の商工振興として、あるいは皆さんが小牧に住んでよかった、生活して郷土に愛着が持てる町だ、と思える手がかりに本書を活用していただければ幸いです。

現在の町名と旧町・旧大字など対比表（平成二十九年十二月三十一日現在）

現在の町名	旧大字
●小牧地区	
小牧	なし
小牧一丁目	山北町・城東町・小牧
小牧二丁目	城東町・野田町・小牧原新田・小牧
小牧三丁目	小牧原新田・小牧
小牧四丁目	常普請二丁目・桜井・小牧・市之久田・北外山
小牧五丁目	小牧・市之久田
中央一丁目	小牧原新田・小牧・北外山入鹿新田・東新町
中央二丁目	小牧原新田・北外山入鹿新田・小牧・東新町・二重堀
中央三丁目	小牧原新田・北外山入鹿新田・小牧・二重堀
中央四丁目	北外山入鹿新田・小牧原新田・二重堀
中央五丁目	北外山入鹿新田・小牧原新田・小牧・二重堀
中央六丁目	北外山入鹿新田・小牧原新田・北外山・小牧・東新町・大山
堀の内一丁目	小牧・曙町・間々本町
堀の内二丁目	小牧
堀の内三丁目	小牧・市之久田
堀の内四丁目	小牧・市之久田
堀の内五丁目	小牧
曙町	小牧・間々
川西一丁目	小牧・小木・小針入鹿新田
川西二丁目	小牧・小針入鹿新田・市之久田
川西三丁目	小牧・小木・小針入鹿新田・市之久田
大山（小牧）	大山
応時一丁目	東新町・北外山入鹿新田・大山・北外山
応時二丁目	北外山・北外山入鹿新田・大山
応時三丁目	大山・北外山
応時四丁目	大山・北外山
東一丁目	北外山入鹿新田・二重堀
東二丁目	北外山
東三丁目	北外山・北外山入鹿新田
東四丁目	北外山入鹿新田・北外山
桜井	桜井・北外山・市之久田
桜井本町	北外山・市之久田
掛割町	北外山
若草町	北外山
北外山入鹿新田	なし
北外山	北外山
東新町	なし

緑町	なし
南外山	南外山・北外山・市之久田・春日井市牛山町下荒井
春日寺一丁目	南外山
春日寺二丁目	東原町・南外山
春日寺三丁目	南外山
新町一丁目	小牧・小牧原新田・懐町
新町二丁目	小牧・小牧原新田・懐町・大新田町
新町三丁目	小牧・大新田町・小牧原新田・上新町
小牧原新田	小牧原新田
小牧原一丁目	小牧原新田・岩崎・間々原新田
小牧原二丁目	小牧原新田・岩崎
小牧原三丁目	小牧原新田・岩崎・東田中
小牧原四丁目	小牧原新田
間々	間々
間々本町	間々・小牧
間々原新田	間々原新田
安田町	小牧・間々・間々原新田
山北町	小牧・間々原・間々・間々原新田
村中	村中
村中新町	村中・間々
横内	横内
河内屋新田	河内屋新田・丹羽郡大口町大字秋田
入鹿出新田	入鹿出新田
西之島	西之島
西島町	西之島・村中
弥生町	西之島・村中・間々・小牧

舟津	舟津・小牧
元町一丁目	小牧
元町二丁目	小牧
元町三丁目	小牧
元町四丁目	小牧
三ツ渕	三ツ渕
三ツ渕原新田	三ツ渕原新田
●味岡地区	
久保一色	久保一色
寺西	青塚前・犬山市青塚前・久保一色・犬山市久保一色・宮東・犬山市宮東・西大円・犬山市西大円・東大円・犬山市東大円・平塚・犬山市一色浦・犬山市平塚
久保一色東一丁目	久保一色・犬山市字天神東・犬山市字葭原
久保一色東二丁目	久保一色・犬山市字鎌柄畷・犬山市字小洞・犬山市字西高坪・犬山市字前田面・犬山市字仲田・犬山市字鳥屋越・犬山市字天神・犬山市字葭原・字小洞・字仲田
久保一色南一丁目	久保一色
久保一色南二丁目	久保一色
久保本町	久保一色
久保新町	久保一色・岩崎
田県町	久保一色
葭原	久保一色・字小洞
岩崎	岩崎
岩崎原新田	岩崎原新田

岩崎一丁目	岩崎・岩崎原新田
岩崎五丁目	岩崎・小牧原新田・岩崎原新田
岩崎原一丁目	岩崎原新田・岩崎
岩崎原二丁目	岩崎原新田・岩崎・久保一色
岩崎原三丁目	久保一色・岩崎原新田・岩崎
小松寺	小松寺
本庄	本庄
文津	文津
東田中	東田中
二重堀	二重堀

●篠岡地区

大山（篠岡）	大山
大山（篠岡）中	大山
大山（篠岡）東	大山
大山（篠岡）南	大山
野口	野口
野口島ノ田	林・野口・大草
野口違井那	野口・大草・林
野口柿花	林・野口・大草
野口定道	野口
野口中田	野口・大草
野口惣門	野口
野口友ケ根	野口・大草・林
野口高畑	野口・大草
林	林
林西	林・池之内
林北	林・池之内
林中	林・池之内
林南	林・池之内
林新外	林
林野原	林・野口
池之内	池之内
池之内赤堀	池之内・林
池之内道木	池之内・林
上末	上末
郷西町	上末
長治町	下末
下末	下末
大草	大草
大草七重	大草
大草太良上	大草
大草太良中	大草
大草太良下	大草
大草北	大草
大草藤助	大草
大草一色	大草
大草深洞上	大草
大草東	大草
大草南	大草
大草中	大草
大草西	大草
篠岡一丁目	大草・林
篠岡二丁目	大草・池之内・林

篠岡三丁目	大草・野口・林
光ヶ丘一丁目	大草
光ヶ丘二丁目	大草
光ヶ丘三丁目	大草
光ヶ丘四丁目	大草
光ヶ丘五丁目	大草
光ヶ丘六丁目	大草
古雅一丁目	大草・池之内
古雅二丁目	大草・池之内
古雅三丁目	大草・池之内
古雅四丁目	池之内
桃ヶ丘一丁目	大草
桃ヶ丘二丁目	大草・池之内
桃ヶ丘三丁目	大草・池之内
城山一丁目	大草
城山二丁目	大草
城山三丁目	大草
城山四丁目	大草
城山五丁目	大草
高根一丁目	池之内・上末・大草
高根二丁目	大草
高根三丁目	大草

●北里地区

常普請一丁目	市之久田・大山・小針入鹿新田
常普請二丁目	市之久田・北外山・小針入鹿新田・小牧
常普請三丁目	市之久田・北外山・小針入鹿新田
市之久田一丁目	市之久田・南外山・北外山・小針
市之久田二丁目	市之久田・南外山
外堀一丁目	市之久田
外堀二丁目	市之久田・小針入鹿新田・小針
外堀三丁目	小針入鹿新田・市之久田・小針
外堀四丁目	小針入鹿新田
郷中一丁目	市之久田・北外山
郷中二丁目	市之久田・小針
小針一丁目	小針・小針入鹿新田・市之久田
小針二丁目	小針
小針三丁目	小針
下小針天神一丁目	小針巳新田・小針・小針入鹿新田
下小針天神二丁目	小針巳新田・小針
下小針天神三丁目	小針巳新田
下小針中島一丁目	小針巳新田・小針入鹿新田
下小針中島二丁目	小針巳新田
下小針中島三丁目	小針巳新田
小木一丁目	小木・小針入鹿新田
小木二丁目	小木・小木西二丁目
小木三丁目	小木・小木西一丁目
小木四丁目	小木東一丁目・小木西二丁目・小木
小木五丁目	小木・小木南一丁目・小木西二丁目
小木東一丁目	小木・小針入鹿新田
小木東二丁目	小木・小針入鹿新田
小木東三丁目	小木東一丁目
小木南一丁目	小木
小木南二丁目	小木

小木南三丁目	小木・小木西三丁目
小木西一丁目	小木・舟津
小木西二丁目	小木・舟津
小木西三丁目	小木
新小木一丁目	小木・三ツ渕
新小木二丁目	小木・舟津
新小木三丁目	小木
新小木四丁目	小木
小木	小木
藤島一丁目	藤島
藤島二丁目	藤島・藤島町居屋敷
藤島町梵天	藤島
藤島町中島	藤島
藤島町鏡池	藤島
藤島町向江	藤島・熊之庄
藤島町徳願寺	藤島・熊之庄
藤島町五才田	藤島
藤島町居屋敷	藤島
藤島町出口	藤島
多気北町	多気・小針巳新田・熊之庄
多気中町	多気・熊之庄
多気西町	多気・熊之庄・六ッ師
多気東町	多気・小針巳新田
多気南町	多気

＊旧大字名の中に本文に掲載されてない大字名がありますが、区画整理直前に一時的に名付けられたものとおもわれます。

＊追補：平成三十年十月には、小松寺が小松寺一丁目から四丁目となり、文津は、文津一丁目が設置され、残りの地域は、未整備です。

尾張小牧地方関係と対外的な歴史年表

尾張小牧の略年表

旧石器時代（紀元前八〇〇〇前後）	小牧山遺跡
縄文早期（紀元前六〇〇〇頃）	織田井戸遺跡、総濠堀遺跡
縄文中期（紀元前二〇〇〇頃）	小牧御殿、舟津遺跡
古墳時代（三〇〇頃）	市内各所に小集落誕生
古墳時代（四〇〇頃）	宇都宮・浄音寺古墳などが築造
古墳時代（五〇〇頃）	入鹿出新田に牛屋古墳が築造
飛鳥時代（六〇〇頃）	大山付近に小規模な古墳。大山、野口、久保一色、藤島、北外山、上末付近で開田（条里制遺構）。篠岡地区付近で窯業生産開始（篠岡古窯址群）
延暦年間（七八二頃）	中世の山岳寺院「謎の大山寺」創建（伝承）。国史跡「大山廃寺跡」
仁平二年（一一五二）	大山寺が消失（伝承）

一般参考事項の略年表

古墳時代（五三八）	仏教の公伝
古墳時代（五八八）	飛鳥寺の造営始まる
飛鳥時代（六〇四）	聖徳太子が一七条憲法を定める
飛鳥時代（六三〇）	遣唐使が派遣される
飛鳥時代（六四五）	大化改新（蘇我本宗家が滅亡）
天武元年（六七二）	壬申の乱
大宝元年（七〇一）	大宝律令が完成
和銅三年（七一〇）	平城京に都を移す
承平五年（九三五）	平将門の乱が起こる
永延二年（九六八）	尾張国の郡司農民らが国司藤原元命の非政を訴える
寛弘元年（一〇〇四）	尾張国の国司大江匡衡が熱田社に大般若経を納める
長和元年（一〇一二）	尾張の人々が国司藤原知光の善政を賞する状を進上
応徳三年（一〇八六）	白河上皇の院政始まる
仁安二年（一一六七）	大中臣安長が七寺を復興
文治元年（一一八五）	尾張国に守護、地頭おかれる
承久三年（一二二一）	承久の乱で尾張の武士の多くが京方に味方

文安元年（一四四四）　西尾道永が大草城を築く

享禄三年（一五三〇）　江崎宗度、知多郡大高村に生まれる

天文一三年（一五四四）　九月、井ノ口の合戦。信秀率いる織田軍が、美濃の稲葉山城を攻撃、大敗北を喫した。江崎宗度も従軍して、負傷。以来、信秀の命により、小牧山に住む

する

弘長三年（一二六三）　僧侶の無住が長母寺に入寺し、天台宗より臨済宗に改宗

文永一一年（一二七四）　文永の役

弘安四年（一二八一）　弘安の役

弘安六年（一二八三）　幕府が富田荘、富吉荘、加納の地頭職を円覚寺に寄進

元弘三年（一三三三）　鎌倉幕府滅亡

明徳三年（一三九二）　南北朝の合体

応永七年（一四〇〇）　この頃、斯波氏が尾張守護となる

応仁元年（一四六七）　応仁の乱

文明一一年（一四七九）　織田氏による尾張の分割支配始まる

天文三年（一五三四）　五月、織田信長、津島の勝幡城で誕生。幼名吉法師

天文五年（一五三六）　一月、木下藤吉郎（豊臣秀吉）、尾張中村に生まれる。十二月、信長の乳兄弟・池田恒興、生まれる

天文九年（一五四〇）　六月、信秀、朝廷に伊勢神宮造営費を七百貫文、寄進。翌年一月、伊勢神宮の式年遷宮に招かれる

天文一一年（一五四二）　十二月、三河国岡崎城で、竹千代（徳川家康）誕生。父松平広忠、母於大

天文一二年（一五四三）　鉄砲が日本に初めて伝来

天文一五年（一五四六）　信長、古渡城で元服し、織田三郎信長と名乗る

天文一六年（一五四七）　春、信秀は、正室の土田御前と信勝を連れて、古渡城に移る。五月、信長、平手政秀

天文一七年（一五四八）　大草城が西尾氏の仕えた織田家の家督争いで移転・廃城

天文二二年（一五五三）　閏一月十三日、平手政秀、切腹。

弘治三年（一五五七）　六月、信長の側室・吉乃に長男・奇妙丸が

の後見で初陣。八月、竹千代、駿河へ護送中に捕われ、織田の人質となる。十一月、清洲織田大和家の坂井大膳、斎藤道三と通じて謀反を起こす

天文一八年（一五四九）　一月、信長、古渡城で、斎藤道三の娘・帰蝶と祝言をあげる

天文一九年（一五五〇）　一月、犬山の織田信清（信秀の甥）が反旗をひるがえし、春日井原を越えて武力侵攻する。五月、十二代将軍足利義晴没。九月、宣教師ザビエル、京に上る

天文二一年（一五五二）　三月三日　信秀死す。三月七日、万松寺で、信秀の葬儀。抹香事件が起きる。四月、鳴海城の城主・山口左馬助と教吉の父子が、今川方に寝返る。この年「尾州錯乱」と「定光寺年代記」は記す

天文二二年（一五五三）　八月、清須の織田信友が謀反。萱津の合戦で、信長はこれを打ち破る

弘治元年（一五五五）　四月、信長は叔父信光と謀り、織田信友を討ち、清洲城主となる。十一月、叔父信光が暗殺される。織田信長が守護代家を滅ぼし那古野城から清洲城に移る

弘治二年（一五五六）　四月、美濃の斎藤道三、義龍と長良川で戦って、敗死。信長の救援、及ばず。八月、弟・勘十郎が、林秀貞、柴田権六郎らとともに謀反。信長、稲生の戦いで、これを打ち破る。西洋医学の伝来

弘治三年（一五五七）　十一月、弟・勘十郎、再び謀反を企てる。

誕生

永禄元年（一五五八）　三月、吉乃に次男・茶筅丸が誕生

永禄二年（一五五九）　十月、吉乃に長女・五徳が誕生

永禄六年（一五六三）　一月、信長、家臣を二宮山に連れて行き、遷都を宣言。家臣の反対で、行き先を小牧山に決定。三月、信長の娘五徳と、元康（家康）の子竹千代が結納を交わす。四月、信長が美濃国の斎藤氏攻略のために小牧山城の築城をはじめる。八月、小牧山城完成。主力兵力を小牧山城に移転し城下町が整備され、信長と家臣団が清須から移転

永禄七年（一五六四）　九月、立入宗継、正親町天皇の勅旨として小牧山城を訪れる。信長の美濃併合を容認。十一月、将軍義輝の使者・明智光秀が小牧山城を訪れ、信長を美濃、伊勢、尾張の国主と認める。

永禄九年（一五六六）　五月十三日、吉乃、病没

信長は病気と偽り、勘十郎を清洲城に誘って、暗殺

永禄二年（一五五九）　一月、信長、将軍義輝の招きで、上洛。奈良、堺。天王寺屋を訪ね、鉄砲注文。千利休と会う

永禄三年（一五六〇）　五月、信長、桶狭間の戦いで今川義元を破る

永禄四年（一五六一）　二月、尾張・三河の和議。境界決定。鳴海城で林佐渡、滝川一益＋石川数正、高力清長。五月、美濃の斎藤義龍、死す。犬山の織田信清、美濃の斎藤龍興と接近、信長に反旗をひるがえす

永禄五年（一五六二）　一月、信長と元康（家康）、清洲城で和議。清洲同盟を結ぶ

永禄七年（一五六四）　五月、信長、犬山城を落とし、信清を追放。尾張統一を果たす。明智は道三と対面時、近侍として目撃。道三の死後、濃が幕府に使者を遣わしていた

永禄一〇年（一五六七）	五月、五徳、小牧山城から岡崎城の竹千代の許へ、輿入れ。八月、信長、美濃の稲葉山城を攻略。名を「岐阜城」と改め、居城として、小牧山から移転。小牧山城は廃城するが城下町は一部が残り存続。以後、江崎氏が小牧山守となる。
天正一二年（一五八四）	小牧・長久手の戦いで徳川家康が小牧山城跡地を占拠。大規模改修をおこない自からの陣とするが秋に和睦し再び城は廃城（江戸時代は尾張徳川家の領地として保護を受ける。一般人の入山は禁止）。江崎氏が長久手への道案内で家康から褒美の軍扇を下賜される
元和九年（一六二三）	上街道（木曾街道）の整備に伴い小牧山の南側にあった町と寺院を東（現・小牧市街地）に移転。小牧宿の設置
寛永五年（一六二八）	入鹿池の築造を開始
寛永一〇年（一六三三）	入鹿池が完成、入鹿用水の開削
寛永一一年（一六三四）	小牧村で検地
慶安元年（一六四八）	木津用水（合瀬川）の開削開始
慶安三年（一六五〇）	木津用水が完成
	この頃、春日井郡小牧村古城絵図が描かれる
寛文四年（一六六四）	新木津用水が完成
寛文七年（一六六七）	小牧宿で「市」が始まる
寛文一三年（一六七三）	久保一色に水役所を設置
享保元年（一七一六）	小木村に寺小屋（斉武館）ができる

永禄一一年（一五六八）	織田信長が将軍義昭を奉じて入京する
永禄一二年（一五六九）	宣教師・フロイスが京都で織田信長に謁見
元亀二年（一五七一）	織田信長が長嶋一向一揆と戦い本願寺教団を征圧する
天正元年（一五七三）	室町幕府滅亡
天正三年（一五七五）	長篠の戦いで織田・徳川連合軍が甲斐の武田勝頼を破る
天正四年（一五七六）	安土城の築城始まる
天正八年（一五八〇）	織田信長が宣教師・オルガンチーノに安土の修道院用地を下付
天正一〇年（一五八二）	織田信長が本能寺の変で死去、安土城は消失。天正少年使節をヨーロッパに派遣
文禄一年（一五九二）	尾張で太閤検地がおこなわれる。文禄の役
慶長二年（一五九七）	慶長の役
慶長五年（一六〇〇）	関ヶ原の戦い
慶長一二年（一六〇七）	徳川義直が甲府から清洲城主に転封
慶長一五年（一六一〇）	名古屋城の築城開始
元和一年（一六一五）	大阪夏の陣
万治三年（一六六〇）	名古屋で大火災、侍屋敷や町屋二千余軒が消失
寛文六年（一六六六）	尾張藩が初めて藩札を発行
貞享三年（一六八六）	芭蕉七部集「冬の日」興行
享保元年（一七一六）	徳川吉宗が将軍になり改革に着手
享保一五年（一七三〇）	徳川宗春が尾張藩主となる

寛保二年（一七四二）	本庄村に寺小屋（松廼舎）できる
宝暦元年（一七五一）	小牧村はじめ一七カ村が豪雨被害受ける
宝暦五年（一七五五）	樋口好古が大代官になる
天明二年（一七八二）	小牧代官所が設置
天明三年（一七八三）	水役所が廃止
文政五年（一八二二）	樋口好古『尾張徇行記』編纂完了 『古事記伝』（東壁堂刊）出版完了
天保六年（一八三五）	小牧山から尾張藩江戸屋敷の普請用に竹三万本を送る
天保八年（一八三七）	小牧村が大風で被害、倒壊家屋一八〇、半倒壊二〇八
天保一二年（一八四一）	小牧村絵図・間々村絵図が描かれる
弘化元年（一八四四）	『尾張名所図会』の前篇刊行
慶応四年（一八六八）	入鹿池の堤防決壊（入鹿切れ）
明治二年（一八六九）	小牧山が藩籍奉還で官有地となる
明治六年（一八七三）	義校（民間の簡易初等学校）が設立
明治五年（一八七二）	小牧郵便受取所が設置 小牧山が一時民間に売却されるが買い戻され、「愛知県立小牧公園」として一般公開される（明治六年一時解放）
明治一〇年（一八七七）	尾張地方の地租改正終了 小牧村に警察第一方面名古屋出張所第三分署勝川第八駐屯所設置
明治一一年（一八七八）	地租改正に伴う騒動が激化
明治一三年（一八八〇）	春日井郡を東西二郡に分割、郡役所を勝川村・下小田井村に置く
明治二一年（一八八八）	郡立高等小学校小牧分校を小牧村に設置

宝暦一一年（一七六一）	徳川宗睦が尾張藩主となる
安永三年（一七七四）	杉田玄白『解体新書』
天明元年（一七八一）	尾張藩の藩政改革がおこなわれる
天明二年（一七八二）	天明の飢饉
寛政三年（一七九一）	尾張藩が米切手（藩札）を発行
文政八年（一八二五）	異国船打払令
文政十年（一八二七）	頼山陽『日本外史』
嘉永六年（一八五三）	ペリーが浦賀入港、プチャーチンが長崎に来航
安政五年（一八五八）	安政の大獄始まる
慶応三年（一八六七）	王政復古の大号令
明治元年（一八六八）	戊辰戦争
明治四年（一八七一）	廃藩置県で名古屋藩を名古屋県と改称
明治一〇年（一八七七）	西南戦争
明治一一年（一八七八）	郡区町村編成法・府県会規則・地方税規則（三新法）制定

明治二二年（一八八九）	県知事の発案で小牧山山頂付近に創垂館を建設
明治二二年（一八八九）	市町村制実施、三七ヵ村を一四ヵ町村に統合。小牧山が土地交換で再び徳川家所有となり一般公開禁止に
明治二三年（一八九〇）	名古屋区裁判所小牧出張所設置
明治二四年（一八九一）	第一回郡会選挙で小牧市域から一二名選出
明治二五年（一八九二）	郡立第二高等小学校を小牧町外の二ヵ村組合立小牧高等小学校と改称
明治二八年（一八九五）	東春日井郡農会が設立
明治三〇年（一八九七）	小牧郵便受取所で電信事務開始
明治三一年（一八九八）	名古屋葉煙草専売所小牧支所が設置
明治三六年（一九〇三）	小牧郵便受取所、小牧郵便局になる
明治三七年（一九〇四）	北外山入鹿購買組合が設立
明治三八年（一九〇五）	大山焼陶器株式会社が設立
明治三九年（一九〇六）	町村合併により市域は一町三村となる
明治四一年（一九〇八）	小牧町・味岡村に尋常高等小学校が設置
明治四二年（一九〇九）	藤岡村に尋常高等小学校が設置
	小牧町眞々・小牧町巾下耕地整理事業始まる。小牧税務署が開設
明治四四年（一九一一）	小牧郵便局で公衆通話事務が開始
明治四五年（一九一二）	味岡村ほか二ヵ村耕地整理事業、篠岡村池林耕地整理事業始まる
大正二年（一九一三）	小牧郵便局で電話交換事務開始
大正三年（一九一四）	小牧町青年会が発足
大正六年（一九一七）	名古屋電気鉄道小牧線（小牧・岩倉）の測量始まる。小牧町製糸販売購買組合が設立

明治二二年（一八八九）	名古屋市制施行。大日本帝国憲法発布
明治二三年（一八九〇）	第一回衆議院議員総選挙
明治二四年（一八九一）	濃尾大地震
明治二七年（一八九四）	日清戦争宣戦布告
明治三二年（一八九九）	耕地整理法、農会法公布
明治三三年（一九〇〇）	産業組合法公布。中央本線の名古屋・多治見間開通
明治三七年（一九〇四）	日露戦争
明治四〇年（一九〇七）	熱田町が名古屋市に編入。小学校令改正
明治四三年（一九一〇）	第一〇回関西府県連合共進会が舞鶴公園で開催
大正三年（一九一四）	第一次世界大戦に参戦
大正七年（一九一八）	名古屋で米騒動起きる

大正九年（一九二〇）	名古屋電気鉄道小牧線が開通
大正一〇年（一九二一）	北里村小針で小作争議起きる
大正一一年（一九二二）	小牧尋常高等小学校から高等科を分離、小牧高等小学校を設置。小牧実業専修学校が設立
大正一二年（一九二三）	東春日井郡誌・西春日井郡誌が刊行される
大正一三年（一九二四）	県立小牧中学校が開校
大正一四年（一九二五）	小牧町・北里村（市之久田）で小作争議起こる
昭和元年（一九二六）	東春日井郡役所が廃止
昭和二年（一九二七）	『小牧町史』が発行される 『篠岡村誌』が刊行。小牧山周辺で陸軍特別大演習を実施。尾張徳川家第十九代当主徳川義親公が小牧山を開放。国の史跡に指定され一般公開される
昭和四年（一九二九）	『東春日井郡農会史』が刊行
昭和五年（一九三〇）	尾張徳川家が小牧山を小牧町（現在の小牧市）に寄贈
昭和六年（一九三一）	名岐鉄道大曾根線（上飯田・犬山）が開通
昭和八年（一九三三）	篠岡郵便局が開局
昭和一〇年（一九三五）	小牧・味岡・篠岡・北里の各尋常高等小学校に青年学校を併設
昭和一一年（一九三六）	『北里村史』が刊行。篠岡郵便局で電話交換業務開始。繭検定所小牧支所が開設
昭和一二年（一九三七）	味岡郵便局が開局
昭和一四年（一九三九）	北里郵便局が開局
昭和一八年（一九四三）	陸軍小牧飛行場の建設工事始まる

大正九年（一九二〇）	国際連盟に加入。第一回国勢調査実施
大正一〇年（一九二一）	郡制廃止法公布
大正一二年（一九二三）	関東大震災
大正一三年（一九二四）	加藤高明を首班とする護憲三派連合内閣成立
大正一四年（一九二五）	衆議院議員男子普通選挙法可決
昭和二年（一九二七）	金融恐慌
昭和三年（一九二八）	御大典奉祝名古屋博覧会開催
昭和四年（一九二九）	世界恐慌
昭和六年（一九三一）	満州事変始まる
昭和七年（一九三二）	第一次上海事変。五・一五事件
昭和一一年（一九三六）	二・二六事件
昭和一二年（一九三七）	日中戦争
昭和一四年（一九三九）	第二次世界大戦
昭和一六年（一九四一）	太平洋戦争始まる。国民学校令公布
昭和一七年（一九四二）	大日本婦人会発足
昭和一九年（一九四四）	国民学校児童の縁故疎開・集団疎開を実施。B29による三菱重工爆撃。東南海地震

昭和二〇年（一九四五）　小牧飛行場に米第五空軍が駐留
昭和二一年（一九四六）　農地改革始まる。東春日井教員組合が結成
昭和二二年（一九四七）　新制中学校が発足。小牧山の東麓に小牧中学校を建設
昭和二三年（一九四八）　自治体警察小牧町警察署が発足。小牧保育園が開設（市内で最初）
昭和二六年（一九五一）　小牧町警察署（自治体警察）廃止、東春日井地区警察署小牧警部派出所となる
昭和二七年（一九五二）　教育員会が発足
昭和二九年（一九五四）　小牧町・味岡村・篠岡村の合併による小牧市制の施行を県議会で可決
昭和三〇年（一九五五）　小牧市制施行、第一回市長選挙（初代市長加藤諦進氏当選）、第一回市議会議員選挙。「広報小牧」を創刊
昭和三一年（一九五六）　小牧市工場誘致条例が制定　小牧市消防団が発足
昭和三二年（一九五七）　東田中県営住宅用地買収の調印
昭和三三年（一九五八）　小牧山の中腹に青年の家を建設
昭和三四年（一九五九）　第二回市長選挙（二代目市長神戸眞氏）。小牧ケ丘の開拓が始まる。小牧電報電話局が開局
昭和三五年（一九六〇）　小牧南小学校・小牧中学校校舎防音改築工事始まる
昭和三六年（一九六一）　ことぶき学園が発足
昭和三七年（一九六二）　工場誘致一〇〇社突破記念の感謝祭を開催
昭和三八年（一九六三）　北里村が小牧市に合併。小牧市善意銀行が発足。ワイアンドット市と姉妹都市提携。

昭和二〇年（一九四五）　ポツダム宣言を受諾し無条件降伏。農地調整法改正公布（第一次農地改革）
昭和二二年（一九四七）　教育基本法・学校教育法公布。地方自治法公布。日本国憲法施行
昭和二三年（一九四八）　新警察制度発足。教育委員会法公布。新制高等学校発足
昭和二五年（一九五〇）　朝鮮戦争勃発
昭和二六年（一九五一）　サンフランシスコ講和会議で日米安全保障条約調印
昭和二七年（一九五二）　大須事件起こる
昭和二八年（一九五三）　町村合併促進法公布
昭和三一年（一九五六）　国際連合に加入
昭和三四年（一九五九）　伊勢湾台風
昭和三五年（一九六〇）　日米新安保条約調印
昭和三六年（一九六一）　愛知用水通水

昭和三九年（一九六四）	小牧市民病院が発足。尾北三市三町による愛北衛生組合共同し尿処理場が岩倉町に完成 小牧市消防署が発足。名古屋鉄道小牧線（小牧・岩倉）が廃線
昭和四〇年（一九六五）	小牧市・大口町開発事業団が発足。自衛隊機が市之久田に墜落し市民二名死傷。小牧インターチェンジが完成。名神高速道路が全線開通。小牧山の南麓に新市庁舎完成、市制一〇周年記念式典が開催
昭和四一年（一九六六）	小牧市・岩倉町共同ごみ焼却場が完成。工場誘致条例が廃止。市立第一幼稚園が開園。中部土地区画整理事業が着工。
昭和四二年（一九六七）	小牧警察署が発足。市文化財調査委員会が発足。平松茂が小牧城（現在建っている城）を建設。完成後に小牧市に寄贈。神戸市長急死に伴う市長選挙（三代目市長舟橋久男氏）
昭和四三年（一九六八）	桜井土地区画整理事業が着工。小牧山の山頂に小牧市歴史館（小牧城）が開館。東名高速道路の小牧・岡崎間が開通
昭和四四年（一九六九）	県立小牧工業高等学校が開校。市立図書館が開館
昭和四五年（一九七〇）	米野・一色両小学校が開校。進出企業と公害防止協定締結第一号
昭和四七年（一九七二）	名古屋法務局小牧出張所の新庁舎開所。市民会館・公民館が完成。市の木に（タブノ

昭和三九年（一九六四）	東海道新幹線（東京・新大阪間）開通。第一八回オリンピック東京大会開催
昭和四四年（一九六九）	名古屋市の人口が二〇〇万人を突破
昭和四五年（一九七〇）	万国博覧会大阪で開催
昭和四七年（一九七二）	沖縄が本土復帰。日中国交回復

	キ）・市の花に（ツツジ）を制定。小牧保健所が開所。小牧ジャンクションが完成。中央高速道小牧・多治見間が開通	
昭和四八年（一九七三）	桃花台ハイタウン用地の造成開始。市民水泳プールが完成	
昭和四九年（一九七四）	市立応時中学校が開校。航空自衛隊機が西之島に墜落し市民ら三人死亡	
昭和五〇年（一九七五）	小木小学校が開校。市上水道、本庄配水池が完成。名古屋鉄道小牧線の複線化（小牧・間内）に着工	沖縄国際海洋博覧会開催。第一回先進国首脳会議（日・米・英・仏・西独・伊）
昭和五一年（一九七六）	小牧原・本庄・桃ヶ丘三小学校が開校。消防所庁舎が落成。市民グランドが完成	戦後生まれが総人口の半数を突破
昭和五二年（一九七七）	小牧駅東土地区画整理事業区を決定	
昭和五三年（一九七八）	休日急病診療所が完成。市立岩崎中学校が開校。藤島保育園が開園。移動図書館車「あおぞら号」の巡回を開始	新東京国際空港（成田空港）開港。日中平和友好条約調印
昭和五四年（一九七九）	姉妹都市ワイアンドット市へ小中学校のちびっ子使節団を派遣。「尾張小牧」のナンバープレートが誕生。第九回市長選挙で佐橋薫氏（四代目）当選。桃花台ニュータウンの宅地分譲を開始	国立大学が初の共通一次試験実施
昭和五五年（一九八〇）	味岡児童館が開館。県立小牧南高校が開校。少年センターが開設。藤島ポンプ場が完成。尾張東部聖苑（火葬場）がオープン。武道館が完成。第一回市民まつりが開催	自動車生産台数で日本が世界一
昭和五六年（一九八一）	古雅保育園が開園。ふれあいの家が完成	
昭和五七年（一九八二）	新交通システム桃花台線の着工祝賀式。大	東北新幹線開業。上越新幹線開業

輪体育館がオープン。どろんこ広場がオープン。文化福祉会館（現・中部公民館が）完成。児童センターが開館。桃陵中学校が開校。私立あおぞら幼稚園が開園。文化福祉会館にプラネタリウムがオープン。消防署東支所を桃花台に開設

昭和五八年（一九八三）　北海道八雲町の児童学習交流使節団が来訪。第一回市民駅伝・ミニマラソン大会に約二千人の市民が参加。小牧勤労センターがオープン。市医師会准看婦学校が開校。老人福祉センターがオープン

昭和五九年（一九八四）　小牧岩倉衛生組合環境センターが竣工。「小牧・長久手の合戦四百年」を記念し小牧山一帯で記念行事開催。「市民四季の道」が開通

昭和六〇年（一九八五）　陶小学校が開校。名古屋造形短期大学（市内初）が開校。新市民病院がオープン。市制三十周年記念式典が開催。市民憲章が制定。（社）シルバー人材センター小牧市高齢者能力活用協会がスタート

昭和六一年（一九八六）　市民病院で初の腎臓移植手術に成功。高齢者生きがい活動施設「みどりの里」が完成

昭和六二年（一九八七）　新しい消防署東支署が完成。し尿処理施設「クリーンセンター」が完成。五条川左岸浄化センターが完成し、四月一日から一部地域で公共下水道の供用を開始。小牧市体育協会が発足。市民病院で腎結石破砕装置

昭和五八年（一九八三）　中国自動車道全線開通。東京ディズニーランドがオープン

昭和六〇年（一九八五）　国際技術博覧会（つくば万博）開幕。厚生省（現・厚生労働省）がエイズ患者第一号認定

昭和六一年（一九八六）　男女雇用機会均等法施行。東北自動車道開通

昭和六二年（一九八七）　地価の異常高騰でバブル景気。国鉄が分割民営化

昭和六三年（一九八八）　による治療を開始。小牧山公開六十周年記念事業開催

平成元年（一九八九）　小牧市民球場が完成。小牧市保健センターが完成。光ヶ丘小学校が開校。私立桃花台ひまわり幼稚園が開園。市役所南庁舎が完成

平成二年（一九九〇）　公立春日井小牧看護専門学校が開校。名古屋鉄道小牧線新小牧駅が完成し記念式典開催。第一回平成夏まつり開催。東部市民センターが完成。小牧市歴史館（小牧城）入場者百万人を突破。小牧駅地下駐車場が完成

平成三年（一九九一）　ホタルの里が完成。小牧・小牧南・篠岡の三児童館が開館。大城小学校、光ヶ丘中学校が開校。名古屋造形芸術大学（四年制）が開校。中部技能開発センター（現・中部職業能力開発促進センター）がオープン。小牧駅西広場がオープン。北海道八雲町に交流の家・小牧荘が完成。小牧駅東公園がオープン

第一回小牧シティマラソン大会に市内外から千六百人が参加。新交通システム桃花台線（愛称・ピーチライナー）が開業。大城保育園が開園。市民病院が尾張医療圏で初めて救急救命センターに指定される。桃花台タウンセンター「ピアーレ」がオープン。小牧・桃花台アーバンフェア'91が開催。

昭和六三年（一九八八）　世界最長の青函トンネル開通。世界最長の道路・鉄道併用の瀬戸大橋開通

平成元年（一九八九）　昭和天皇崩御、皇太子明仁親王即位（平成と改元）。消費税（三％）スタート

平成二年（一九九〇）　株価・地価が暴落、バブル崩壊。長崎県雲仙普賢岳が一九八年ぶりに噴火

平成三年（一九九一）　湾岸戦争

平成四年（一九九二）　小牧英語教育センター（KETC）が開講。温水プールがオープン

平成五年（一九九三）　私立旭ヶ丘第三幼稚園が開園。市役所に外国人相談窓口を開設。北里児童館が開館。北里市民センターがオープン

小牧駅東土地区画整理事業が完了。駒止庭園がオープン。中学生海外派遣団十人がオハイオ州アセンズ市などを訪問。姉妹都市提携三十周年を記念し、ワイアンドット友好使節団が小牧市を訪問。市民四季の森に、専用コースとしては日本初のディスクゴルフ場がオープン。市が発砲スチロール再生車を導入

平成六年（一九九四）　薬師寺保栄（プロボクシング）と船橋淑行（マスターズ水泳）に市民栄誉賞を贈与。第四九回国民体育大会「わかしゃち国体」で高等学校野球（軟式）競技が開催。総合福祉施設「ふれあいセンター」をオープン

平成七年（一九九五）　市長辞職による選挙で中野直輝氏（五代目）当選。市制四十周年記念式典を挙行。KOMAKISM九五レインボー芸術祭が開催。「市民の声」ファクシミリがスタート。再開発ビル「ラピオ」がオープン

平成八年（一九九六）　味岡市民センターがオープン。市民病院健診センターがオープン。小牧市がゆとり宣言都市に指定される。女性三二人によるこまき女性会議が開催

平成四年（一九九二）　山形新幹線開通。国連平和維持活動（PKO）協力法成立

平成五年（一九九三）　プロサッカー・Jリーグ開幕。皇太子ご成婚

平成六年（一九九四）　小選挙区比例代表並立制導入。日本初の女性宇宙飛行士・向井千秋が宇宙へ

平成七年（一九九五）　阪神・淡路大震災

平成九年（一九九七）　岩崎デイサービスセンターがオープン。ポイ捨てによるごみの散乱防止に関する条例がスタート

平成一〇年（一九九八）　愛知文教大学が開学。市内の公共施設を結ぶこまき巡回バスの運行開始。一般廃棄物最終処理場がオープン。小牧市ホームページを開設。小牧山東麓の小牧市立小牧中学校が移転

平成一一年（一九九九）　第一回市民演劇祭が開催。スポーツ公園総合体育館が着工

平成一二年（二〇〇〇）　小牧市交響楽団の創立演奏会。わくわく体験広場がオープン。東海豪雨により市内各地で大きな被害。パークゴルフ場がオープン

平成一三年（二〇〇一）　小牧市ＩＳＯ１４００１認証を取得。名古屋高速鉄道一一号小牧線一部開通（楠ＪＣＴ～小牧南間）。新交通システム桃花台線開業一〇周年感謝祭・記念式典。ＩＴ講習会が開催。スポーツ公園総合体育館（パークアリーナ小牧）がオープン。名古屋高速道路一一号小牧線と小牧インターが接続

平成一四年（二〇〇二）　県内初の個人施工による市街地再開発ビル（ルミナスツインズ小牧）が完成。名古屋高速道路一一号小牧線小牧北入口が完成。岸田家修理竣工記念で公開。子育て支援センター事業が開始。ファミリー・サポート・センター事業が開始

平成九年（一九九七）　改正男女雇用機会均等法成立。消費税（五％）スタート

平成一〇年（一九九八）　長野冬季オリンピック開催。日本版金融ビッグバン始動。フランスで開催のワールドカップに日本初出場

平成一一年（一九九九）　ユーロ始動、欧州一一カ国に単一通貨導入。ＮＴＴが分割再編

平成一二年（二〇〇〇）　介護保険制度スタート。ＮＨＫ、民放各社がＢＳデジタル放送開始。九州・沖縄サミット開催

平成一三年（二〇〇一）　Ｈ２Ａロケット打ち上げに成功。アメリカで同時多発テロ

平成一四年（二〇〇二）　牛肉偽装事件が相次いで発覚。住民基本台帳ネットワーク「住基ネット」スタート

平成一五年（二〇〇三）	上飯田連絡線が開通。上飯田連絡線開通記念イベント「こまきスマイルレールまつり」開催。ブックスタート事業が開始
平成一六年（二〇〇四）	リサイクルプラザ「エコハウス・小牧」がオープン。小牧山史跡公園がオープン。新休日急病診療所が診療開始。尾張小牧歴史文化振興会、結成の動き、始まる。市の人口が十五万人突破
平成一七年三（二〇〇五）	県営名古屋空港が開港。尾張小牧歴史文化振興会、設立総会開催。市民四季の森が完成。小牧市制五十周年記念式典を開催
平成一八年（二〇〇六）	小牧市歴史館（小牧城）の改装工事が着工。新交通システム桃花台線（ピーチライナー）廃線。尾張小牧歴史文化振興会、「小牧歴史探訪の日」を制定し、スタンプラリー等開催
平成一九年（二〇〇七）	小牧市歴史館（小牧城）がリニューアルオープン
平成二〇年（二〇〇八）	尾張小牧歴史文化振興会、奈良国立博物館寄託、国指定重要文化財（三ツ渕・正眼寺所有）『銅像・誕生　釈迦佛立像』三十年振りに里帰り展を名古屋市博物館と小牧市歴史館にて開催
平成二一年（二〇〇九）	第二十三回織田信長サミットが小牧市で開催
平成二二年（二〇一〇）	小牧市制施行五五周年記念式典を開催。尾張小牧歴史文化振興会、平成二二年度文化

平成一五年（二〇〇三）	日本郵政公社発足。個人情報保護関連五法案成立
平成一六年（二〇〇四）	鳥インフルエンザ発生。名古屋市営地下鉄名城線が全通環状（循環）運転を開始。新潟中越地震
平成一七年（二〇〇五）	中部国際空港（セントレア）開港。愛知万博（愛・地球博）開催。福知山線で脱線事故
平成一八年（二〇〇六）	神戸空港開港。教育基本法改正が成立
平成一九年（二〇〇七）	新潟県中越沖地震。日本郵政公社民営化
平成二〇年（二〇〇八）	薬害C型肝炎被害者救済法案が可決・成立。新名神高速道路の亀山ＪＣＴから草津田上ＩＣが開通
平成二一年（二〇〇九）	中国地方や九州北部で記録的な大雨。消費者庁が発足
平成二二年（二〇一〇）	関西広域連合が発足。東北新幹線の八戸～新青森間が開業し全線開通

年	小牧地方	全国
	庁「地域伝統文化総合活性化事業」で、小牧地方の伝統文化の保存事業を実施	
平成二三年（二〇一一）	第十五回市長選挙山下史守朗氏（六代目）当選。尾張小牧歴史文化振興会主催の文化庁「文化遺産を活かした観光振興・地域活性化事業」により、七十年振りに「小牧こども歌舞伎」を復活。それら小牧の伝統文化等を収録したPRのためのDVD及びポスターを日本紹介の啓発資料として利用を要請するため海外の在外日本大使館・領事館等に送付。小牧山城墨書石垣一般公開。東日本大震災の被災地に市職員を派遣	東北地方太平洋沖地震（東日本大震災）が発生。福島第一原子力発電所で原子力事故
平成二四年（二〇一二）	市役所新市庁舎での業務開始。名古屋コーチン発祥の地の記念モニュメント完成除幕式。小牧駅前観光案内所オープン。引き続き、文化庁「文化遺産を活かした観光振興・地域活性化事業」により、尾張小牧歴史文化振興会は、「郷土芸能・文化フェスティバル」を開催し、併せて、織田信長の『小牧山城築城四五〇年』事業を協賛し「蘇る小牧地方の伝統文化展」を開催した	東京スカイツリー完成。消費税（八％）法案成立（平成二六年から実施）
平成二五年（二〇一三）	織田信長まつり「こまき信長・夢フォーラム」開催（小牧山城築城四五〇年記念事業）。尾張小牧歴史文化振興会、「こまき歴史探訪の日」特別事業として、日本の城のルーツをたどる『日本城史展』を開催。小牧小学校開校百四十周年記念式。北里地区（旧	日本がTPP交渉に参加。特定秘密保護法が成立　和食が世界無形文化遺産に登録

平成二六年（二〇一四）　北里村）小牧市合併五〇周年式典
小牧山発掘調査に基づき『信長資料館』（仮称）建設の動き始まる。こども夢・チャレンジカップJ－12。小牧市自治基本条例草案提出

平成二七年（二〇一五）　小牧市制六十周年記念式典を開催。小牧市議会議員選挙・小牧駅前建設図書館問題に対する住民投票実施

平成二八年（二〇一六）　小牧市観光振興基本計画策定。十一月、天皇陛下・皇后陛下メナード美術館訪問。

平成二九年（二〇一七）　小牧市体育協会法人化六十周年記念大相撲小牧場所開催。こまき市民文化財団設立

平成三〇年（二〇一八）　小牧山史跡公園内（仮称）史跡センター着工

平成二六年（二〇一四）　北陸新幹線の長野～富山間開業、全線開通。衆議院解散第四七回総選挙　御嶽山が噴火

平成二七年（二〇一五）　安倍晋三首相、米国を訪問。安全保障関連法が成立　マイナンバーの通知が始まる

平成二八年（二〇一六）　熊本地震、最大震度七。震度五以上複数回あり。天皇陛下「お気持ち」発言。リオデジャネイロでオリンピック・パラリンピック開催。米トランプ氏大統領選で勝利

平成二九年（二〇一七）　稀勢の里が横綱に昇進、日本人横綱としては一九年振り。北朝鮮核実験実施　国連制裁決議。衆議院解散第四八回総選挙

平成三〇年（二〇一八）　二月、平昌（韓国）冬季オリンピック開催。羽生結弦選手金二連覇

あとがき

かつて、小牧の歴史を全国に広く知ってもらうチャンスがありました。それは、平成八年（一九九六）一月のことでした。司馬遼太郎が、二十五年間にわたって「週刊朝日」に連載された『街道をゆく』の取材地として小牧を選ばれたことです。天下三英傑の葛藤や小牧のシンボル「小牧山」の出来事を『濃尾三州記』に纏める予定でしたが、翌月急逝されたため未完となってしまいました。司馬は亡くなる前「小牧山を書くのが楽しみです」と語られていました。小牧を全国の人たちに知ってもらう絶好の機会だっただけにとても残念なことでした。

署名な作家による小牧の紹介は、何物にも勝る宣伝力を持ち、歴史・文化・伝統などの啓蒙には力強い後ろ盾になるので重ねて惜しまれます。

この本のもととなった小牧商工会議所所報の『つつじ』の原稿にとりかかったときには、愛知万博開催後にもかかわらず、小牧が文化都市を標榜していても、まだまだ全国的の人々には歴史的価値のある都市としての認識がされていなかったように思います。

また、尾張小牧歴史文化振興会の活動として、名古屋コーチンや小牧について全国の都道府県・市区町村の教育委員会などにアンケートを依頼しましたが、東海地方と一部の地域しか知名度はありませんでした。

ところが今では、戦国ブームと小牧山の発掘調査の効果により、マスコミも取り上げるようになり、存在感が全国に広がっています。ありがたいことです。

さて、本書ですが、当初の出版予定より大幅に遅れましたことをお詫び申し上げます。

小牧市内の各種の情報をより多く入れるため、整理しなおしたため時間がかかってしまったのです。

この本の特徴をいくつか挙げておきます。小牧の歴史や文化を詳しく載せています。それに加えて、小牧商工会議所が平成二十八年（二〇一六）に開催した設立三十周年事業で、小牧市内で創業百年以上の営業を続け、表彰された企業や主要企業の紹介もしています。まだまだ多くの企業を取り上げ、掲載したく思いましたが、資料不足でできなかったことをお詫び申し上げます。また、市内の主だった神社仏閣の詳細な紹介もおこない、観光にも役立つ情報も多く掲載しました。さらに、文献により解釈が異なっている歴史的事項なども異説を含めできるだけ紹介しています。

こうした視点で調べていくと、小牧には数多くの歴史的な遺産があり、伝統文化があることを改めて認識することができました。そして、小牧の地にとっては大切な文化遺産がすでに無くなり、日を追って消滅していることも実感することができました。小牧が富裕な都市となることで現状に甘んじ、イベント的なことに関心が向き、遺産として残されたものに無関心な市民感情が生まれてきたのでしょうか。未来に残された良き遺産である歴史・文化・伝統などを伝承すべき郷土愛が薄められてしまったように感じます。将来を見据え、何が大切かを少し立ち止まって考えてみる必要性があることを深く考えさせられました。

小牧は、地図を見開くと細長い日本列島の丁度中心辺りに位置しています。（へそに例えられたこともあります）歴史的にもこの地域で日本の歴史がつくられてきたこともあります。全国的に見て、この小牧は、自然環境も良く太古の時代から集落がつくられ、自然災害の比較的少ない地域であり、新しい規範産業となる情報産業などを中心とする中核事業が誘致され、司令塔となるような施設のある都市づくりのビジョンを打ち出し、先人たちが残してきた遺産を活用しながら町づくりをしていくとよいと思います。

特に、小牧市内の中心部の旧小牧地区は、尾張徳川藩が元和九年（一六二三）に小牧宿を設置して、新元号五年（二〇二三）には、満四百年の節目の年になります。また、小牧山が明治六年（一八七三）に、この地方では、最初の「公園」の名称をいただいて百五十年となり、織田信長が永禄六年（一五六三）に小牧山城を築城して四百六十年にもなります。この節目の年に向けて、新しい小牧の方向性を検討されたらいかがでしょうか。

本書が、現在の小牧の全体像を知っていただく材料になれば幸甚に思います。取材に応じていただいた方や資料提供をしていただいた方には心より感謝申しあげます。とくに、ご多忙の中、真島隆さん、村上紀史郎さん、中島隆さん、西川菊次郎さん、篠田徹さんはじめ関係機関、郷土史家、市民の皆さんに格別なご協力をいただきました。本書が上程になったことを感謝し、改めて御礼申し上げます。

代々小牧に居住されてきた方、新しく小牧に居住された方、小牧に勤めに来られている方、仕事の関係で小牧を往来されている方、遠くから小牧を見ておられる方など、この小牧の風土・歴史・伝統・文化・現在・未来などに興味を持ってくださる方々に本書を活用していただければ幸いです。

（永田清成記）

本書の主要編集協力者一覧（平成30年1月現在）

【主筆】
永田清成

【執筆協力】
鵜飼義則・谷口文男・酒井勝宏・塚本孝之・水野惠翠・佐藤高明・栗木英次・西尾貞臣・後藤全弘・細川哲也・柴澤隨謙・篠田 徹・高瀬武三

【取材・資料提供】
佐橋 薫・長田 昇・長森康次・松浦正明・入谷哲夫・高橋 学・小林良三・丹羽照光・日比野猛・落合善造・平手郁男・尾関三也・山内 均・丹羽雄己・伊藤 将・塚原立志・長谷川宜史　その他

【協力】
江尻鐐市・伊藤久男・西川菊次郎・中嶋 隆・真島 隆・坂下一喜・速水昭典・村上紀史郎

【主要参考文献】
小牧市史・小牧町史・小牧市教育委員会『小牧叢書シリーズ』・小牧市教育委員会『小牧の神社』『小牧の寺院』・小牧市教育委員会発行『各種発掘現場関連資料』・東春日井郡誌・篠岡村誌・北里村誌・北里地区教育百年の歩み・北里村小牧市合併50周年記念誌・尾張小牧歴史文化振興会『愛知県小牧地方の伝統・文化』・岩崎事務所『岩崎山の歴史探訪』・角川書店『愛知県地名大辞典』・平凡社『愛知県の地名』・岩波書店『広辞苑』・国書刊行会『ふるさとの想いで　写真集　明治・大正・昭和　小牧』・郷土出版社『目で見る春日井・小牧の100年』・郷土出版社『ふるさと小牧』・小牧市桜井区『さくらいの里』・小牧市大山区『大山区の１００年』・小牧商工会議所『こまき物語』・小牧商工会議所広報誌『つつじ』・新潮社版吉村昭著『零式戦闘機』・貿易之日本社『早稲田柳右衛門伝』・名古屋大学出版会『近世名古屋商人の研究』
その他

小牧市市長公室協働推進課
小牧市市長公室広報広聴課

【写真提供・協力】
舟橋写真館・小牧市市長公室広報広聴課・西川菊次郎・多田信一・加藤晶弘・須田幸夫

＊順不同、敬称略

［編著者紹介］
特定非営利活動法人 尾張小牧歴史文化振興会
尾張小牧地方の歴史や文化に関心や愛着を待つ有志が集い、この地方の歴史や文化を通して、まちの豊かさや誇りを深めるため、歴史文化の財産を掘り起こし、検証し、育み、情報発信をして行こうと愛知万博の開催された2006年に設立。国指定の史跡である小牧山、大山廃寺跡、国の重要文化財である正眼寺の銅造誕生釈迦仏立像の里帰りなどをはじめとする文化財の紹介や、戦国時代の信長、秀吉、家康の三英傑、坪内逍遥の縁起などの埋もれた歴史文化を発掘するなど、さまざまな活動を関係機関や団体との連携により展開している。

所在地　愛知県小牧市北外山 1962-48
電　話　0568-42-9800
ホームページ　http://www.ok-rekishi.net/

尾張小牧《おわりこまき》の地名《ちめい》・逸話《いつわ》ものがたり

2019年1月30日　第1刷発行　（定価はカバーに表示してあります）

編著者　尾張小牧歴史文化振興会
　　　　理事長 永田清成

発行者　山口 章

発行所　名古屋市中区大須1丁目16番29号
電話 052-218-7808　FAX052-218-7709
http://www.fubaisha.com/
風媒社

乱丁・落丁本はお取り替えいたします。　＊印刷／名鉄局印刷
ISBN978-4-8331-1553-7